章开沅文化交流基金会文库

贝德士文献专辑

主编：章开沅 马敏

执行主编：田彤

Bei Deshi,

Miner Searle Bates

贝德士

中国基督教史著述选译

贝德士 / 著

刘家峰 徐炳三 / 编

刘莉 章博 张艳 张乐 李欣 / 译

上海社会科学院出版社

SHANGHAI ACADEMY OF SOCIAL SCIENCES PRESS

序　言
FOREWORD

章开沅

　　今年是抗日战争胜利70周年，曾经被长期忘却的贝德士博士，又复被人们想起并且广泛宣传。但是大多数人关心的只是他在南京沦陷期间，曾经组建南京安全区国际委员会，对数十万难民进行人道主义救援，却忽视了他还有更为重要的贡献与更为丰满的人生。正如他的老朋友麦克威尔·威廉斯在整理其堆积如山的《基督徒奋进在中国社会》撰著手稿后的深沉喟叹："可惜的是，在我们眼前的这些手稿中，当时的历史创造者之一，很少谈及那些足以显示他领袖风格的事情。这里要补充说明的是，贝德士本人及其工作构建了可供研究和写作的有益领域：（1）南京的贝德士；（2）协和神学院的贝德士：① 在纽约和世界提供的会议厅中的贝德士；② 作为无数研究中国的博士候选人或其他作者顾问的贝德士；（3）贝德士及其巨著——《基督徒奋进在中国社会》的资料准备与写作。"

　　贝德士（1897—1978）享年81岁，前20年主要是在美国与英国读书；从1920年到1950年，在金陵大学工作30年；1950年，回到美国在纽约协和神学院工作15年；1965年退休后，继续坚持编撰中国基督史巨著，仍有13年之久。总其一生来看，南京难民救援工作前后只有3年多时间，虽然冒险犯难、艰难卓绝、厥功至伟，但是毕竟是人生旅程中短暂的一个段落，而且他自己也认为是理所应当的事，从未看作什么丰功伟绩。他所最为看重的，倒是基督徒在中国社会奋进的事业的整体以及对这个整体的如实研究与记述阐释。

　　贝德士的社会职业是历史学教授，他刚到金陵大学只有23岁，但却带来整整摆满一间房的专业图书。历史的机缘使他成为金大历史系的创建者，陈恭禄、王绳祖、钱存训都是他的早年学生。1946年，我进入金大历史系就读，他早已辞去系主任职务，但仍为本科生讲授若干通史与专门史课程。此外，作为元老级美国教授，他还参与学校校务会议，并且在金陵女子文理学院、中央大学、中央政治学校兼课（国际关系与史学方法之类）。1937年，金大西迁四川成都华西坝，他奉陈裕光校长之命，从日本匆忙赶回，以副校长名义负责留在南京与若干中外同事守护校产。1945年8月15日，日本无条件投降，他又奉命最早回到南京负责接收校产以及校园恢复事宜。我1946年秋作为新生向金大历史系办公室报到（在北大楼），还看见过道两边摆满贴了封条的大纸箱，都是日本军用中国各省县详尽地图。因为太平洋战争爆发后，金大校园曾被强占，用作伪中央大学校舍，日军投降前又曾作为部队司令部，贝德士接收的这些战利品还来不及移交蒋伪政权的"国防部"。我在金大就读期间，贝德士曾作为第三国重要见证人，先后出席东京与南京两次军事法庭审判日本首要战犯。他经常显得非常疲惫而又忙碌，却没有在任何场合向我们提及南京沦陷期间的惨痛往事与他们（包括社会系史迈士与农学院林查理教授等）出生入死救援难民的英勇业绩。这或许是他认为不应该让这些残酷往事再次伤害中国年轻学生的心灵，而自己无非是勉为其难履行一个基督教和平主义者的天职吧！

在中国的30年是贝德士成家立业的峥嵘岁月，他把一生的青壮年华都奉献给金陵大学。1947年，贝德士正好50岁，在欢度寿庆一周以后，他给在美国的两个儿子写信回顾既往的人生："我逐渐认识到，如果从我来华获得第一个稳定职业（1920年，23岁）算起，到可能退休之时（1965年，68岁），五分之三的岁月已经消逝了；如果从大学本科毕业（1916年，19岁）算起，则度过的年华所占比重还要略大一些。因此，现在是我应该潜心工作（getting down to business）的时候了！虽然我不能改变持续寻求新知的道路，返回到往昔的兴趣，但我应该更为彻底坚决地执著于去做或将要去做我所已知的工作。无论如何，我曾延展于广阔的知识领域：历史学，我的主要训练是近代欧洲史与英国史，通过自学与研究生攻读，扩大到古代和中世纪的中国、日本、印度、俄国，还有若干美国史——几乎是除了拉丁美洲以外所有地区的历史；与史学研究相关联，还有政治学、社会学方面的兴趣，包括在牛津的攻读与早先在金大讲授政治学，接着是经济史、国际关系和当代事务，特别是远东地区；拉丁文和希腊文（前者每星期用一两次），谙习法文、中文、德文、俄文，日文可以用工具书阅读……我深知，其结果是使我成为一个出版专著甚少的可怜专家，同时又是一个颇具潜力的好老师，因为我总是勤奋而又广泛地阅读……我试图扶植中国年轻教师，让他们顺应自己的兴趣与优长，而我自己则只得担任其余的历史课程。重要的影响已经显示出来，但是却意味着我要像新教员一样，不断从一门课程转移到另一门课程，同时，还要遵照部颁教学计划的不时变化而担任新设课程的教学任务。结果已表明这一决策完全正确，例如，我现在主要的同事王绳祖与陈恭禄,还有此前的三四位同事。王、陈不仅教学出色,他们的著作已经享有并继续增长广泛的影响,因为他们编写的课本已经成为范本。"

贝德士从未认为自己功成名就,曾经期望在中华人民共和国诞生以后继续为金大效力,但朝鲜战争使中美关系迅速恶化,他被迫离开中国。从出境行李登记可以看出,他把全部家具连同餐具统统带走,显然已经预感这是对中国最后的诀别。

他离开美国太久,已经与本国学界主流疏离,而且还受到麦卡锡法案的负面影响,所以只能通过教会关系在纽约协和神学院任教,主讲教会史与世界宗教等课程。但是,美国著名汉学学者韦慕庭深知贝德士的学问根底,而且过去相知甚深,热情邀请他参与哥伦比亚大学东亚研究中心有关中国研究的各项学术活动。稍后,作为晚辈的费正清尤其关心贝德士个人的潜心撰著——《基督徒奋进在中国社会(1900—1950)》,热情提供必要资助(如助手薪酬),并且共同倡导推动在华美国传教士私人文档的征集与收藏。这一巨大工程被命名为"中国文献收藏"(China Records Project, Miscellaneous Personal Papers Collection),现已全部保存在耶鲁大学神学院图书馆特藏室,为我们研究提供极大方便。

贝德士在协和神学院任教15年,1965年正式退休,但学院仍然为他提供一间办公室,此后13年的主要精力投入上述巨著的编写,直至1978年病逝。贝德士回美国以后的28年,工作与生活仍然丰富多彩,正如前述威廉斯统称之为"协和神学院的贝德士",除自身的教学与研究外,还必须关注他在神学院以外的两方面活动。可以这样理解,贝德士在离开中国以后,以纽约为驻地,把自己的学术活动与社会活动延展到一个更为广阔的世界。但他仍然一如既往,但问耕耘,不计收获,严于律己,乐于助人,为中国基督教史研究与促进世界和平鞠躬尽瘁,死而后已。

我永远记住他在南京沦陷期间的悲怆呼唤:"给世界以和平,给人类以慈悲。"我很高兴有越来越多的年轻学者投入"贝德士文献"研究,实际上也是做老师没有完成的工作。薪火相传,学脉绵延,谨书此序。

目 录
CONTENTS

贝德士中国基督教史论五章

《基督徒奋进在中国社会（1890—1950年）》手稿选辑

上　篇

内容介绍、导言与总纲

◀ 内 容 列 表 ▶

◀ 贝 德 士 年 表 ▶

1897年5月28日，生于美国俄亥俄州的纽瓦克（Newark）。

1916年，大学本科毕业于海勒姆大学（Hiram College），其父迈纳·李·贝茨（Miner Lee Bates）1908—1930年担任该校校长。

1916—1917年，以罗德学者（Rhodes）身份赴牛津大学留学。

1917—1918年，作为国际基督教青年会干事，在印度和美索不达米亚地区工作。

1919—1920年，获牛津大学荣誉研究院近代史学士学位；随后，又增修政治学与通史课程，获得硕士学位。

1920年7月，美国基督会差会（United Christian Missionary Society）授予传教士资格。

1920—1950年，金陵大学历史学教授。

1923年，与丽莉亚·罗宾斯（Lilliath Robbins）结婚，两个孩子Morton和Robert分别出生于1926年和1928年。

1934—1935年，哈佛大学洛克菲勒基金会学者。

1935年，获耶鲁大学博士学位。

1936—1941年，作为基督教教会代表七次访问日本。

1937—1941年，金陵大学西迁成都时，仍然留守南京，负责保管校产、维系学校活动。南京安全区国际委员会组织者之一，南京国际救济委员会骨干与主席（1939—1941年）。

1950—1965年，纽约协和神学院宣教学教授。

1978年，逝世。

更多信息可参见类8，第126盒1132卷。

◀ 前　言 ▶

贝德士文献排列55英尺长,分为以下八类:

　Ⅰ　通信
　Ⅱ　中国札记与资料
　Ⅲ　《基督徒奋进在中国社会》书稿
　Ⅳ　中国杰出基督徒文献
　Ⅴ　其他札记与收集的资料
　Ⅵ　个人著作
　Ⅶ　教学资料
　Ⅷ　私人要件与纪念品

　　贝德士一直坚持收集与个人生活和工作相关的信件、报道和著作,即使有点零乱,他仍是个严谨的学者,熟悉自身专业领域的几乎所有著作。作为一名历史学家的私人记录,贝德士文献不仅包括他个人作为传教士、学者和作家的文献资料,还包括大量中国基督教史资料。

　　贝德士于1920—1950年在中国工作,第二次世界大战期间,他在保护金陵大学校产和难民救济工作中发挥了领导作用。他是个聪慧并且受过高等教育的传教士,非常适合观察和报道当时中国的情况。从中国返美后,贝德士担任纽约协和神学院教授,在传教领域作出杰出贡献,著述丰厚。他的专业知识受到国际宣教协会(International Missionary Council)、世界基督教协进会(World Council of Churches)、基督教全国委员会(National Council of Churches)以及亚洲基督教高等教育联合董事会等组织的认可,受邀参加许多研究团体和会议。

　　毫无疑问,上述需求的增长使贝德士更加严谨,但也减缓了他完成巨著的速度。至1978年逝世前，他已花费15年时间撰写了《基督徒奋进在中国社会（1900—1950年）》的简明调查报告。到1971年，他已完成"数以千计似乎富有价值或具有前瞻性的图书、宣传册及文章的卡片索引……"。他对主要资料都做了笔记，如教会期刊和年鉴、"来自中华基督教续行委办会（1913—1921年）、中华全国基督教协进会及其各个分会（1922—1950年）的各类文献；约200部传记（含中文）；许多中国教会领袖的著作；中文期刊节选；个别差会、组织、机构的历史，许多学位论文和学术文章，未刊文章选录，信件与'口述历史'抄本"①。这些原始资料——参考目录、札记和带注解的复印件，是手稿的主要部分。在许多情况下，贝德士所收集的资料在其他地方也随手可得，但耐心的学者仍会从中发现独特且具有价值的资料。在贝德士1978年完成的草稿中，约有3 000多页是该文献的核心部分。

第一部分为通信，分为家庭通信、中国时期通信（从贝德士在中国服务时算起）、一般通信（主要从贝德士返美后算起）三大类。在家庭通信中最让人感兴趣的是贝德士1937—1938年写给妻儿的信件，当时他担任南京国际安全区委员会委员、南京国际救济委员会主席、沦陷区经济和社会调查主任及鸦片和海洛因贸易调查员。这些信，连同同一时期的中国时期通信，以及第二和第六部分的报道与备忘录，都对这一动荡时期作了有意义且详尽的描述。

此外，还有一些有趣的部分分散在家庭通信中，例如，贝德士在给他妹妹的信件中提及金陵大学一个教授的精神健康状况。在中国时期通信和一般通信中均可见贝德士夫妇写给朋友和支持者的传阅信。同事和学生向贝德士咨询或寻求帮助的信件在一般通信中占据了很大一部分。还有一些信件涉及贝德士参加的各类研究计划与机构，如国际宣教协会中国研究计划（1954—1956年）、中国文献计划（1968—1973年）、协和神学院传教士研究图书馆（Missionary Research Library）等。

第二部分为中国札记与资料，包括贝德士为撰写《基督徒奋进在中国社会》准备的素材。这批参考目录、手写和打印的笔记、摘要和含注解复印件，入库图书馆时较为零乱。这部分资料分为八类，但因为贝德士经常用复写纸做笔记并复制副本，所以被分散在不同类别里，有些资料可能出现在不止一类文档里。还有一小部分涉及中国但与贝德士的书稿计划无直接关联的资料，也归入这一部分。

A. 为方便使用，笔者根据贝德士设计的大纲把这些资料整理出来，并标明了时间和主题。在多数情况下，仅仅那些明显标有大纲号的资料被归入本部分。但

---

① 来自"已完成事项的索引"，类3，第116盒993卷。

事实上,贝德士的写作大纲显然不止一个,致使分类整理错综复杂。有些札记明显标有大纲号,但不属于最终的大纲或者说不代表同一主题。这类资料已尽可能按照正确的大纲号归档。

B. 贝德士经常在一整本专著、一整篇散文或论文上作简要注释,然后回头在打印件副本的边缘标上合适的大纲号。在其他情况下,他仅复印著作节选并在副本边缘标上大纲号。第二部分的B类含札记和影印件,该部分适用于不止一个大纲类别,很难以大纲号分类归档。因此,作者将这类资料归档,并为部分更有趣或不为人知的专著、散文或论文加了标题。该部分的许多资料被广泛使用,其余则是一些未出版的论文、文件和回忆录,它们或许对研究者有相当大的价值。

C. 许多作者撰写的期刊论文被归入第二部分的C类,以便表明贝德士所收集的以及保存在其档案里的原始资料类型之广泛。有些论文在其他地方易见,其他则来自鲜为人知的杂志。

D. 贝德士花费了大量时间系统查阅主要的教会期刊,并对感兴趣的部分做了笔记。在D类可见关于《中国基督教年鉴》《中国教会年鉴》《中国教会通讯》《教务杂志》《教育评论》以及其他期刊的综合笔记。

E和F. 这两部分中 "3×5" 以及 "$5\frac{1}{2} \times 8\frac{1}{2}$" 格式的札记和参考文献,保留了被接收时的顺序。需要进一步分类整理,以便发现有价值的资料。

G. 这部分零乱的札记和复印件根据组织、会议和主题分为三类。涉及中国基督教会、国际宣教协会中国研究组以及中华全国基督教协进会的资料,尤其有价值。

H. 贝德士精通中文,也雇用以汉语为母语的中国人给中文资料做注解。这些中文札记、参考文献和复印件的价值,需要精通中文的人来鉴定。

第三部分为《基督徒奋进在中国社会》的书稿,是贝德士文献的核心部分,含3 000多页草稿。书稿包括对特定主题的评论、根据贝德士设计的详细写作大纲准备的工作草稿以及修订的工作草稿(重新撰写,压缩了长度但提高了质量)。相较学者而言,这些草稿或许对那些见多识广的外行更具价值。应基督教全国委员会的邀请,孟心湉(Cynthia McLean)女士对这批书稿的价值作了评估。

第四部分为中国杰出基督徒文献,是贝德士为上述专著而收集的增补资料。该项目的第一步是从各类中国基督徒文献中拟定了七个名单,并征集有关友人的意见,形成五个修改名单。此名单广泛传阅,以便更准确地获得更多信息。该部分包含此项目两个阶段的全套名单和与之相关的草稿与笔记,以及审阅该名单的50多人的意见,最终形成27位中国基督徒小传。

第五部分为贝德士收集的与中国无直接关联的札记与原始资料。前两部分中"3×5"以及"$5\frac{1}{2} \times 8\frac{1}{2}$"格式的札记保持被接收时的原样。有些笼统的论题被标出来了，但顺序难以辨别。第三部分是札记和收集资料的混合，顺序比较清楚。涉及宗教自由的文献颇具价值。虽然这部分的许多资料对学者来说价值不大，但显示了贝德士兴趣之广泛。

第六部分是贝德士关于差会和第三世界教会（Third World Churches）、宗教自由以及许多其他主题的个人著作，资料十分完整，分为五类：

    A. 论文、小册子、文件；

    B. 书评；

    C. 来自中国的报道和备忘录；

    D. 布道词、演讲和访谈录；

    E. 与主体工作有关的资料。

A类著述贯穿于贝德士的一生，其中，自然很多内容涉及中国的宗教和政治状况。贝德士通常在《基督教与危机》（*The Crisis and Christianity*）、《世界呼召》（*The World Call*）等各类期刊和百科全书上发表文章。B类书评系贝德士本人撰写，E类著作是对他工作的评论。来自中国的报道和备忘录主要是未经发表的打印件，对于研究南京尤其是"二战"期间南京情况的学者来说，或许具有相当大的价值。

第七部分是贝德士在纽约协和神学院教授宣教史、基督教伦理与实用神学等课程的有关资料。贝德士在该院高级宗教研究计划（The Program of Advanced Studies）中也是主力。

第八部分除提供贝德士详细的生平信息之外，其他多数是其私人要件与纪念品，相对次要。为了体现贝德士的人格与兴趣爱好，这部分资料一直保存完好。

第一部分　通信（1920—1978年，无日期）

该部分分为家庭通信、中国时期通信与一般通信三类。家庭通信按年代顺序分为如下几类：

    1. 贝德士与妻儿的通信；

    2. 贝德士夫妇与贝德士母亲的通信；

    3. 贝德士夫妇与贝德士父亲的通信；

4. 贝德士夫妇与贝德士兄弟姊妹的通信；

5. 贝德士夫妇与贝德士继母的通信；

6. 除贝德士以外，其他家庭成员的通信：

    a. 丽莉亚·贝茨（Lilliath Bates，贝德士夫人，以字母顺序排列）；

    b. 迈纳·李·贝茨（Miner Lee Bates，贝德士父亲）；

    c. 其他人。

中国时期通信和一般通信以作者或收信人的姓氏字母顺序分类整理。在仅标注首字母（如"A"或"B-C"）的文件夹之后，分别是标注名人或知名组织的文件夹。

第二部分　中国札记与资料

该部分分为八类：

A. 以大纲号（贝德士自己设计的大纲）整理的资料。

B. 以专著、散文、论文的作者或编者分类整理的资料。作者和编者的列表后面是节选的标题列表。此外，该部分第一个文件夹里有一份完整的标题列表。

C. 期刊论文以作者分类整理。

D. 来自期刊的札记、复印件与摘要，以期刊标题的字母顺序和每个标题的年代顺序分类整理。

E. 以"3×5"卡片或纸张制作的琐记和参考文献。

F. 以"$5\frac{1}{2}×8\frac{1}{2}$"卡片或纸张制作的琐记和参考文献。

G. 涉及组织、会议与主题的混合格式的札记和原始资料。

H. 中文原始资料。

第三部分　《基督徒奋进在中国社会》草稿

该部分第一个文件夹所含资料有助于理解和评估后续书稿。它包括贝德士对于截至1971年时自己已完成事情的叙述、所推荐的介绍性资料以及自己的写作大纲，朋友兼同事麦维尔·O.威廉姆斯（M. O. William）为整理贝德士手稿做了大量工作。最后一个文件夹包含信件、备忘录、对贝德士手稿的评论性报道以及给予学者或非专业人士的资料利用建议。

草稿根据贝德士拟定的写作大纲分类。有主题类、α类和β类，每一类代表不同的准备阶段。贝德士逝世时已为整个书稿完成α类草稿并作了修订，还为大纲中 I.A 和 I.B 部分（1—9）准备了简要的 β 类草稿。对于包含各个时间段的核心部分 A 和 B 类，编者尽可能优先列出主题类草稿。由于第一个时间段的主题类草稿有点重复和模糊，因此以标题或主题的字母顺序列表，而非大纲号。草稿上标有合适的大纲号，这从标题可以推断出来。第二个时间段的主题类草稿依据大纲号以标题列表。

第四部分　中国杰出基督徒文献

该部分分为四类：

A. 名单；

B. 以体例分类的札记；

C. 由他人提供并以字母顺序分类的资料；

D. 以字母顺序分类的传记概述。

第二阶段的名单与人名是贝德士编纂的中国基督徒最完整的信息。他人提供的资料包括带注解的第二阶段的名单、评论信以及哥伦比亚大学早期关于近代中国国人与政体的研究资料。中国基督徒的传记概述完成程度不同。

第五部分　其他札记与收集的资料（1928—1978 年，未注明出版日期）

该部分分为三类：

A. "3×5" 格式的札记；

B. "$5\frac{1}{2} \times 8\frac{1}{2}$" 格式的札记；

C. 混合格式的札记与收集的资料。

头两类以主题初步分类，第三类又被分成两部分：与组织相关的资料以及与主题相关的资料。

第六部分　个人著作

该部分分为五类：

A. 论文、小册子、文件 —— 以标题字母顺序分类；

B. 书评 —— 以年代顺序分类；

C. 来自中国的报道和备忘录 —— 以年代顺序分类；

D. 布道词、演讲和访谈录 —— 以年代顺序分类；

E. 与主要工作相关的资料 —— 以带有副标题的标题字母顺序分类。

第七部分　教学资料（1942—1965年，未注明出版日期）

该部分以带有副标题的课程标题分类。

第八部分　私人要件与纪念品

该部分按年代顺序分成如下几类：

A. 言行记录/传记文献；

B. 通讯簿、卡片；

C. 日记、备忘录；

D. 病历本；

E. 护照、军事通行证、身份证；

F. 与家人相关的资料；

G. 校园笔记本；

H. 照片和明信片（未经正式整理）。

◆ 序　言 ▶

贝德士教授与基督教全国委员会的中国事务联系密切,时间长达25年以上。在许多场合,人们对中国看法不一、众说纷纭,是他提出问题、陈述事实或回忆往事,这总是能使被人们忽视的评判尺度重新回到讨论中。具有准确性和宏观性是贝德士研究当代中国新教徒奋进的优点。从1920年开始,他作为传教士和教育家在中国居住了30年之久;之后,在纽约协和神学院讲授世界宣教史课程,直至1965年退休。

1978年10月,贝德士教授猝然辞世。我负责清理他在协和神学院四楼满是书籍的研究室。那天下午我到了那里。他的手稿——旧的、修订过的和新的,塞满文件柜的好几个抽屉。还有一些小盒子装满带注解的参考书目、札记与征引文献的档案卡。有几个纸箱装着更多的分类文件。桌上堆着他新近写的稿子,稿纸上面是用了半截的铅笔,显然他刚刚放下笔,似乎要说:"出去走走,马上就回来。"直至生命的最后一刻,贝德士教授仍在持续不断地进行《基督徒奋进在中国社会(1890—1950年)》一书的历史研究。

对于我们中国项目委员会来说,问题在于如何使学者们更方便地使用箱柜中这些手稿的信息和见解。艾伦·C.托马斯(Alan C. Thomson)、柯饶富(Ralph Covell)、穆霭仁(Donald MacInnis)和威廉姆斯(Melville O.Williams)应邀前来协助评估这批资料。他们初步认为,在那成堆的手稿里有很多独立分支,但"只见树木不见森林"。直至临终,贝德士教授仍在搜集资料,他的研究项目仍然是"无限制"的。而且,从他晚期的许多手稿里可知,显然还有很多文献储存在他的大脑里,有待将来的某一天作补充说明。

即使有学者可以胜任此项工作,但对于一个历史学者说,承接贝德士教授的工作并按照他独特的思路最终完成这项工程也是困难重重。

经初步评估,中国项目委员会决定仅为贝德士手稿作适当的索引,向人们简要介绍其工作内容。贝德士教授的密友兼同事威廉姆斯分门别类、系统地整理了贝德士的全部文献。当时,协和神学院的高年级学生孟心湉受过哈佛亚洲研究训练,去过台湾并对中国有浓厚兴趣,承担起阅读数千页贝德士文献的繁重工作。此书便是威廉姆斯,尤其是孟心湉小姐辛苦劳作的成果。他们慨然地为此项目付出诸多精力与时间,期望未来的研究者作出更大努力。

孟心湉小姐成功地将贝德士的数千页手稿浓缩为100页。读者只要认真阅读,便会对1890—1950年新教徒在中国的奋进有大致了解。威廉姆斯博士对现有文本作了较为详尽的介绍性大纲与说明,将进一步指导读者如何查阅此档案(若有需要)。

耶鲁神学院图书馆特藏部主任玛莎·史茉莉(Martha Smalley)女士为贝德士文献进行了详细的登记,纲要也被收入此书。

从孟心湉的概述,我们可知贝德士教授更注重描述新教徒奋进在中国的实况,而不是分析其原因。在这项永远无法完成的工作中,贝德士教授不愿意草率得出结论,因为他显然执着于搜集所有史实并保证其准确性。不过,孟心湉小姐在传教士的奋进中还是发现一个贯穿始终的主题:在中国建立自养、自治、自传的教会——1840年代以来美部会(ABCFM)与圣公会(CMS)的一贯宗旨。然而,传教士倾力帮助中国教会自养时,中国基督徒更加关心的是由中国人掌控自己的宗教生活。

贝德士教授在著作里谈到基督徒在中国的种种活动,这些活动以反对鸦片、缠足和奴役为开端。接着,在1920年代末,传教团许多成员对不公的治外法权感到不满并呼吁废除。因贫困而产生的大量需求使得传教士坚持从事教育、医疗、福利和赈灾等慈善事业。

传教士是否成功实现了建立三自教会的根本目标?贝德士教授没有作出明确回答。他也没能见证1979年以来基督教在中国的复兴。这个问题只能由中国现存教会来回答,他们已努力成为真正的中国人和真正的基督徒。因此可以说,尽管基督教宣教运动的尝试看似徒劳无功,但包括大批女性在内的传教士的意愿、奉献和忘我精神,乃至短见与工作失当,都被上帝用来为中国人民谋求福祉。

在此,我们谨代表中国项目委员会,感谢上述及其他所有为此卷出版作出贡献的人士。特别感谢玛丽恩(Marion Yuen)小姐整理和打印了全部文稿。谨以此卷作为现存于康涅狄格州纽黑文市耶鲁神学院宣教图书馆的贝德士文献的导引。

富兰克林·J.吴(Franklin J. Woo)
美国基督教全国委员会中国项目部主任
1983年9月1日

◀《基督徒奋进在中国社会
（1890—1950年）》介绍 ▶

麦尔威尔·威廉姆斯

多年来，贝德士都在为撰写《基督徒奋进在中国社会（1890—1950年）》一书作准备。他力求正确地书写这段历史，因此，需要尽可能广泛地查阅涉及该时期的中外文献资料。

他的伟大信念是：对于此处所描述的所有人性的弱点，上帝可以利用这些努力来建立中国基督教社区，这或许也是他这项工作最重要的出发点。

尽管贝德士未能完成这项工作，但读者认为，没有人能跳过查阅贝德士所收集和撰写的资料就尝试书写这段历史。

在此，我们先作一个简要介绍，后文附有孟心湉女士对整个著作所做的较长的概括。约3 800页的工作手稿，连同许多原始草稿和打印笔记，均已分类整理。全部文献现存于耶鲁神学院宣教图书馆。希望这篇导言有助于读者更好地了解贝德士的努力。

写 作 意 图

在协和神学院，贝德士的授课、写作和讨论都与中国有关，因此渐渐积累了这一课题的知识与观点，也收集了大量资料。1965年退休以后，这项工作成为他努力的重点。这一时期的信件和备忘录对他的意图和观点有所表述。其中，一个明显的目的是完成赖德烈1925年提供的记述。[①]1925—1950年这个时间段

---

① 赖德烈：《基督教在华史》，Russell and Russell，1967年再版（1927年初版）。

至关重要，他认为必须将其视为一个整体。1973年1月23日，他修订了一份一年前写的备忘录《基督徒奋进在中国社会，1900—1950：新教阶段》，其中，也揭露了一些其他的写作缘由。他呼吁人们关注这一事实，即"自从赖德烈在其著作的最后250页提及或里希特（Juliue Richter）在1925年完成的《基督教会在华的形成》（Das Werden der Christliche Kirche in China）里写过之外，到目前还没有人以任何一种语言进行重要调查"。"含140页史料、最具利用价值的中文书，是1940年王治心在极度困难的条件下编撰的《中国基督教史纲》。因此，1930—1950年这个时间段见证了中国教会与外国教会分离，发展最快、影响范围最广的时期，需要进行研究和说明……目前的研究希望更充分地深入中国社会，超越赖德烈和里希特当年在纽黑文和柏林所做的工作……还要利用现在业已出版并且可以获取的中文资料。"

一部主要靠一个人花费十年之功完成的著作，意图何在？

首先，要从基督教自身的奋斗历程建构尽可能可靠的史实，但对事实要有评判标准，也要有来自外部的力量与评判。现在需要这种努力。

其次，将本书作为一个参考视角，这对许多正在进行的和计划开展的专门研究，都是有益的，无论涉及基督教还是世俗社会……大众读者，尤其是教师，需要对基督教在华事业有所了解，借以阐释和评估社会科学家为自己的专业目的所运用和展示的片段。

再者，为我们自己专业领域所'归属'的历史结构作适当奉献。

（a）对于世界教会历史里的中国因素，对于人类经验中对基督教信仰和基督教社区的全面理解……亚洲人是否要以共产主义批评、将信将疑的基督徒的虔诚和民族主义敌视，描绘一切越洋而来的观念和行动？

（b）寻找中国现代化进程中有关基督教因素的合理视角。

（c）寻求理解基督教国际化的实际经验和跨文化关系，包括帝国主义习俗，也包括对亚洲和发展中国家人民民族主义的理解。

"如果不考虑基督教范围内的重要神学和方法论问题，或与共产主义及其胜利有关的问题，上述对于目前工作前景的建议一定是合理的。"

由于这五页备忘录的全部内容极其重要，所以在导言里加以完整复述。若要以一句话阐述贝德士的目标，评论家这样说："探究并尽可能准确记录在中国实际发生的事情。"这段话摘自早期备忘录（约1971年），1973年1月修改为："基督

徒活动中存在重大而明显的不足,要如实地对待。但不要悲叹基督教在中国失败
了,因为没有注意到事后的评判,或者它已转化为'在中国布道历史经验中汲取的
教训'。并且,中西方接踵而来的批评浪潮不断涌入脑海,本书不欲对此进行争
辩和反驳,而是将其视为挑战,并且尽可能把基督教徒实际所做之事绘制成一
幅合理而令人信服的图画,一幅既欢迎虔诚和友善眼光,又经得起怀疑和敌视
的图画。"

写 作 准 备

我们从同一份早期备忘录里作如下节录:

"已完成事项的索引:

"为富有价值或有预期价值的几千册书、小册子、论文作了卡片索引,不是以
大量列表的形式,而是跨越10个夏天,历时7年竭尽全力的实际检阅,或是通过他
人的回顾与重要评论。

"为《教务杂志》(The Chinese Recorder, 1890—1941年)、全部的《中国差会年
鉴》(China Mission Year Book, 1910—1939年)和《国际宣教评论》(International
Review of Mission, 1912—1972年)以及中国和国际主要会议的资料做了综合
笔记。还为其他资料做了笔记,如1890年创刊、1939年停刊的《世界传教评论》
(Missionary Review of the World),全部《中华基督教会年鉴》(Chinese Church Yearbook
中文版,1912—1937年,很少为学者所知与利用),中华续行委办会(1913—1921
年)与中华全国基督教协进会及其分会(1922—1950年)的全部文献,约200部传
记(含中文),许多中国领导人的著作,中文期刊节选,各个差会、组织、机构的历
史,许多学位论文和学术文章,未刊文章选录,信件与'口述历史'抄本……

"为了确保1972年完成主要章节的草稿、1973年春完成补充章节和附录,采
用适度可行的方法尤为必要。我经常低估了查阅资料和做笔记所需要的时间以
及资料的广博性,同时要不断提高对未来因素和问题的理解。现在我必须依据手
头资料写作,预留出一些补充空间,并且处理实际写作中才会遇到的问题。"(未标
注日期)

归 总

上述段落反映出贝德士博士写作中遇到的一些困难与延搁,以及他在1973

年写作时承受的压力。他积累的资料如此之多、笔记如此丰富，对于各种因素内在关系的感受如此错综复杂，以致开始写作时归纳汇总成为一大难题。我们在他1956年6月准备的一个备忘录里可见这些陈述："国际宣教协会关于基督教在华事业研究出现的问题。"（要求批评和建议）

"研究的目的是什么？基本目标在于，要比当今任何个人或组织更充分地了解……最近10年中国教会和差会的工作与生活。开展这一研究的动力源于：

（1）1950年及其前后传教活动的不幸中止；

（2）那个时期无论事件还是人们的思想，都极度混乱；

（3）道义上，需要理解基督教在华地位急剧变化之意义；

（4）对于已有著作的困惑或不满；

（5）迫切希望了解中国基督教政策经验是否或者应否对其他情况具有启发意义。

这项研究针对基督教差会和教会事业，两者通过多种方式深度关联、相互依存。没有哪一方可以脱离另一方和双方的内在联系而独立存在……充分了解中国的背景和人文环境，或者说充分了解基督徒居住和生活的要素至关重要。中国的人文和整体环境在很大程度上界定了基督教事业的问题，大环境不仅抵制而且持续影响、有时甚至湮没了现有差会与教会。环境是巨大的、复杂的、多变的……在研究基督教在华事业的过程中，要理解中国环境并非易事，存在事实、解释、方法、分布和空间方面的艰难困境，但对于这些中国因素的研究势在必行……当然，传教士因素也很复杂，比如他们所属的教会与国家、在中国的活动与地位以及1900年至1950年期间自身的变化。

有一些 3×5 英寸的参考书目卡片、$5 \times 8s$ 的手写笔记、$8\frac{1}{2} \times 11$ 英寸的书籍摘要与期刊的打印件，每一类都达数千页。对某些书籍所做的笔记多达100页。所有资料已移交至耶鲁神学院宣教图书馆。贝德士开始写作时采取"题记"形式，例如，"社会与伦理关系，1928—1937年"，30页；"传教士，1922—1927年"，21页；"中国基督徒及其观点，1921—1928年"，31页；"大众思想与通识教育，1928—1937年"，34页；"中国背景下的中国教会大学，1922—1927年"，21页；"福音传教，1928—1937年"，39页；"罗马天主教，比较与对照，1920—1937年"，26页；"反基督教或反宗教运动，1921—1928年"，49页；"在华宗教：基督教关系，1920年代"，68页；"教会与差会：两者的关联，1927—1937年"，27页；"自养与自立,1921—1927年",5页;"1937—1945年的日本侵略……",22页;"大众在接受宗教时的思想与教育",45页。

题记的形式多样,但基本上每一类的重要部分都有摘要。例如,对乐灵生(Frank Rawlinson)、修中诚(Ernest R. Hughes)、诚静怡或赵紫宸等一些重要作者的著作,贝德士都做了摘要并注明来源。通过这种方式保存下来的资料直至后来整合时仍然十分清楚。

写 作 方 式

从大量做读书笔记到给资料做题记,再到写工作草稿,这一进程意味着第一部分A类的"中国环境"多数是对他人著作的概括。即使资料不足,他在写作中也很少吸纳前人成果,而是依靠自身在这一领域的广博知识,写出更简略、更完整、更具说服力的版本,这才是"真正的贝德士"。

至于第一部分(1895—1907年),他已经修改了474页——写到B.9部分时逝世,修订终止。直至逝世时他一直在尽最大的努力,未曾料想留给他完成这部著作的时间竟是如此之少。

多年来,他一直感觉完成这项写作压力巨大。我在1970年应邀到传教士研究图书馆代替贝德士出任顾问,就是为了让他有更多的时间完成写作。年复一年,这个邀请一直持续到1976年。露西·罗(Lucy Rowe)小姐在过去的几年里打印了这些手稿,并帮助分类整理,她也证实贝德士为完成这项工作承受了巨大压力。他神学院的办公桌给人们留下深刻印象,在一个大黄色盒子的四周,一些卡片、笔记和其他文献围成一个半圆形,盒子上面是他生前最后修订的关于20世纪初教育方面的手稿。

贝德士拟定了完整的大纲,头脑中还储存着大量信息,这意味着重复不可避免。要考虑诸如福音传教或基督教学派的主题。其B.1"预览与总体"意味着简洁化和介绍性。在本书中,资料通常放在这部分,而正常来说,本应体现在报告的主体部分,如B.7或B.9。在B.2的政策、B.4的计划和方法部分,常常涉及福音传播和学派关于政策和策略的讨论。接着是报告的主体部分B.7和B.9。然后是回顾,常附有一些对要点的评论。另有一例:在I.A部分,他在中国社会调查中提出了鸦片与缠足等问题。一旦进入某一领域,他就会无法抑制地叙述基督徒为解决该领域问题所开展的活动,而不是把行动方案放在I.B.4或I.B.10。

资 料 搜 集

他搜集资料十分执着,举例如下:

1977年,古爱华(Wilfred Gluer)从德国来信,向贝德士咨询赵紫宸在何地何时接受博士学位。贝德士仔细查阅了《中国重新发现西部》(*China Rediscovers Her West*),发现毕范宇(Frank Price)和吴贻芳在书中讲述赵紫宸于1947年在普林斯顿获得博士学位。但他不满足于此,写信到普林斯顿注册中心,最终得到满意的答案:获得一份1947年7月4日《普林斯顿校友周刊》的复印件,赵博士列于1947年6月在该校200周年纪念日之际被授予博士学位的名单之中。这表明赵紫宸早已获得博士学位。贝德士又开始研究,并通过赵紫宸的儿子获悉赵的博士学位是"在1930年左右由东吴大学授予"。他继续查证,直到发现南卫理公会刊物——《传教呼声》(*The Missionary Voice*)的一份复印件。该杂志1927年6月号刊有赵博士的照片,他是被授予荣誉博士学位的四位杰出中国学者之一,时间是东吴大学25周年纪念日。贝德士于是将这些复印件寄给古爱华博士。

我们仔细读过贝德士的手稿并加以整理,但非常失望地发现贝德士并不总是如此慎重地为自己的写作提供证明材料。有些部分作了仔细的资料说明,其他则没有。我们一直有这样一种设想,尤其是在整理第一部分时,那就是贝德士想尽快完成写作,回头再完成注释,但却永远无法回来完成这个重要的收尾工作。我们认为,比起第二部分或B部分,第一部分有着较为完整的脚注。考虑到脚注这一步非常重要,孟心滟小姐在1980年至1981年间帮助核对脚注,但徒劳无功。

我们熟悉这方面资料的人也曾设想,贝德士博士太熟悉事实与资料,所以认为自己的很多陈述都不需要资料说明。举一例:在讨论"自治、自养、自传"的早期参考资料时,他提到《教务杂志》第一期的一篇社论,但一直写了几页后才开始标注日期或脚注。难道他认为那个日期人人皆知?

我如何与这批资料相关联

1978年10月,贝德士博士猝死于心脏病发。他的这一研究广为人知,但直到他逝世,也没有人知道进展如何。海外传教部(Division of Overseas Ministries)的东亚与太平洋附属委员会办公室(Sub-committee of the East Asia and the Pacific Office)及其家属负责全面处理后续问题。他们邀请我负责清理和说明贝德士的遗物。我同意了,起初我并未意识到这项工作的性质,但接手之后,却发现它是如此令人着迷而富有挑战性,从而不得不继续做下去。

作为宣教学荣休教授,协和神学院曾为贝德士提供一间标准办公室,里面大部分是他的书籍、卡片盒和文献,这间办公室一直用到1980年7月。之后,亚洲基督教高等教育联合董事会在江边大道475号1221套房提供了一间小办公室,里面备有文件柜和储藏空间,这批资料从贝德士原来的办公室移至这里。

手稿、笔记、信件、复印件和备忘录混杂,装在一些很少有标签的文件夹里。草稿和笔记被初步整理出来并归总在一起。例如,一堆堆的、一盒盒的、一桌桌的或一抽屉的资料,可能属于同一时期。这些资料保存完好并全部送往耶鲁。抽出主题类手稿相对容易。虽然贝德士已重写第一时期1895—1907年(至中间的B.9教育部分)的大部分内容,但并不总是能够把最先写的C部分和后来所称的β部分区分开来。他在写草稿或备忘录时很少标明日期,但可以依据已归类的主体资料制定大纲。

为 何 分 心

他未能完成此书的另一个原因是要回应有关中国问题的求教:关于亚洲基督教高等教育联合董事会的背景、某一期刊上的某篇文章、解决有关传教士研究图书馆档案的问题。鲍引登(Charles Boynton)把多年来自己在中国为传教士收集的、极具价值的卡片资料赠送给传教士研究图书馆,贝德士应邀帮助整理,并处理诸如此类的问题:只身来到中国的这个男传教士的第二任太太原来姓什么?或请他对某个文献发表看法,或某些学者撰写文章、书籍或学位论文时请他提供帮助。一个年轻学者正在就领事派遣问题中提及的美国传教士撰写博士论文,写信向贝德士求教,竟然收到11页打印的回信,上面的字密密麻麻。贝德士和那些有关中国的著作值得作进一步研究。

回 顾 与 后 记

尽管,或可能是急于完成书稿压力太大,我们几乎看不到贝德士最具价值的写作:他只是追溯并归总各个时期,对整部书加以整体审视并得出结论。这里本应体现他的深邃洞察力和历史哲学观,但我们并未发现。我们推测他是计划在完成其他写作后再来收尾润色。其他人也一致表示,他们在任何会议上提问贝德士"你如何看待1907—1922年这一时期?"时,他都能够作出几乎可以见诸报端的回答。完成书稿的压力，延期，关注特殊文章的时间如此之少，帮助他人，一切似乎都在妨碍他完成这项至关重要的工作。L. 牛顿·瑟伯（L. Newton Thurber）讲述了他第一次听贝德士作有关中国主题的演讲的情形：

> 1943年，贝德士在耶鲁大学的一门中国区域研究课上授课，我很荣幸成为他的学生。我特别佩服他百科全书式的知识和记忆力。我仍然清晰地记得，我的座位离他很近。两个小时的演讲包含大量细节，诸如比较数字，1900年、1910年、1920年、1930年、1940年的中国铁路里数，以及硬质路面公路的类似数字。演讲结束后与贝德士交谈，我看见他为整个演讲准备的笔记只用了三个单词来提醒涉及的主要范围。

还有一个历史记录。1930年代早期，在沪江大学举行的中国高等教育会议上，初次见到贝德士，我便被他的亲切与友善所感染。后来参加金陵大学一次非正式集会，讨论中日对抗和大学生的抵抗诉求。他广博的知识与深刻的见解、现实主义与主张调解的观点，使他在讨论中引领群雄。接着便是战争爆发和1937年秋的可怕事件（卢沟桥事变）。他是建立和运行南京安全区国际委员会的领导人之一，许多中国人得到委员会的庇护。他留守南京，有时前往上海，因为那里也急需他的信息和建议。他将关于日本人在南京推售鸦片的报告——直接交给当局，同时也交给上海报纸——那不仅仅是翔实的研究成果，也是战时的英勇无畏的行为。可惜的是，在我们眼前的这些工作手稿中，他作为当时的历史创造者之一，很少谈及那些足以显示他曾领导群伦的事情。这里要补充说明的是，贝德士本人和其工作构建了一个值得研究和写作的领域：（1）南京的贝德士；（2）协和神学院的贝德士：a. 在纽约和世界议会大厅；b. 作为无数研究中国的博士生或其他作者的顾问；（3）贝德士及其巨著——《基督徒奋进在中国社会》的资料准备与写作。

题 目 意 义

本书讲述的不是"差会"的历史，也不是"教会"或"基督教事业"的历史，尽管书中这些内容俯拾即是。本书囊括"基督徒奋进"的全部——外国和中国的组合更甚于人类的努力。且这些努力发生在"中国社会"，不是在一个地方，而是在关系错综复杂的人群中，在他们的制度、历史、文化传统以及他们所经历的事件中。

◀ 批量资料的架构方式 ▶

贝德士博士对两个问题犹豫不决：如何根据恰当的时期归总资料、如何把各个时期的资料按主题归总起来。请注意文献中他用于指引自己的备忘录：

A. "根据时期初拟的大纲"。

早先他考虑大体以 10 年分期，后来放弃这个计划。

B. "分期问题的自用备忘录"。

这更加显示了他的踌躇。

C. "1922 — 1937 年，B.9 部分，教育和教会学校"。

威廉姆斯制定大纲表格，贝德士撰写全部内容。

D. "关于分期问题的最终决定"与"根据时期拟定的大纲"，成为他使用的分期模式。

E. "组织资料与概要的试用标题"。

F. "试写草稿，1975 年 3 月 — 4 月"。

一、根据时期初拟的大纲

世纪之交的形势与趋势

基督徒在数十年的持续努力中已获得一定的立足点，尽管它是微弱的。在经历甲午战败、宫廷权力争夺以及义和团运动之后，巍巍大国摇摇欲坠。

1901 — 1911 年基督教事业增长资料（非规模增长）

马礼逊入华宣教一百年以后，基督教事业增长的机会逐步显现。改革理念逐渐普及，也出现了谨慎的新政。日本在中国东北战胜沙俄的情况令人不安。

1912—1921年基督徒的奋进反应平平

中华续行委员会发出讯息，称新教事业出现合作领导的新时期。反对之声有所缓和。中华民国宣传进步的自由主义，但奏效甚微。中国社会极其混乱。第一次世界大战破坏了美好的"西方"或"基督教"社会的模糊形象。

1922—1928年中国教会复兴并迅速发展

中国领导人涌现，传教士日益退居其次。虽然重要因素仍处于合作机制边缘或外围，但1922年全国基督教会议获得的进展使人印象深刻，并且全国基督教委员会也在进行中。神学理念和政策之间分歧严重。中国继续处于混乱的革命中，虽然获得了现代化国家的名称和前景，但不幸的是，发展受到内部贫弱与分裂的限制。

1928—1937年基督徒奋进的最佳时机

虽然中国问题严峻，但被发展和环境的影响所淡化。尽管日本占领东北，进一步实施侵略和威胁，尽管存在共产党和其他冲突，但中国大部分地区还是进入了从未实现过的"正常"进步10年期。

1938—1945年基督徒在战争带来的威胁和分裂中严重受挫

事工服务经常受到赞赏，这部分弥补了基督教遭受的挫折。

1946—1950年复兴基督教的未竟努力消融在根本性的革命中

国民党政权无力重组这个满目疮痍的国家。各种形式的主动的进取都遭到压制或被兼并。

1950年以后的趋向与结果

对于基督教的奋进而言，要把机构和人员重组为一个覆盖各方面的政治-社会整体是突然而棘手的。"解放"意味着自由的消失。为了人民群众的安全，执政党要对经济生活实施强有力的控制，并且影响人们的思想，让他们接受这种严密的控制。

二、自用备忘录：分期和资料组织问题

贝德士

起初，我认为大约以10年作为分期最便于组织和写作。从某种意义来说，我仍保留这个观点。然而，进一步思考和征集意见后，考虑做一些主要的分期：1895—1907年、1907—1922年、1922—1937年、1937—1950年。累积的经验表明，以1910年或其前后、1911年或1912年、1920年或其前后、1930年或其前后来分期是不足的。接下来，处理战时和战后时期也有许多困难。我们不想走捷径，利用人为地取自历史年表的10年期，把基督教和中国的故事强行填入框架。并且，如果我们沿袭前人的做法、利用官方数据决定分期，也会遇到麻烦。事实上，从帝国到共和国的转变不在于国家本身，也不是危险的边缘，而是基督教与人类问题的一个重要时期。真正的问题要追溯到更久远的时期。再则，1928年南京国民政府宣告全国统一，其本身并不代表基督教运动发生重大变化或与之相呼应。它对于外部关系的影响也是渐进的。

然而，我们确实发现，1907年百年纪念会议以及相关信息的汇总，标志着基督教发展的一个重要阶段。另一个重大转折点是在1922年，因为前面几年累积了重要准备。1922年以后，直至1937年日本全面侵华战争开始，基督教内部的任何一个决定性变化影响的都不仅仅是一个年份。把1922—1937年这一时期以1928年为界加以细分，有待论证，不过也许比较方便。但是，无须提前作决定。只要完成1922年至1937年这个时间段的整体设计，去除或保留小分期都很容易。

从大局入手，当我们考虑1922年的重大事件时，最紧迫的任务是处理相关事实、资料与解释。我们将投身这些问题，从1907年一直到中华续行委办会成立（1913年），最终在1918—1921年开展广泛调查，搜集资料并加以组织。该资料集于1921年末出版，题为《中华归主》(The Christian Occupation of China)。之所以做这件事，尤其要努力在1921年内完成，其中一个原因是全国基督教会议要在1922年初召开。委办会及其全体工作人员花费两年时间精心筹备这个会议。这自然与调查工作有所重叠，而且在最后几年，所有的工作都由中华续行委办会监管。或许由于调查工作和与此同时进行的其他工作，《中国差会年鉴》(China Mission Year Book, 1919—1923年)未能出版，这意味着我们在很大程度上不得不依赖于《教务杂志》的月刊以及中华续行委办会的一些其他资料。接着我们拿到了全国基督教会议的资料《中国教会》(The Chinese Church)。从某些方面来说，这些资料与我们的调查资料或早年刊登于《教务杂志》的文章当然有重叠之处，往往只是变更了表述和评论而已。1923年的《中国差会年鉴》自然试图补充1919年版中所缺少的一些内容，但这再一次涉及一些事实的重复，尽管组织形式与关系不同。再者，我们的编撰过程中也有一个次要影响因素，那就是这些资料的部分笔记完成于不同时期，时间跨度相当长。

如今，我们必须面对的问题是如何进一步组织这些资料。尽管我们努力使资料重复程度降到最低，但后期还是无法避免。我们已经无路可进，除非再次尝试汇总资料并尽可能做好组织工作。但我们常常试图在下一个阶段中这样组织规划基本资料，以便撰写一个真正接近终稿长度和形式的草稿。我们已决定从1922年全国基督教会议记录开始，《中国教会》对此次会议作了充分报道。现阶段，我们不想直接处理这部大型调查书，也许稍后我们不得不逐页翻阅上述相关汇总资料，特别是1922年以前的历史资料或记述，或多或少与从《教务杂志》或从其他地方获取的文献相同。另外，在为1922—1923年的《教务杂志》以及1923年的《中国差会年鉴》资料做摘录时，我们也往往能在不同的材料里找到相似的内容，可谓"殊途同归"。

三、示例：某一主题的资料概述
—— 1922—1937年的教育和教会学校

贝德士

我们的工作主要是对一年前或更久以前准备的资料作补充说明，识别间或重复的部分。我们的资料已按照9个标题分组，各组字数不等。

1. 首要的，也是最主要的一组是那些未加区分的教育类材料，有些是总体概述，有些则涉及各个不同方面，包括教育目的。

2. 其次是有关公立学校和其他非教会学校等诸如此类的资料。

3. 第三组以小学为中心，对相关幼儿园以及为小学和幼儿园培训教师的师范学校也有所关注。

4. 中学很容易被区分出来，尽管它们常由小学发展而成，并继续管理一所或多所小学作为他们的直属或附属学校；另一方面，他们有时与早期学院归为一类，并与某一所大学存在数年合作关系。

5. 高等学院与大学部分的材料似乎数量最庞大且内容最详尽。

6. 另一个主题是为成人文盲，或因职业或自助目的而开设的特殊学校。

7. 还有一类与前述自然有所重叠,是有关特别为女孩或妇女提供帮助的资料。

8. 教会学校协会以及教会董事会或其他海外派遣代理人的关系,需要考察。

9. 最后是政府关系这一块,正如我们所知,它通常与普通学校的宗教问题相关,但也包括以更大众化的方式来管理学校,常常涉及财产纠纷。(由威廉姆斯概述)

四、关于分期的最后决定

我们从他文献中的大纲开始:

"基督徒奋进在中国社会:1900—1950年,新教阶段

我们并非缺乏友善和关心,而是完全根据时间和空间划分,从而把标题和重点局限于新教。每一项研究都聚焦天主教经验与资料。天主教学者与新教徒相关联又相互区分,故被频繁提及。但切勿武断认为笔者对两者的叙述是同等的。

在基督徒的奋进一书中,我们必须为后续阶段准备一个工作大纲,因为每一时期都有很多复杂的活动与问题,并且中国环境变化诸多。选出的时期应该是可描述的,要尝试发现基督徒奋进每一个阶段的主要特征、所处的中国社会环境及奋进的缘由。我们将首先用提示性的描述,而非标题,来说明这些时期。之后,我们将为组织资料和撰写草稿制订一个纲要。"

下面是他最后决定采用的时期,威廉姆斯已把我们分好类的工作草稿添加了页码:

分期大纲

	页码	页码
Ⅰ. 世纪之交传教士在传统中国的奋斗(1890—1906年)	131	474
Ⅱ. 差会和新兴教会在传统中国积极进取(1907—1922年)	603	—
Ⅲ. 国家存亡之际,中国基督教社区的发展与差会的参与(1922—1937年)	1 882	—
Ⅳ. 在战争和革命浪潮中艰难求生与传教(1937—1950年)	648	—
Ⅴ. 回顾与解释	20	—
后记 1950年及其后	—	—
共计	3 284	474
总数	3 758	

遗留的问题;如何按主题分类。我们要求关注其文献中的两个备忘录:

E. "组织材料和草稿的试用标题"

1907—1922年等。草稿中常见这种模式,尽管会有略微变化。

F. "试写草稿,1975年3月—4月"

与上述有差异,尽管贝德士博士丰富了第一个时期的中国环境部分,但这也许可以代表第一时期所用模式。

五、组织材料和草稿的试用标题

贝德士

为了1907—1922年与1922—1937年时期的写作,也为了真正撰写迄至1907年的第一部分的草稿,有必要对1937—1950年部分作些修改。

A. 基督徒奋进其间的国家环境。

  1. 社会,政府,法律;

  2. 思潮,教育;

  3. 宗教。

B. 基督徒的奋进:做什么。

  1. 概览,合作,联合;

  2. 教会,自立;

  3. 差会;

  4. 宗旨,政策,适应,交流。社会－伦理关系;

  5. 神学与基督教思想,与中国宗教的关系;

  6. 计划、方法,妇女,边疆、少数民族;

  7. 福音传播,复兴;

  8. 宗教教育,主日学校,培训工人;

  9. 教育,学院、大学;

  10. 事工:医疗,社会,男青年会与女青年会;

  11.《圣经》,文学;

  12. 中国基督教社区,领导层;

  13. 对外关系:传教士,派遣地,中国的报道与评论;

  14. 天主教徒;

  15. 其他,已分类。

C. 概要解析。

注：我们认为，"组织材料与草稿的试用标题"，1907—1922年，1922—1937年和1937—1950年，是他为1907—1950年所作的分期。这是他最后决定的时期与主题相结合的最好方式。

六、试写草稿，1975年3月—4月

Ⅰ. 世纪之交时期传统社会文化中的传教事业。

着重于1895—1906年。1895年的背景简述；1898—1900年；1906年。

　A. 中国社会。某些基督徒的观点与忧虑。

　　1. 中国宗教的某些方面；

　　2. 传教神学，基督徒对中国宗教的态度；

　　3. 政府与法律关系，条约与相关问题；

　　4. 正统对异端，中国形式；

　　5. 文化冲突；

　　6. 帝国主义侵略，改革者。

　B. 教会及其工作：1895年概况。

　　1. 福音传播和初期教会；

　　2. 学校与培训；

　　3. 医疗服务；

　　4.《圣经》与文学；

　　5. 对中国反应的进一步了解：皈依——类型、质量、问题；

　　6. 家庭，妇女与儿童；

　　7. 学者——官员；

　　8. 著名代表人物；

　　9. 1899年的趋势与概貌；

　　10. 1900年义和团运动及其后果；

　　11. 1906年情况。

注："世纪之交时期处于庞大的传统社会和文化中的传教事业"。显然贝德士博士已着手修订和重写第一时期的第一部分（至1978年10月逝世时，已进入B.9教育部分的写作），的确是依据"1975年3月—4月试写草稿"进行的。因此，我们认为这是他逝世时依据的写作大纲。（威廉姆斯）

◀ 总　　纲 ▶

该总纲由威廉姆斯于1979年3月设计,稍作修改并于彼时投入应用。见下列
"基督徒奋进在中国社会(1900—1950年)"。

基督徒奋进在中国社会(1900—1950年)
第一部分
世纪之交时期的基督教事业(1890—1906年)
满洲国傀儡政权的衰落与危机
改革尝试

A. 中国环境　　　　　　　　　　　　　　　　　　　　　　　页数

1. 社会与国家　　　　　　　　　　　　　　　　　　　　　　65

    面积、人口、区域、历史;对抗列强与屈辱结果。家庭——力量、问题、妇女
    地位。缠足,鸦片,贫穷。传教士记录的中国人的特征。通篇出现诸多关
    于儒家观点与实践的内容。　　　　　　　　　　　　　　笔记完整

    威廉姆斯注:论及缠足与鸦片,贝德士博士既提出问题,也谈到基督徒如何
    试图改变。或许改革应该迟些到来?

2. 政府与法律关系　　　　　　　笔记完整　　　　　　　　81

    对中国人容忍度的推测受到质疑;19世纪初,天主教徒遭到迫害;限制;有
    限的宽容;1858—1860年条约。传教士的居住、旅行、财产问题。一些赞
    许的态度,基督徒与士大夫的接触。

    中国保守派发起改革。教会尝试理解与适应。1906年概貌。

3. 文化冲突。抵制革新。　　　　　　有笔记　　　　　　　　　　　15

领导层士绅受到批评与不实指控。基督教作为外来宗教。对于祖先崇拜和女传教士的争论。注释在第21页草稿中。

共计　　　161

威廉姆斯注：此处表明贝德士博士制订了我们称之为α的草稿，并附有笔记。接着他开始重写并压缩，是为草稿β，此前的笔记未完整转移，可能简化了α草稿的笔记。在上述中国环境部分，他把稿子从最初的57页压缩到47页，因此必须加上18页（α的58—75页）。α草稿的页码仅在1979年3月26日无法移入β草稿时被标注。

威廉姆斯注：文化再冲突。

此处冲突似乎主要来自敌对立场和反对派。出自同情和成见的冲突情况如何；他或她必须懂得如何回应新情况；新的计划、新的结构与模式、新的价值？

页数　　　页数

A. 4. 改革与改革者。帝国主义侵略危机　　　　　　　　　　　50

中国人对外在世界的不了解，无力应对被迫的变化。中国的改革者：康有为、梁启超、谭嗣同。侵略加剧——甲午中日战争，德国与胶州事件，普遍的威胁。

正统作为决定因素与压迫者　　　笔记？　　　　　　　　　　18

官方的看法？儒教思想控制社会秩序；异端被视为叛乱、教派、违法，要求正统。

太平天国运动就是例证。这18页的正文部分有笔记，但未找到。　　70

反应与动乱　　　　　　　　笔记不全

对抗升级，义和团运动爆发，暴力，死亡；中国基督徒的忠诚。

注：主题4的页码起始为1—134页（一页有a—e），有些笔记找不到。

5. 保守派的改革，1901—1907年　　笔记？　　　　　　　　33

时代趋势。传教士与领事以及与中国政府。保护问题。宽容中的进步。1907年百年纪念大会。

再注：草稿显示有，但缺笔记。

B. 基督徒的奋进：活动与实践

   1. 概述（9＋39页）   48

     缺笔记。数目：教会成员、传教士。社团、董事会、教派。增长、充实、活力、自养。

     总结：继续开拓。

   2. 差会与教会   缺笔记   15

                                    共计   33   201

                                            页数   页数

B. 3. 作为教会开始；"三自"的早期构想 ——（自养、自治、自传）。

     发展本土领导人的问题与挫折；早期教会组织。

     注：23页早期草稿可用。

   4. 主要目标、政策、调适   缺笔记   17

     方法、争论与调适：宣言、和解、基督教文献、科学与教育。

     处理"异教"习俗，基督徒与非基督徒的婚姻，一夫多妻制。

   5. 基督教思想：关于中国宗教   无笔记   21

     认为需要更多认可与理解。试验：通过交流向中国人传递福音；

     发掘中国传统的优点；祖先崇拜问题。

     1890年大会至1907年大会期间逐渐增长的宽容。

     仅提及一名地位重要的中国人。

   6. 方法与计划：边疆与少数民族   少量笔记   33

     集中或扩展；三自；优先发展中国领导人与出现的问题。

     李提摩太总结的方法；赈灾。

     合作：合作与联合项目，团结，人员变动，城市传教士协会。

     1907年号召联盟。

   7. 福音化，增长   无笔记   17

     中国人对中国人见证的成效得到确认。教育方法；

     戴德生（H. Taylor）的"告一切被造之物"。缓慢、谨慎的工作模式。

边疆与少数民族。渐进模式,谨慎布道。第10页福音主义与教会,以及第9页"关于倪维思争论的补充"也可用。

8. 宗教教育,培训工人　　　　　　无笔记　　　　　　　　　　24

工人、教友都需要教育;需要识字,学校和高等学院的《圣经》教学;对社会团体中的妇女和家庭妇女进行特殊布道;《圣经》女性。

大量需要中国传教士。1907年会议决定。

注:上述所有内容,见"基督徒的奋进",连续有167页。

　　　　　　　　　　　　　　　共计　　————　　————

　　　　　　　　　　　　　　　　　　　　　　　　　112

　　　　　　　　　　　　　　　　　　　页数　　　页数

B. 9. 与上述几个主题相关的附加手稿是"传教士与教会",　　22

由他们自己提出问题:如何发展教会? 如何发展中国领导人?

如何推进"三自"目标? 这些问题需要确认。

已确认部分传教士存在"家长主义与文化优越感"。每页都有笔记。

10. 教育:学校与学院　　　　　　缺笔记　　　　　　　　　　54

概览,1890—1906年教育调查项目。除旧布新,教育逢暖春,但存在大量问题;缺乏中文教师,文本翻译,与政府的关系。关于教育目标和宗旨的争论。英华学校。女子学校。1900年4所真正的大学。已修订(终稿),但缺笔记。附加"教会学校与教育问题"。教育部分写作以12个主题草稿列表开始,接着他又追加了23页的"补充说明"。

11. 事工: 医疗、社会、男青年会与女青年会

医疗卫生工作　　　　　　　　　　　　　　　　　　　13

中国民间信仰及其实践。基督徒见证的卫生事工。医生与教派的工作示例。缺笔记。草稿和参考文献可用。也有关于基督徒早期活动和中国医护人员培训的主题类草稿;研究,致力于医学著作。注:似乎完全未涉及乡村和社会服务;禁烟与反对缠足的建议属于这一部分。

12.《圣经》,基督教文献　　　　　　　　　　　　　　　22

关于努力翻译和分发《圣经》的一些笔记。使用中国人的语言——方言与

"普通话"。其他变化的意义。没有像前述部分那样完成。附加的关于基督教著作的主题类草稿,翻译神学术语,分发所有基督教著作。制作赞美诗集。

13. 中国基督教社区　　　　　　　　　　　　24

中国人对基督福音的回应 —— 改变信仰的困难。一些早期中国牧师。中国女基督徒。学者对传教士和大众的态度。笔记完整。

	共计	68	67
		页数	页数

B. 14

传教士 —— 生活片断　　　　　　有笔记　　　　　　14

工作条件,住房,仆人;与有薪水的中国教会同工在文化和经济上的差异。下层人的信仰 —— 对政府不抱希望。开始深入了解中国文化。附加的标题文献可用。

14、15. 未发现草稿

	共计	14	
		页数	页数

C. 基督徒奋进的趋向

此处与B.1的概述部分有些重复,两份文献之间本身也有重复。

"关于趋势的补充说明"　　　　　少量笔记　　　　　62

19世纪基督教发展结束:总体而言,按照宗教、宗派进行的记述。中国人证词的价值。男青年会与女青年会(应与上述B.10放在一起),有关特殊群体和少数民族的笔记同上。

1907年进一步发展趋势与阐释　　少量笔记　　　　　36

更多全国各地不同主题的报告,已将某些类归总在一起。例如,1900年世界基督教普世大会,1907年百年纪念会议,对义和团运动的反思。教友数量,含罗马天主教。提到一些著作和期刊,但无完整笔记。

上述内容注解:多数内容似乎很杂乱,有一些可置于他类,但为了比较简洁而全面的概述,还是保留这一部分。

	共计	98

页1小计	—	161
页2小计	33	201
页3小计	—	112
页4小计	68	67
页5小计	14	—
页6小计	98	—
共计	213	541

关于附录的注解：

我们知道，贝德士博士本希望有重要文献作为附录。但1979年3月27日查阅文献时，并无任何发现。

我们也知道，他为收集和校正中国基督徒领袖的名字与简介付出辛苦劳动——此处有许多有用资料——包括西方传教士的资料。建议进一步检阅这些个人资料并考虑利用。

第二部分
基督徒奋进在中国社会（1907—1922年）

页数

A. 基督徒奋进的中国环境

1. 社会、政府、法律　　　　　　　笔记完整，多数注解至1915年　　65
概述，主要涉及社会方面，从旧政府过渡，共和国宣言，政府里的平信徒，新秩序的意义，宗教自由；中国在爱丁堡会议发声。

2. 思潮；教育　　　　　　　　　　笔记完整　　　　　　　　　　38
获取激动人心的新知识与新观念；新文化运动与"五四"运动批判而公开的自由主义；新民族主义。

3. 宗教　　　　　　　　　　　　　笔记完整　　　　　　　　　　11
对中国宗教尤其是儒教的新知与理解；基督教方法。

B. 基督徒的奋进

1. 概览，合作与联盟　　　　　　　有笔记　　　　　　　　　　　50

很好的概述,有25页涉及发展中教会的数量以及受教育者人数;其余与合作和联盟有关。

  2. 教会及其特征　　　　　　　　有笔记　　　　　　　　　　38
　　　1907年、1913年会议报告,《中华归主》;增进中国的理解,"三自"问题,教派和独立教会自我发展。

  3. 作为传教主体的差会　　　　　　有笔记　　　　　　　　　　15
　　　某类差会的结构与工作;1912年调查;教会为其全部任务拟定的目标。

  4. 目标、政策、调适、社会－伦理关系　有笔记　　　　　　　　27
　　　规定教会与机构的目标,关心社会罪恶现象;1914年男青年会关于社会问题的报告,逐步意识到需要转向中国领导层。

共计　　　244

页数

B. 5. 神学与基督教思想　　　　　　有笔记　　　　　　　　　　29
　　　对中国宗教价值的认同;如何使基督教更本土化;诚静怡领导的基督教运动。多数传教士仍支持。

  6. 计划、方法、特殊群体　　　　　有笔记　　　　　　　　　　18
　　　卖宗教书籍的小贩,饥荒救济,学生辩论,妇女困境与妇女先驱;边疆与少数民族工作。

  7. 福音传教与复兴　　　　　　　　有笔记　　　　　　　　　　17
　　　冯玉祥皈依,中国传教人,学生中的穆德(John R. Mott)和艾迪(Sherwood Eddy),识字运动与福音传教,中国家庭传道会,"未垦地"调研。

  8. 宗教教育与同工培训　　　　　　有笔记　　　　　　　　　　9
　　　培训学校,包括那些女子学校。早期主题类文献中关于主日学校的资讯。

  9. 教育:教会学校,学院与大学　　有笔记　　　　　　　　　　56

综览，政府政策和学校，各个领域与政府的关系，更广泛的教育理念，中英文使用情况，教会学校概况，伯尔顿（Ernest D. Burton）委员会。学院，调适问题，女子学校，学院与大学，职业教育。教会学校与问题，来自其他报纸的一览表。　　　　　　　　　　　　　　　　　　　　　　　　　11

10. 事工：社会、医疗、乡村、男青年会与女青年会　　　正文有笔记　　135
从《教务杂志》查到的社会服务信息。医疗工作：概貌，宗派差会，医生个人经验，医护人员培训，中华医学会（China Medical Commission），北京协和医学院（PUMC）与洛克菲勒基金会，护理。（到105页）男青年会与女青年会，劳工队伍，晏阳初（Jimmie Yen）与识字运动，体育教育。

11. 基督教文献与《圣经》　　　　　有笔记　　　　　　　　　　33
中文运用水平，季理斐（Mac Gillivray）和广学会（CLS），著作调查，基督教出版协会（CPA），1922年第一次提及的刘廷芳（T.T.Lew），《中国出版界》（China Bookman）列举的著作；《圣经》，翻译水平，发行量。季理斐与发展中国作家。　　　　　　　　　　　　　　　　　　　　　　　7

　　　　　　　　　　　　　　　　　　　　　　共计　　315

　　　　　　　　　　　　　　　　　　　　　　　　　页数

B. 12. 中国基督教社区　　　　　　　有笔记　　　　　　26
领袖与杰出基督徒，家庭，强化改革趋势。孙中山。

13. 对外关系。传教士，母会　　　有笔记　　　　　　18
传教士素质描述，天主教关于德国传教士的报告；废除治外法权的可能性。列侬（Lenon）的《传教士的健康》。

　　　　　　　　　　　　　　　　共计　　44
　　　　　　　　　　　　　　　　页1小计　　244
　　　　　　　　　　　　　　　　页2小计　　315
　　　　　　　　　　　　　　　　页3小计　　44
　　　　　　　　　　　　　　　　共计　　603

第三部分
基督徒奋进在中国社会（1922—1937年）

至1979年3月23日的回顾表明，贝德士博士在此部分草稿已写到"史实与研究"。许多笔记都包含在写作主体中。在某些地方，尤其是高等教育部分，写作似乎更冗长，不如第一时期的开头部分有序和紧凑。希望A.1、B.1和B.9中的某些资料能以其他文献形式重写。初步判断表明：（1）他的研究结果（也就是史实）与其许多判断均在此出现；（2）基本架构也在此处。压缩改写，以求更简洁有序，各部分内容更协调，从而为出版作准备。

A.　基督徒奋进的中国环境　　　　　　　　　　　　　　　　　　页数

1.　社会、政府、法律　　　　　　　有笔记　　　　　　　163

两份文献，有些重复，但也有区别：

民族主义与反帝运动的兴起，"五卅"运动，国民党及其革命运动，教会的压力，传教士态度，政局的发展与变化，教会与政府（至第55页）；反基督教运动——所有阶段——宣传，游行示威，来自国共双方的压力（至第143页）；社会状况和问题，工业工人，妇女困境——关于社会、经济、文化状况与问题以及政府、教会和学校，有更多报告。　　　　　　　　　94

2.　思潮，教育　　　　　　　　　有笔记　　　　　　　87

在1922—1937年这一时期，先写1922—1927年，再写1928—1937年，这是一种符合逻辑的方法，也是贝德士最初决定采用的方法。这表明，采取这种分期方法，我们会更接近他的早期写作思路，而非后期近乎完成的写作。（威廉姆斯）评论、著作与思潮等，如西方自由主义的冲击、先进教育、激进思想、学生运动等。

3.　宗教　　　　　两份文献　　　　　有笔记

中国社会的宗教，传统与当前形势；理解基督教所带来的影响。　　29

研究报告与回应；中国宗教及其与基督教的关系。

文献是分开的。　　　　　　　　　　　　　　　　　　　68

　　　　　　　　　　　　　　　　　　　　　　　共计　　441

页数

B. 基督徒的奋进 —— 活动与兴趣

1. 概览,合作与联盟　　　　　　　有笔记

此处列有三份文献:有些重复,但每一份资料有区别。

组织问题,这里的某些报道是否应转移至后文的具体领域部分?

首先,全面发展,利用如下资料,　　　　　　　　142

包括1922年和1927年的中华全国基督教协进会会议报告、实情报告、平信

徒调查、中国社会的重要性,地区与教派报告。

"一个宽广的视野" —— 讨论整理资料的最佳方式。　　　48

综述,面临的问题,挑战,发掘方法,采取行动。

"基督教事业" —— 观察基督徒全方位的努力,　　　43

关注动机与动态;个人与教派报告。

2. 教会及其发展,自立　　　　　　有笔记　　　　119

教会概况及其与差会关系,地区与教派群体调查;

1928—1937年多于1922—1937年。四份文献页码都齐全。

3. 作为传教主体的差会　　　　　　有笔记　　　　28

有17页有关内地会(CIM)的史实与研究(有些与B.2重复),接着是路德会

及少数其他差会。调查不完整。

4. 目标,政策,交流,调适　　　　　有笔记

调查 —— 该领域的史实与研究;　　　　　　　74

社会与伦理关系 —— 鸦片,饥荒,压迫,童工,妇女困境。　45

5. 神学与基督教思想,中国宗教　　有笔记

他们所记述和讨论的关于中国基督徒的报告。　　　92

多数关于赵紫宸。

圣经协会的争论(基要主义)　　　　　　　　11

(威廉姆斯把它从另一部分抽出来,置于此处)

注:这一部分还有一份类似的文献,有108页,很可能是早先写的,但页码不全。

共计　　　602

页数

B. 6. 计划,方法,特殊群体　　　　　有笔记　　　　　　　110

整合"史实与研究";前15页关于财政和依赖性;接下来的48页是1928—1934年,跨度较长;有35页是1935—1937年的少数民族与边疆地区,有7页(22—28)来自其他文献。

7. 福音传播与复兴　　　　　　　　有笔记　　　　　　　10

综述,城市和乡村布道,克拉克(Clark)布道团,报告与评估。

39页主题类草稿

8. 宗教教育,主日学校,同工培训　　有笔记　　　　　　　51

检阅并整合了更多史实与研究。还有37页早期主题类草稿的复写件也涉及"宗教教育与同工培训",这似乎有重复,但资料也有不同。例如,毕范宇。满是工作稿。页码不全。

9. 教育,教会学校,高等院校　　　　有笔记　　　　　　　37

参考早期工作草稿附页1,阐述关于"教育和教会学校"的"任务"。在这一阶段(1979年5月23日),关于这个主题,我们有:

综述,目的,非教会学校,小学和中学(前四个主题)　　　第104页

高等教育:引言与概述,不同学院的内容长度不一　　　　第104页

特殊学校与教育协会　　　　　　　　　　　　　　　　第27页

注册及与政府的关系

对变化的反应,教师协会等　　　　　　　　　　　　　第46页

这些文献似乎是这些资料的重写,将在下页概述,并且仅将那些带页码的计入总数。

共计　　　208

页数

B. 10. 教育,教会学校,高等院校(续)

"修订稿"或文献

"教会学校":近期发展与趋势的调查,多数关于社会服务,还有高等教育目标及其如何实现。

与政府的关系,注册,有关计划,政策会议,教育经费。　　　　　29

"教会中学和少数小学";学校调查报告,学校里的基督教问题,与乡村的关系,免费的社区学校。　　　　　19

"教会学院与大学":侧重对趋势与问题的概述;

中国基督教高等教育关于学院的世俗化。　　　　　31

注:文献不包括所有上述草稿。为了说明完整,需仔细阅读和校订。

11. 事工:医疗,社会,乡村,男青年会与女青年会　　　有笔记

基督教医疗工作在中国包含如下内容:对基督教医疗工作的广泛报道。

29

中国人的观念与实践,教派与地方工作,私人医生,北京协和医学院,

更多医院与工作。　　　　　113

乡村服务:乡村总体状况,从个人到大学农学系的基督教乡村服务范例,

外加4页关于土地所有权的笔记,农田规模。　　　　　149

男青年会与女青年会:概况,含历史概述,　　　　　45

附加活动简述。　　　　　24

很可能是早期手稿,但有明显不同,需求调查,接着是活动,

46页标题涉及男青年会与女青年会,未计入总数。

12.《圣经》与基督教文献　　　　　有笔记

总体调查与报告,12页关于《圣经》,46页关于广学会和基督教文献;

季理斐　　　　　58

另44页纸的手稿,似乎与上述相同。

"《圣经》(第二部分)与圣经社会"

——《圣经》对中国人以及对中文的影响　　　　　18

13. 中国基督教社区;中国人的回应

——些中国基督教领袖与教友(实际上取自上述草稿,19—36页);

他们的反应。　　　　　18

"某些中国基督徒及其观点"。1921—1928年的主题类草稿,30页。必须注意。

共计　　　533

页数

B. 14. 对外关系：传教士，母会

　　至1927年的传教士：分布与年龄，仍然需要最好的书籍；

　　传教士与特权，等等。治外法权。　　　　　　　　55

　　传教士描述的中国。　　　　　　　　　　　　　　42

　　有关母会的笔记。　　　　　　　　　　　　　　　4

Ⅲ. 总结与说明

　　主要是叙述，选材得当，由其他人所作，无明显贝德士痕迹。　27

共计	128
页1小计	441
页2小计	602
页3小计	208
页4小计	533
页5小计	128
共计	1 912

第四部分
基督徒奋进在中国社会（1937—1950年）

页数

A. 基督徒奋进的中国环境

　1. 社会，政府，法律。　　　日本侵略，和平，　　　　　22

　　尝试重建，内战，问题严重。

　　国民党垮台与共产党胜利。有少许笔记　　　　　　　14

　　注：很难提供如此完整的概述。

　　共产党问题，1937—1945年；1946—1950年　　有笔记　　20

　2. 中国思想与宗教　　　　　　　　　　　　　　　　11

B. 基督徒的奋进

　1. 概况，合作，联合

基督徒奋进的总体情况；范围至1945年。　　　　有笔记　　　　　24

沦陷区，1937—1945年；大后方或西部　　　　　　　　　　　　25

基督教运动，1946—1950年　　　　　　　　　有笔记　　　　106

此处的叙述大部分归入后面的某些标题；有必要进行清理和归总。

合作　　　　　　　　　　　　　　　　　　　有笔记　　　　　10

2. 教会　　　　　　　　　　　　　　　　　有笔记

教派实施的调查，至1945年，25页，1949—1951年，36页。　　　61

附加的统计资料，14页；其他，9页。　　　　　　　　　　　　23

地方教会，13页；乡村教会，29页。　　　　　　　　　　　　42

4. 目标，政策，社会－伦理关系　　　　　　有笔记

目的，政策，计划，1937—1945年　　　　　　　　　　　　　　13

社会问题与关注点，8页；合作，1946—1950年，6页。　　　　14

紧急服务，1937—1945年　　　　　　　　　　　　　　　　　18

注：1946—1950年内容很少。

5. 神学与基督教思想　　　　　　　　　　　有笔记

1937—1945年 —— 印度马德拉斯（Madras）大会文献；

其他文章，引述　　　　　　　　　　　　　　　　　　　　　　28

1946—1950年 —— 更多文献与研究　　　　　　　　　　　　　29

6. 与7和3：无法辨认。12、14和15也如此。

8. 宗教教育：神学教育　　　　　　　　　　有笔记

宗教教育，教会音乐，强调家庭。　　　　　　　　　　　　　　11

神学教育，中国领导人，统计资料。　　　　　　　　　　　　　19

　　　　　　　　　　　　　　　　　　　　　　　共计　　　490

　　　　　　　　　　　　　　　　　　　　　　　　　　　页数

B. 9. 教育，教会学校，高等院校　　　　　　有笔记　　　　　26

学校概况，16页；高等院校，10页。

注：关于学院的叙述特别少，芳威廉（Bill Fenn）关于该主题的著作提供了信息。

10. 事工：医疗，社会，男青年会与女青年会　　　有笔记

医疗 —— 广泛调查，工作，服务，损失　　　　　　　　43

青年会的学生工作　　　　　　　　　　　　　　　　8

有一部分关于乡村教会及其服务，起初被置于此处，

现已被移至B2 —— 教会部分。

11. 基督教文献，包括天主教文献　　　　　有笔记　　　16

12. 对外关系，传教士，海外　　　　　　　有笔记

传教士，奉献的特点，海外人员调查，　　　　　　　10

国际会议；此处大部分来自中国基督教教育会（CEA）；

来自海外布道委员会（FMC）的报道与文章。　　　　29

C. 总结，说明，展望

中国人和传教士的重要评估，概貌与多种工作。问题。

贝德士自己的说明不多。　　　　　　　　　　　　26

一般情况下都有说明，需进一步工作。

共计	158
页1小计	490
页2小计	158
共计	648

下 篇

手稿选辑正文

◀ 导 论 ▶

1983年4月

　　贝德士于1978年10月逝世，他留下的文献装满了他生前办公室的箱子、抽屉和书架，其中大部分与他正在写作中的《基督徒奋进在中国社会（1890—1950年）》有关。威廉姆斯先生汇集并分类整理了这些文献，同时，依据贝德士的笔记和备忘录，为整部巨作拟订了一个基本纲要。起初以为补上一些遗漏的脚注并精心编辑，就可使贝德士博士的成果汇编成书。当发现不可行时，又希望某些章节可以独立成文。然而，甚至个别章节也都是未完成的草稿。最终，我们决定把主题类手稿、笔记和复印文献一并送往耶鲁神学院，分类编目作为档案保存，并为威廉姆斯先生所归类的未完成文献做一个内容索引。对于那些想了解手稿风格及相关资料类型的研究者来说，内容索引是必要的工具。最终成果便是这份100页左右的文本——《贝德士手稿选辑》（以下简称《选辑》）。

　　鉴于他有关中国基督教的其他著作，贝德士博士或可称为"大众化"的历史学家，其作品更多是为了启迪普通人，而非服务于学者。作为一名严谨的研究者，贝德士十分注重每个史实的来源，但却极少使用脚注和论据。他在关于这段历史的一个备忘录里明确表示，希望自己的著作可以使学校教师认识到将基督教经验融入当时中国社会大环境的必要性。贝德士的这一意图进而成为我们编订本内容指南的指导性原则，以便于受过教育的读者了解基督教在华概貌。因此，《选辑》不仅是耶鲁神学院图书馆所藏手稿的指南，也试图为感兴趣的初学者提供一份关于这段历史的具有可读性的纪实。

　　《选辑》的大部分语言、段落和文风都直接取自手稿，尽可能捕获"真正的贝德士"。当然，编者有责任挑选一些片断并把它们整合成文，这种预想带有一定的主观性。然而，编者经常就这种主观构想与威廉姆斯探讨，加以核实。威廉姆斯不仅仅是贝德士的同事，而且对这些手稿的内容非常熟悉。贝德士对中国背景这一主题尤为关注,其主要用意在于将这段历史根植于中国社会,因此,他对中国社会、文化和政治状况以及中国基督徒的工作展开了更大篇幅的描述。故《选辑》对某些主题的关注度可能与原始手稿的页数不成比例。

这部手稿各部分极不均衡。然而,第一部分(1890—1907年)与第二部分(1907—1922年)显然是精心研究的成果,第三部分(1922—1927年)与第四部分(1937—1950年)多属于围绕某一主题的文章转述。贝德士提醒我们,中日战争时期的资料在各语言中都是罕见的。文献中的文档质量也参差不齐。早期的许多章节几乎都有完整的脚注,但关键名字和日期有可能遗漏。后面的第二部分至第四部分内容大部分为参考文献,但仍遗漏了大量资料。贝德士使用的资料似乎主要来自《教务杂志》《国际宣教评论》,当时传教士的"读物"、传记、学位论文、制度史和较新的历史研究。看不出他运用了大量中文资料,以及除英文以外其他语种的资料、信件或口述史。

内　　容

贝德士对基督徒奋进在中国社会的考察确实全面。他几乎触及每个可想到的主题,几乎介绍了每个教派的工作,而且提及许多人的话语。然而,他对具体人物或差会仅作解说性的介绍而不详尽。例如,一个对闽南美以美会(the Methodist Episcopal Church)特别感兴趣的学者,在这长达4 000多页的文献里未必能够发现一个关于该主题的完整段落,虽然它被多次提及。贝德士意欲勾勒一幅新教徒奋进的完整图画,寻找每个在华外国传教士的共性以及面临的问题。因此,文献里有许多统计表,但《选辑》没有收录,因为没有充分文献可作评估,并且会妨碍行文的流畅性。

尽管贝德士博士想把他的故事安置于中国背景下,但文献表明,他讨论的重点是中国基督徒而非中国的国家环境。中国政治史部分涉及较少,特别是1920年代民族主义革命以后的情况。文献缺少对国民党剿共、1935年毛泽东和共产党领导下的红军长征或中共苏区发展的介绍。同样,日本侵略、1937年日本全面侵华、南京大屠杀以及日本毒品贸易,也仅仅在与基督徒群体相关联时才有所记述。此外,贝德士也未提及中国知识分子、作家、政治家和政治领导人,除非他们还有基督徒这一身份。这或许表明了基督徒群体这一时期在中国的地位。最后被忽略的一点是通商口岸的外国人群体。大多数外国银行家、商人、外交家和军人也"隐形"了。但另一方面,有关不平等条约和治外法权的问题,文中描述较多。我也要补充一点,那就是以上论述主要是从美国人的视角出发的,尽管其他国家的传教士,尤其是英国人的观点也有所涉及。

贝德士的写作有一些遗漏,也许是因为想尽量避免政治性的争议。关于中共的性质及其1949年取得的胜利、美国政府与蒋介石及国民党的关系以及美国传教士在这些政治事件中的角色,意识形态的不同使得我们到现在也很难作出处理或判断。我们也要想到,对贝德士来说,那段历史与其说是历史,不如说是刚刚发生的事件,犹如昨天的记忆。值得注意的是,贝德士没有提及他本人在1937年日本侵华以后一些事件中所发挥的作用。据其他人证实,他在反对日本贩毒及日本在华东地区的暴虐统治方面起了重要作用。把自己从故事中排除,也说明他为什么在提到某些事件或情况时不"指名道姓"。对于他所熟悉的人物,他从不说长道短,也很少表达个人观点。这一点可以理解,毕竟在他写作时许多当事人还健在。但对于历史记录以及我们对这段历史的最终理解而言,这种遗漏是一种损失。

主　题

贝德士向我们展示了基督徒奋进在中国社会的全貌,但在大量的史实编纂中有一个突出的主题吗?他没有在任何地方明确提出主题或论点,初看文献时我们仿佛"只见树木不见森林"。但逐页阅读事件和人物纪实后,我似乎感觉他在曲折委婉地直指一个中心现象:中国三自教会的发展。

我认为,中国三自爱国会(1951年出现,由吴耀宗领导,这时传教士作为"帝国主义走狗"已被驱逐)或许在某方面冒犯了贝德士,当然这仅仅是猜测。自19世纪中叶以来,中国三自教会的发展一直是传教士的理想和目标,当时这个方案由英国的亨利·范恩(Henry Venn)和美国的卢夫·安德生(Rufus Anderson)共同设计。推进"自养、自治、自传"教会,让基督教义渗透到周围社区,是传教运动的目标,它也把全体传教人员与来到中国谋利的商人、带着征服野心的士兵以及为国家谋求特定利益的外交家区分开来。贝德士博士并未以思想家形象出现在其手稿中,事实上,他同情大多数中国人,他们投向共产主义,迫切希望找到一个更好的政府。但无论如何,他是个坚定的教会人士、基督教事业的守护者。尽管存在许多明显的错误和不足,但他还是认为这一事业给了中国某些极具价值的东西,并且这种价值超过(但包含)基督徒创办的学校、医院和社会服务所提供的物质福祉。

认识到这一点，我们就能够理解为什么贝德士的文献触及基督徒奋进的各个方面，但强调的是新教主干教派的工作，并反复说明后者对在华大部分人员、资金和工作负责。一方面，自1930年代以来，中国内地会得到扩展并且出现越来越多千禧年传教者；另一方面，男青年会和女青年会推进了社会福音运动。贝德士在整部手稿中对上述两个方面均有零星记述。不过，他们不像卫理公会、长老会、圣公会、浸信会、路德会、基督会（Disciple）和公理会的信徒那样备受关注，因为后者影响着三自教会在中国的建立。

因此，在这些手稿中，我们所看到的是一份令人困惑，也令人着迷，还有点令人沮丧的关于中国三自教会的记述，还有一系列关于所有新教教会性质的问题未作出答复，无论是美国的、英国的还是中国的。从1890年至1922年，这个故事的总体基调是上升的、乐观的。可以看到，来自美、英两国的人们都在真诚而英勇地奋斗，期待建立他们理想的教会，如同他们的家乡堪萨斯州或约克郡的教会。特别是在1900年义和团运动之后，随着中国人对教会学校近代教育的热议，基督徒的地位不断上升。然而，1920年代，传教士遭到民族主义者的攻击，一度狂暴的反基督教运动导致教会财产严重受损，一些传教士丧生，1927—1928年逃亡的人不计其数。1920年代末，随着蒋介石和国民党的胜利，政局稳定下来，传教士受邀返回中国——虽然人数减少了，但他们终究回来了。在整个1930年代，传教士与政府加紧合作，在整个中日战争时期的救灾和难民工作中起了重要作用。但是在完成上述所有工作以后，他们实现了在中国建立三自教会的目标吗？很遗憾，答案似乎是：没有。

1930年代早期，有思想的时事评论家因为那些在中国独立运行的宗教集会的缺失而深感惋惜。并且，他们越来越感觉自己认为至关重要的教会生活并未引起中国人的注意：（1）礼拜日未制度化，连基督徒也只是将其视为休息日；（2）集体礼拜对中国人似乎没有吸引力；（3）捐赠很少，什一税几乎不存在，即使在其教徒经济能力能够承担的教区亦然；（4）受过高等教育、才能兼备者投身神职事业的越来越少，受过培训的平信徒领导人也减少了；（5）缺少中国基督徒思想家或神学家；（6）学生与青年认为教会与他们的需求不相干；（7）大众极其厌恶宗派主义的信条戒律；（8）中国人似乎要把宗教教育和信徒培育留给传教士去做。而且，许多中国基督徒公开反对传教士普遍信奉的近乎神圣的政教分离原则。这些情况在整个1930年代变化不大，已取得的进展即便没有被1937—1945年的中日战争破坏殆尽，也受到了严重干扰。

对于这个未实现的理想，贝德士结合中国的实际情况以及西方对教会本质的预想,作出了许多重要的解读。就中国而言,他注意到这个国家有一种极度的种族傲慢与民族优越感,两千年来中国一直自视为"世界中心",因此武断反对"国外"引进的基督教。中国的统治者,无论是在历代王朝、民国,还是国民党时期,都把宗教当作为国家谋利的功利主义商品。甚至某些中国基督徒也把基督教视为潜在的救国工具。中国政府从未承认任何一种允许机构团体脱离官僚主义政权而独立运行的多元主义,因此排斥政教分离原则。此外,中国历史上不存在任何类似教会的机构 —— 拥有共同崇拜且成员的忠诚超越宗族与家族的界线。佛教徒沿街乞讨,受到人们的普遍歧视,致使基督教牧师也遭到嘲笑,并且人们也不相信耶稣基督无偿的爱应该通过捐献或缴纳什一税来偿还。在儒家传统教育下,中国人很务实,注重伦理与道德,对形而上学与抽象思想不感兴趣。过多的教派体系、信条与教义,对中国人似乎无用,他们倾慕耶稣的爱与人格,而不是马丁·路德、约翰·加尔文、约翰·威斯理或坎特伯雷大主教的语录。最后,中国国内遭受各个方面的剧变,还要抵御外来侵略,维护领土完整。如果基督教不愿意或不能以其道德力量支持这些斗争,那么,许多中国人即使不把教会视为反动力量,也会认为与己无关。很少有传教士能对所有中国人屈从于外国统治感同身受,中国基督徒对这一事实感到沮丧和不满。但传教士似乎恰恰没有认识到基督教如何深陷不平等条约和治外法权所带来的外国统治特权,也不理解中国基督徒被同胞辱骂为"假洋鬼子"或"帝国主义走狗"时所承受的重荷。

在西方,贝德士似乎认为,正是基督教事业催生的机构使三自教会陷入困境。尽管差会的目的和宗旨是传播福音和建立教会,但第一批巡回布道的传教士却随即建立了学校、医院和社会改革机构。社会需求如此迫切,民众如此贫穷和落后,使得基督徒心生同情,组织起来从事教育、医疗、赈灾、反缠足、禁烟等工作和运动。了解传教团体对于这些辅助工作是否应该开展的争论,也很有意思。一些狂热的福音派传教士认为,这些慈善工作占用了在华传播基督教这一主要任务的人员与资金。然而,有些自由化的传教士则以福音书中基督经常治愈和关心穷人的事例来维护他们在社会领域的努力。并且,饥荒救济、医疗援助与现代知识常常把人们吸引到基督教圈,否则,他们永远也不会走进街上的小教堂或接触教会。这些争论,特别是关于基督教教育性质和内容的争论,贯穿了整个1930年代。但在现实生活中,小学、初中和高中空前增多,高等院校、医院和医疗设施以及社会福利机构,都在城市大量涌现。而且,自始至终,这些机构多数由外国资助和指导,同时传播外国理念。毫无疑问,这些机构竭诚为中国服务,给中国提供应有的现代机构基础设施。但由于数量庞大而且开支巨大，它们仍然不可避免地受控于"埋单"的传教士及其母会，以获得财政支持。在中国人看来，这种增长是对他们的统治权以及管理国家事务能力的侵犯。另外，尽管传教士认为上述工作来源于基督教教义，必然在基督徒群体中根深蒂固，但这种假设似乎并未得到中国人、基督徒或其他人所认可。在19世纪的西方，这些改良机构起源于第二次大觉醒运动催生的教会以及工业化、城市化和移民引起的社会混乱。社会激情根植于狂热的传教士和教徒所激起的极度虔诚与福音化的目标。但中国的情况并非如此。

同时，大量教会机构在中国发展起来，就基督教会史而言，在建立教会之前先办学校和医院无异于本末倒置。贝德士给我们这样一个印象，即大多数传教士对于教会性质仍固守他们的西方观念，尽管中国实况根本不同。虽然中国人日益反对教派主义、信条、神学、什一税、受薪牧师以及政教绝对分离，但多数传教士似乎未曾加以注意。这些手稿给人一种感觉，即许多传教士仍然相信，当中国教会"成熟"时，他们就会慢慢看见教会生活这些重要的额外实惠的价值。传教士独自生活在中国基督徒为数甚少的小范围领域内，他们可以通过减少批评，甚至通过领导中国基督徒，来增强自己的信念。作为一个群体，传教士似乎从未考虑到在中国由于其不同的历史和文化，教会应该采取与他们所熟悉的母国方式不同的模式。

最后，传教士建立机构以及他们从海外带来的未经检验的神学设想、差会和教会机构的雇员，都不能促使中国基督徒增进对教会这一宗教组织的深层次理解。贝德士没有深入探讨这一主题，但指出到1900年为止，美国传教士的主体为女性。若运营学校、诊所与手工合作社的传教士的妻子们也计入总数，则女性几乎占在华外国传教士人数的2/3。她们与男性医生、教师、公路工程师、农业专家、科学家和男青年会工作者，一同在教会的资助下被派遣来华，这幅场景展示的是一个纯粹信徒的、有社会思想并且活跃的群体，而并非受过训练的教会建设者。这些人把教会视作奋进的中心，但却把精力和才能放在了他处。此外，多数严格意义上传福音的传教士受到的神学训练极少，他们拘泥于《圣经》的字面含义而缺乏对神学理论的掌握，只大致知道教会是历史上的神圣机构。

中国共产党胜利后，外国传教士遭到驱逐，但中国三自教会的建立却成为现实，把基督教活动限于集会时做礼拜、唱圣诗、祷告和研习《圣经》。因为没有外国资助和外国人员，中国教会不得不自养、自传和自治。然而，这个故事并未出现在贝德士的手稿中。他离开了我们，一如传教士在1950—1951年前后离开中国。

结　　论

时隔多年以后，我们运用人类学、社会学、心理学和政治学的视角去了解传教士奋进在华的许多错误、盲点和阻碍，会相对容易一点。然而，要知道，当年那些基督的十字军战士并不具备这些知识。正如贝德士所指出，传教士的奋进以激进的个人主义为基础，这使得多数传教士忽略了自己作为团体成员的身份——在中国人眼里，这个大团体是邪恶的外国统治的复合体。如果一个人想了解这个巨大的跨文化复合体，他必须了解激发这些个人的世界观以及基督教的自我认识。最终，他必须在事实和想象中与教会斗争，才能与新教徒在中国社会的奋进保持一致。

贝德士撰写这段历史具有以下一些目的：

（1）尽可能为规模巨大、复杂且多变的新教徒在华奋进建立可靠信史；

（2）为他人提供参考观点，对差会、个人和机构作更多具体研究；

（3）提供各种历史架构：

　　（a）中国现代化进程中的基督教因素；

　　（b）基督教在中国国际关系和文化交流中的作用，为帝国主义和亚洲民族主义问题提供具体参考；

　　（c）全球教会历史中的中国元素。

在中美交流中断的30年间，已出版许多着重介绍个人和机构、特别是帝国主义理论和中美关系范畴的学术著作。也有关于传教士开办学校、医疗机构和社会重建问题的论著。把西方传教士的奋进史安置于中国近代史环境中的研究工作也在进行中。然而，关于这个伟大事业中独特的基督教元素的研究和著述少之又少，还没有人尝试把中国经验放进全球教会历史中，或认真探索中国基督教在西方传教士的引导和资助下确实成形的历史。在整个1950年代，关于宗派的全面研究极其稀少，涉及教会、神学和教义的问题均有待研究。中国重要基督徒的传记资料很少，并且，基督徒学者的研究主题还未涉及宗教教育、福音派或神学训练。同时，新教徒奋进事业的参与者均已逝世，无论是中国人还是美国人，他们的经历没有被记录下来。贝德士的手稿以一个不为人知的故事——建立中国教会，向基督徒学者发起挑战。

就当今中美基督徒重新建立新型关系的可能性而言，把贝德士发起的这项历史研究继续下去，丰富其内容并传承给神学院学生和美国基督徒，这似乎是势在必行的。如果不了解1949年前我们的传教士曾试图建立的三自教会，就无从了解中国今天的三自爱国教会。美国人关于这个传教事业的回忆，仍存在许多错觉、自欺与十足的幻想，如果任其存在，就会歪曲我们宣扬的对于友谊和基督教团契的诚挚愿望。贝德士就教会性质、必然性、教派体制的缺乏、信条、神学、有薪水的牧师和教会同工以及政教分离提出的问题，应该以中美双方的视角进行仔细考量。它们依旧是影响两国教会生活的"鲜活"的问题，并且能够为富有价值与启发性的对话奠定基础。

对于现存于耶鲁神学院图书馆的这部手稿，最后要说明的一点是：很多人都问这些文献是否值得那些从事专题研究的学者专程到纽黑文查阅。正如我在本文开头所提及，手稿不可能为学者提供大量详细说明或新资讯。但是，它们为1890—1950年基督徒在华奋进史提供了一份视野广阔的概览。如贝德士所言，该记录涉及内容广泛、复杂且特殊。手稿中既无英雄也无恶棍。我个人认为，终有一天这部手稿值得花时间好好阅读。这部《选辑》打破了简单的褒贬判断，对寻求把研究课题放进一个平衡的处境的学者而言是会有所裨益的。

◀ 第一部分　1890—1906年 ▶

一、中　国　环　境

　　1899年，约2 800名传教士率领和指导着近10万名中国基督徒，而中国总人口为3.5亿人，序幕由此拉开。英美传教士（其中约2/3为妇女）与一些德国和斯堪的纳维亚的同工一起，在这个辽阔而贫穷的国家奋斗，面对着中国对所有外来事物的巨大敌意。日复一日，参差不齐的优缺点暴露在价值观已被改变的人们面前。改革需求是明显的，人们对爱国主义与民族状况的无知使这些传教士惊讶。缠足、纳妾和鸦片似乎是有待解决的三大罪恶，民众的反抗通常并不强烈，但也是有的。从1900年义和团运动的有关报道可见严峻的排外力量，当时一些女传教士也把脚塞进小鞋，竭力避免中国人对一切外国革新事物的巨大仇恨。

　　然而，鸦片并不是中国土生土长的罪恶。它由英国引进，中国在炮舰和条约的胁迫下勉强同意这项贸易。这不可避免地引起传教士的非议。如杨格非（Griffith John）和其他传教士所说，许多中国人倾向于把英国政府的行为看作基督教道德的表现。尽管传教士就此贸易批评本国政府，但英国圣公会（CMS）的慕雅德（A. E. Moule）不得不承认："鸦片贸易是一种基督教垄断，其历史是一种基督教的罪恶，基督教的羞耻，它严重阻碍了中国人接受基督教。"据美国在华外交官何天爵（Chester Holcombe）记述："到处可见鸦片受害者，他们就是一切外来事物都是邪恶的这一说法的活广告。"传教士并没有贩卖罂粟，但尽管其努力澄清，也是与这项贸易脱不了干系，他们的同胞和政府正是以牺牲中国人为代价来谋取财富。

　　中国政府，无论是王朝的还是国民党的，凡涉及这一领域的事件时，基本上都采用全面干涉原则。自发的组织被疑为潜在的政敌，有可能煽动叛乱和推翻统治的政党或王朝。因此，自从围绕天主教在何种程度上遵从中国文化展开礼仪之争以来,也自官方认为,欧洲对马尼拉的殖民化以及对日措施中存在基督教因素之后,中国政府颁布了各种禁止基督教的法令。1664年,全面禁止基督教;1717年,实行更严苛的禁令。基督徒被视为清王朝的叛国贼。这些事件构成制度、意识形态上的成文传统,一直到1900年乃至以后都有效力。1724年,雍正帝通过强化禁令,意欲摧毁这个背离正统的异教。1805年的法令禁止阅读基督教书籍,并焚毁所有有关书籍和出版物。1811年和1814年,又诏令处死所有牧师和传教士,无论是中国的还是欧洲的,并放逐所有拒绝以践踏十字架的方式弃教的中国人。朝廷和官员的这种决心没有因强加于中国人的条约而轻易改变。中国人仍然不能容忍任何外来事物和潜在的政治势力,包括基督教福音在内。

意识到这种敌意后,新教传教士竭力远离自身政府和涉及他们的条约条文。他们拒绝中国政府提供的正式身份(天主教传教士接受了这种身份),以证明自己无兴趣干预中国政体。他们也尽可能避免卷入诉讼事件,真诚渴望以和平方式做社区的好公民。在现实生活中,传教士不幸在大型港口的外交事务中无法把自身与炮舰和鸦片商区分开来。1858年,强加于中国的军事条约使传教士得以首次来华并在条约港口外围居住。传教士自然而然地被囊括进其政府制定的治外法权条款并分享利益。传教士成了那一类享有特权的外国人,这妨碍他们与中国人建立密切的关系……总之,基督教在日积月累的反对一切不平等条约和压迫的愤懑情绪中遭受挫折,即使相比权力、政治和贸易而言,分给基督徒的特定利益很少。

1867年发生的事情可以说明传教士与外国政府所寻求的政治利益有着必然的联系,当时总理衙门就进一步开放传教区问题向许多高官征求意见,几乎所有人都强烈反对,因为英国政府企图在传教士已获得合法居住权的区域安置商人。英国公使阿礼国(Rutherford Alcock)辩驳说,既然中国容纳传教士,那么也应该接纳和保护外国商业。一个非常熟悉这段历史的学者说:"相对而言,传教士本身被认为是无恶意的,但却被用作侵略中国的论据,他们成为对中国的威胁。"

然而,1860年后传教士的布道和居住经历与官方的表态相结合,构建出一幅大众受容基督教的图景。在传教士眼里,这是对那些挑起主要矛盾、自大而守旧官员的持久反抗。统治者反对宗教教义,该教义不仅看似与受西方控制的中国所蒙受的政治耻辱密切相关,而且由于传教士享受治外法权,该教义削弱了统治者的地位。官员经常散播传教士犯罪的谣言,控告他们性放纵以及拐卖中国儿童并挖掉其眼睛来炼金。他们攻击那些追随"羊"或崇拜"猪"的人——粗俗的双关话,"yang"意指洋或外国的,与绵羊或山羊的发音相同,而"chu"意指主或上帝,带有斥责和令人恶心的特征。受过教育并深谙世故的严复很好地表达了学者群体的痛苦和愤怒。他把"传教士的狂妄自大"与"外国炮艇的威胁"都视为强加于中国人民的"黑暗团"，正是这个"黑暗团"使得受过教育的中国人"仅以那些人可以感受的仇恨来憎恨外国人，他们发现他们最高尚、最神圣的坚守，他们的民族国家属性，他们的生活、文化以及文学改良，正处于不可挽回的破坏中"。在当时的中国，习俗要求是对的，哪怕是怪习、恶习，而其他都是错的。过度的文化和民族自豪感不容低估，它根植于伟大的历史和对挑战的浑然不知。孟子说过："吾闻用夏变夷者，未闻变于夷者也。"事实上，敌意并不是针对基督教的宗教性，道教徒或佛教徒也如此，但仍在控诉皈依者已被异化，已加入蛮夷行列。

到1890年，许多深受通商口岸影响并在一定程度上接受现代西方知识的中国学者，意识到中国若不想沦为完全的殖民地，就必须彻底改革。其中，有少数人在慈禧的反动统治下献身改革，处于极度危险的境地。康有为、梁启超和谭嗣同最为著名。这种改革兴趣使革新者与李提摩太、林乐知等传教士改革先驱发生联系。两个群体彼此影响不太多，但双方的道路有很多的交织。在此，我们欣赏改革者对宗教（主要是儒教和基督教）的态度。康有为、梁启超以及谭嗣同，有时会讨论宗教在所有社会的重要性乃至必要性。长久以来，中国社会很自然地以儒家习俗和道德教化作为内部及社会公认的控制机制，法律和警察退居其次。有时候，康有为更能理解和推荐基督教的社会功能，但其立场仍然很典型——中国人认为宗教基本上是功利的和种族的。每个国家必须或应该有自己的宗教，但对中国而言，是儒教而非基督教。梁启超认为，传教士改革者的使命是宗教的和普世的，而非政治化和民族化，但他的兴趣在于传教士传授给他的改革知识而非教义。他反对现代西方的进步很大程度上归因于基督教这一老生常谈的观点，认为希腊和罗马是西方知识和科学成就的源泉。

西方人很少能够意识到1895年日本获胜给中国带来的奇耻大辱，中国突然遭到这个岛国的蹂躏，而日本的文化恰恰源于中国。1897年末，德国占领胶州湾，掀起了一个新的可怕的侵略狂潮。其后，人们普遍认为列强在"瓜分中国"。基督徒认为，胶州事件别有用心，因为德国正式把其侵略与本国两名天主教传教士在鲁西南遇害相关联。这一事件由此成为侵略机会和借口，而且有些中国人认为，德国政府出于政治目的在山东安插传教士，企图利用各种困境来攫取领土。结果，胶州事件成为基督教差会是列强代理人或导致列强攫取领土的例证。事实上，其真实性在于中国人对此特殊事件的看法。德国文献和备忘录表明，柏林整整花费三年时间作准备，调查中国海岸，反复查探北京、圣彼得堡、伦敦和东京，以确保德国的冒险目标正确，并且不会从一开始就遇到极大困难。1906年，研究中国历史的德国学者傅兰克（Otto Franke）记述道："这就是西方外交在中国方面所犯的最大、最棘手、影响最深的错误。这确实是所有列强所犯下的错误，尽管他们发表了否认这一事实而又无济于事的声明，这错误就在于传教士一直被用作达到政治目的的工具以及政治势力的信使……这种体系……已成为不信任、憎恨和不计其数的暴行的源泉，而且使基督教在传播中遭受难以愈合的重创。"《教务杂志》的英国编辑对此事件的回应是："……我们期望上帝使德国的非正义侵略产生益处，但这一点我们不能也不敢苟同……我们的国家正在劫掠中国、正在为侵略争论不休，我们如何能成为正义与和平的福音使者？"虽然观点各异，但在新教传教士中间，冷酷的帝国主义很少见。事实上，许多商人认为，在强硬的贸易和财产保护措施是唯一正确的路线时，传教士过于"软弱"。

德国强占胶州湾后，光绪帝在1898年发起了"百日维新"，但最终失败了。慈禧太后很快镇压"百日维新"，同时，企图重新利用1724年的《圣谕广训》来反对基督教。她在1899年再次诏令所有国民和军事官员严格遵守《圣谕广训》的教义，反对异端，并每月定期向百姓宣讲。基本的家庭关系、国家社会关系，乃至人的品行，都被认为是儒家正统思想的一部分，所有离经叛道的教义必须连根拔除。

因为不平等条约的签订、德国入侵，慈禧太后狂热的种族中心主义，反对一切外来事物，导致1900年义和团运动爆发，这一结果并非出人意料。过去几十年里，中国排外与外国入侵的冲突一直存在，外国传教遭遇特殊困难，中国秘密会社心甘情愿地为朝廷和官僚阶级服务。另外，传教士明恩溥（Arthur Smith）从山东西北部的居民处了解到，经常性的盗窃事件、1898年殃及34个乡村的洪灾、粮食短缺以及饥荒，也都是义和团运动惨败的重要原因。该时期人们在情感和语言上将反基督教与反外国人的概念大量混淆，1900年4月天津义和团的一首诗就是例证。

　　神助拳，义和团，只因鬼子闹中原。劝奉教，乃霸天，不敬神佛忘祖先 ……鬼子不是人所生。如不信，仔细看，鬼子眼睛都发蓝。不下雨，地发干，全是教堂止住天。神爷怒，仙爷烦，伊等下山把道传……兵法易，助学拳，要摈鬼子不费难。挑铁道，把线砍，旋再毁坏大轮船。大法国，心胆寒，英吉利、俄罗势萧然。一概鬼子全杀尽，大清一统庆升平。

1900年世纪之交，越来越多的暴力事件与外交行动及外国在北京和大沽口采取的象征性的安全保障措施相关联。直到1900年6月，中国一些上层人士才开始支持并采取措施镇压抢劫掳掠的"盗贼"——义和团。长江流域及华南的汉人总督和多数官员强烈反对朝廷发布的灭绝所有外国人的声明。因此，军事行动基本限于直隶、山西和东北。北京的反动暴行却愈演愈烈，从而失去了审慎。

尽管没有新教传教士被杀，但东北在诸多悲惨的暴行和精神打击中却尤为突出。处在一些地方教会边缘的一些可疑的基督徒，他们诬陷仇家是义和团以发泄心中的怨恨，还有一些村民向义和团控告某人是基督徒，以此报私仇。总体而言，在义和团运动中丧生的传教士较少，愤怒的拳民对中国基督徒杀气腾腾。据估计，中国基督徒死亡人数在2.5万—3万人。在有些情况下，殉道的中国人根本得不到任何生还机会，但其他人可以通过改变立场来拯救自己和家人的性命。传教士试图不作苛刻的评判，因为在家庭决策、习俗和社会影响通常起决定作用的中国经验里很难找到强烈的个人信仰。毕竟，就基本价值观而言，生命不是先于抽象概念如"真理"或"道德责任"吗？总之，中国基督徒的表现令人钦佩，在遭义和团劫掠的东交民巷里，有2 000名中国基督徒难民参与堆沙袋和构筑相关防御工事，他们的付出是无价的。

东交民巷解围后，慈禧逃亡，北京落入列强之手，传教士再次发现自己处于尴尬境地。由于熟悉中文和中国地貌，一些传教士在外国军队进驻北京前后都给予帮助。他们之所以这样做，不是为了屈从各自国家的政策和利益需求，而是因为他们认为在必要的国际事业中必须合作。他们代表中国公民，同时代表为中国公民服务的教会、学校和医院，处理一些紧急事件，反对义和团以及加入义和团的反动者的疯狂暴行。外国士兵大规模屠杀中国平民、大肆破坏和劫掠后，传教士发现自己因为做了同样的事情而被视为与当时许多中国人眼中"野蛮且伪善"的欧洲人同类。多数传教士批评外国军队的不端行为，尽管的确有少数传教士因义和团拷问和屠杀中国基督徒以及愚蠢地摧毁房屋而发泄愤怒，但传教士团体的整体意见是彰显"正义"，而不是"复仇"。

义和团运动的余波也给基督徒的奋进带来困难。协定中中国政府的赔偿债务比过去的任何索赔都沉重，远远超过正常收入，需要借助于巨额外国贷款、关税以及盐税来确保40年内按计划还清。随后，所有中国人对这一财政和政治重荷极其不满。有些国家的索赔额远远超出实际损失。7/8的赔款为"公共索赔"——外国政府的战争损耗。但中国人几乎不明白普遍盛行的公共索赔，他们憎恶每个索赔因素，如直接侵犯了上千个地方的传教士，似乎应该为此支付所有的赔偿。事实上，传教士的索赔普遍较低，只要求重建学校、医院和教堂，没有为死去的传教士索要"血钱"。然而多数中国人认为《庚子协定》是残忍的、极不合理的惩罚,虽然义和团运动可能被误导,但其本质上是一种爱国运动,是对外敌长期以来对中国的觊觎、进犯、入侵的反抗,外敌的这些行为自从1894年起就愈发让人难以忍受。新债务占据收入的主要部分,致使列强进一步控制中国的经济生活,中国人渴盼已久的富强进程也受到阻碍。除日本以外的"基督教国家"残忍地做了这些事,而现在日本的行为也与那些国家如出一辙。

最后,正如明恩溥所说,赔款留下"一条综合贪婪、嫉妒、谎言、不满和痛苦的轨迹"。大部分基督徒与一些地方基督徒忿忿不平地从他们的社区分离出来,因为官方已代表他们在某种程度上进行干预,在给予他们身份的同时也降低对手的声誉。同样,基督徒重建家园时得到援助,而其他许多人在义和团运动和列强的罪行中同样受难,却什么也没得到。

二、基督徒的奋进:活动与实践

1. 概述

正是在这种痛恨外国侵犯中国主权的氛围里,传教士尝试传播基督和平的福音,建立中国"自治、自养、自传"的三自教会。1807—1842年,新教差会几乎不能接近中国澳门和广州的周边区域。1858年《天津条约》①以后,基督新教才真正开始进入这块土地,获得信徒。中国基督徒数量的增长使传教士欣喜:1860年——1 200人;1877年——1.3万人;1890年——3.7万人;1900年——10万人。"算术老师"得以开始梦想他们所传播的信仰有无限回应,这也不足为奇了,尤其是通过中国基督徒的生命与见证出现了大量皈依者。

传教士人数从1860年的160人上升至1905年的3 746人。传教士坚信圣灵的力量无比强大,只要全心依靠圣灵即可达至信仰之路,他们带着这种信念来到中国。信仰与献身不会被重重障碍和黑暗前景所震慑,尽管这个献身神学与社会伦理原则在1900年及以后被放宽,但这种基本信仰一直是布道运动的初始与核心力量。

"传教士"一词绝不等同于按立的牧师,事实上,平信徒特别是妇女平信徒在传教士力量中愈加居多。到1900年,妇女平信徒多数来自盎格鲁-撒克逊民族,占全部布道人员的57%。欧洲组织对女性人数占优势有点怀疑,认为"与真正的

---

① 原稿为《南京条约》,所涉时间不符,传教条款内容也与下文不符,应为《天津条约》。

教会特点和牧师管理大不相同",但他们所面对的中国环境与艰巨任务使他们无暇顾及此类批评。

传教士在几乎没有标准的货币制度和金融机构的时代工作,这使得资金流动、处理及记录相当困难。邮政和电报服务的普遍缺乏降低了管理和交流的效率。传教士面临着翻译、出版和散发《圣经》的艰巨任务,还要把一些西方基督教著作翻译成截然不同的中文版,含20种方言和少数民族语言。另外,他们必须改变打字、排版和印刷技术。并且从一开始,传教士在训练中国人时不得不从基督徒生活以及基督见证的实践、心理、精神的三个阶段投入大量的工作。

2. 差会与教会

大家都说,与同一时期西方国家的教会和其他社团相比较,差会组织的生活更多是团体共同参与的,它有温暖人心的团队精神和很高的士气。然而,这一优点中也有潜在危险,即有些传教士逐渐弱化了差会的功能,差会会议也减少了。这类会议以加强联合为目标,或者以中国人为主体、传教士出席并发言。会议的减少削弱了西方话语的自由度。

1900年,有68个传教团投入工作,其中11个是妇女团,它们通常是同一教会机构普通社团的补充;9个是特殊附属机构,如3个圣经社、男青年会、为麻风病患者和盲人服务的组织;并且至少有6个"独立"于教区。传教团通常由基督徒自发组成,数量多于教会的正式机构传道部,虽然传道部在美国志愿服务精神中更重要,宗教需求本身反而不那么显著。

各类差会的实践活动迥异,对工作的定义也很丰富。每个差会在某方面具有一种混合民族、文化、教派以及中国地方因素的独特特征。然而,在中国人看来,它们具有主要的共性 —— 全部都属于外国。统计表明,1900年有10个社团为超过3/4的新教徒以及5/8的新教传教士负责。大约一个传教士对应13.2万名中国人。

分布在中国大地上的小教会和基督教支持者里面有真正的宗教生活吗?它们是由传教士和带薪水的中国助手联合组织在一起、得到学校和医疗资助的肤浅组织吗?总而言之,我们不能假想许多正在运行的地方教会可以或能够承担布道活动的某些支出。翻修房屋或小型建筑,包括灯,对少数穷人来说实为负担。这一时期的教会还是一棵必须依靠传教士培育的幼苗。

基督徒的奋进以其他国家传教士的目标和工作为开端,而这个没有本土新教徒的社会又对他们的布道充满敌意,因此,几十年来它必须以差会为基础。该任务的愿景是，相较英国、美国和德国而言，中国要基督化，相当多的基督徒加入教会，把基督救赎的福音传播给邻舍，并积极影响他们生活于其中的社区。但现实严峻，获得中国信徒的速度较慢。关于中国基督徒正在做什么或将来有望做什么，普通传教士每天的经历令人气馁。并且，中国社会类似教会的机构或社团严重缺乏，使得虔诚的中国基督徒难以想象可以或者说应该做什么。需要不断地对任何一个崇拜之地的中国基督徒进行讲道和指导，他们通常大部分是文盲，是处于传统的非基督教社区之强大压力下的善意但无望的人们。在薄弱的新基督徒群体里，有受过较少教育的雇用同工，需要坚定信念，为未来教会而不是为当前差会工作的小小发展而奋斗。但传教士知道中国最终将由中国人基督化。自治、自养、自传的教会模式自19世纪中期以来就存在于传教士圈中，需认真对待。因此，这一时期的任务是差会在艰难且多变的形势下努力发展教会，而在这个过程中，传教士在监督、同工培训和医药方面产生了巨大影响。

3. 主要目标、政策、调适

事实上，所有传教士都认为他们的主要目标是布道，向中国人传播福音，宣讲上帝的美善、爱的精神以及基督的教义。许多人把福音传播广泛理解为通过布道、讲授和传阅《圣经》而进行的语言交流。在实践中，"福音工作"不同于医疗服务、饥荒救济以及其他仁慈的救助。事实上，有些传教士坚信这类服务脱离了争取信徒这一中心工作。但其他人记住了耶稣基督医治的使命，认为帮助病人和受难者就是基督之爱付诸实践的表现——这些实践使人确信上帝就是爱。

英国浸信会的李提摩太（Timothy Richard）是一位在工作中把实践与灵修结合起来的早期传教士。中国人对广大世界极度无知，头脑为迷信所禁锢，甚至受教育者和领袖也不例外，这令李提摩太深感震惊。因此，为了打开中国人的哲学和宗教思想，他决定宣讲进步的西方科技发明及其进程。李提摩太随后在山东乡村广泛游历，向有可能皈依者散发印刷品，并在1875年把青州作为布道基地；次年，仲均安（A. G. Jones）也加入进来。此后直至1906年，两人为大约20个县颇具意义的传教模式奠定了基础。然而进步不易，在1876—1879年的严重饥荒期间，李提摩太从山东调往山西工作。他在山西待了十年，期间用幻灯片反复给太原官员作关于地理、天文、历史和宗教的演讲。1887年，李提摩太加入韦廉臣（Alexander Williamson）创办的同文书会。

各个差会的政策有很大不同，那些把社会焦点和福音派的虔诚视为对立面或者是对手的差会，需要记住基督教关注社会和物质问题的根基常常在于虔诚地传播福音这一目的。对于世纪之交的中国差会来说,这显然是真实的。杰出的英国循道会福音派传教士李修善(David Hill)竭尽全力为穷人、盲人和老人服务,使戒烟所的著名牧师席胜魔归信基督并对其有深刻影响。甚至在1900年之前,李修善就开始研究中国中部武汉市早期现代工业的挑战和机遇,在一个大型纺织厂为许多学徒做礼拜,并与一位教会医院的医生共同为汉阳铁厂劳工服务。

4. 基督教思想:关于中国宗教

英国浸信会的仲均安在其提交给1898年山东传教士会议的文章中,请求传教士们应从"人类内心的自然需求、缺陷和固有的期望"入手,不要向"没有意识到自身还有灵魂"的人们宣讲抽象的教义,更无须谈需要上帝宽宥和爱护的有罪的灵魂。就中国而言,这意味着一开始就要鉴别每个中国人受儒教教义影响有多深。

儒教教义与实践给传教士提出了严峻的评判问题。从广义来讲,儒教是道德的和社会的,最初并不具备宗教特征,通常被认为是在传承中国人经验的最高价值,伴有类似宗教的尊崇和虔诚。传教士见证了儒教传统中许多好的方面,也包括许多坏的方面。以他们的经验来说,儒教学者就像是引领盲人的盲人,其运用的几个世纪以前形成的理念与风俗,对现代世界的改革需求没有作用。而且,这些学者几乎完全不接近传教士,固执地反对基督教教义。正是这些"优秀儒家"在19世纪末中伤传教士并煽动叛乱。因此,回望1890年和1907年的传教士会议,有助于认识其中某些问题以及传教士对这些问题的见解。

1890年会议认为祖先崇拜是有争议的。资深传教士丁韪良(W. A. P. Martin)认为,冷静且具分析性的方法将不可避免地把偶像崇拜的因素和与之相关的可容忍甚至是受尊崇的理念与实践分割开来。他强调,基督教对人类生活这一真正重心进行攻击,而宗族就此进行自发且顽固的抵抗,并把基督教限制在一群社会弃儿中,对于家庭及其美德是无益的。最后,他建议:"传教士避免干扰尊崇祖先的本土模式,在神圣的真理牢固地根植于国民思想时,革新体制自然会受其影响。"这一评论引起骚乱以及一系列谴责,其他人坚持认为,中国基督徒不能同时饮上帝杯里和魔鬼杯里的水。苏格兰长老会的韦廉臣认为,基督教到中国是要实现中国社会所有好的意愿,而不是破坏,他试图以此观点从中协调。但多数传教士反对任何让步,会议最终以狄考文(Calvin Mateer)和戴德生(Hudson Taylor)反对丁韪良宽容之策的决议而结束。

然而,直到1907年,对儒教仍然采用和平的方式。某些实践活动仍然遭到禁止，有必要让基督信徒清楚这一事实，即基督教高度重视孝道以及对逝者的悼念和尊重。如果所有偶像在没有足够替代品的情况下陡然被抛弃，有些人会对危险的世俗主义产生担忧。这将导致人们比从前更加远离上帝。总体而言，这是中国问题，不能由传教士来规定。

5. 方法与计划：边疆与少数民族

伴随着新社会的到来、个人的愿景与不安或抱负，中国内地会陆续提出主要的政策和规划。这一问题经常被称为"扩散""扩张"或"扩展"，而非集中努力。中国内地会及其附属机构支持在人们没有听过福音的地方布道，其传教士在"播种"及巡回传教理念的支持下，倾向于扩展地域。但在一些地区得到的回应慢而少，不尽如人意，使得有些传教士支持开展更为集中和周密的工作。广泛分散的个体基督徒缺乏家庭团结和基督教团契，对于这些不利条件和问题的深入了解，使许多人认识到为少数人开展教育和服务工作对于每个中国人归信基督是必要的。

然而，随着时间的消逝和经验的积累，这不是一个紧迫的或引起分歧的问题。多数传教士很明白，从长远来看，终究必须由中国传道人来传播上帝的福音，而这种福音源于基督教群体的生活与见证以及中国教会。有些传教士把历史上的教会理解为一个神圣的有灵感的机构，信徒通过共同崇拜、讲道、团契和事工，不仅仅获得信仰，也按要求强化信仰。教会因此不得不成为福音传播的基地和通道以及许多人改变生活的场所。

从今天的角度思考，我们很可能会谴责1890年或1900年的传教士过于相信自身信仰和决定的公正，因为中国教会没有很快从传教士的监护下解放出来。然而，把中国教会完全或近乎完全置于从没经历过或从没见过一个比较满意的教区或圣会的人之手，不是一件简单的事情，这些人在天资、性格和培训方面相对较差，而且他们深受非基督教家庭、传统和社区的影响。事实上，人们可能会感到诧异：在中国还没有一所教堂的情况下，中国的传教士仍秉承着信仰，甘冒风险抛开看似比较成熟的领导层而支持尝试另一种有可能发展成熟的领导层。

可以把主题置于自养、自治和自传教会这一标题下。最早提出"三自"原则的是英国宣教协会干事亨利·范恩，他与同时代的美国公理宗海外传道部（公理教会的）的干事卢夫·安德生思想相同。常规模式之一是差会和教会合作，通过提升领导力和责任意识来稳步促进后者健康运行。

除了中国教会的特殊发展之外，许多传教士，诸如李提摩太，在从事灾荒救济时常常要克服敌意，让人相信基督徒的利他宗旨。但在提高地方贫民的期望、抚养大量孤儿或被遗弃的孩子、消除一些官员的怀疑和嫉妒等方面是有问题的。给予和接受的援助从来就不多，通常少于基本的食物，仅给有急需的一部分人提供资助，而且极少帮助贫穷的农民挨到下一个收割季。许多传教士不仅被身边的危难所困扰，也被"吃教徒"的精神负担所困扰。由此，他们在把福音与物质援助相联系时相当谨慎。

6. 合作

对有些传教士来说，合作、联合和联盟是把事情做好的主要方法，而一个差会是无法独自完成的。圣经公会、广学会和几个地区社团、《教务杂志》和各类传教士会议本质上是为了特定目的而进行的跨宗派合作。中华教育会、中国博医会、中国基督教青年会、主日学校联盟、中国禁烟会等也都具有这种合作特征。

基本的合作形式是加强团结——每个差会在指定区域工作，减少与邻近区域其他差会工作的重复和可能产生的摩擦。通过这种方式，中国内地会的大量公告与其他主要差会更宽容、渐进和合作的立场共存。不过，前者的主要目标是保持有益的距离，而不是发展友谊，关键词在于"领域分工"。总体来说，宗派努力克服历史成见，认识到拒绝任何一个教会的合适成员，不仅是对请求者的伤害，也是对整个基督教事业和异教徒社团的巨大伤害。

自始至终，少数传教士，包括所有在华基督徒，对新教教会都有个愿景。及至1900年，随着大量不同差会和教会的增加，他们感觉协调基督徒的工作迫在眉睫，但联盟似乎不大可能。大多数中国基督徒乃至牧师，待在相当小的基督教社区，与其他团体没有交流。直到1907年仍把它看作一个主要的成绩，直到圣公会高教会派（High-Church Anglican）和南浸信会（Southern Baptist）意识到，在基督教事业中彼此是同事，要一起祷告，并在一定程度上一起计划。

到1890年，某些联盟已经实现，尤其在教育领域，东北的爱尔兰和苏格兰圣公会也如此。更明显的是，类似决定实现教会联盟的还有圣公会和长老会。四个圣公会团体的主教分别在1897年、1899年、1903年和1909年聚会，同意组织中华圣公会，并在1912年举行了中华圣公会第一次总议会。另一方面，卫理公会是一个典范，它不是一个国家教会，而是全球性的教会，其总部设在美国。

7. 福音传播、发展

时至1900年，许多传教士报告称，教徒的增长大部分依靠的是中国联系人，没有任何传教士参与。因此,中国基督徒(从中必然涌现出积极的同工)的忠诚度、品德层次和训练的程度,对布道问题日益重要。开始听到抱怨,如布道努力因传教士数量不足而受到阻碍,或因大量传教士投入教育或医疗工作,导致投入传统布道工作的传教士数量减少。传教机构中本来就很微弱的团体认同感正在被基督教在华进行的各类具体而不同的工作所粉碎。

大约从1905年以来,信仰复兴大会开始受到一些关注,尽管直到1907年以后它们才兴盛起来。有时该术语用于针对非基督徒且具有强化性的福音会议,但随后有新的基督徒加入。中国确实有复兴西方教会的声音,并且征募传教士时穆迪(Moody)传统也显而易见。但事实上,中国人通常的行为经验使得传教士认为他们的听众是冷漠且迟钝的个体,而不是由明显的情感支配的团体。

苗族人以及中国西南地区其他非汉族族群的集体皈依,与一种复兴形式相关联。从1904年开始,中国内地会领导的贵州和云南山区宗族兴起一些重要运动,接着云南北部的花苗和诺苏族(Nosu,也称罗罗)也兴起这些运动。数千人打破迷信,他们在那些既高兴又焦虑且过度劳累的传教士面前表现出基督徒的样子,这些传教士承受着指导、培植和教育众多基督徒的巨大压力。

西藏、新疆和蒙古吸引了一些传教士,然而距离遥远,在远离传教士基地的非基督徒中工作,困难重重,只有无畏者才能坚持下去。

8. 宗教教育、同工培训

与后期的奋进相较而言,许多早期的差会工作比较一致。在布道和说教中,传教士唤起陌生人对基督教的兴趣与回应,包括那些到过简易教堂、街道小教堂或临时布道点的人;他们也竭力给予那些慕道友或已经过初步指导的人更彻底的信仰基础。当然,传教士也欢迎与个人单独见面,但其巡回布道的时间有限,在住所时他还必需划分时间,以便处理学校事务以及指导同工和除计划服务以外的各类团体,这可能是日常工作。同样,文盲与稍识字者、能够进行简单演讲或甚至以精通文学为傲的人,他们之间的差异造成交流障碍,也给如何传教带来困惑。商店的学徒或许在道德和灵性方面超过那些读书人。

鼓励并帮助获取读写能力,提高阅读技巧,与《圣经》教学交织在一起。为了帮助数以千万计的人获得一定程度的阅读能力,传教士也发展了与谈话时的发音相对应的字母形式——罗马拼音。然而罗马字体受到批评,因为它是对受人尊崇的汉字的不敬。1912年中华民国成立后,罗马字体因阻碍推动国语成为统一的国家语言而遭到谴责。

儿童受到传教士和中国教会学校教师的关注，但牧师基本上不懂得如何有效地与他们相处。学习就是背诵经典这一强有力的中国传统，远不能满足基督教训练孩子那种寻求、联系和运用的过程。尽管中国人精通奇闻轶事和解说事例，抽象语言和准则趋于流行，但却让孩子成为被动的听众。

初中和高一级学校的《圣经》教学呈现出好景象。学生很多是遴选出来的，无阅读问题，而且老师更有资质。

多数中国同工似乎没有意识到主日学校的重要性，国际主日学校的课程虽然可用，但不太适应中国情况和变化多样的需求。

由于忽视教育以及中国传统的严重束缚，妇女工作涉及特别困难的培训问题。关于洗礼前应该付出多少努力，在圣礼前是否必须达到一个公正而明确的标准，意见不一。一些无力从事正规学习的妇女在与人交往以及在困境中展示信仰和爱时，值得称道。同样，有些人认为，一些年长且行动迟缓的妇女被忽视太久，应该不顾其缺陷，早点作决定。许多讨论集中于培训妇女的读写能力。利用短期学校，以便使妇女不在家的时间不会那么长。同样，幼儿园也会帮助母亲从家庭中解脱出来去上课，这同时也展示了一种基督教事工方式和现代育婴模式。尤其是有妇女在，家庭、邻居和较大社区就会受到关注。希望中国女基督徒能够同缠足、扼杀女婴、过早订婚以及纳妾这类社会恶习作斗争。

对女传道（Bible women）的选择和培训迥异，没有统一的模式。在中国，隐居和两性的分离以及对妻子和母亲责任的限定，有助于为妇女的奋进保持一个即使不明确但很真实的自主性。妇女传教士没有建立独立的教堂，但她们经常为女性创办和指导学校以及提供医疗服务。中国妇女和女孩的特殊需求证明这类脱离男性指导的半独立的努力是正当的。

发展中国牧师是场长久战。到了1907年，教会已经十分明确地存在，招募和培养能够担负教会和社区全部责任的优秀牧师的需求提上日程。然而，未受教育的穷人更愿意回应那些跟他们比较近的人，他们不应该因西方标准而气馁。正规学习不是信仰、爱和献身的替代品，但也许会诱使人骄傲或者因一份薪水更高的职业而放弃基督教服务。可是，受过良好教育的中国人不打算听一个文盲的话，因此，必须也给他制定规则。

1907年的委员会建议对牧师进行一次彻底的通识教育，因为在没有这种通识教育基础的情况下，神学教学将会"生产"一个弱智和狭隘、不适合向中国人证明基督教信仰的牧师。应该学习中国古典文学作品，因为它们是国家思想和伦理、社会和政治行为的源泉。不少传教士支持19世纪欧美盛行的教育理念，该理念认为数学是培养分析和精确思维能力的法宝,因此,他们把这种理念也运用于课程。中国牧师不仅需要坚定的信念,还要清楚地意识到他们要重点花时间和精力在灵修上。要记住他们不曾是"改革家、爱国者或教育家",而是上帝国度的建造者,要为上帝奠定他在中国的教会基础。

9. 教育

1890—1907年这个时期见证了教会学校的快速发展。差会发现,在许多情况下,可以通过学校与中国人取得联系,并借机影响他们的生活。而且,随着基督教社区的发展,对受过教育的同工的需求在增加。穷人和未受教育的人主宰了早期教会,而士大夫对他们的蔑视却激励着聪明的中国基督徒和传教士去发现和培育可以赢得上层阶级尊重的领导人。同样,艰难的开拓已收获回报:中国教师的质量和数量都得到提升,很多毕业生虔诚又满怀感激,教科书、设备和方法亦有进步。

对于教育努力在某种程度上偏离了"直接布道"这一问题,差会存在强烈的反对和广泛的焦虑。然而,基督教教学是多数学校的一个重要活动,并且,积累的经验表明,促使皈依并非真正的目标,真正的目标是建立名副其实的基督徒教会,这一教会的生活、口头见证和服务能成为中国基督化的唯一可行方式。罗伯特·斯皮尔(Robert E. Speer)极其支持神学和布道,他确信由基督教会资助的中国高等教育是有益的。他宣称,通过把信仰与要求新知识以及向那些不愿意称自己为基督徒的人介绍基督教理念和道德规范紧密相联,这种教育得以打破迷信,改善公众对基督教的态度。

教会学校报道,1890年各类学生仅有16 836人。1900年的一则报道表明:12所学院或大学拥有1 814名学生;66所神学院或培训学校有1 315名学生,其中女生543名;166所寄宿学校和中学有6 393名学生,其中女生3 509名。据估计,小学有3万—4万名学生。另外,30所医学院有251名;7所实业机构有171名;6所幼儿园有小孩194个;孤儿院以及盲聋之家为约500人提供了教育。在人口众多的中国,这些数字相当小,但与同时代适合中国学生的其他教育形式相较而言,传教士教育者几乎满怀希望,他们相信能够对公众以及近代中国私立教育施以重要影响。留洋学生几乎不能成功地通过政府考试,也得不到实质性的公职。旧式的科举制在被废止之前的几年里,即使不被不同形式的改良主义破坏,也会遭到削弱。西方文章被以诸如"温度计"与"电报"之类的主题随意介绍,来自儒家经典更传统的文章亦如此。

1907年百年纪念大会时，传教士向母国选民称，中国正在进行一场知识分子革命，表现为官员和富有影响力的阶层渴望获知西方理念和实践、科举制度的灭亡以及女性教育的肇始。然而，在意识到传教士不可能实施整个国民教育工作时，差会与西方教师发挥作用，充当着政府教育工作者的合作伙伴。基督教青年会干事格林（Robert R. Gailey）1901—1904年在天津开展的工作就是传教士援助中国教育事业的实例。当时，贵族家庭决定为他们处于青少年期的儿子创办一所现代学校，并出资请格林挑选外国教师。与政府的政策相反，他们答应把儒教礼仪变为选修科目，格林也同意在自愿的基础上提供宗教教育。

1904年期间，官方日益排斥基督教对公立学校的影响，不允许教授任何违背儒教的东西，要求虔诚地尊崇孔子碑像。中国人希望得到外国人的帮助，但不是利用基督教，这一点从官方普遍拒绝教会学校毕业生参加政府考试和就任公职这一事例可见。基督教社区存在这样一种焦虑，即担心普通民众和基督徒之间的旧有分歧会产生新的论调，这意味着会有各种各样的歧视，甚至认为基督徒不是公民。美国公使康格（Edwin Conger）陷入一个令人困惑的观点，不过这个观点没有人跟进。当时山东大学堂的一个基督徒学生拒绝向孔子碑像鞠躬，此乃"反中美条约的行为"，他因此被开除，而康格就此向总理衙门投诉。这使基督徒相信，无论是美国人，还是中国人，都反对他们平和的宗教活动被干涉。1906年10月，在福建注册教会学校的申请因下述理由遭到拒绝：

> 北京教育委员会已颁布指令：教会学校或其他受外国人控制或由其建立的学校，不得在该省董事会注册，也不得承认其毕业生，因为中国不希望外国干涉它的教育，这将会妨碍废除治外法权。

教育努力的一个主要形式是把其他语言的书籍译成中文。江南制造局译书馆发挥了重要作用，从1871年开始，它出版了科学、神学和其他内容的书籍，总量达数百种。这是一项政府事业，但严重依赖于圣公会傅兰雅（John Fryer）的策略和勤勉。1884年，傅兰雅独自创办格致书室（Chinese Scientific Book Depot），使江南制造局译书馆、中华教育会以及差会出版机构翻译和出版的书籍得以向公众开放。由于中国近乎完全缺乏有组织的图书市场，文化水平也很低，而且直到19世纪和20世纪之交时才有较少的读者需要这些现代书籍，所以这项服务颇具价值。

19世纪晚期两个重要的中国翻译家是林纾和严复。尽管林纾实际并不懂外语,但却在1893年开始出版译著。他人挑选文本并口头翻译给他,之后,他自由改述,以便利用中国风格来引起对故事中社会和文化知之甚少的读者的兴趣。他出版了171部著作,其中,99部来自英国作者,20部来自美国,33部来自法国,7部来自俄国。而严复曾在英国学习,发表过8篇具有解析性、实用性的有关社会政治思想的重要论述,范围从赫胥黎(Thomas Henry Huxley)的《天演论》到弥尔(J. S. Mill)、斯宾塞(Herbert Spencer)、亚当·斯密(Adam Smith)与孟德斯鸠(Charles Montesquieu)的著作。严反复强调19世纪晚期国际流行的"生存竞争"与"适者生存"论。读者对严复的作品感到满意,因为他能采用中国人生活及其著作中的许多例证和引证,把外国的理念注入读者的思想。也存在异议,说他介绍的理念并不是作者的思想。但是,以林纾和严复为例,有人会说,如果翻译或改述与中国的思想一致,那么它会远离西方作者的思想。或者说,如果翻译与原著的内容和形式很贴切,那么它很可能意思不完整,几乎没有趣味,使得中国人理解起来很费力。

英华学校或学院是某些港口城市的特殊组织。一般而言,中学或高一级学校是寄宿的,多数传教士把它们当作一个真正可以施加基督教影响的机会。在宿舍、学习时间、休闲和团体活动中,影响学生的能力是巨大的,并且,相较那些刚刚开始学习阅读的小学生,对他们进行宗教指导与事工的意义更大。另外,典型的日校仍然严重依赖于老派的教师,他往往不是基督徒,主要以传统语言和方法教授儒家书籍。

英华学校原则上是双语教学,或有两个平行的部门,而其中任何一个部门要以一种语言为主。一些人强调中文是国文,谴责西方语言剥夺了中文的地位。而那些常受父母资助的学生却坚持认为,必备的现代教育最好通过英语、日语或其他西方语言实现。前者对后者的观点不以为然。语言本身是一种职业性和文化性资源。事实上,在高度需求英语教学的时期去保护他们的中文教学计划,传教士教育者感觉压力巨大。美国公理宗1889年创办的潞河书院陈述了其宗旨:

> 它竭力将一群青年人培养成精神上彻底基督化的信徒,使他们只能事奉教会。他们感恩教会生活给予其受教育的机会,他们将所受的训练视为教会的需要。因此,教学媒介只能是中文,在课程的任何阶段都禁止英语教学。

事实上,这项规定并不是绝对的,在中文教学的同时通常也教授英文。语言问题的确指出了中国人和传教士对于现代教育需求及其意义认同的主要差别。

传教士进入教育领域的初衷是为基督教事业培训年轻人,以及给羽翼未丰的中国教会提供它所需要的牧师和基督徒教师。差会非常担心过多的一般形式的英语现代教育会诱使毕业生在收入较高的其他行业就职。然而,在许多情况下,这正是许多中国学生所寻求的,许多人确实利用教会教育进入商业领域。1890年代早期,对许多中国年轻人来说,英华学校是获取现代知识的唯一途径,有时基督教知识只是作为一种有限的元素被容忍。

最近有一则评论,称19世纪末只有4所学院具有"完全的大学身份",即登州文会馆、上海圣约翰大学、汇文大学与潞河书院。这4所学校从小学和中学自然演变而成,因为其毕业生要求进一步学习。例如,卫理公会(北)小学1870年开始办学时仅有3个男孩,到1879年已成为一所小型寄宿学校。1888年,差会(华北)教育委员会决定发展科学、神学和医学,一所大学很快成为可能。1890年,该校并入汇文大学(后来基督徒把它与1901年重建的京师大学堂加以区分)。最终,1901—1916年的协商促成了如燕京大学一样耳熟能详的宗派联合体。1907—1922年,进一步对已基本成形的教会学院和大学采取措施。然而,在1907年以前毕业的一小部分学生中,不少有才者准备投身于基督教和社会事业。

女子学校发展缓慢,直到1896年它才开始寻找学生,而不是遴选学生。对教会学校为女孩提供入学机会的反应,因地域、地方教会领袖、先驱学校校长和员工的素质而不同。许多父母找不到把女孩送到学校的理由,因为这只对她们未来的婆家有好处。并且,女孩可以在家帮忙干活,尽管作用轻微,而上学毕竟是个损失,短短几年后,许多家庭又把女孩从学校拉回来。

10. 医疗

在传教工作前期,布道的要求比起医疗来更常被提及,也更容易被理解。但在中国,生活在水深火热的中国大众很难接近,因此巡回布道者或传道人逐渐采取了普通人简单的医疗技术。当这些传教士在祖国呼吁医生投入医疗工作时,第二个阶段来临。当传道人和医疗工作者都意识到教会对受难民众负有责任,并且有必要鼓励甚至创造一种政府应该为一般民众提供医疗服务和培训的传统时,第三个阶段来临。

由妇女提出并且针对妇女的医疗保健需求很快显现。在中国,很少有女性就产科或妇科疾病找男医生就诊,体面的中国妇女也不会从事这种令人不快的职业。因此,接生和产后保健就落入水平最低且最无知的妇女之手。因为几乎没有受教育的机会以及延续不断的早婚习俗,使得培育中国女医生需要时间。第一位到中国的女医疗传教士是卫理公会的寇慕贞（Lucinda Combs）博士，她于1873年到达北京。利奥诺拉·郝维德（Leonora Howard）博士曾为总督李鸿章的夫人看过病，她也加入进来。李总督请利奥诺拉利用一座寺庙建了一个妇女诊疗所，以纪念前任总督。鉴于此，高绰（John F. Goucher）捐资5 000美元，在天津建造了一所女性医院，该医院于1881年正式开放。

传教士对医疗事业的一个重要贡献是提供了关于解剖学、生理学、外科和儿科的教科书，这些书籍由合信博士（Benjamin Hobson）在1850年代提供。1886年，中国博医会创办了第一个专业的科学杂志《博医会报》（*The China Medical Missionary Journal*）。

11.《圣经》、基督教著作

至1950年，翻译、准备和分发基督教著作仍然是相对无组织而且特殊的事业。中国人从未积极参与进来，只有传教士关心它。早期有许多讨论，涉及翻译以及圣诗中所用中文形式、罗马字的利弊、文本和注释的选择等。出版宗教小册子的社团、宗派出版社与圣经公会，他们一起工作，有时合作有时竞争。

12. 中国基督教社区

虽然存在迷信与无知，但其中也产生了一些对基督教健康且富有成效的回应。某新近皈依的老人在路边作见证，引来一名不识字的妇女的回应。她请别人把自己想记住的祷文反复读给她听。家人和邻居都反对她这种愚蠢的行为，她忧心忡忡，烧掉祷文并吞下它，请求上帝怜悯，教她祷告并回应她所吞下的祷文。应该说，这种贫乏的响应是一个主要现象，几十年来在某些地区比较显著。

众所周知，非基督教国家的民众皈依基督的原因很复杂。对传教士及其演示感兴趣的某些人本质上是改革家。有些人则被传教士展现的仁慈所打动，而不是因为基督教教义的崇高。有些边缘人则利用基督教来宣泄对异教亲友和邻居的怨恨。

大部分皈依者是小商人和农民，时常需要牧师就法律和基督徒行为问题给予建议。

早期中国基督徒有：颜永京，美国圣公会的中国资深牧师，1898年逝世。James Ch'uan，一开始是个"吃教徒"，但有了不起的职业——担任许多外国人的汉语教师，而且始终是一个虔诚的基督教平信徒；孙中山，他除了早年受过基督教培训和洗礼外，还因奇迹般的被伦敦中国公使馆释放而深为感动；著名的席胜魔牧师，一名受过高等教育的儒家学者，一直强烈反对基督教，直到传教士治愈其鸦片烟瘾才皈依基督；王煜初，华南一名重要的早期传道人，从1884年开始担任香港伦敦会自立教会牧师，出版了数部著作，其中，许多都倡导基督教是中国关键问题的救星；沈子星，1825年生，是杨格非的主要助手兼朋友。

在早期的几十年里，大量传教努力消耗在个人身上。一个典型的例子是万尚洁（S. F. C. Bryan），他为一所男童学校的教师和一些教会人员主持一个晚上查经班。一名新基督徒（学校的雇工）请求参加。万尚洁教他阅读，两人逐渐一起研究整部《圣经》。此人后来毕业于上海浸信会神学院，他就是T.K.Wu牧师，吴明英夫人（S.U.Zau）和中国妇女传教协会干事F.Y.O.Ling夫人的父亲。

宋嘉树非同寻常。他生于海南，被没有孩子的舅父收养，并在其美国波士顿丝茶店当学徒。他与第一个赴美教育代表团中中国学生的频繁交往，激起其信念并最终受洗。1882年，入田纳西州范德堡大学神学院学习。1885年，毕业后随监理公会传教士步惠廉（William B. Burke）回国。在1887年的监理会第二届中国差会年度议会上，他是第一位本土传教士。然而，林乐知（Young J. Allen）以宋嘉树是一个"被开除国籍的中国人"、一个水平次于英华学校毕业生的语言学家为由，排斥与宋嘉树一起工作。虽然其他传教士都像朋友一样待他，但他仍有困难，因为既不是美国人又不是中国人，所以薪水与外国传教士有差别，这是心生抱怨的主要原因。1890年，他辞去传教士一职，但保留传道人资格，仍积极从事教会工作，如在主日学校执教并热心于青年会工作。后来，他的主要工作是印刷《圣经》以及为半秘密性质的党派印刷革命传单和小册子，孙中山后来就加入这种党派。宋嘉树的妻子倪桂珍保持着严格的基督教家庭制，她是蒋介石的岳母，促使蒋介石在1930年左右受洗。

周慕西是一个有点神秘而有趣的人物。他是中国人，早年在海外受教育，接受现代方法和思想，在保守的同胞中处于一个极其艰难的境地。周慕西在德国学习哲学，并被授以教职，1911年回国后在严复担任校长的北京大学执教。他希望理智地让学者接受基督教，从而为神学教育与政府所设立的通识教育标准不一致感到担忧。他谴责教会致力于获得廉价的、顺从的和数量众多的信徒，而不争取那些为数较少的高素质的人。他认为，牧师应该是中国人眼中的学者。这是教会的再生问题：如何满足大量未接受福音又未受过教育的人的需求？如何同时发展让少数受过高等教育且富有影响力的精英人士接受的教会和牧师？

两位最早闻名海外的中国女基督徒都是医生，她们是美以美会的康成与石美玉。

13. 传教士

1900年以前，传教士原则上每隔7年或10年可以休假，但并不总是这样。而且他们在假日经常为同工机构、传教会议、医务人员或教育者提供服务，并进一步学习语言。李提摩太感觉有必要反思和汲取新信息，他在辛苦工作15年后才享受第一次休假。

生活水平，尤其是有关健康的食物、住房和压力问题，一直磨砺着传教士及其遥远母会的良知以及对他们的实际评判。与西方条件相比，普遍经济拮据和自我否定。1900年及其后，大量传教士的住房从中国人手里租赁或购买，或部分用作教堂、学校或诊所。一般趋势是搬迁到位于平坦地势近似方形的、大约两层楼左右的西式建筑中，且有一个封闭式庭院用以保护隐私，并使孩子避免受到拥挤嘈杂的街道的侵扰。传教士家庭常常有1—5个仆人。尽管有人批评某些传教士的生活消费与奉献服务所规定的生活标准以及他们所处的极其恶劣的社会状况不相符，但他们在房屋使用方面仍然很慷慨。随着中国基督徒同工的教育水平与经验相对提高，中国人和西方人的生活水平差距更加严重。但从哪里获取资源？传教士致力于中国教会的自立，但令人失望的是，支持不足，而且中国的普遍贫困是一个严酷的限制因素。另外，给一个牧师或传道人的资助，几乎与给一个传教士或一个高水平的中国职业人士的资助相等，而这笔资金足以给四五个受过适当训练并且与其社区联系更紧密的人付薪水。结果是传教士的生活水平与中国助手和合作人以及普通大众的生活生平差异甚大。

传教士对中国同工的困难、需求和敏感性有着同情的理解，但这些问题无法快速解决，也不容易解决。有些传教士持批判态度，对这个或那个中国人不像他们一样思考和行动感到失望，从而将当地的皈依者视为低级基督徒进行支配。传教士也许过于理想化，约克镇或堪萨斯教会给予了他们良好的印象，而中国的皈依者与其预期大相径庭。然而，基于伟大的信仰和挚爱，一些传教士很信任杰出的中国基督徒，从而跨越了常见的民族和文化屏障。越来越多的中国基督徒带着自身的信仰和目标投身于基督教事业，他们承认基督教真理与爱是外国人传播过来的，哪怕这些外国人有特权、身份特殊和有缺点。在令人不悦的外国人的嘲讽下，中国信徒仍然做了很多善事，把自己奉献给基督，而非西方来的主人。

在中国作为一个帝国或民族的独立与安定这一问题上，传教士的态度很重要。大多数传教士对中国政府的评价不高，事实上，自从1911年以来，多数中国人也这样，尽管他们不喜欢听到外国人嘲讽它。在十九世纪八九十年代，许多传教士认为，在任何形式的改革成为可能之前，应该强制性地摧毁朝廷和官员的盲目自大。这让他们处于尴尬的境地，几乎都希望中国人在1894 — 1895年的中日甲午战争中战败。1898年，犹如昙花一现的"百日维新"以及与此同时西方发起的领土侵略，带来新的评判危机。有人考虑，对于低效落后的清朝政权，是否有必要在一定时间和一定范围内实行外国托管。不过，显然大部分新教传教士不支持外国攫取中国领土。

英美两国的记录显示，1900年受过大学教育的传教士人数明显增多。当然，早期传教士并非都是攻击异教和罪恶堡垒的狭隘的狂热者，后来的传教士也并非更有大爱和理解。但是，较好的教育与数十年来性情的变化，加上传教士在中国获得经验和更多有能力及品格高尚的中国基督徒同工发挥着中间人的作用，这些促使传教士更加理解和同情与自身截然不同的人。学习拉丁语、希腊语、希伯来语或德语，也使人意识到相较英语而言，有不同的表达方式，文学与历史也能够扩大思维力和想象力，从而理解远离国内规范的人和社会。事实上，有些传教士在理解中国人的信仰和理念方面有很大进步，并且，就中国的人物评价来说，自觉地学习习俗与礼仪非常重要。许多传教士以巧妙的礼貌用语打破阴沉的敌视之墙，或在面对脾气暴躁者的欺负时笑着讲一则趣闻而获得盟友。

传教士所起的一个重要作用是把中国介绍给故土。明恩溥的《中国人气质》与《中国乡村生活》影响巨大。前者揭示出"深谙中国人生活的传教士，对中国人生活带有既失望又尊敬、既焦躁又敬佩的情感交织"。另一个重要的翻译家是毕海澜（Harlan P. Beach），他于1883 — 1891年在中国传教，后担任学生志愿运动干事直至1906年，接着首次担任耶鲁神学院布道团主席，条件是把他1/3的时间投入有组织的布道运动。在大多数情况下，传教士在介绍中国人的良好品质与潜质方面有重要作用，即使是在他们遭受攻击和挫折的年代，如义和团运动期间。

◀ 第二部分　1907—1922年 ▶

一、基督徒奋进的中国环境

1. 社会、政府、法律

　　1907—1922年，中国处于过渡时期，一只脚仍在近代，而另一只正试探性地迈向西方国家所代表的现代化。缠足、奴隶制、鸦片和刑罚制方面的改革很明显，但经常遭到抵制。1912年成立的中华民国承认阳历为合法的正式历法，但政府权力有时似乎相当有限。地方当局的服务稀缺而低劣，可用税收数量很少。基督徒的奋进历程因缺水和卫生设备问题受到阻碍，通信依赖于信使而不是电报，少数普通道路仅能通过独轮手推车、黄包车、牛马车、自行车或者步行。另外，过度的官员人事变动不利于持续实施有关计划和政策。

　　1912年1月5日的《中华民国孙大总统告友邦人士书》谴责"清政府"制造了"种种之罪恶"，但孙中山发现的问题并没有随帝国的灭亡而消失。孙中山在香港和檀香山长大，他是基督徒，会讲流利的英语，对美英两国生活很熟悉，这使他具有普通中国人所不具备的国际观念。另一方面，他的南方根系又被"外国"污染，而且在革命（非改革）方面坚持教条主义，使得他与北方保守的改良者疏远。尽管如此，孙中山仍被许多人视为中国第一个近代爱国者，他全心全意忠于国家，超越了宗族、宗派或党派。

　　孙中山的基督教信仰也确保了更多的宗教自由与公开慕道。变化的象征是曲阜——孔子的家乡与墓地以及鲁西义和团根据地。迟至1910年，曲阜都在禁止基督教，但至1919年，教堂和许多主日学校兴起。变化是渐进的，不过，许多基督徒，如张伯岑等，很难进行和维持公开宣传。中国第一位获得神学博士学位者周慕西，革命爆发后从德国回国并在北京大学执教，当时他遭遇诸多挫折。在海外学习的10年间,中国并没有像他所希望的那样发生变化。他希望把基督教带到本国令人印象深刻的地方,培养一个有学识的教会领导人,但中国知识分子却普遍对传道人和牧师反感。周慕西也认为,传教士应该把时间放在培育少数遴选出来的领导人身上,而不是急速地按立众多不合格的人为牧师。然而,这一直是流行的受教育者精英主义论,这些人充其量只是理论上尊重平民,并不真正喜欢他们的同伴。

清王朝的覆灭与中华民国《告友邦人士书》究竟意味着什么?基督徒的奋进面临着和平与秩序的普遍破坏、土匪行为的剧增、货币冲突、学校筹建以及医疗与通信服务的延期、对劳工和基督教资源的不规则征税以及对军阀充满争议的索赔。主要进步在于走向现世主义和宗教自由的运动,帝国随以孔子为中心的准宗教的氛围与仪式淡出历史。袁世凯总统和一些保守派确实想竭力恢复儒教为国教,但这一运动因袁世凯1916年去世而中止。总体而言,对传教士来说,与治外法权和条约有关的法律和行政问题不太严重。1907年的新教来华100周年纪念大会以及1910年的爱丁堡大会,均建议对官员的布道措施进行约束,如果可能的话,应当面对面地协商解决争端。

2. 思潮、教育

这一时期思想与教育相互关联。那些受过"现代"教育的学生发出明确而有力的呼声,学校计划与教材也是进步思想的重要表达。

在第一次世界大战期间,卷入国家动乱的学生热血沸腾。他们对中国统治者的无能感到不满,对西方基督教国家在凡尔赛会议上否认中国在山东的权利感到愤怒,并担心日本进一步侵略,决心担负起"拯救中国"的重任。他们以简易的白话推动文学进步,如饥似渴地阅读和翻译西方社会思想与文学著作。以方言进行布道开拓并被许多中国人视为没文化的传教士,如今也因自身的努力而受到称赞。

"国民读物"的内容以及民国头10年广泛使用的相关教材非常重要。中华民族及其安康是中心主题,西方科技受到强烈推荐。西方制度与社会实践,包括中国应该效仿的爱国主义,也都受到称赞。几乎没有讨论治外法权,主要的宗教一般也被普遍提及。儒教被证明是一种适合受教育者的民间宗教。奇怪的是,日本似乎淡出历史读物。关系过于紧张,而日本军事力量又过于强大,以致中国政府不敢触动日本的敌对情绪。

1922年的非基督教运动把矛头指向4月北京举行的世界基督教学生同盟

（WSCF）会议和5月上海举行的基督教全国大会，包括不幸的名为"中华归主"的调查。同样，中华教育委员会（1921—1922年）天真地为学校推荐了一种协调"体制"，许多年轻人把它视为对中国教育自治权的威胁。宗教成为毒药，基督教成为敌人。

另一个重要观点由一位名叫简又文的年轻基督徒提出。他相信反基督教运动并不代表文艺复兴，文艺复兴的领导人反对教条主义与偏狭。早期的共产党人陈独秀批判政客先生利用基督教反对邻国，大骂无产社会是"将来之隐患"，"他忘记了基督教是穷人的福音，耶稣是穷人的朋友"。著名散文家周作人将《圣经》作为文学来研究。一些人谴责迷信和蒙昧、谴责与剥削的资本主义和可憎的帝国主义合作，然而极少有人具有清晰的思维、意志和勇气与他们站在一起。

直到1928年及其后，随着内战、资金缺乏、罢工和行政问题的减少，官方教育数据统计才稍稍规范。

由研究生装备的真正大学式样的"现代"教育开办时间并不长，因此，来自海外大学的"归国留学生"成为时尚，有抱负的中国年轻人决心努力获得声望和相应的薪水。中国社会一直秉承这样一种理念，作为少数派的教育者要在政府的范畴内活动。

为大众所作的最为普遍的努力是读写能力训练。坚持读一点书是一件有价值甚至是有道德修养的事情。"平民学校"也因政治人物向无法阅读其报纸、海报和传单的平民灌输知识的需求受到激励。

1919—1920年，教育部邀请约翰·杜威（John Dewey）、孟禄（Paul Monroe）和伯特兰·罗素（Bertrand Russell）几位教授来华，他们的实验主义与实用主义、个人主义与怀疑论引起了学生们的听讲兴趣。

传教士普遍支持新文化运动与学生运动，但同时关注偶尔不计后果的试验与轻率制定的教育政策。直到1922年，教会学校才普遍受到欢迎。在政治罢工、内战和资金都调拨到军队的困境中坚守岗位的教育管理者是公众生活中的真英雄。

3. 宗教

这一时期基督徒仍然重点关注儒教。总结各类研究的主要文献是1919年由纽约的宣教预备董事会（Board of Missionary Preparation）出版的《儒教大地上的基督教表达》（*The Presentation of Christianity in Confucian Lands*）。该书比较了两种信仰体系，要点详尽。数百万人生活中的佛教并不是传教士的一个大问题。更大的挑战是普遍的万物有灵论以及相关迷信活动。莱弗里特（W. J. Leverett）

的"基督教会对中国万物有灵论采取的科学方法"(《教务杂志》, 1921年), 陈述了使民间从"恐惧的宗教"转向"爱的宗教"的困难。山西省即便不是基督教的盛行之地, 其浓厚的宗教氛围也是众所周知。

二、基督徒的奋进

1. 概览、合作与联盟

通常认为1911年的辛亥革命是中国人向基督徒敞开大门的重要转折点。有时也认为1910年的爱丁堡大会开启了布道领域的合作与联盟。不过, 两者都重要, 在义和团运动后的10年间, 士气一直很高, 合作增加。实际上, 几位杰出领导人, 如孙中山的战时总司令黄兴将军、副总统黎元洪, 对革命运动的迅速成功都有惊人的贡献, 他们也在某种程度上促进基督教理念经由不同宗派创办的教会学校这一中介遍及中国。

多数中国人和基督教社群虽然倾向于支持革新而不是革命, 但却小心翼翼地支持孙中山政府, 希望它能带来许多实质性变化。南方人比北方人积极, 美国人比德国人更乐观, 不过, 总的来说, 对于新共和国的抵制较少。

对中国官员和基督教领袖来说, 1912年《中华民国临时约法》提出的"人民有信教之自由"是一个重要问题。使惯于长期镇压宗派和秘密会社的官员陷入窘境。内政部在1913年1月重申, 具有教义、组织、规范书籍和历史这一完整体系的宗教是合法的。迷信仍然被禁止。但什么是真正的宗教? 基督徒应该抵制为纪念孔子而制定的官方仪式和学校礼仪吗? 或者接受官方的观点, 也认为这类仪式与宗教无关, 而是公众对伟大道德老师和中国文化杰出人物的纪念? 这些问题没有明确的答案, 但普遍认同中国宗教已多样化这一事实。

基督教同工对1900年代初取得的进步感到高兴, 但仍然意识到中国广大民众几乎没有加入。据报道, 1907年中国有1 700座古城, 其中, 仅有300座城市里居住着传教士。有些城市的传教工作可以追溯到17世纪—18世纪的罗马天主教会, 但在吸引受教育阶层方面收效甚微。然而, 1910年、1916年和1922年的统计报告, 确实显示了稳步而且在某些情况下令人惊异的进展。

各个差会的进展必然不同。有些差会寻求在一个从未接触基督教的广阔土地上"播种", 有些则在某些点上强化工作。有些社团优先考虑传福音, 而其他社团则把同工安排在学校、医院、出版和印刷行业。尽管1920年主要的新教差会有浸信会、公理会、圣公会、卫理公会和长老会,而且路德教会也很快加入进来,但没有一个教会传统或民族传统占据优势。

这一整个时期,关于基督教对中国社会的影响,有一些零散而重要的标志。江苏盐城市(Yenching)的非基督徒领导人组织了反鸦片社团,请求传教士担任领导人。公众对冯玉祥将军及其军队里各阶层基督徒的影响力感到震惊,在10个月没有发薪水而且粮食储备几乎消耗殆尽时,他们仍然维持纪律和秩序。华北和湖北的学校在讲授佛教和偶像崇拜是外来宗教,而公共场所也开始向基督教布道开放。最终,中国人对教会学校的反应鼓舞人心。1922年,据说有1‰的中国人为新教徒,12%的中学生和15%的大学生在基督教机构服务,这些机构对新领导层有更大的影响。

地方和区域的联合努力遍及中国。英国浸信会和美国长老会共同在山东济南工作。1907年,把8个差会董事会(mission boards)合并为6个中华基督教长老会大会(synods)的计划通过。1922年临时大会(Provisional General Assembly)与1927年第一次大会促成了更大的联盟。长老会教徒强烈认为应该建立一个不要依赖或不过分模仿美国风格的中国基督教教会。

1913年,合作与联盟发展到一个新的组织与活动阶段。1910年爱丁堡会议续行委员会在穆德的领导下组织了5次分会(sectional conferences),随后又举办了一次全国协议会(national consultation)。超过1/3的代表为中国人。中国领导人的增加给传教士留下了深刻印象,他们正开始为中国教会负责。全国协议会之后,罗炳生(E.C. Lobenstine)和诚静怡出任中华续行委办会的全职干事,该委办会每年举办一次会议,直至1922年中华全国基督教协进会成立。

特殊的是中国人极度渴望建立新教徒总联盟。民族主义者反对中国基督教社团以传教士提供的方式进行分工。有个中国人说:"我们不反对传教士崇拜他们的祖先(或许指路德、加尔文、卫斯理)……但他们不是我们的祖先。"中国人对宗派体系、圣礼和不同的神学传统感到厌烦,与伦理和行为比较起来,它们都显得次要。

大体来说,绝大多数新教领导人感知到在中国人面前立场不一的罪恶。然而,情感承诺、惰性和恐惧束缚了那些愿意为特殊地区的宗派联盟进行认真谈判的人。教育、医疗和学生组织,尤其是北京的这些组织锐意进取,但教会却迟迟不认同这类进取。

中国基督教社团一个日益至关重要的良好迹象是,12个年龄在20—30岁的中国人组成一个真理社(Truth Group),他们希望从自由基督徒的立场思考问题,以便赢得知识分子的尊重。这个团很快并入生命社(Life Fellowship),该社强调福音的伦理与社会维度。它们出版了一个名为《真理与生命》的杂志,该杂志在1937年日本侵华前为一些极其热忱的基督徒提供了一个讨论场所。确切地说,该社是中国人的社团,虽然有少数传教士应邀加入。

2. 教会及其特征

中国教会因宗教、发展时间、城市或乡村位置、宗派结构与传统以及差会政策而截然不同。根据1913年的调查,上海的教会正处于发展中,但遗憾的是,不足3 700名基督徒被分到11个宗派里,而且在大多数情况下,教会建筑归差会所有并由其负责修缮。闽南极度贫困,导致无法给长老会的牧师付薪水,在1914年的7个月时间里,武装政权就变更了7次,这削弱了永春地区的工作。然而,中国基督徒同工活力与信心的提升是显著的。至少有一位学者认为,1914年是许多中国人对外国人的态度从卑顺转向主动、独立与果断的重要标志。需要注意的是,中国人对《教务杂志》的贡献越来越多,该刊物是一份以英语发行的布道杂志,面向传教士及其西方支持者。从1900年至1909年,《教务杂志》刊登了11篇中国人撰写的文章,其中有6篇由传教士翻译。但从1910年至1919年,它刊登了51篇中国人的文章,内容广泛。

自养、自治和自传是差会对中国教会的希望。然而,对于那些总处于贫困线的人来说,教育和卫生保健超出正常范围,认同具有属灵价值的东西并为之付出代价,也超出了人的自然需求。无力支付牧师薪水产生一个重要影响,那就是许多差会仅仅在教会确保可以资助某人时才推荐他担任教职。差会真诚地把权责移交给中国同工,可教会重要的制度性工作仍然严重依赖差会。现实并不总是与原则相符,在这一时期的大部分时间里,传教士仍然"仁慈"地控制着教会。除了财务问题,培训、差会与教会事务经验、作为教师或长者的地位,也会对一个传教士被选为领导人有影响。在许多情况下,一个年长的中国人在前几十年里接受的是低级且老式的训练,不能正确对待受过较好训练的年轻教师和现代医疗模式培养出的医生。另一方面,训练有素的中国人不仅少,而且年轻,他们缺乏获得经验丰富的中国人和类似的传教士的坚定支持的声望和影响力。需要花费另一个10年来实现管理的真正转变。

与此同时,中国出现越来越多的独立教会。一些教会渴望摆脱舶来的差传分支结构,希望中国基督徒切实团结起来。独立教会被有些人视为希望的象征,尽管其他人担心教会机构会分裂或瓦解。独立的圣会(congregation)也陆续出现,到1920年,许多中国人和一些传教士都相信未来属于他们。但非常奇怪的是,

1925年之后的几年里，几乎没有听到他们的消息。教会的本土化足以让中国人满意，去平息分离主义者的独立动机吗？经济和领导问题的广泛经历延缓了这种变化吗？基要派与现代派的冲突导致了这种减缓吗？独立教会很少发展自己的培训中心，似乎1910—1920年的刺激带来更多成功，大批中国传道人涌现并受到大众欢迎，他们基本上与组织良好的教会团体分离，而不是与任何在制度意义上建立的教会相分离。某些保守派和福音派随着这股潮流进入二十世纪三四十年代，声称新教徒在中国奋进的真正生活及发展与他们相随。确实，时代有利于世界末日和千禧年的宣传，而且这一观点略得证实，因为有些宗派抱怨保守的领导人和组织促使忠诚与团契分裂。然而，关于独立教会，也许因为其超乎寻常的特性，尚无非常重要的研究成果发表，请允许我们就这一问题假定结论。

3. 作为传教主体的差会

如果到1900年还继续在差会的控制下传播基督教，那么接下来的20年要逐渐强化中国教会并为此作准备。开拓性的工作仍在进行，而且仍有需要，但如今增加了对中心问题，尤其是医疗和教育机构形式的大量关注。差会要把出版业方面的努力从吸引非基督徒转变为把他们培育成为基督徒。多数差会倾向于保留中国文明中有价值的元素。同样，对救赎个人灵魂的关注拓展到在基督徒的奋进成熟时关心国计民生问题。然而，从某种程度而言，差会成功地实现了它发展一个负责任的中国教会的目标吗？到1919年，被授以教职的中国人人数几乎与传教士人数相等，然而，约2/3的新成员接待工作与圣礼工作仍由传教士来完成。制定政策以及指导培训机构的工作也主要在传教士手里，因为大一点的差会仍然为教会工作提供2/3的资金。主要问题是传教士倾向于设计一个完整的教会计划和结构，而且是在有足够的信徒使它成为现实之前。因此，传教士自然而且必然成为这些机构的牧师与指导者，导致很少发展中国领导人。改善设备、发展培训机构、提高各方面工作质量的正确措施，扩大了中国人和传教士之间的差距。学校是"西方"的，医药是"西方"的，福音也是"西方"的。由于基督教的个人主义与宗派主义，联盟乃至合作事业损失惨重。1906年有61个社团，1919年有130个。但必须指出，就传教士总体来说，多数新社团很小，可见的成效也较小。事实上，多数传教士真诚渴望中国人管理教会。教会资金的来源一直是实现这一目标的主要障碍。

4. 目标、政策、调适、社会伦理问题

中国基督教教育委员会1910年向北美海外差传会提交的计划，象征着目标

和政策的变化。芝加哥大学校长、委员会主席伯顿（Ernest D. Burton）宣称，基督徒教育者的任务不仅仅是发展基督教社区和以基督教理念渗入非基督教社区，也要雄心勃勃地切实提升中国各个方面的福利，如道德、宗教、社会、经济和政治。另外，这个责任和机会专属于美国，因为美国不像其他国家一样不被信任。教育不能仅仅是传教运动的附属物，而且应得到自主充分的发展。

中国人对于政策的观点在1909年由曾留学德国的周慕西提出。他对基督教社区肤浅的神学感到震惊，极力提倡教育政策的质量而不是数量。他批判差会重视简单的福音而不重视对神学的理解，认为所有差会所需要的只是廉价又顺从的传道人。虽然这类传道人对于平民可能有相当大的价值，但在牧师团只受过普通训练的人会阻碍那些世代相传的、有经验的并且注定会成为未来领袖的基督徒。

关于目标，一个具有启发性的说法出现在雅礼会（Yale Foreign Missionary Society）与雅礼中学开始合作时的第一次对话中（1906年）："让学生增长学识，塑造人格，培养爱国情感。"虽然学校具有基督教意图和特征，但没有给予学生充分的自由去追随自己的宗教。不过，在这种情况下，不只是儒教和基督教处于争论中，就是纽黑文（非长沙和耶路撒冷）的"第三个宗教"也如此。基督教传教士向中国传播的西方文化中存在反复出现并且无所不在的问题，这里就有一个特例。正如雅礼协会（Yale-in-China）的一位历史学家所说："对于大多数毕业生而言，被带到中国的不是基督教而是'雅礼精神'。"早期一份宣传小册子认为，许多雅礼人没有担负基督教事业，但他们也会援助教育和医疗慈善事业，它称："雅礼会在进行有组织的努力……把人们所熟知的雅礼精神投入为上帝以及远东同胞服务的善行中。在华中建立雅礼的分支时，我们把积极的布道工作留给差会，与他们有很多合作。"

1921—1922年的中华教育委员会（the China Educational Commission）由中华基督教教育协会、中华续行委办会、北美海外宣教会、大不列颠及爱尔兰的宣教协会会议组成，它决定在建立中国基督教会时采取部分教育手段，在帮助中国发展教育时也要考虑采取具有何种功能的基督教教育手段。委员会认为，"只有完全自然化的基督教可以使中国完全基督化"，因此，"基督教教育队伍当前最主要的目标是发展一个强大的基督教社区"。然而，发展基督教社区并不是终极目标，而是"实现中国在本质和实践上都基督化，并尽所有可行方式提升其国民生活这一大目标的手段"。委员会自然而然地因糟糕的地理分布、标准的特殊变化、在面临巨大的需求时滥用有限资源而苦恼。他们推荐了一种"体制"，以协调所有教会学校。不幸的是，这一"体制"是对许多中国人的公开侮辱，他们认为，它只针对一个具有外国特征的强大组织机构（不同于国家体制），也对培养儿童和青年的"爱国主义"有害。

在中国，教派林立的事件似乎与许多中国人和传教士无关，关于联盟的争论持续不断。但我们思考策略时，应该为宣传一个宗派体系的实践与理念提出一个合理的理由。湖南的任修本（Gilbert Warren）极其信任巡回布道干事与其他卫斯理宗成员，认为在其他地方的长期经历中所发现的有益经验应该提供给中国基督徒，他们随后会进入较好的状态并自行调适。应该把几个世纪以来积累的各类教会财富全部奉献出来，不要打折扣。请求是具有说服力的，但是中国有20或100个宗派体系，让基督徒相互分离，中国人该如何应对这种混乱、冲突和损耗？

由于美国或其他地方派遣的宗派联盟，许多差会简单而果断地联合起来，这样的经验令人愉快。不过，这一过程强调仍然由外国人而非中国人在中国土地上负责制定影响教会组织的决策。

祖先崇拜仍然是基督教政策的一个主要问题。19世纪的传教士坚决否定祖先崇拜。但他们逐渐认为，从长远来看，中国教会将以自己的生活和良知来决定基督教实践。1922年，基督教全国大会对此问题关注不多，而是更加关心皈依基督教所受的社会惩罚会超过盲目崇拜所受的惩罚。无论如何，中国社会是变化的。儒教"五常"因个人主义明显被束缚，受过教育的人经常不在乎旧式的礼仪和责任。

大体来说，基督徒奋进的阶段越早，一个强大的非基督教环境里的小基督教团体越弱，那么，对教会成员的要求与条件就越明确而具体。1909年，美以美会华西宣教大会采纳了如下要求：完全破除偶像崇拜、作为救赎方式的素食主义以及秘密会社；禁止吸食、种植和销售鸦片；禁止赌博或酗酒；禁止没有诚信或不合法的商业行为，包括出售彩票；有献身基督教事业的意愿；对基督教信仰、福音书和教义问答的主要情况有所了解（对文盲要求可以放宽）；因新生活改邪归正；考验6个月并有足够的推荐；随后接受洗礼和公众的认可，进入教会。但在1915年，这一规定被另一项规定所取代，后者所含条件特别宗教化和伦理化，而非部分社会化，而且表述简洁肯定。

5. 神学与基督教思想

这一时期，一些有代表性的评论对其他宗教神学思潮加以介绍。神学与伦理领域的重量级学者拉什多尔（Hastings Rashdall）1907年提出一个观点：对一个人来说，接受基督教价值观意味着认同那些所有国家和所有种族所认为的好的价值观，也认同努力把那些好的价值观延伸到他们身上的责任。皈依仍然是基本目标，由于不愿意面对因公开支持基督教社区而受到的社会处罚，事实上知识分子的认同缺乏信念。1913年，京都同志社大学日野真澄（Masumi Hino）教授已然承认日本受到了儒教、佛教和神道教的影响，但强烈认为只有基督教的强大生命和力量能够提供一个适合20世纪紧急事态的完整架构。1916年，美国著名编辑、新教平信徒艾波特（Lyman Abbott）认可异教徒的真诚，无意破坏他们的宗教信仰或生活，但认为基督教教会的目的是以鼓舞人心的上帝之爱和希望去激励福祉比我们少的人。1919年，葛德基（Earl H. Cressy）承认，是佛教的虔诚和儒教的公正把他从成长于其中的地方主义解脱出来，使他成为一个更好的传教士，并帮助他领会基督教福音的一般概念和基础知识。

1900年以后，青年会向中国学生传播的福音与他们19世纪的前辈所传的福音大不相同。典型的方法是利用道德的和个人的弱点，而正是这些弱点使中国不幸失败。作为国家兴旺进步和个体真正希望的基督教，其发展受到鼓励。人们对教会的关注并不显著，而那只适合许多受过教育的中国人的愿望，他们渴望与社团纪律以及意味着缺陷甚至某种程度排斥的团体标志分离，略微能摆脱这些束缚。青年会看到社会不公与腐败，但基本上依靠个人进行攻击，而不是凭借有组织的运动或政治行为。

有人指控，传播到中国的基督教是过于粗暴的个人主义，不能被广泛接受，并且它可能会破坏家庭、宗族或乡村。从某种程度而言，这是事实，但随后迫在眉睫的改革需要一种独立于普遍实践的理想，以便成为一个有革新意义的挑战。独裁的中国家庭阻碍了责任心的增长和良知的锤炼。正确等同于顺从，错误则是偏离规则。必须有一个全新的人类价值观和责任观，以便面对社会邪恶。许多传教士，尤其那些来自盎格鲁－撒克逊国家的传教士，他们不仅强调源于福音书的个人主义，也因中国人根据基督福音重新发现自己的灵魂而鼓舞。

我们这个时期的传教士继承了一种基督教思想元素，那就是"基督教社会"的概念，据说它存在于西方，与非基督教的东方形成对照。然而，欧战使传教士和中国人震惊并醒悟，也彻底破除了古老的定论——西方国家极具优越性的进步和成就在很大程度上归因于基督教。从长远来看，这种醒悟是有益的，因为它给予中国基督徒一种灵性自由，去担负自己作为中国公民的责任，而且它向传教士阐明了西方文明和没有边界的精神王国的区别。

基督徒关心中国的国家主权。1919年，日本要保留1914年从德国手里攫取的在山东的权益，表面上看这只是一个临时措施。加上之前对台湾、朝鲜和东北的侵略，日本日益成为不容忽视的军事威胁。学生义愤填膺，发起全国范围的大罢工和抵制。民族主义者和反基督教知识分子谴责基督徒学生不够爱国。另一方面，某些管理者对各类长期停工有复杂的想法，而一些外国商人和政论家批评基督教领导人允许学生不恰当地参与政治。日本媒体也谴责基督教组织煽动暴力并危及日中和平。传教士观点各异，但大多数人认为，热心致力于理想的目标以及学生联络大众共同应对危机，胜过一时的过激行为。中华全国基督教协进会的诚静怡回应道："因为基督教会代表真理和正义，帮助发展真正的民主理想，它自然欢迎这类促进（爱国主义）运动的精神……我们不相信教会与政党政治混在一起……但当它成为国家正义与公平的问题时，教会就要履行职责……我们为学生的勇气、英雄主义和牺牲精神而自豪。"

巧合的是，诚静怡在1919年发起"中华归主运动"，该运动虽历时短暂但意义重大，起因是人们普遍认为，中国必须为自己行动，不能依赖他人。中国基督徒因被控告不爱国而受到打击，他们也嘲讽"所谓的"西方基督教的虚伪。在这种环境下，中国基督徒面临这样一个选择——是在西方的大量谴责中迷失自我，还是更积极地建设去除外国影响的中国基督教会。1920—1921年，10多个城市组织了"中华归主运动"，它们以直接又坚定的福音信仰为基础，呼吁基督徒关注民意和民心，也希望他们向在社区和国家生活中忍受欺诈、不公和自私的中国人传播实用的、社会化的福音。

"本土教会"观念原则上受到欢迎，但对于"本土化"的实质一直有争论。王正廷的文章《使基督教在中国本土化》（《教务杂志》，1921年）受到广泛评论。王正廷的主要观点是，针对中国人的人生哲学，基督教要作出调整并改变特征，因为中国人的心智砥砺和历史背景与西方人截然不同。中国内地会尖锐反驳这一观点，称基督教是来自天国的基督之真理，并且，就基督教在中国社会哪一部分是"合理和有用的"而言，该评判标准并不代表中国人的观点。在这两者之间，还有许多有思想的评论人认为，基督教真理在透过中国人的思想和生活媒介时，必定在内容和表述上与西方不同，但任何基督徒，无论是欧洲的、美国的还是中国的，没有任何理由垄断神圣的真理或独占圣灵的引领。

诚静怡在1916年演讲时说，中国信徒需感激教会，把它当作一个由基督领导的神圣机构，忠诚于它并参与其中。跨越宗族界线的集体礼拜在中国没有先例，重要的是，中国基督徒意识到加入教会和参加礼拜并不像在俱乐部那样随意。教会是一个伟大的"平衡器"，上帝面前人人平等。最终，加入教会不仅意味着莫大的恩典，也意味着巨大的责任。

1921年，徐宝谦在美国的中国学生联盟会议上就"基督教在中国的前景"这一主题作了演讲。他坦率地讨论在传教士把管理权和控制权交给中国人的这一艰难转变时期基督教所面临的一些阻碍。外在方面有与新文化运动、与其他宗教以及与爱国主义的关系问题，内在方面有领导力、福音和联合的问题。徐宝谦基本认为，新文化运动和基督教互惠互利。批判性思想、关于价值观的公开辩论以及文学革命都是有利的，并且，科学、民主与文明的基督教也是一致的。内在的问题最终更棘手。徐宝谦非常担心只有少数优秀领导人来自教会学校。就像周慕西一样，他也认为，新教徒太多并且肤浅，而且经常没有全面培训和发展基督徒的计划。他同样担心圣经公会意欲使所有现存宗派彼此分离。正是为了强大的统一战线的需求，中国教会的进展才如此缓慢。不过，徐宝谦对最近几年的发展以及所有宗派传教士的合作仍怀有希望，因为宽容不仅是神学的美德，也是人类的美德。

6. 计划、方法、特殊团体

尽管基督徒这一时期对问答式的方法有诸多不满，但对于只受过一点教育或者完全是文盲的人来说，该方法较普遍。叫卖《圣经》的小贩广泛散发《圣经》资料或小册子，商店、家庭或公共场所的集会也散发《圣经》。大部分布道工作在稳步进行，也许拥有一个能干的兼职牧师的小教堂也能安静地开展工作。

饥荒救济是一项紧急服务，而且从某种意义上来说，它在布道工作的计划或方法之外。不过，总有对这项工作的需求，教会不得不让私人参与其中。围绕饥荒救济有许多问题产生，最根本的是生死存亡的问题。但饥荒救济的一个重要结果是以前从未接触福音的无数村民通过圣爱的显现开始认识基督教。另外，负责某一地区救济调查的基督徒同工变得更现实，对成千上万经济拮据的家庭有着同情的理解。把物资援助与福音相联系固然有风险，但事实证明，饥荒救济能够影响人并授予他们基督教知识，这是仅靠传福音的方式所不能达到的。

边疆与少数民族地区情况特殊，需变更计划和方法。语言问题最突出，因为许多方言从未被记录过。另外，在有些语言里面，译者找不到与重要的基督教观念相对应的词语。由于缺乏术语"安慰"和"圣灵"，为苗族翻译《约翰福音》的工作推迟。碰巧，译者听到一个当地人说要去看望一个丧子的妇人，以便"获得她犹豫的心"。这句话奏效了，"圣灵"于是成为"获得犹豫之心的那个人"。

汉族通常对少数民族不感兴趣，这或许可以说明1920年少数民族的新教徒比例为什么远远超过整个国家汉族新教徒的比例。坚决不屈从于汉族的人通常会整族或整村皈依基督教。这是事实,比如客家家族的长者有时会为整个族群作决定。

居住在长城外围的蒙古族是一个严峻而特殊的挑战。但拉逊(Frans August Larson)40年的工作并不是没有收获。台湾在1895—1945年间受日本殖民统治,与广泛的基督教工作断开联系。为了促使当地居民忠诚于日本帝国及其皇室,日本政府除了要求他们在屋中放置神道教神谕外,还极力排除土著人的"原始信仰"。不过,厦门英国长老会跟随厦门人穿过海峡,进入台南。

7. 福音传播与复兴

虽然辛亥革命及其对中国古老体制和传统的动摇使接下来的10年打开了思想,但却留下一些空白和冷漠、困惑与混乱,也有负面影响。中国内地会抱怨激荡的宗教热情在各地都已停止。中国人开始特别关注政局及个人人身安全,对灵性生活不太感兴趣。但随着时间的推移和政局的稳定,这种趋势得以逆转,布道努力再次有了收获。

在福音传播的故事里,有一个讨论最广泛的主题,那就是1918年冯玉祥将军皈依基督教。这不仅仅是个人信仰的转变和一种新的行为方式,也激发了他的军官、士兵和军事人员皈依的愿望。冯玉祥后来的军事和政治变化为他自己带来一股批判洪流,但他直到1922年还持有的诚挚与热情毋庸置疑,他也因其军队无与伦比的优秀事迹赢得很多人的尊重。

针对学生,有一些特殊措施。山东牧师丁立美尤其让人印象深刻,青年会经常为他作具有跨宗派特征的地方性安排。他虔诚、热心、口才好,并且阅读面广、口齿清楚,具有一个现代人的特征。受他鼓舞,基督徒学生再次投身基督教活动,并且,其他人也承诺要有目的地阅读《圣经》。1913年,由穆德和艾迪主持召开的福音会议吸引了来自各个城市的8万名学生,有7 000名学生承诺研究耶稣生平。

代表简单读写能力的综合努力——在普通学校外围进行的"千字运动""平民教育运动"以及类似的运动,在很大程度上都具有传播福音的效果。主要发起人是晏阳初,直接的推动者是青年会全国委员会平民教育科。通过认真试验,有4个读者克服困难,每人在一个月内上完26节课。首次经过充分组织的全市范围的招生以及课程培训在1922年成功实施,有1 700名学生完成学业。编写了深层次的资料,而且它成为一项全国性运动。对晏阳初的识字运动普遍而持久的兴趣以及后来社区服务的扩大,似乎掩盖了基本的基督教动机。这项运动启动后,晏阳初宣称:"上帝禁止我们只把教育作为终极目标……承蒙神的恩典,我们必须使中国基督化。"

教会在展望福音传播工作时,最常关注的是空置地区、布道不彻底或没有传道人工作的地区的报道。1922年的调查显示,无数村庄和数百座城市还没有传教士居住。被新教团"宣认"的中国西南地区勉强过半,并且这些"宣认"中有许多仅仅是目标。甚至没有去过地域辽阔的蒙古和新疆。对西藏、四川和甘肃西部仍然不甚了解,几乎没有接近过,仅仅略做事工。

1908年,东北的复兴运动成为一个典范。它由中国传教士发起和实施,伴随着对中国人责任的新认识以及对教会特征和目标的深入了解。另外,教会的道德水平明显提高。不过,值得一提的是,虽然3年后最终取得实实在在且来之不易的成果,但远未达到预期目标。许多承诺都没有兑现,过去的错误一犯再犯。复兴运动并非是一次失败,但人们再次认识到圣灵要更普遍地以常见的和平凡的方式工作,逐个地而不是成批地获得信徒。

8. 宗教教育和同工培训

许多早期传道人的培训经由个人指导、示范和陪伴完成。著名教会人士和传道人任修本每次布道都带着学生,目的是让所有的指导在实践和单纯布道的情境中完成。最终,在世纪之交时,他在长沙所带的学生有一半进入长沙神学院,该神学院后来成为湖南协和神学院的核心。

据报道,1922年,有38所妇女圣经学校;学生1 350人,其中,有1 056人刚刚开始学习阅读。因此,实际上传教士把圣经学校称作妇女基督徒初级扫盲班。

在中国基督教社区发展的早期阶段,最初的培训学校在特殊功能方面往往没有区别。1914年,英国浸信会在西安开设了一个牧师、传道人和教师培训学校。有20名学生,其中,有17人完成3年制学业。在这17名毕业生中,有4人为牧师,其他则在教会或差会资助下从事教学或担任教职。英国浸信会还在山西开办了一所专为有初中文凭或受过类似教育的男性开设的3年制学校。内地会及美国董事会也管理着类似的机构。另外,针对所有传道人的一年一度的暑期学校已举办多年,许多参与者(有男有女)虽然接受的是不太正规的教育,但也提供了良好的服务。

9. 教育:教会学校、学院与大学

1910年,伯尔顿教授在给海外布道大会的报告中称,他对中国的广泛研究表明中国的大部分教育必将由政府来实施。基督徒教育者应该同政府友好合作,毕竟那是他们的国家,而不是我们的。他确信与政府教育体制相类似的私立教育体制是有益的,而且它不能仅仅作为福音传播的附属物开展。

教会学校与政府的关系问题从来不是一个简单的问题,尽管这一时期政府对教会机构有些好感。之所以如此,部分原因在于教育行政当局正在尝试一个远远超出自身权力范围的任务。没有竞争,因为需求远远大于政府和差会共同提供的一切。在广东第一任民国教育专员的管理下,教会学校早在1913年得到认同。它们同其他私立学校一样,没有受到排斥。这种慷慨的姿态在全国并不一致,只有极少数教会学校确实注册了,部分原因在于注册似乎没有很大的优势。

英国著名传教士学者与作家修中诚(Ernest R.Hughes),讨论了学校从作为整个布道事业中一个狭小的福音传播部门,到具有更大目标和更广泛功能的机构的转变。学校的成功需要它们身后的社团雇用有经验的教师,这将导致教育超越了相对教会的从属地位。修中诚也承认,对一些传教士存在异议,学校也没有使基督徒获得应该花费在他们身上的资金。如同在西方国家一样,自然科学和历史训练在关于上帝的意志是否存在方面播下疑问的种子,无论如何,这些教义在形式上要逐字逐句从《圣经》中习得。

1910年,关于学校用英文还是中文教学的争论似乎要结束。趋势是针对那些所谓现代化的主题用英文,但在关于中国历史和文化的某些附加知识方面要保持良好的汉语水平。了解汉语书写形式,以便和同胞交流,这对学生来说很重要。另外,汉语不熟练会导致知识分子不愿意认真对待福音。

教会学校之外的圈子里经常有一种说法,即教会学校的精神和社会关系与政府机构的精神和社会关系形成鲜明对比。在教会学校,学生与老师自由、友好交往,却又不失纪律,而公立学校里面则是一种监管和控制的氛围。

1921年,教育部长范源濂在直隶-山西基督教教育协会年度会议上对教会教育者提出三个要求:(1)与政府和立案者保持更密切的联系,尤其是学院和大学,与公立学校亦然;(2)在当地教育圈子里联系和合作更充分;(3)以个人自由的名义,不强制宗教教育和到教堂做礼拜。强制性的宗教活动是立案的最大障碍。一方面,政府禁止;另一方面,传教士担心如果放弃宗教活动,母国会结束资助。

在致力于教会在华教育事业的诸多教授中,无人提及哥伦比亚大学师范学院瑟娄(T.H.P. Sailer)所作的努力。1916年,瑟娄在对中国教育机构进行广泛调查后,注意到最大的问题是缺乏目标和宗旨方面的共识。教育是福音传播的助力吗?对非基督徒学生有潜移默化的影响吗?意欲影响政府机构的精神和方法吗？正在面对的是什么样的支持者？那些会成为教会领袖吗？那些会成为其他领域的领袖吗？那些是对学校的自立贡献最多的人吗？那些是最容易把握的人吗？瑟娄大致认为，应该多强调基督教的动机和目标，少强调传统的学术造诣。另外，教会学校提供的教育需要更加适合中国环境，以便帮助学生解决每天的个人和社会生活问题。

有一个传教士评论家回顾了自1920年代以来的基督教教育，认为差会极其天真，未能看到教育的福音传播目标是遥远的，因此会招致中国人的质疑。另外，除了大量地方性合作，差会从未为政府重组教育体制而提供资源。传教士的天真更明显，因为在他们的祖国，教会学校已是诸多不满和矛盾的导火索。对于英国不信奉国教者，还有德国那些不喜欢整个教育机构屈从于政府的社会和政治政策的人来说，这种说法属实。在美国，教会学校被视为使别国人屈从和有利于美国公民的政治工具。也应该记住，无论是在早期马萨诸塞州反摩门教的运动中，还是在后期美国西部反摩门教的运动中，对教会学校的抵制都把人们带向暴动的边缘。在法国，教会受到世俗政府的强烈质疑，在某些方面甚至招致憎恨，它甚至在获得办学许可方面也举步维艰。

在1921年的基要派争论中，教会学校的人员配备遭到破坏福音传播目标及其活动的现代派的抨击。中国学生的思维中出现的现代概念，仅仅或很大程度上归因于多少有点现代化的老师。出版了约600种中文期刊，它们把各类现代观念带给中国学生。一项直接的研究表明，教会学校仍然是基督教宣传的重中之重。

在诸如东北一样保守的社会环境里，女子教育进展必然缓慢。贫穷而头脑冷静又务实的父亲们认为没有必要送女儿们去学习，因为这只会使女儿们未来的婆家受益。苏格兰和爱尔兰的长老会传教士发现，由于女儿们上学的确是母亲的一个损失，那么学校必须给她提供一切。很快，父母开始为女儿们的成就感到自豪，于是愿意为她们提供生活费。

教会学校一些早期毕业生所展示的高水平成就令人印象极深。四川一个中国基督徒教育者向传教士出示了一份13名男生的名单，他们所在的班级有25名学生，这25名学生在1917—1918年进入忠县（Jungshien）的高小学习。现在，他们中有5个是医生、1个牙医、1个建筑师，还有4个是校长或大学教授、1个军官，1个中华基督教会牧师。

中学也受到一点特殊关注。在北京，一所中级教会学校90%的男生都来自非基督教家庭。除了基督徒的影响外，男孩们之所以上教会学校的原因是：（1）优良的英语教学；（2）教学的持续性，未受持续不断的破坏公立学校的罢工的影响；（3）践行道德规范；（4）纪律严明。

1902年2月开设的天津英华学校是最重要的教会中学之一，校长是著名的赫立德（Lavington Hart），他的目标和宗旨是：（1）学校主要面向非基督徒，尤其是上层阶级的男孩；（2）学校在文科、科学和工程方面最终要达到大学水平；（3）努力培养基督徒的性格和习惯。他们也培养英式运动员精神，促进常规锻炼，不过早期却相当困难。学生要穿着长袍踢足球和赛跑，几滴雨足以终止竞赛，如果一方没有获胜机会，比赛就不会开始。

1919年，统计报告称中国仅有9所女子寄宿学校，其中，教师132名，学生622名。在教会小学，女孩仅占1/3；在教会中学，女孩仅占1/6。

应中学毕业生进一步学习的需求，学院和大学发展很快。"学院"这个词用得有点乱，英国人通常用它指高层次的中学。"大学"这一术语在诸如此类的实体切实存在以前就被引用过。但它是个理想，直到1920年以后的某一段时间才成为事实。因此，我们这个时期的许多学院和大学主要指有一点资质和先进工作的中学。例如，曾留学德国的周慕西1911年到北京大学教授哲学时发现，在把学生引入主题之前，首先要教授他们初级德语和英语。

1910年，上海圣约翰大学的卜舫济（Francis Lister Hawks Pott）博士呼吁建立一个培训水平高而且得到高度认可的培训机构，以便学生不需要到美国或英国获得相应的学历或声望。数年前，他就提议建一个国际化的、跨宗派的教会大学，但发现它不切实际，因为差会还没打算合并它们的学校。

个别机构诚然有其特殊性，这种特殊性要么源自它们的西方背景，要么源自它们所处的中国环境。雅礼大学（Yale-in-China）在1906年初创时是一所中学。学生不允许抽烟或喝酒，不能穿欧式服装，而且每个学生每周至少梳三次辫子。学校纪律严明，在头10年里，大多数学生来自上层非基督教家庭。第一次毕业典礼在1912年3月举行，因革命动乱推迟了一个月。有3人毕业。继中学之后，1906年11月又开设了一家医院，1913年12月设立护理学校，1914年设立大学部。1919年，康涅狄格州议会给予雅礼大学学位授予权。最初计划一直是让学生作好进入少数职场的准备。雅礼人尤其注重布道、医疗和教学。如果拥有人员和设施，也可以囊括工程学。雅礼大学对学生慷慨又思想开明。当毛泽东的《湘江评论》1919年被迫停刊时，他成为雅礼大学《新湖南》的主编，但该刊也很快遭到镇压。雅礼大学接着租给他三间房，他借此开设了"文化书店"，并在此基础上创办了7个分店，所有店都销售马克思主义著作和期刊，所得利润用于资助社会主义青年和羽翼未丰的共产党。

有些基督教教育事业实际是一种职业培训，即使没有被正式地贴上此类标签。幼儿园工作始于1910年，由英国长老会在泉州开设，对有些地方和差会来说，师范学校也很重要。一段时间后，政府不认同甚至禁止了这些学校，政府的反对使整个基督教教育蒙上了阴影。近代学校的教师职业技能培训始于岭南学堂，由葛理佩（H. B. Graybill）和冯世安（C. G. Fuson）博士发起。

1916年，传教士来仪庭（William H. Gleysteen）把教会学校实业教育调查报告送至所有较大一点的差会。2/5的差会没有手工教育或实业教育。至于其他差会，其目的在于：（1）为了穷男孩自助；（2）教育或发展价值观；（3）以实践为导向扩大培训。涵盖各种各样的贸易、技能和产品：农业和罐头加工业、编织业、地毯制造业、裁缝业、刺绣业、排版和印刷业、蜡烛、肥皂和鞋子制造业、办公室工作以及猪鬃挑选。提供这类教育的障碍是资金常年不足、缺乏训练有素的人员、懒惰与胆怯。据那些成功的教育机构报道，这类教育和工作消除了一些依赖性，提高了穷男孩的身份，使训练更容易，也使得男孩子们（以及教师们）带着同情心感触中国平民的生活。

在监理会兰金（Charles W. Rankin）的努力下，东吴大学在1915年开设了一个比较法学院，并用英文对英、美法律，罗马法律，犹太法律及中国法律作了阐释。

10. 事工：社会、医疗、乡村、男青年会与女青年会

驻华盛顿公使顾维钧在1916年的芝加哥大学会议上说："与传教士的福音传播工作紧密相连而又明显不同的是他们对中国社会重建的影响。许多划时代的改革，比如反对鸦片与禁止缠足，都受到传教士的鼓励。"另外，传教士开设医院、麻风病院、盲聋学校、孤儿院和戒烟所，并为妓女和黄包车夫提供服务。他们甚至努力组织童子军，尽管收效甚微。无论如何，这些经常赢得赞扬的改革已战胜所有旧恶习。但问题根深蒂固，许多地区仍有强烈的反抗，传教士既无财力也无人力来解决诸多问题。

乡村的贫穷以及中国人对各类谷物、树木和水果品种的缺乏令传教士震惊，他们努力给人们讲解有关知识并分发种子及植物。这一时期，金陵大学为系统的农业研究和指导以及建立一所林业学校奠定了基础。第一位直接由差会资助来华的农业传教士是卜凯（J. Lossing Buck）。整个乡村重建或乡村改良理念在1921年时还只是一部小说或一种新奇和懵懂的冲动。需要再花费10年，直到乡村问题得到切实的或系统的解决。

实业性工作涵盖各类事业，通常由传教士个人来做，尽管有时传教站或学校

也会做。总的来说,它是一种救济工作,要么处理一个紧急事件,要么是长期救济少数穷人。困难比比皆是。经济竞争残酷,市场也极不稳定。如果某行业雇用知名人士,那么,给高级技师付薪水以及规范的会计程序和规章制度,都会成为主要问题。

饥荒救济实施的范围很广泛,而且通常组织得较好。青年会干事艾德敷(Dwight W. Edwards)后来成为救济工作专家,他甚至参加了1937—1945年日本侵华期间的紧急救援。他在1923年报道:"……正是这片土地上的基督教团体看到了燃眉之急,同情这些求助,并把正常工作的同工调到救济工作中。"在1920—1921年的饥荒中,85%的外国同工来自基督教团体。艾德敷注意到这段饥荒期结束后,中国学生开始公开反抗基督教。这表明教会和传教士如今被视为中国国民生活中需要引起重视的重要分子。

反吸食鸦片恶习在民国初年的动荡中取得初步成效后,鸦片种植和销售又在各个地区盛行起来。并且,外国的咖啡因、可卡因与有害药物销售商,也制造了许多麻烦,因为他们受治外法权的保护,中国当局对他们没有审判权。传教士经常呼吁他们的政府谴责这种败坏道德的交易。

医疗工作是传教士在华事工的一个主要方面。关于解剖学、生理学、外科和儿科的教科书,最初由合信博士在1850年代提供。1886年,创办了第一份在华医疗杂志《博医会报》。由于医学最先被介绍,所以它在一个科学词汇的建立和标准化方面起了引领作用,是中国文化适应现代知识的一个必要步骤。

1913年,袁世凯颁布解剖学应该合法的法令。两年后,西方医学是唯一被官方采纳许可的医学课程。不过,中央政府并不积极推进该课程,以致这个国家在此领域仍然相当依赖外国人。直至1920年代,中国人才最终于在华现代医生中居多数,但主要的医疗机构仍然由外国人管理。不过,不应该臆想中国人会立即信奉西医。除外科手术外,对完全不了解解剖学或病理学、麻醉剂或消毒剂的中国人而言,西医看似挺神奇的,但中国人只有在万不得已的情况下才会看西医。因为西医不会依据脉搏诊断病情,不知道热、冷、湿、干、风、阴阳这类术语,所以中国病人一般认为他的医术低劣。

教会医疗事业在我们这个时期有多广泛?洛克菲勒基金会医学委员会在1914年发表了一篇题为《中国医学》的报道,称192座城市的244所医院里都有医疗传教士。医生总数是446,其中,329名男性,117名女性。护士140人(这里仅统计了传教士医护人员)。也许正如这份关键的统计报告所推断的那样,大多数医院人员配备很糟糕,依此类推,设施也很糟糕。1918年,齐鲁大学医学院教授巴慕德(Harold Balm)报道,他12年来调查了所有教会医院,认为它们不值得冠以"医院"之名。它们更像是"中世纪的旅馆"或小客栈,中国人带着他们的寝具和食物入住,家人充当护士。它们从开业起就都没有设备。

公共卫生运动由中国医学传教士协会、全国医学协会和青年会实施。设计了以健康为主题的幻灯片,演讲和著作也得以出版并被广泛传播。

差会提供并管理着大部分基督教医疗工作,例如,在神学方面被普遍认为比较保守且特别不关心社会的美国长老会。1918年,它们有18名医生、6名受过训练的护士、13名中国内科医生、13名中国医助、70名中国护士、5所护校(有学生50名)、1所中国医生培训学校(有学生26名),总体规模并不大。

北京协和医学院和另一家大医院合并,创立时条件相当简陋。伦敦传道会的柯克兰(Thomas Cochrane)1897年开始在东北边界事工。他在那里为住院病人和外科手术开设了一个三间房的诊所。他通常一天看100个病人,唯一的助理是一个想成为医生的农民之子。义和团运动之后,伦敦传道会在1901年又把他派回中国去重建北京医院。唯一可用的地方是一个摇摇欲坠的粮仓,他借此设立了一个药房。木板充当手术台,马厩充当病房。骡子被转移出去,墙壁被刷白,以便给住院病人腾出地方。柯克兰成功地与清王朝的厨子建立了良好关系,这促使他通过总管太监李莲英进一步与整个清王朝建立联系。在柯克兰的提议下,李莲英说服慈禧太后,使她认识到建立医学院和医院的重要性,并为此捐了大笔银两。医学院于1906年创立,很快就招收了40名学生。慈禧也很快授予学校官方学位授予权,并命令教育委员会负责每个科目的考试和发放相应的学位证书。1911年4月7日,有16名毕业生获得盖有教育委员会印章的学位证书。

北京协和医学院从一开始就强调基督教特征。它雇用"传道人"为住院病人和门诊病人服务,也雇用了一个"宗教主管"从事社会服务工作。1920年2月,中文口语流利的浦爱达(Ida Pruitt)被任命为宗教和社会服务部的一员。她组织了一个高效率的部门,不仅给自己的员工提供培训,还把他们派送出去,这些人影响着社会服务在中国的发展。

1914年,中国医学委员会在其报告中也谈及医学院。它们记录了奉天、北京、济南、成都、汉口、南京、杭州、福州和广州经批准设立的医学院。委员会发现很难获取足够数量的女医生,尽管确实有可以为她们提供培训的设施。这自然是缘于这一时期中国妇女普遍缺乏受教育机会。因此,委员会认为,在根本的教育结构没有稳固之前,采取积极措施去发展妇女医学教育是不明智的。那些特别适合这一职业的妇女应该被送往国外培训。

护士培训也有诸多问题,需要作很多调整。为了符合时代气息和地方风俗,所有接受护理培训的早期学生均为男性。最初的困难是很难用中文表达护士和护理这两个概念。并且,在中国病人及其前来探望的亲属不应该把护士看作仆人这一传统形成之前,需要相当大的耐心和长时间的解释。护士来自上层家庭,相当憎恨这种态度。中国护士协会的形成有力促进了护理事业,其总则是开设培训课程和建立培训考试制度。助产是护理培训的重要部分,因为中国助产士非常无知,她们真正是社区的危险之源。

是以简化的程序来培训更多的男性,还是把数量相对少的男性培训得水平较高,这是一个从未完全解决的问题。1917年,中华医学会(NMA)主席伍连德表达了这样一个观点,即少数有着崇高理想并受过良好训练的人要比许多没有抱负且极不合格的医生更有价值。也许在中国较特殊,医学这一职业从未受过培训或受人尊重,而且也没有这样一种传统或权限,受过部分训练的医生或者说庸医,完全有可能带来灾难而给自己留下坏名声。不过,在一个满是难民的国家里,这是一个两难的局面。训练有素的医生基本都待在城里的医院,只能给少部分人看病,随后是那些能够承担相应费用的人。这也是传教事业中牧师培训面临的一个两难的局面。数量和质量,哪个更重要?

11. 青年会

男青年会与规模相对较小的女青年会在中国的许多活动领域都非常有影响力,多数青年会与常规教会组织有积极合作。格瑞特(Shirley Garrett)在其1970年出版的著作《中国城市社会的改良者:中国青年会,1895—1926》(*Social Reformers in Urban China—The Chinese YMCA, 1895—1926*)中对这一时期作了充分介绍。到1910年,几个城市都有协会,成员数百名,它们试图实施职业教育、体育运动和健康项目、娱乐服务和宗教工作。南京青年会获得竞技运动的名声,成都青年会在科学领域作了不平常的尝试。现代通讯技术经由罗伯逊(C. H. Robertson)的演讲得以引进。中国学生先后在天津和北京开展规模不大的社会工作而引起了全国的关注。

中国对自身社会和公共问题的理解以及西方为解决这些问题提供的措施,两者大约到1925年才有大量协定。重视教育符合那一时期中国领导人的"口味"。体育运动的重要性逐渐凸显,中国运动员在1913年5月马尼拉举办的第一次远东运动会上所取得的胜利为青年会赢得新朋友,因为它具有民族自豪感。青年会也关心在学生中弘扬社会道德,发展社会活动。1912年,学生代表决定成立一个社会服务团。来自北京高校的30名学生在一所青年会的住宅聚会,成立了一个北京学生社会服务俱乐部,关注穷人的生活状况。那些问题促使青年会领导人开设了一个俱乐部操场,并且发起关于爱国主义、科学、改革和卫生的露天演讲运动。

及至1911年辛亥革命前后,中国的任何地方都没有教授预防性的卫生措施。1911年,青年会出版了一本关于肺结核的书,以成本价出售给医生,并很快出了第3版。与健康有关的工作接踵而至,1914年初卫生部正式成为青年会国民讲座科(National Lecture Bureau of the YMCA)的一部分。学生经过培训,利用卡通、通俗读物、幻灯片、电影和展览来指导健康运动。由地方青年会发起的地方医生与领导人联络网是这项工作在每座城市的核心。

青年会有一项了不起的工作,它由晏阳初以及第一次世界大战期间为欧洲中国文盲劳工事工的其他中国志愿者完成。1918年末,整个法国战场有80个青年会营地,他们为中国劳工提供简单的娱乐活动,帮他们写信,教他们识字。1920年末,晏阳初返回中国,开始构思平民千字课培训计划,随后在各个城市开展了书写与扫盲运动。最后,晏阳初梦想在文盲普遍的乡村开展这个项目。1923年,由一群著名教育家组成的中华平民教育促进会成立。最终,正如传教士所期盼的那样,遍布开来的改革在中国似乎奏效了。

随着时间的流逝,青年会必须处理中国政治问题。青年会如何成为社区以及青年的爱国主义、国际化、基督教和革命的发言人? 随着1920年代的到来,共产党及其激进的盟友支持学生把青年会看成与中国人的需求不相关的资产阶级工具。有些团体攻击青年会,认为它是帝国主义的武器。青年会竭力保持中立,但仍旧支持中国青年真正的爱国愿望。虽然批评仍在继续,但总体上看,青年会在先进性、经验、参与的中国人数量和社会参与度方面,比教会和差会赢得了更高的声誉。

12. 基督教著作和《圣经》

这一时期适合出版基督教著作,从事这一工作的最重要人物是加拿大长老会传教士季理斐(Donald MacGillivray)。在此,我们关注一下薄玉珍(Margaret H. Brown)所著的传记《上海的季理斐》(*MacGillivray of Shanghai*)。

1912年,季理斐越来越关心中国基督徒尤其是学生所接触的基督教著作不多。他对各家教会出版商的出版目录作了分析,哀叹道:"许多目录更具有博物馆的特征,而不是一个现有著作的目录……只有不朽者幸存……福音永远不会过时,但必须以新的模式来诠释它。"

广学会结合时代需求印刷了一系列关于法律和政府的文献,这些作品都已刊载于北京和上海的日报。季理斐组织了一个新闻社,该社在中国报纸上立即产生了反响。在1912年以前,编辑不屑于利用这类资料,因此,他们当前的合作是一个了不起的进步。第二年,季理斐说服一个中国人领导新闻社。他知道传教士领导这类事业的时代即将画上句号,并且目前有一些中国人已胜任翻译和写作。在他看来,神学院应该培养一些人从事写作,但这一请求很少得到回应。

如今,季理斐在尝试一系列更深刻的神学小册子,承担了海斯丁氏编的《圣经辞典》(Hastings' Dictionary of the Bible)的翻译工作。他校订《新约》部分,北京的瑞思义(W. Hopkyn Rees)校订《旧约》部分。虽然对海斯丁氏的著作所表达的一些自由主义观点存在批评,但该书却很畅销,并被神学院所用。

1915年,李提摩太退休后,广学会因汇率低、战时资金有限以及人员减少而进入荒年。一度闻名的《大同报》如今也停刊,该报刊载的文章曾被几个主要城市的21家报纸重印。《基督教评论》(The Christian Review)也因竞争不过日益增多的宗派报纸而停刊。中华续行委办会离开广学会,利用另一家出版商来出版《中国差会年鉴》。季理斐认为,广学会衰落的原因在于它失去了李提摩太的风骨和领导能力。1919年,他记述了李提摩太的逝世:"他跨越种族鸿沟,成为中国人眼里的中国人。在文化和宗教冲突中,在到过中国的人士中间,他是把西方介绍给东方的最伟大翻译家。因为李提摩太,多数西方人对中国的印象比较好。"季理斐也称赞李提摩太长期提倡政治、社会和教育改革。

李提摩太的离开对广学会确实是一个打击。但时代在变化,广学会必须认识到,先前所吁求的开明官员和学者现今已完全脱离领导阶层。一般的启蒙书和教科书如今都由中国出版商提供。教会需要更多更好的著作,但其资金严重不足,甚至难以出版已完成的作品。

季理斐对外国同事的呼吁失败了。他发现唯一的希望在于获得合格的中国员工。总之,他对中国青年在1920年"中华归主运动"中所开展的活动很感兴趣,这些年轻人推选他领导他们的宣传活动。

中华续行委办会总干事罗炳生在1919年认同季理斐的观点,认为很难理解传教团每年在中国花费数百万美元,而用于出版基督教著作的资金却完全不足。数年前对现存基督教著作作了调查,大约有书650本、小册子476种。这个数量不足以满足出版需求,并且其中有一些不再有价值。中华续行委办会随后与英国协调委员会(Coordinating Committee in Great Britain)以及美国海外布道委员会(The U. S. Foreign Mission Council)联系,以传教士团体和中国基督徒的代表成立了中华基督教文字委员会,其宗旨为:(1)发掘和培养中文基督教著作写作人才;(2)调查和联系所有基督教著作;(3)尽快准备和制作最急需的材料;(4)建立一个教会出版局。随着中华基督教出版商协会的发展,下一步的活动正在组织中。

1922年,基督教文字委员会(The Christian Literature Council)会议显现出了中国人在此项工作的各个方面所取得的成就。刘廷芳博士受命编辑一部赞美诗集,该诗集事先已计划好,约有100首现代体裁且符合当前需求的中文赞美诗。贾玉铭牧师应邀为普通教会人士准备祷告书。

必须说明的是,为发掘中国作家和中文图书所作的近乎疯狂的努力并不总是富有成效。好工作需要花费优秀人物的时间。刘博士几年来都被叫去写赞美诗,最终不得不作出有点尖刻的回答——西方人如果看看自己的教堂赞美诗集,就会发现自己已花费1 000年或更长的时间来完成它。

广州中国浸信会出版协会尽管由美南浸信会领导,但它在《中国出版界》(The China Bookman)(卷2,1919年6月5日)还为张文开(Chang Wen-kai)的4个小册子做广告,即《老子与基督教的比较研究》《道教、佛教与基督教比较研究》《道教和佛教的两大迫害》以及《基督徒是国家利益的背叛者吗?》。一般来说,比起广学会,这个协会更直接地涉及有争议的著作和真正的护教学。它既是华南发行基督教小册子的社团,也是发行一般基督教著作的社团。

在中国内部,虽然数十年来敌对情绪强烈,但在受众根本不愿意听牧师的布道甚至不愿意到教堂时,他们可能会接受和阅读基督教著作。另外,在传教士到某一地域开展常规工作之前,卖宗教书籍的小贩就已经散发了一些资料。

有几个重要的例证可以说明非基督徒认可《圣经》及其语言以及中文译本的优点。例如,中国学者胡适,据说他认为自己可以引用的最好范本是修订版和合本《马太福音》。

13. 中国基督教社区

全氏(Ch'uan)家族是我们这一时期很有名气的基督教家族之一。一个全姓满族人约在19世纪中期死于北京,因为没有可以给予帮助的亲人,其遗孀及三个儿子沦落为乞丐。在饥饿的边缘,他们听说洋鬼子开设了一所小学校,且学费和食宿全免。谣言四起,说之所以建立这个学校,是为了挖出男孩的心脏和眼睛做一种强效药,但这个眼睁睁看着孩子忍饥挨饿的寡妇毅然把他们送进学校。结果他们成长为在体格上和精神上都很健康的小伙子,并且都受洗,都在医疗、教育和福音传播领域提供了重要服务。

众所周知,多数基督徒为平民,无知甚至是文盲,而且非常贫穷。富裕一点的阶层因教会在社会底层工作而蔑视它。但也有一些上层人士和杰出人物成为基督徒,他们不惜以牺牲自身社会地位和心理舒适为代价。

1913年,据说外国讲道人比例较小。现在可以利用中国人,他们有语言、文化以及与听众交往的优势。教会学校和学院日益自力更生,它们培养人独立思考和做事负责任的习惯,这是改善状况的基础。

颜惠庆博士是一个浸信会牧师的儿子,也是一个杰出的教育家、学者和外交家。中华基督教青年会总干事王揆生(K. S. Wang)是香港伦敦会自立教会王牧师的儿子。王正廷是一个行教会牧师的儿子。不过,这一时期大多数传道人仍来自店主、农民、渔夫、工匠、搬运工和劳工。

在清王朝的最后岁月和民国初年,中国基督徒的领导能力和责任感普遍提升。这一点从与河南北部加拿大长老会相联系的中国长老会的工作可见。1912年,教会一致认为,五个最强的基督教中心应该自立,从新近结束培训课程的毕业生中招募自己的牧师。它们这样做了,而且每次圣会也为某一特定区域(通常约10平方英里)的布道设定责任。在传教士看来,如今可以说中国教会真正建立了。

1919年的爱国主义浪潮确实导致基督徒和传教士的关系有点紧张。有些传教士反对基督教组织介入政治争端,但大多数认为这是国家利益问题,而不是政党政治问题。同样,教会学校也把爱国主义作为一种基督徒的优点来教授,其学生都积极参加示威游行。甚至传教士以及犹豫是否加入教会的中国政界人士,都准备以个人身份表达反对日本侵略的意愿。

冯玉祥将军皈依基督教及其后来的行为广为人知。引人注意的是冯玉祥一直如此深刻地影响着诸如文盲和受过教育的军官的品格。他不可能用物质收买他们的忠诚,也不能借此来关心下属,中国军队一般不会高度尊重将军的意见。

其他杰出基督徒是:在客家教会工作的Phang Ven-san牧师;后来成为中华续行委办会干事的诚静怡,他20岁时就担负着供养失去丈夫的姐姐及其4个孩子的责任,当时他每月薪水7美元;曾留学德国的周慕西,1911年担任北京大学哲学系主任;东北的一个佛教牧师,他把自己的3座寺庙和4英亩地捐给一个传教士建教堂;从1897年起建立商务印书馆并独自经营的基督徒;曾国藩的外孙、湖南人聂潞生。

中国人对基督教还有另一种形式的回应,即倡议或强化改革趋势。

孙中山是基督徒和基督教评论家讨论的话题。他十几岁在檀香山读书时就信基督教，并顶住来自兄长的压力，没有放弃这个信仰。在后来的政治活动中，他表达了民族主义者和革命者的强烈情感，曾说："我不属于教堂的基督教，而属于耶稣的基督教，耶稣是个革命者。"直到临终，他还在怀疑传教士的动机，但从未否定自己的信仰或历史使命与宿命。这个信仰为他的革命活动提供了宗教和道德支持。

14. 对外关系、传教士、母会

传教士与改革者一致认为，如果没有革命，1900年代—1910年代的趋势会使人们深刻同情中华民族及其抱负。但当中国的领土完整和独立自1914年以来受到日本的威胁时，传教士面临一个新的问题。他们应该代表自己的国家（尤其是美国和英国）支持中国防御吗？还是应该保持教会和政治完全分离的传统，在中国保持必要的中立？

实际上，美国传教士在很大程度上参与催促美国政府给予中国外交和道德援助，以便中国抵制日本1915年提出的最具破坏性的要求，阻止或减少其他国家的控制。美以美会主教贝施福（James Whitford Bashford）在这方面起了很重要的作用。如果他愿意代表中国出席华盛顿会议，中国政府将给他1万美元以供开支，但他拒绝了，他宁愿以道德之名，以一个基督教牧师的身份来工作。

日本1916年在东北的行为及其后来在天津的进一步要求和争端，更加唤醒中国人反对列强的民族情感。第一次世界大战期间西方国家的总体行为表明西方境况极其糟糕，这导致由200名英美传教士组成的北京传教士协会向其母国政府表达决议，称如果西方国家不对中国人恢复信心，那他们的工作就会失败。而且他们担心如果中国的民族主义运动令人失望，那么整个远东地区的和平就会受到威胁。问题最终归结为，不是任何一个国家的侵略使外国人在中国占优势，而是从清王朝沿袭的整个不平等条约体制使然。

不过，在这段艰难的岁月里，驻美大使顾维钧在1916年仍热情地赞扬了传教士的无私服务。他认为，传教士的宗教奉献给予无数中国人新的希望和士气。他称赞传教士的医疗和教育事业，也充分信任他们为禁鸦片和废除缠足恶习所做的工作。青年会及国际改革局与中国人民一起向社会恶习作斗争，提升道德水平。

毕顿（Nelson Bitton）在其1914年出版的著作《中国的再生》（*The Regeneration of China*）中坦言，世界上没有任何一个地方比中国更需要以真正谦卑的精神来完成基督教事工的任务。带有种族自豪感的事工意识永远不会展现最高的基督教美德或基督福音的荣耀。毕顿反对到华传教士带着施恩或怜悯的情绪，痛斥教会是外国的战利品这一观点。

传教士在各类问题上都受到自己同胞（商业和政治领域）的许多批评，但确实也有支持者。Charles W. Wood 是个美国人，但非基督徒，他在1922年11月的《纽约世界》（New York World）上写道，在华期间他所熟知的100位传教士是他所接触的人中最值得接触的群体。"我必须通过传教士来了解中国人、中国文化、国际问题、工业革命（而不只是当前兽皮的价格这类事）以及对战后世界形势的分析。"

传教士作为美国公众的教育家发挥了重要作用，正是他们向美国的大学介绍了中国。1916年，在上海工作近40年的记者约翰·本杰明·鲍威尔（John B. Powell）说他曾就读的密苏里大学的图书馆仅有2本关于中国的书，作者均为传教士明恩溥。

为了证实这一说法，应该注意，1909年海外宣教大会拒绝敦促总统和国会保证把未使用的部分庚子赔款用于教育。他们产生了争论，因为美国政府已收到一笔来自中国的巨额赔款，而这笔钱应当无条件地退还给中国。从正义角度来说，它属于中国，附加条件会减少拟归还的赔款的道德效应。

治外法权是个难题。由于外国控制中国的关税、以政府贷款来控制外国银行、教会学校的强化与独立、外国在中国驻军和外国炮艇进入中国海域，致使中国的苦难逐步加重。传教士的观点各异。湖南的任修本对中国法律程序非常了解，坚定地拥护治外法权。他见证了困扰中国法院的不公与折磨，相信令人耻辱的治外法权的存在会刺激中国稳定社会秩序。另一方面，1924年，贝德士认为，解除不平等条约也许会刺激中国领导人和学生更加致力于解决真正严峻的内战问题、贫穷与内部混乱。

◀ 第三部分　1922—1937年 ▶

一、基督徒奋进的中国环境

1. 社会、政府、法律

　　从1922年至1937年，基督徒的奋进历程再三遭到言辞攻击，因为中国学生和媒体把它与可恶的条约体系和资本主义剥削联系在一起。1919年的《凡尔赛条约》进一步激起公愤——德国把在山东的殖民地给了日本，同时，国共两党发起反帝运动，这成为反基督教运动的初始动力和导火索。不过，宗教敌视普遍出现在政党外围。蔡元培是中华民国首任教育总长，后担任北京大学校长，他在1923年宣称："我痛恨所有宗教信仰，它们相信腐朽的古风。在任何教育问题上，都不应该听从有宗教信仰者的意见。"教会教育随后遭到猛烈攻击，基督教机构被视为给剥夺国籍的受骗者提供"奴化教育"的"文化侵略阵营"。教会学校向政府注册和中国人替代外国传教士的压力增加。情绪高涨，以致外国传教士无法利用他们的学校或其他教育事业来宣传宗教，而且政府要求所有政府机构和学校每周都要举行孙中山纪念仪式。随着蒋介石及其追随者在1927—1928年取得胜利，反基督教运动中比较激进和动荡的方面渐渐消退，但事实上，在整个国民党统治时期，仍有反基督教的紧张气氛。教会也被要求向政府注册，但从注册条件来看，政府完全不理解教会的本质和功能。规章制度似乎要在政治层面限制教会成员资格，这完全不可接受。

　　从1927年至1935年，有些传教站遭到劫掠或破坏，许多传教士撤退到条约口岸，有的认为基督教在华事业已终结，从而回国。具有讽刺意味的是，有些评论家认为，反基督教运动受到可察觉的中国社会基督教力量的刺激。例如，第一个获得中国人管理权的基督教组织青年会就最先遭到攻击。

东北相对落后，1931年被日本人占领时，教堂、学校和医院已有良好发展。随后，日本的政治和治安高压使教会受到重重束缚，并且日方竭力胁迫或消除给它制造麻烦的教育界人士和领导人。

这一时期教会更加关注实业环境，尤其是妇女和儿童所在的那些刚起步的工厂里的工作环境极其恶劣。中华全国基督教协进会在1922年5月第一次会议上注意到这一点，也对妇女的普遍需求一直没有妥善解决这一问题作了评论。教会也发现难以增加女基督徒数量。有些地方的教堂被传教士描述成"男性俱乐部"，其部分原因在于男女授受不亲的传统。

也许是因为共产党人正在关注农民和乡村状况，基督徒开始把注意力从城市转移，并开始思考应该对乡村大众做些什么。中国内地会的贾礼荣（J. Herbert Kane）描述了他所工作的贫困地区的生活状况以及宣传基督教的障碍：

> 生活是持续不断的冲突，是为生存而挣扎：10张嘴要吃饭，20只脚要穿鞋，土地要耕种，今年是饥荒，明年是水灾，要灭蝗虫，要担心恶魔，要与强盗周旋，要供给士兵，要交纳地租和税收，要崇拜祖先和供奉偶像，要建堤坝，要修路。总之，贫穷、瘟疫、疾病、悲伤、痛苦，最后是死亡。毫不奇怪，一代又一代生活在这种环境下的人，应该建立一个转变思想和具有唯物主义人生观的社团。当前问题如此紧迫，以致他们无法思量未来。他们更关心自己的身体状况，而不是灵魂状况。当前问题不是他们在哪里度过来生，而是如何活到收割麦子的6月。他们评判宗教，不是更多地依据它所承诺的未来的属灵福佑，而是依据它当即给予的物质利益。（贾礼荣：《双倍增长》）

1930年代中期，社会学家兰格（Olga Lang）在山东进行了一项研究，充分证实了贾礼荣的观点。她也提到，基督教在支持一夫一妻制方面卓有成效，但宗族团结仍然非常重要，对基督教信徒来说，它滋生了大量信仰冲突。传教士卜凯是金陵大学农业经济学教授，他也对乡村状况进行了综合研究。

这一时期中国人民生活中政治混乱及自然灾害的后果并非夸大其词。洪水和饥荒继续周期性地蹂躏着乡村，直到1927—1928年都还没有中央政府，没有总统和议会，有时也没有人知道北京的内阁成员是哪些人。

1930年以后，政府趋向包容，甚至开始与佛教和基督教的道德与宗教力量合作。现在的问题是，当统治者和国家控制某些宗教人物时，宗教是不是再次像从前一样成为国家的仆人？无论如何，民族主义近乎是国家的神化，国民党不仅从自身背景,也从共产党处了解到用于政治宣传的准宗教符号的价值。这表现在对孙中山的崇拜、其著作《三民主义》所揭示的狂热信仰以及学校和公共集会上的纪念仪式。有些国民党人把宗教当作政府的有力工具,并且中国需要基督教国家的支持,需要对非基督徒和具有侵略性的日本人的反对情感。蒋介石认为,宗教是使衰退的革命热情复活的力量,是一种救国之道、一种道德的最高境界。这使得政府在1930年代发起新生活运动。至于教会在多大程度上辅助该运动,观念上有些分歧。有些人很积极地参与,但其他人则与该运动保持距离,因为他们认为这一运动显然与宗教不相关,也没有宗教制裁,却富含政治关系。随着时间的推移,国民党的独裁人物成为统治者,1926年的乐观主义与振奋人心的理想主义让位给犬儒主义,希望也遭幻灭。1934年,政府对学生和知识分子的言论自由实施更严酷的镇压。

在反基督教和排外浪潮中,1925年5月30日的"五卅"运动是一个关键事件,在这一事件中,上海警察在一名英国军官的命令下向手无寸铁的示威者开枪,其中包括激怒他们的学生。基督徒正反两方面的反应,使教会也卷入这一尖锐事件。协进会积极支持学生,这成为某些内地会成员退出协进会的原因之一。但教会与政治分离这一传统似乎忽略了这样一个事实 —— 在治外法权的保护下,教会与政府确实有重要的法律关系。

2. 思潮、教育

这个时期思想与教育的一个主要因素是民族主义的兴起。除了孙中山的言论,中国思想里最可读的民族主义论很可能就是梁启超1922年所作的演讲。他指出,在我们这个时期之前,中国没有一个作为国家的概念。政治思想总是从全人类的角度出发,以世界和平为终极目标,而家庭和国家则是使这个世界秩序完美的过渡阶段。梁启超批判英美政治理论,认为这些理论奠基于憎恨和强迫:"西方所说的民族主义是一种狭隘的爱国主义观念,它对异国人的态度是残忍的,以致诱使人们认为战争就是荣耀。"继梁启超之后,梁漱溟在1930年代也影响着学生的思想。对那些关心中国农民和乡村状况的人来说,这特别真实。他最著名和最具影响力的中文著作是《东西文化及其哲学》。梁漱溟不赞同阶级斗争而倡导乡村建设,他所依托的信念和志愿行为与晏阳初相同,而梦想拥有强硬的行政准则的官僚则不一样。实际上,政府人士使梁漱溟和晏阳初的著作看起来具有政治嫌疑。强调乡民的主动权是可怕的、令人愤怒的。

在通识教育里,关于民族主义最有意义的是1922年被采纳的"新体制"书籍。它们倾向于国际主义与和平主义，展示世界和国家的友爱，而不是极端的民族主义。叙述故事，旨在向学生灌输良好的普通公民的观念，而不是无畏的英雄主义。

知识分子对伟大的印度诗人兼教育家泰戈尔1924年演讲所作的回应，可能对中国人反对基督教理念及其事业最具启发性。泰戈尔宣讲精神胜于物质的重要性，建议成立一个泛亚洲阵营，以便帮助每个国家保护自己的文化遗产不受有害的"西方影响"。他受到一些人的欢迎，但大多数中国知识分子最终拒绝了他的观念。泰戈尔及其少数忠诚的追随者与他的许多竞争对手之间有差别，诗人徐志摩对此有很好的说明："他主张的只是创造的生活、心灵的自由、国际的和平、教育的改造、普爱的实现。但他们说他是帝国政策的间谍、资本主义的助力、亡国奴的流民、提倡裹脚的狂人！"胡适持包容的自由主义，维护泰戈尔的人格，但不同意其言说，因为他认为中国或亚洲文明一直是唯物主义的，依据在于："文明是唯物主义的，受物质限制并且不能超越物质……另一方面，文明会最充分地利用人类的聪明才智去寻求真理，以便控制自然，使物质为人类所用，并把人类从无知、迷信和大自然的奴役中解救出来，去改革社会和政治制度，为广大人民谋求福祉……这类文明是最理想的，最高尚的。"中国思想家格外关心克服政治分裂和衰弱、经济落后与社会不公这一实际任务，从而对泰戈尔没有太多耐心，因为泰戈尔介绍给他们的是迎合富人需求的压制性的、落后的保守主义。

汤良礼等人的著作刺激了反基督教运动，其著作《反叛中的中国》（*China in Revolt*）作为中国民族主义半官方的介绍于1927年在伦敦出版后广泛流传。罗素（Bertrand Russell）对此书加以介绍，认为它过度赞扬现世的儒教伦理，极其敌视西方尤其是基督教的思想架构："没有一个外国人团体比近代传教士对中国的伤害更多，无论是直接的还是间接的。他们用颠覆性的活动使中国丧失了大部分独立自主权，他们还通过传教使成千上万的中国信徒丧失国格，并且一直帮助瓦解中国及其国家精神。由于他们歪曲事实，中国文明间接地被西方严重误解，因此，他们要为近一个世纪以来中国所遭受的声誉损失负大部分责任。"汤良礼也看到欧洲基督教史一直与持久的和血腥的宗教战争、对异教徒的残忍迫害和折磨、对世俗知识有组织的镇压以及对妇女的压制和歧视密切相关。传教士罗纳德·里斯（Ronald Rees）总结了反基督教运动背后的原因："……第一次世界大战、俄国共产主义的兴起、欧洲不可知论思想的普遍影响，以及日益加剧的中国青年对外国帝国主义的反抗，这些因素似乎不仅要控制他们国家的政治和经济生活，还要控制它的文化和宗教生活。"在他们的愤怒和苦涩中，汤良礼的著作并非与众不同。事实上，有些中国基督徒也有类似的愤怒。有些人支持在现有媒体上展开反对基督教的争论，因为他们可借机猛烈抨击仍受保护的传教士。在基督徒圈子里，"本土化"经常等同于"爱国主义"。

1928年以后，国民党的革命行动不得不告一段落。与1928年以前的情形完全不同的是，执政党必须转向重建乃至重组，而不是兑现其革命口号。国家自主权、民主以及经济自足的目标或理想没有被取消，而是被推迟或以渐进的形式进行。由于日本的威胁加剧，政府的大部分注意力和资源不得不转向防御。需要唤醒人们的政治觉悟，但不是为了革命，而是在国民政府训练有素的指导下进行防御。具有政治意味的民族主义因此成为教育领域和基督徒的主要争端。表面上，孙中山思想是主要的方针。这一时期的教科书里面，孙的三民主义是主要内容，它强调革命精神、科学、劳动和斗争。爱国主义与抗议精神、生活中某些真正利益以及社会最低层人民的苦难与艰辛混合在一起。强调国家而不是个人，要从全民生计而非个人自由的角度实现民主。中国文化得到更多赞扬，列强的帝国主义利益主要在于经济方面。政治体制的目的是国际和平与人类福祉。

1930年代，兰格对高中生和大学生的阅读爱好作了一项重要调查，揭示了这一时期知识分子的倾向。有641人喜欢古籍、276人喜欢故事书，尽管中国近代小说居首位，但那些涉及社会问题或人际关系的书揭露了社会和历史背景。最有名的作家是鲁迅，其次是巴金和茅盾。老舍的讽刺小说广受北平学生欢迎，他们喜欢他用方言描述北平街道上耳熟能详的人物。外国文学也重要，比起其他作家，高尔基被提及最多。在非小说类，学生最喜欢的通常是政治或社会科学类书籍。问及6位伟人的名字时，学生喜欢那些为民族独立而奋斗的人，并直言具有右翼倾向的书不太受欢迎。

1927年以后，学生仍然积极从事政治活动，但却遭到政府和教育部门的严格限制和控制。国民党严令学生继续专心学习，禁止他们煽动叛乱和罢工。出版和运动自由明显受到限制，甚至在1929年，胡适都难以在国民党可以随时伤害到他的地方生活和工作。

3. 宗教

这个时期人们对各种宗教的兴趣明显下降。后来成为主教的基督教牧师朱友渔于1936年在上海一家大书店查阅了366种杂志，发现仅有2种是宗教类——一种是佛教，一种是青年会月刊。在16个主标题中，5个最大的主题是经济或工商业、学术杂志、研究及科学类出版物、医疗和健康、教育、大众通俗杂志。

兰格在研究中发现,极少数来自佛教、道教和儒教家庭的年轻人都保持他们父母的信仰。大多数学生信仰不可知论,众多上一代人也如此。至于基督教,有极少数学生说它是帝国主义的宗教,大多数没有在意它。到1930年代中期,日本成为敌人,而信仰基督教的英美两国可能成为盟友。

直到1925年以后,佛教才大大衰落。总体而言,近代寺庙和道院是超过6个世纪的逐渐积累而成,这里在破坏,那里在翻修或重建。不过,民国时期佛教确实进行了一项真正的宗教运动。

关于平民间的宗派运动,没有多少可靠的资料。不过,寺庙的用途正在转变。民国初期的20年,湖南有一半寺庙变为学校,许多其他寺庙变成私人住宅,导致传道人数量明显减少。正式的祭仪自然逐渐消失。极少数对灵性事件感兴趣的人开始信基督教,这与影响年轻中国的新伦理观念密切相关。祖先崇拜在维系传统家庭的团结方面仍然重要,但对小型夫妇式家庭来说没有太大作用,这一点在城市更加普遍。

约在1930年前后,政府开始竭力镇压经常有政治倾向的宗教社团。据说国民党从未正式容忍道教和佛教。然而,也存在像恺撒大帝一样的人,他们认为宗教是政府的有用工具。如今,就如辛亥革命之后一样,一些古老的传统在复兴,从儒教观点来看,政府不仅是合法的权力,更是道德的楷模。

儒教尽管不再是一个有组织的体制,但却继续影响着这个时代的知识分子,基督教领袖和传教士也围绕它进行了认真讨论。朱友渔在1928年指出,对许多知识分子来说,其儒教教育使他们偏向不可知论和无信仰。他们已完全抛开任何与近代科学不相容的上帝观念,并且认为所有宗教纯粹是迷信。来会理(D. W. Lyon)注意到许多中国知识分子反对儒教传统,因为它是中国在近代世界取得一席之地的障碍。具有讽刺意味的是,教会保留儒教中宗教价值的动机,在于将基督教根植于中国文化的需求。赵紫宸认为,存在一种可能,即脱离宗教价值并与近代世俗主义和科学相关联的儒教能够产生中国最需要的人。儒教的伦理力量、人道主义和民族主义在盛行的唯物主义中不会消亡,正如其他某些宗教一样。赵紫宸建议基督教和儒教应该好好团结起来,诸如和谐、救赎和罪孽的基督教理念,能够使中国人充实。基督教也有儒教所没有的富含热情和激情的社会福音,以及中国所需要的一种神秘主义和习俗。另外,对许多中国人来说,教会这个机构是主要的绊脚石。1936年,张伯怀(W. B. Djang)发表评论,认为机构的缺乏是中国社会一个基本的缺陷。这种对机构的厌恶已成为中国人的第二个特征,有些中国基督徒领袖坚称有组织的教会是在中国宣传纯正的基督教的障碍。然而,张博士却相信有组织的教会是基督教能够或者应该给予中国的一个独特的贡献。

1930年,赵紫宸认为中国人尽管有宗教渴望,但却对宗教感到困惑和失望。之所以造成这种状况,是因为反传统和反基督教态度,人们渴望一个实实在在的信仰。因此,若哪个宗派能给予这样的保证就可以吸引民众。他指出,由于美国经济萧条,加以自由派传教士疑惑中国是否需要他们,许多较大一点的基督教教会也遭受重挫。赵紫宸也哀叹教会十分缺乏优秀的中国领导人。

1933年,《教务杂志》主编乐灵生(Frank Rawlinson)就传教士与中国其他宗教信徒关系问题,向127名传教士发出一份简单调查问卷。他得出结论说,传教士几乎没有表现出反传统的态度,他们比从前更能容忍。但这种容忍是消极的,因为广泛的漠不关心的态度,似乎是因为传教士完全不了解其他宗教的行为和理念。传教士并不总是熟悉有效谈论深层次问题时所需要的术语。答案表明,相对而言,较容易与非基督徒一起开展实际社会工作。宗教团契既困难又稀少。乐灵生指出:"因此,中国没有太多普遍追求真理的方式。"1934年,乐灵生称他意在用中国基督徒的观念,将先前传教士观念指导下的同类事业发扬光大。给中国同工提出的问题有点变化,以便涵盖增进与其他宗教信徒关系的必要性和方法等内容。几乎所有接受调查者要求增加合作,尽管有些人感觉在福利、饥荒和战时救济之外进行这种对话非常困难。

江文汉是国际青年会学生干事,受过神学训练但未被按立为牧师。他在1933年写道,中国学生非常关心生活问题,也关心人格培养和富足的生活,而不是有神论的问题。人文主义倾向占主导地位,学生似乎在寻求:(1)宗教现实;(2)代表他们国家的行动计划;(3)对纪律的怀旧之情。

这个时期,某些传教士和学者继续认真研究佛教和伊斯兰教。

二、基督徒的奋进:活动与实践

1. 概览、合作与联盟

基督教事业在这个时期得到拓展,尤其表现在医院和学校等机构以及社会服务的增长。但对重要月刊《东方杂志》的研究表明,从1923年至1938年,该杂志没有刊登关于基督教的重要文章。这提醒我们不要夸大基督教在中国国民生活事务中的地位。

1913年,在穆德和中国同工的努力下,由1910年爱丁堡会议发起的中华续行委办会正式成立，领导人为诚静怡和罗炳生，1922年发展成为中华全国基督教协进会，仍由诚静怡领导。协进会不是作为在华新教徒的总参谋部而成立，而是要成为教会和差会的仆人，使它们尽可能行动起来并公开发言。1922年的成立决议指出协进会的13项职能，概括为5个方面：（1）深化灵性团契；（2）中央信息机构；（3）进步研究的基地和新观念的交流中心；（4）推进本土教会；（5）一种表达普通基督徒见证的方式。

全国基督教协进会遭到许多批评，尤其在它讲公共问题时。外国人和中国人的观点有时存在分歧。1925年"五卅"事件（当时英国士兵向手无寸铁的学生开枪）后，协进会由于支持学生以及提出"重复声明政治问题"而遭到攻击。1927年4月，上海32名传教士联名批评协进会通过政治活动制造分歧，因此，大部分差会对它丧失信心。协进会为此作出5点回应：（1）协进会主要对中国教会负责，而非传教士；（2）协进会基本为基督教组织负责，而非个人，而且32名传教士中有12个属于未与协进会合作的组织；（3）传教士在没有给予协进会就此讨论或寻求共识的情况下就把声明送交媒体；（4）有关媒体随意并不公正地批评协进会；（5）该声明的发表，已不可避免地引发了以谎言或真假参半的陈述为基础的批评之潮。最后，协进会指出，该声明不代表所有传教士的观点和意见，它也从未要求这样做。关键问题是协进会在多大程度上代表诸多中国基督徒的观点和意见。

非基督教运动始于1922年，倾向于掩盖当年北京举行的世界基督徒学生联盟会议的重要性。这一事业的所有民族运动第一次以近30个国家的本土公民为代表。西方代表对参与者的年轻感到震惊。近3/4的中国人提出了来自中国的强烈诉求，其他代表中有1/4是大学生。整个计划由中国学生运动领导人设计，主题是"世界重建中的基督"。最重要的是，为来自敌国的代表设立了"危机小组"，以满足坦诚讨论、祷告和座谈的需求。基督教与国际/跨种族问题以及基督教与社会/工业重建问题讨论热烈，讨论的重点不外乎是否利用暴力问题。会议闭幕时，总务委员会向国际宣教委员会（International Missionary Council）宣布，布道区域的基督徒学生不愿意大批量参加教会工作的主要原因是：（1）在许多情况下，学生认为外国传教士的团契和合作不完全接纳他们；（2）普通传教士太优柔寡断，以致在当前形势要求下不能对教会领导层进行必要的试炼。

尽管在中国建立工作的流动式传教士和宗派在不断增加，但这个时期仍有12个宗派管理着近73%的传教士，牧养近86%的领受圣餐者。

东北仍然是一个特例，因为它逐渐处于日本人的统治之下。基督徒被限制传道,所以他们倾向于启示论,避免论及任何社会问题,因为在这种境况下相当危险。东北是真耶稣会的发源地,该会强调大复兴,但没有很好地遵从基督教教育的本质。

2. 教会及其发展与自立

3. 作为传教主体的差会

这两部分主要是编制差会与教会统计数据,但显然差会把权力下放给教会是1922—1937年基督教在华事业最主要的特征。虽然确实受到反基督教运动、1927年国民革命、共产党的乡村武装斗争以及大量传教士撤离中国的影响,但这个时期代表19世纪传教士努力实现建立自养、自治和自传教会这一目标。中国基督徒最终愿意并且能够为自己的宗教生活担负责任。

然而,各个宗派之间以及区域之间的权力下放过程并不一样。正是在这个过程中,外国传教士与中国基督徒建立了全新的关系。硬性且快速的分工无法把差会工作和教会工作截然两分。传教士和中国人并肩工作,传教士的权威和控制渐渐减弱。大多数传教士一直认为差会对教会的帮助是临时的,这也是中心问题。改变管理权、挑选中国人担任领导职务、移交财产以及制订不同的财政支持方案,是这个时期所发生的一些变化。

不过,大型医疗和教育机构仍由外国人管理。有趣的是,在有些地方,传教士似乎比中国人更期盼中国人担起责任。外国人员和资金的撤离有时确实会导致教会人员和活动减少。

4. 目标、政策、交往、调适

民族主义的高涨使得蒋介石与国民党在1927—1928年获胜,也对传教士提出了许多关于传教政策的难题,他们接下来不得不重新审查在华工作的目标与理由。基督徒监管下的教育成为一个尤其重要的问题。1925年4月,中华基督教教育会发表了一份声明,在这个充满紧张质询的时期里,该声明代表基督教学校进行了综合防御和积极论争。相信教会学校仍对国民生活有特殊贡献。教育当局坚持限制学校的基督教活动,这与教育和宗教自由原则不相符,另外,这会妨碍学校实现它们的既定目标。教会学校教授"启蒙的爱国主义""被剥夺国籍的"学生这一观念令中外领导人都感到厌恶。

当局仍然强行禁止宗教必修课程。1924年8月,中华教育协进会第四次年会在太原府召开,认为当前中国教育应该着眼于培养爱国公民。这包括四个要素:(1)强化中国公民意识,以推进国民思想的独立;(2)以军事训练强健体格;(3)教授民族耻辱感,以培养爱国主义情感;(4)进行科学教育,以奠定基本知识和能力。会议认为,宗教教育即使对发展民族意识无害,也是在浪费学生的时间。会上,有些激进分子甚至想把教会学校从协进会剔除,但这个提议被否决。

关于在小学进行宗教教育这一问题,也偶尔会产生争论甚至暴力事件,这强化了有些人想完全关闭教会学校的观念。但如果真这样做,办学者往往会后悔,因为它会减少进入大学的学生数量,造成教会和其他基督教工作潜在领导人的流失。中国基督徒和行政管理者倾向于即使在没有宗教教育的情况下也继续办学,虽然对少数外国人而言,这增加了他们把管理权移交给中国人的抵触情绪。这一情况的错误在于认为外国人不会再提出移交条件或操作条件。他们确实可以关闭学校,但对中国基督徒来说,这只会耽误教育问题的解决。毫无例外,中国基督徒领导人认为关闭所有小学和中学会危及教会。在非基督教学校,学生一周有6天时间都在接受反基督教宣传,这使得维持办学成为基督教宣传的义务。

大多数中国人支持自愿的宗教培训,最终,越来越多的传教士也都支持。因更多学生来自非基督教家庭,部分早一代传教士的心理产生变化。芝加哥著名教育家伯顿相信:"我们应当准备作调整,以求实现我们继续在华进行基督教教育这一基本目标……我希望学校不允许教授宗教课程的那一时刻永远不要来临,但如果我们必须面对这个问题……我愿意留在中国,留下来给中国人提供最有效的服务,借以体现基督精神。即使他们不让我形诸语言,但他们无法杜绝我生命中表达这一意愿的机会。我将以基督徒的生命来经受考验,即使不能以基督徒的语言来经受考验。"

基督教教育政策选择问题源自教会学校不协调的目标或者至少是混乱的目标。在1910年爱丁堡会议上,中国代表把基督教教育目标描述为:通过基督徒教师、平信徒和传道人、传道人的指导、社会潜移默化的影响以及基督教博爱精神的展现来发展基督教社区。中华续行委办会1913年宣称,基督教教育的目标是在基督教所能获得的所有人里面培养基督徒,把年轻人培养成为最有用的人,为教会和国家培养基督徒学者和领袖。1920年代末,教会学校的教育目标趋于分化,这在本质上应该与最好的近代教育原则相同,与为教会学校作出独特贡献的特殊教育目标相一致。1928年,80名基督徒教育者就教会学校所必需的基本因素发表评论,认为最重要的是教职员工个人素质,其次是学生品格与基督徒学生数量。

基督徒圈子就"本土教会"的内容与形式讨论热烈。后来,西方学者几乎没有意识到有关1920年代教会差传调适策略这一主题的强烈程度。中国基督徒强烈感觉到他们被外国化和被剥夺国籍后受到的嘲讽。沪江大学校长刘湛恩对一些员工讲,一种真正而强烈的羞耻感似乎吞没了不少受到此类攻击的中国基督徒。他本人也感到羞耻,因为美国国旗一直受到尊崇,而中国国旗则不然,并且,中国儿童在感恩节被迫聆听美国总统的演说,号召他们为无从共享的繁荣而感恩。可想而知,美国人没有理由极度轻率地把其习俗和理念带给中国。另一方面,必须承认中国缺乏爱国主义、缺乏对国旗的尊崇、缺乏国庆日。有些明智的美国校长借用西方实践建议中国应该在生活中适度发展这类事情。此外,据说中国至少10年没有国旗,而两面旗帜通常被滥用,也未受到尊崇。

无论如何,中国基督徒都不断推进他们的目标——中国教会必须在内容、形式、领导人和风格上中国化。1926年1月,上海举办以"今日中国教会"为主题的会议,韦卓民博士在会上主张,本土教会理所当然地要以中国人为主体,以中国人为领导,经费支持也应该来自中国。此外,中国风格的建筑,调整赞美诗、仪式、著作和志愿组织——如中国布道团体,也都重要,不可缺少。不过,必需弄清楚这类变化后面的动机是来自中国基督徒还是外国人。主要问题是中国人在其教会是否有真正的表达和实践自由。会议最终试图诠释"本土化的基督教"。但委员会确实感觉把本土化视为终极目标可能会侵蚀教会存在的终极目的。所需资质只能通过中国人开创的自由路线获得,也需要中国人自身认识到上帝眼里的终极责任、灵性和正式权限。

对有些人来说,适应或调适,甚至某种意义上的本土化,近乎完全遵循中国而不是西方的建筑和艺术风格。天主教早在1919年就开始这样做。大主教刚恒毅(Celso Costantini)作为罗马教皇代表于1922年到达中国,他引用格里高利一世(Gregory The Great)关于圣奥古斯丁(St. Augustine)的训导:"人不应该破坏供奉偶像的寺庙,但偶像自己可以。我们在这些寺庙里面摆放祭坛和圣人的遗物,以便人们更容易皈依上帝,更愿意在这些地方进行类似的崇拜。"刚恒毅把自己的观点与天主教会的宣教学(missiological)思想相关联,提出中国艺术风格的调适哲学,这激发了新教徒的兴趣,尤其是绘画方面,天主教已大大超越了新教的成就。第一届中国神圣艺术大型展览于1935年秋在上海举行,主办人为辅仁大学艺术系主任陈路加(Luke Cheng),他本人是一个基督教践行者。陈教授在演讲中说,正如中国古代多神论艺术教育信奉异教的人一样,新的一神论基督教艺术必定使这代人准备接受天主教信仰。"中国艺术一定是汉语的、当地的、乡土的,它在某种范围内是本土化的,因为它是中国心理学高度的选择性表达,是精神与精神、心与心的语言……天主教会有必要表现出同情，而不是排斥，尤其在它是异教徒改变信仰的问题时……一定要避免那些已形成自己口味和心态的东方人不能接受的所有形式……天主教会没有帝国主义目的……它尊重所有文明中所有美好的东西。"

美国建筑师墨菲（Henry Murphy）确定中国建筑学从20世纪初就开始复兴，那时的几所教会机构，如著名的圣约翰大学、金陵大学、齐鲁大学和雅礼协会，尽可能把中国建筑风格用于其他外国风格的建筑物。最初仅限于改变屋顶。直到1920年初金陵女子学院和燕京大学第一幢建筑竣工时，中国建筑才完全适应现代风格。

在基督教事业中，人们很早就认为视觉交流很重要。基督教著作一直运用图片，有些是模仿西方的图片，其他则是运用中国木版画的线描。很久之前，也有一些画卷，上面要么刻有《圣经》经文，要么是类似的基督教图片，如西方主日学校所用的图画，它们常常来源于文艺复兴时期的古典基督教绘画。不过，传教士倾向中国风格，并用图片描述耶稣以及有东方面相、着东方装束，成功地把基督教介绍给中国的使徒。总之，虽然赞美诗方面的调整得到更多关注，但在建筑风格和仪式方面的调整最频繁。旧一点的赞美诗集里有少数原创性的中文赞美诗，例如，有一首著名的爱国诗，祈祷上帝使中国"如无瑕的翡翠"。

在调适这个问题上，中国基督徒与外国传教士争论最多的是基督教及教会与民族主义、社会问题和公共事件的关系。1922年，就在世界基督徒学生联盟会议召开之前，一群基督徒学生在《生命》杂志上发表了《基督教社会信条》一文。年轻理想主义者的文章阐释了那个时代许多中国知识分子所认同的基督教应该与生活问题紧密相联的观点。学生的特殊目的在于表明，基督教福音包含对中国生活至关重要的社会福音。为寻求其他地方学生的思想、讨论和评论，文章以得体谦逊的方式提出了社会信条。文章内容没有明显受马克思主义的影响，事实上，它似乎期待或渴望一种管理得当且有良好导向的私有制和资本主义。传教士对这种观点没有争议。正是在后来中国基督徒论及特殊问题与事件时才产生争论。

1925—1927年的事件不可避免地使传教团体内部关系紧张。有些传教士同情中国人的愿望并密切关注中国朋友的情感，他们不太接受和支持革命目标，甚至不支持某些策略和事件。有些传教士认为，基本上应该由中国人作决定，传教士总体上必须接受结果或离开。然而，另一个团体把注意力集中在共产党身上，在基督徒中和在有组织的教会生活中，没有左派的反基督教和排外情绪。那些不积极并希望所有差会、教会和全国基督教协进会保持中立的人虽然持不同观点，但意识到个别中国人乃至个别传教士的所思所行会令他们满意。

圣经公会关于现代主义的某些争论也在这个时刻爆发,这是全国基督教协进会所受攻击的一部分。整个争论中另一个致命性因素是,针对1925年上海事件以及这一时期的反英宣传和联合抵制,某些英国传教士对中国基督徒的情绪反应强烈。对于中国人和某些传教士(包括英国人和许多美国人)来说,中国人对中国土地上英国军队的憎恨是可以理解的,也情有可原,坚定的英国民族主义者也看在眼里,没有把非基督教徒对大多数在华基督教事业的敌视真正放在心上。

上海一名白俄罗斯记者声称,全国基督教协进会在政治行为的引导下实际上已经走得很远。他坚信鲍哲庆(T. C. Bau)和刘廷芳等坚定的中国基督徒爱国者确实希望重组基督教,剔除外国元素,运用符合中国人的仪式、习惯、历史和宗教情感。他指出,1926年10月13日,余日章博士明确表明全国基督教协进会毫无疑问是真诚的,并请中国基督徒同工接受当时的挑战,向前行进,无畏地加入民族运动,废除"不平等条约",把中国从外国的压迫中解救出来。余日章呼吁他们为了中国基督教要在教会生活中接受民族主义原则,就如任何其他制度或运动,有民族精神支持方能兴盛,无民族精神的支持则会衰落。A. Koteney接着谈及他对武汉的续行委办会的呼求。该委办会附属于全国基督教协进会,据说它曾发表声明,承认国民党的巨大道德力量,因为国民党为拯救国家和人民做了应该做的事情。他在声明中宣布该委办会愿意加入国民党,接受三民主义,以拯救中华民族。该论述需与其他论述相比较,以核实内容和意图是否准确。

也正是在这个时期,关于基督徒对实业环境和中国乡村民众极度贫穷的回应,也开始产生诸多问题。劳资关系领域第一个自发的社会活动好像由上海一个研究实业环境的联合委员会发起,该委员会由美国、英国和中国的妇女俱乐部构成,干事为刚从美国回来的宋美龄。女青年会最初引起人们的兴趣并具有影响力,与英国人利益占主导地位的上海公共租界工部局有关。1924年,博晨光(Lucius Porter)用文字充满热情地谈及一份报告,这是致1922年全国基督教协进会的报告,题为《教会与中国社会和实业问题的关系》。报告汇集了中国各地关于农业、手工业和现代工业的资料。1927年8月,全国基督教协进会在上海召开主题为"经济关系基督化"的会议。鉴于传统的基督教手段未能解决实业问题,全国基督教协进会总干事诚静怡认为解决问题的方法不应该预先确定或空想。会议结果分为实业和乡村两部分。乡村经济问题主要包括与农田租赁、合作市场、信贷和储蓄、实业以及增产有关的问题和建议。

对尽力与学生保持联系并在他们中间鼓励开展活动的青年会来说,目的和政策问题尤其困难,同时这也取决于社区商人和资深领导人的经济支持。1925年的上海事件使得更保守或更中立的青年会领导人与更激进的年轻中国干事在民族主义问题上暂时调和。但青年会在这关键的一年因外国人管理和受外国人支持而受到猛烈攻击。全国学生联盟第七届年会于1925年7月召开,厉斥青年会与其他基督教组织及其领导人是"帝国主义的狐狸和猎犬"。1926年,青年会前途未卜。几个协会面临破产和终结。有才干且具有高度责任心的领导人,如晏阳初、圣公会教育家韦卓民和孙科(孙中山之子,新国民党政府对外联络负责人),声称国民党左翼可能会摧毁它攻击的个人或机构,基督教运动,尤其是青年会,若想幸存,必须立即认同革命运动。

有些团体对民族主义浪潮的反应是理想的、进步的。公理会委员会1926年声明:(1)委员会支持中国教会在任何情况下,决不为了寻求自保而展示任何他国旗帜;(2)在依据教会所购财产的契约付税这一问题上,在任何情况下都应遵循中国法律;(3)社会信条应该增补废除战争的条款。

除了强烈的民族主义浪潮以及对日本持续侵略中国的合理抱怨和焦虑以外,还有少数中国基督徒领导人为和平主义者。其他人也有许多持和平主义理念,但在1920年代和1930年代未见他们有明确表示。1935年末,徐宝谦在中文杂志《真理与生命》上把自己和吴耀宗归为和平主义者。这很重要,因为吴耀宗是唯爱社(Fellowship of Reconciliation)主席与杂志主编,后来坚决支持抗日活动,并最终在1940年代末支持共产党。

在华基督教团体的例行工作日益增多并且仍由传教士领导,这让有些传教士不满。中国内地会的贾礼荣抱怨,大多数传教团构建了一个以外国人和金钱作为驱动力的巨大组织,未顾及倪维思(John Livingstone Nevius)博士的警言和理念。东方教会可以发展有自己独特风格的基督教;甘地和其他人指控差会,认为基督教剥夺了信徒的国籍。斯皮尔和Kerr1926年在华长老会评估会议的报告中发现,无论是按直接布道的工作量计算还是按其花费计算,教会已超额发展了教育和医疗工作,这意义重大。在广东教区委员会里,如果教会承担全部重荷,那么直接的布道工作在整个工作中所占比例不到1/4。不过,这个建议是为了拓展布道工作,而不是缩减这些常规努力。

5. 神学与基督教思想、中国宗教

中国人和外国人都经常说中国人不具有深刻的神学思想,甚至也称不上宗教人士。中国人倾向于认为行为胜于教条,因此,中国极少有我们在西方堪称完全意义上的神学著作。例如,北京基督徒学生群1921年提出的"基督教社会信条",旨在证明基督教福音包含极其重要的社会福音,客观思想是保证社会行为而不是教义或神学诉求。信条的神学基理是:"我们理想社会的建设奠基于基督耶稣的精神和教义,因此,我们相信:(1)绝对神圣的个人价值;(2)爱是人类友谊的基础;(3)互帮互助是人类进步的途径。"值得注意的是,所强调的是一种精神和教义而非基督个人,并且不能直接或间接用"上帝"一词。信条明显是非教会和非传统的构想,而不是努力证明一种历史信仰。

同样,1922年中国基督徒在全国基督教协进会会议发表了《教会的启示》一文,其意不在于构建教义体系或声明其信条,而是分享作者们的宗教经历、整个中国教会对于当前中国人和整个社会需求时的想法。作者们意欲说明"宗教信念和经历可以成为人类心中基督力量鲜活的见证者",他们也希望证明"基督能够满足当前中国人的精神需求"这一事实。

美部会前传教士如雅德(Arthur Rugh)在1930年代初3 000份采访的基础上得出如下结论——这代年轻人的宗教兴趣已然发生转变,表现在三个主要方面:(1)从永生到现世;(2)从神学到科学;(3)从个人到社会救赎。当代学生坚信基督徒的人际关系就如基督与人们的关系一样。对基督徒信念的考验与任何神学准则毫无关系。

有一群受过良好训练且有远见的中国基督徒,他们大多数是年轻人,1920年出版了中文期刊《生命》。这个群体宣称基督教是一种以世界为中心的信仰,它必须适应中国时势,以现代表达方式阐释其真理。"中国的风俗习惯既不同于2 000年前的犹太民族,也不同于今天的美国和欧洲……因此,中国人民对基督教必须有自己特定的解释。"也不能认为这些年轻人为社会问题而抛弃了宗教。在一份关于世界基督徒学生联盟(WSCF)之责任的声明里,他们表示:"用饶申布什(Rauschensbusch)的话来说,'个人的忏悔是所有社会进步的起始。'"

有些传教士并不支持中国基督徒以"特殊"方式重新解释基督教福音。长老会牧师哈巴安顿(Andrew Patton Happer)博士1925年表明观点,认为在华基督教事业朝着民族主义基督教运动的趋势发展,这将会导致对中国人认识肤浅以及认为中国能够独立建构更适合自身的宗教体系。他预测宗教调和将成为未来发展趋势,而非基督教一家占据主导,但后者正是促使传教士来到中国的原因。

乐灵生(Frank Rawlison)在其1927年撰写的《在华基督教的本土化》(*Naturalization of Christianity in China*)一书中指出,"本土化"(Naturalization)不代表基督教在华事业会绝对中国化,但它意味着:(1)中国的上帝经验是直接的,绝不能由西方基督徒居中调节；（2）这种经验的表达将在知识分子和文人笔下通过不同的崇拜形式变得中国化；（3）基督徒奋进的初衷和动力以中国为中心。他希望读者摆脱任何宗教融合都是邪恶的这一错误观念，提醒他们基督教已历经犹太、希腊、罗马和欧洲文明，这种经验的融合已促使基督这一概念从犹太人的救世主扩展到全世界都十分重要的上帝的启示者。乐灵生也注意到基督以普通民众的身份发声，也没有留下使中国"宗派化"的任务。但可以明确的是，一些基督徒已付出艰苦努力并仍在努力。让乐灵生沮丧的是，基督教的合一在中国如此艰辛，当前传教士对这一话题的讨论与关注甚至不如1907年。

乐灵生在其著作里进一步检视了奉命到中国事工的西方基督徒的动机和信念，指出了把信使的优势或信使国家与种族的优势等同于福音优势的危险性。他把西方人最喜欢的原罪称为"对权威的热衷"，认为这在基督徒圈子可以理解，因为权威可以促使"优越"的福音传播给他人。总之，乐灵生认为困难主要在于基督教为一些较小的而非伟大的目标而努力。

最后，乐灵生指出，尽管中国基督徒日趋成熟，并努力自我表达和自我表现，但他们仍然需要其西方同工在精神上和财政上予以支持。另外，他写到，"中国教会应该跨越受恩典者的阶级，与别人分享它的遗产与使命"。虽然西方基督徒似乎未曾注意，但中国教会已然作好准备，并且能够给予和接受这些东西。一些传教士倾力于中国建筑物的修建、资金的筹集以及人员的增长，却全然忘记自己的主要奉献应该是传播耶稣精神与友谊合作精神。

1920年代，对传教士的批评和传教士自身遭受的经历，促使他们认识到反对不平等条约、外国剥削、部分西方国民的轻视与优越感给中国人所带来的痛苦。1928年，在耶路撒冷召开的国际宣教委员会会议可说明这一点。作为世界宣教运动的一部分，该会议对新教传教事业作了重新评估。不过，最终的会议报告令一些传教士大为不悦，他们认为，它"太人道主义，太接近一神论或贵格会教徒对宗教及教会功能的态度，太关注社会福音，对历经试验而可靠的传教方法而言，尤为不公"。

沈德溶（T. L. Shen）在1934年写道，基督教在华遇到的首个困难是如何把属灵的福音介绍给如此务实而又如此贫困的中国人民。个人重生很容易实现，但难以满足的是真正的救赎福音必然会提供的、对美好事物的渴望。一般人在真正领会基督教的属灵福音之前，羡慕的是基督徒享有的物质生活水平。

越来越多的讨论围绕基督教与共产主义的关系展开。来仪庭（William H. Gleysteen）认为中国传教领域的两大主要异端是：（1）许多人迷信；（2）语言上过于自信——无论是口头上、书面上还是讲道中——就如同纯粹的"直接传播福音"活动里的情形。善良的撒马利亚人（种族混合的后代）的"生活行为"才是福音的核心，而非牧师和利未人（祭司）直接传播的福音。

1935年，赵紫宸对中国各个方面的看法都极其消极，他没有发现基督教正以各种适当方式满足绝境中的需求。他比较了解中国人对基督教和佛教的接纳，指出中国人找到佛教，但相反地，基督教来中国则是缘于西方人的内在驱动力及其传统。此外，对一些传教士来说，似乎有必要打开一个通向中国的门，不必过于关心是什么门以及如何打开。因此，在中国人眼里，基督教与商业和经济侵略密切相关，中国人有理由抵制和防御，甚至蔑视基督教。赵紫宸也哀叹高层次的中国基督教神职人员太少。他认为中国基督教各个方面仍处于西方的压迫和控制之下，如果西方撤销其力量，整个基督教事业也许会打开局面。从个人角度而言，他坚信基督教的灵性，却也为自己和同事们仅仅取得如此渺小的进步而沮丧。他们似乎在徒劳作战，毫无战果。扫盲工作和教育服务虽取得一些成绩，但对基督教的本质来说，这些都是暂时的、次要的。能做什么呢？

乐灵生经常谈及中国人思考上帝本质背后的伦理性。他认为，当中国人"进行神学思考时，他们会以人与人、人与上帝之间的伦理关系来诠释宗教，并认为宗教的目标是与上帝共同挖掘人的全部潜能"。

6. 计划、方法、特殊群体

1920年代末1930年代初，共产党在乡村的活动和试验在一定程度上使得越来越多的中外基督徒开始把注意力转向乡村社区和乡村教会。马萨诸塞州农学院教授包德斐（Kenyon L. Butterfield）访华使"乡村牧区"（community-parish）这个概念相当明晰。他认为，乡村牧区必须成为中国乡村文明化过程中基督教会建设的核心。解决孤立于家庭、没有基督教培训和团契的基督徒的需求，势在必行。

1934年初，张福良发表了一篇题为《将中国从侏儒变为巨人》（*Uplift China's Dwarfed Giants*）的论文，表达了对悲惨、辛劳而穷困的乡村大众的关心。他们继承了一个强大的文明，但如今这个文明在经济萧条、长期社会秩序紊乱以及各类冲突的影响中逐渐衰落。如同面临洪水和饥荒时需要开展救济工作一般，当前的真正需求是制订整体的一个乡村重建计划。

1935年，黎天锡（S. H. Leger）这样记述：自从乡村生活与宗教（主要是迷信）捆绑在一起后，如果没有一些宗教变化，那农业几乎无法取得进步。

文美利（Muriel Boone）在1935年一次为工作人员和年轻人而召开的教会会

议上作了报告，100名代表聚集在无锡，讨论乡村教会在其社区面临的种种问题。大多数代表为活跃的工作人员，他们强烈反对任何类似"纸上谈兵"的东西。那些对乡村生活有着直接感受的人总希望有具体建议。

湖南卫理公会的唐生（Douglas W. Thompson）1926年来到中国，根据自身经验，他认为，典型的乡村教会有6个重要特征。主要问题在于他们人员数量少，又迫于基督教环境的强大压力，于是乡村基督徒很快组织了一个与乡村形成鲜明对照的"俱乐部"。教会组织之外不存在美好或神圣的事物，这几乎是公理。教会没有根植于家庭内部，缺少自然的发展或活力，随后趋向衰亡。在重建乡村教会的过程中，不能忽视这些旧有的束缚，但还应进一步拓展其他基督教服务，诸如医疗卫生计划、信用合作社和娱乐活动等。唐生认为，"正因为人们还未享受基督教如此多方面的生活服务，我们才有如此多的领域能够开发"。

对乡村建设者来说，真正的问题是地方官员的干涉，这些官员担心农民会被培养成为社区领导人。

毕范宇（Frank W. Price）对中国乡村教会的经验、目标、政策与方法等各个方面进行了认真思考。作为金陵协和神学院乡村教会部主任，他在1937年对从事乡村服务的大量分散的个人，以及在基督教政府支持下的乡建事业进行了调查，意欲确认基督教会为重塑中国乡村作出了独特贡献。

1937年，新闻报道了华北乡村所作的一项努力。作者认为，将新精神融入中国乡村社会体系是一个重要成就。乡村的生活模式通过民俗的方式广泛传承下来，并与农作物、寺庙和节日密切相关，不会轻易变化，即使发生变化，也不会是零散的。他接着谈及一小群中外基督徒，他们渴望看到一个特定的村庄发生某种变化，在村里基督徒家庭的影响下，或许可以在基督教公开传播之前，福音就会悄悄地、自然而然地渗进乡村生活。因此，一对具有乡村布道和民众教育经验的外国夫妇，一个休假中的中国教育家，共同在华北一个有城墙的城中村里租了房子。他们平静地居住了约6个月，整个社区有1 000户家庭，这些邻居和朋友与他们分享着喜悦与悲伤、困难与局限。这个社区逐渐接受了新邻居，并发现后者能帮助解决经常困扰他们的问题。基督教团有个坚定的原则，即一个村子主动表达需求时才提供帮助，接着帮助它实现自助与互助。最终，一个地方乡建协会组织成立，紧接着是为人们开展民众教育，设立免费的妇女学校、生计部、植树造林社和挖井社等。最后，宗教问题开始浮现，研究基督宗教历史及其意义的组织逐渐为村民所知。人们开始步行3公里或更远距离到最近的教堂做礼拜，最终他们有了自己的教堂。在日本发动战争之前，这是最鼓舞人心的尝试之一，但很快被战争破坏。

在中国，一个主要的问题是财务自立。1928年，有一篇题为《西方金钱与中国教会》的重要文献，几乎从各个角度谈论了该问题。它认为，"经济水平差异夸大了人类关系中的权力和物质因素"。对公共机构工作，尤其是教会工作提供的补助受到审查。中国教会的精神活力重于一切。经济自足对精神活力必不可少吗？有些传教士作自我批评，认为西方同工过于关注经济因素和财务管理。此外，西方人认为，中国人应该像他们一样显示出对经济因素的足够重视，而旧式中国心理学并不强调个人经济独立的重要性，也不会以财富衡量个人。该文献对不同的计划加以研究。自治和自传是否首先依赖于自养这一问题被提出。对于中国的普遍贫穷，人们，尤其是传教士持有怎样的态度？中外基督徒的"经济差距"表现在：（1）生活水平；（2）基督教工作的制度水平；（3）中西方总体经济水平不同。有人建议，应倾注全力于未布道区域，分派传教士先驱，培育中国教会。但这确实可行吗？该文献接着讨论了"相互依存"这一理想，在这个理想中，建立中国教会被视为传教士和中国人的共同目标。精神活力的独立性似乎取决于：自治权，包括选择权和自我表达权；承担责任，包括中国基督徒以自己的方式构建宗教和组织生活；全面理解教会计划。金钱不应该是主要的价值标准。毕竟，基督及其门徒在经济上一直不是自给自足。

许多新近成为教会及其事工负责人的中国基督徒，在决定是应该注重发展壮大教会，还是培育和构建具体社区这两个问题上作了艰难的思想斗争。尽管多数都认为，乡村教会和社区工作必须是主要任务，即使不是主要的也是重点任务，但他们仍然难以对一个单一目标作出决定。

1929年，诚静怡对教会作了调查，发现其生活直接或间接受到下列因素影响：（1）政治变革；（2）内战；（3）共产党活动；（4）政治、伦理、社会、宗教和知识领域的人民运动；（5）反宗教和反基督教运动。不过，他认为，这些艰难的经历使基督徒的自满态度有所收敛，并催生了重要的重新评估，尤其在以中国人为中心的工作领域。全国基督教协进会与其他基督教团体发起的5年运动计划鼓舞了他，该运动希望据此将信徒数量翻倍。但青年会领导人吴耀宗认为，数量翻倍的目标将会陷入西方对增加数量的盲目推崇。他认为，该运动只是自我中心式的福音传播运动，重点应该放在整个国家而不仅仅是教会的巨大需求和问题上面。教会及其成员不会获得新生命，除非他们把民众的需求视为自己的需求，不是以偶然的方式，不是作为手段，而是作为目的。

沈德溶对吴的评论作了回应，早在1936年他就反映许多基督徒团体尤其是那些年轻团体都生活在教会组织之外。他们称这样做的原因在于：教会缺乏领导人和福音；缺乏团契；缺乏事工项目；外国人的观点和方法占主导地位。有些年轻人渴望从一开始就以中国人为基础重建教会。但即使有组织的教会必不可少，付薪牧师制度仍然是一块绊脚石。中国传统宗教的功利性特征根深蒂固，学生由此认为，基督徒牺牲自我展现大爱的行为要求得到报酬是不可思议的。

1936年，张伯怀对中国的有组织教会存在的大多数问题进行了讨论。他发现，从1922年至1934年，所有神学院大学毕业生比例从24％降到5％。他认识到，这10年间许多有能力的教会领导人已离开，转而在教育、公共卫生和外交等领域担任公职。转岗并不总是损失，确实不是净损失。不过，这种领导问题是严峻的。事实上，在教会工作确实得不到体面的报酬。同样，在差会削减资助时，教会工作首当其冲受到影响，而学校和医院却有其他收入来源。最后，不得不承认，有组织的教会仍广泛受制于外国，少数特例除外。在中国人看来，有组织的教会本质是外国机构。教会有明确的会员资格和付薪制度，而中国其他宗教从未有过类似教会的机构。甚至一些教会人士和牧师也难以理解这一点。张伯怀尤其不满于教会在满足国家内在需求方面的明显滞后。从某一时期来说，许多有远见的传教士一直位于重建中国的英雄之列，但现在形势似乎不同了。即使在教会开拓的领域，传教士也远远落在了政府和其他世俗团体的后面。有时，有人认为，有组织的教会是中国基督教运动的阻碍，未来也许会发展一种没有教会的新型基督教。或许它会变成一种体制或者诸如佛教一样的人生哲学，会有崇拜、学习和休息的地方，但没有明确的会员资格。在这种情况下，就不会需要大量有责任心且受过良好训练的领导人。但张伯怀强调说："如果使基督教中国化就意味着削弱教会的地位，那么基督教是否会在中国成为一个重要宗教还很难说……教会成员团契或合作的理念，是基督教与众不同的特性。基督教是人的宗教，但不是个体的宗教。有组织的教会是基督教对人类文明的独特贡献。"

7. 布道与复兴

谢颂三（Z. S. Zia）牧师1935年称，一些信奉个人主义的独立基督徒并未完全或确实明显参与教会生活和工作。其中，有些是教会学校、医院乃至教堂里能干的员工。他们公开表示担心所有宗派将很快被废除，所有基督徒最终成为一个大团契里的一员。为此，他们几乎都脱离教会。多数基督徒声称他们之前信奉的是一个优秀的基督教，他们的基督徒经历即使只有几年时间，也是自身最初的经历，而不是承袭而来的。同样，他们展开传教运动之后很少进行宗教教育，领导人也极度匮乏。

宋博士（宋尚节）就是一个典型的中国独立传道人，在二十世纪三四十年代声名显赫。他在英国长老会教区工作，其狭隘的分裂主义观点在某些领域引起紧张气氛。他过分相信末日预言、有关《圣经》基要主义观点的论争，导致有思想的年轻人对宣布信仰基督教犹豫不决。1934年末至1935年，宋尚节再一次发起声势浩大的复兴运动，组织了大量布道团。有报道称，1935年厦门共有1 136人领受圣餐，而且，更多年轻人自愿担任神职。然而，就如一名传教士所评论的，"有人认为宋的讲道在某些方面是反启蒙主义，这甚至包括西方那些声称严格保持自己神学观点的保守派，这导致基督教社区的'知识分子'产生了思想偏见。其他传教人的轻率行为更加剧了这些偏见，他们中有些人称自己直接受圣灵指导，不需要人类的帮助，诸如评论性文章或正式的神学教学"。人们认为，宋尚节的成功缘于他高涨的布道热情以及对基督徒此前发起的《圣经》研究的热爱。1937年，对宋尚节有个评论，说如果他不来，厦门的传教士没有一个高兴。这极大地轰动了教会，许多不同的基督徒也被唤醒。退缩者的热情被重新点燃和挑旺，有宗教背景但名不副实的基督徒对基督有了新认识。不可否认的是，仍有许多遗留问题。消除宋尚节对《圣经》、《启示录》、基督教与世界和大自然的关系以及现代生活问题的传道，需要历经数年时间。宋尚节是一名宗教复兴主义者，而不仅仅是基督徒。他也绝不是在孤军奋战；其他传教人在海外反对社会福音，他们对这种福音的呼吁感到恐惧。

1931年，有报道称，山东兴起一个本土化的复兴运动。领导人和发起人均为中国人，传教士也协力相助。领导人主要来自长老会，他们既温和又极端。复兴运动似乎没有计划或组织，相反，自发的热情占据主导地位。这基本是一种自然现象，认为受感染者充满圣灵并直接由上帝指引。对于那些他们认为的罪人，有时他们表现出既咄咄逼人又爱争论的一面。异象、异梦、驱鬼、信仰疗法，有时也包括说方言，都是圣灵显灵的方式，而解释依据经常是启示录和前千禧年论。运动开展以后，福音布道中的有利方面和重大困难一并呈现出来。总之，这种表现来自真正的灵性需求，相当原始，极富个人主义色彩，但同时还处于迷信边缘。

1932年4月，有报道称东北也发生了复兴运动。运动在许多与爱尔兰长老会有关的中心地区发生。领导人中有人们熟悉的王明道和贾玉铭。吉林的神学毕业生池广芳（Ch'i Kwang-fang）3年前在牛庄加入该运动。总之，集会吸引了乡村大众。所有领导人都拒绝社会化的布道。王明道只对基督徒讲道，他最喜欢的话题是天堂、地狱、基督再临以及《旧约》中遴选出来的人物。

1930年代初，山东也是其他复兴运动的兴起地。约10名中国布道人已成为名人,在全国或多或少都小有名气。他们都受过全面的教育,多数是大学毕业生。至少有2位拥有美国学院或大学学历。他们虽有不同,但总体上都是严格的保守派。这些传教人的讲道通常是解释性的、生动形象的、例证充分而贴近实际、涉及伦理的或充满灵性的。福音个人化,而非社会化。总之,数百个布道团已有成效。这些努力倾向于跨越宗派界线,团结基督徒,但"小群教会"公开宣称其目的是摧毁"当前萧条、腐败、变节的教会"。情绪过度包括歇斯底里的狂笑和对宗教痴迷,其中,有些症状会持续24小时。有些人死亡,有些人精神失常。如此以来,《圣经》被扭曲、宗教经历取代经典。圣灵被认为是女性,祷告时被称为"我们的母亲上帝"。无论如何,复兴运动的出发点确实是促进布道事业,而且山东部分地区也取得了一些重要成果。

复兴运动也在东北升级。有些传教士认为,日本统治下广泛而压倒一切的耻辱、绝望、痛苦和恐惧,似乎打开了人们的眼睛,让他们看到基督教给他们提供庇护和救济的可能性。战争及关于战争的流言、抢劫、压迫、洪水和饥荒,以及随处可见的废墟,都被视为基督来临的征兆。福音对那些备受疑虑和恐惧困扰、厌世以及近乎绝望的人非常有吸引力,他们想寻求一种能适应所有变革的信仰。来自东北的报道显示出一股兴奋、一种怀疑他人的趋势,充满吹毛求疵、诽谤、分裂、一种异想天开的《圣经》解释以及对传统基督教经历的渴望。依据固定模式进行的皈依被视为基督教经历的要义与归宿。但几乎没有人强调成为基督徒意味着一生培养如基督一样的人格。基督徒是社会的盐和世界的光,他们应该致力于消除歧异、治疗伤痛、改变制度和改革政府——然而这样的生命竟被认为是世俗的、浪费的!有位观察员评论道:"教会与国家政治生活脱离关系是危险的。教会可能看似进步,但当它把自身发展作为存在的理由时,那就等同于自杀。中国教会近几年来强烈的民族情感是累积的盐。外国的控制和建议无法把它从自我崇拜的危险中拯救出来,而这个危险如今就摆在东北教会面前。"

同时,更传统但很虔诚的努力仍在进行。有些传教士试图让农村所有的人都皈依基督,中国布道团也正在兴起。1935年,全国基督教协进会第10次年会发表了一篇题为《走向合作布道》的报告。与会大多数代表都是中国人,穆德就这个主题作了6次演讲。也许最大的问题是牧养问题。如今全国基督教协进会自身也面临领导层问题。

8. 宗教教育、主日学校、同工培训

主日及主日的利用在中国的境况仍未得到改善。研究表明,平信徒的宗教教

育需求普遍被忽略。一些年长牧师的胆怯又加剧了这一问题，研究建议，教会应在家庭多做工作。许多方面也亟需培训领导人，与其他宗派加强材料和项目合作也是有益的。提升文字能力这一相关工作备受关注。

对于主日学校或奉命推进宗教教育的类似组织，恪守传统、延续西方历史教会方法和组织的文字圣经学者，与关注新方法的新人在具体观念上有一些分歧。1920年代末发生剧变后，主日学校每况愈下，原因在于教会小学因局势不稳定以及海外资金减少而中止教学。

然而，在将合理的教育原则运用于在华基督教工作方面，也有一些进步。全国基督教协进会设立了一个宗教教育部，但仅仅编写试用书，而不关心其印刷和发行。它致力于宣传、协调、培训、信息、新资料的挖掘与创作。司徒华林（Warren H. Stuart）撰写了《中华灵性材料在中国青年基督教教育中的应用》（*The Use of Material from China's Spiritual Inheritance in the Christian Education of Chinese Youth*）。中国本土观念根植于节日、故事、谚语、圣地以及中国人对大自然的热爱，该著作的第二部分就涉及利用这一本土观念来推动某些基督教问题的解决。总之，中国人在接受教职时，倾向于把宗教教育留给传教士。

1934年和1935年，刘廷芳感到气馁，因为人们对中国在国际上所受的耻辱感到绝望，尤其是学生在迫切搜寻能够满足这些需求的活动。他编辑了关于中国基督徒礼拜仪式的系列试用书籍，其中一本题为《洗刷国耻》。除了精心挑选或撰写的祷告词、赞美诗与《圣经》训诫，该书还包括经深思熟虑撰写的关于国耻的长篇祷文，接下来是一篇说服力极强的"为民族悲痛而祷告"的祷文，"面对外国侵略时的信仰告白"则作为该书完结篇。

1935年，有报道说金陵神学院获得一笔捐赠，开设了乡村建设新项目。员工和设备增加了，但乡村教会实验室和培训中心、城市教会、宗教教育和实业领域的基督教工作却被安排在其他地方。差会与及全国宗教教育委员会（NCCRE）负责合作培训成人教育的领导人。

1935年夏，在牯岭召开了一次重要的神学培训会议。会议指出，事实证明差会资金的迅速撤出损失惨重，希望未来几年差会帮助教会维持高层次的布道。不幸的是，事实令人困惑，越来越多完全独立且财务状况良好的城市教会不能够或不愿意雇用合格的全职牧师。有些人发问，发展中的中国教会是否真的要永远如西方一般，由专业布道团领导。可以断言，长期固定、受过良好教育且被授以神职的牧师仍将是必不可少的，但有些人敦促大会继续关注此事。金陵大学校长谈论了佛教把工作重点从修道僧侣到世俗活动这一标志性转变，也反复警告不要过于关注作为机构的教会。教会标语应为"每个基督徒都是社区的仆人"。同样,把重点放在乡村教会,很难与自立目标保持协调一致,有必要对培训类别作根本性的调整。

众所周知,与中国有关的神学资料稀缺,可用资料在许多教育者看来很"可怕"。

宗教教育确实有两层含义。一方面,它意味着努力把现代教育方法运用到实践和计划中,而不仅仅用于正式布道或阐释《圣经》语言。从这个意义来讲,它是1920年代西方国家宗教教育运动的衍生物或盟友。另一方面,在学校开展宗教培训。我们已看到,在教会的布道与日常工作中,基督徒受洗前后的培训也可以看作是宗教教育。因此,宗教教育在某种程度上融合了同工培训,无论是地方教会义工,还是被差会和教会组织感化、受过培训而担任牧师、讲道人、宣道妇女和传道人的同工。

毕范宇是宗教教育领域的主要领导人,他关心学生,尤其是中学生。他对主日学校协会的出版物和方法非常不满,认为宗教教育不应该尝试以布道替代教育,而是要通过教学传播福音。这并没有忽略宗教经历或圣灵工作中的巨大危机,而是进行预测,为其作好准备和提供保护。教育不是选择权的替代品,而是为智力的、永久的选择权服务。教育的任务是把基督真理和精神灌输到个人工作及社会生活中。

总而言之,主日学校的进取性明显下降,一直没触及年轻人,也没有满足乡村需求。受教育阶层一直未受其影响,甚至曾经最成功地影响过年轻人的青年会也让人失望。

从1929年8月以来,政府对学校宗教教育实行严格的规定。不能在教室进行宗教宣传,参与必须是完全出于自愿。教会学校的选择是:(1)关闭学校;(2)在没有立案的情况下继续办学,把负担丢给政府;(3)立案,但只有在不得已时才严格遵守规定;(4)立案并严格遵守规定,这是大多数教会学校的选择。

萨乐迩(T. H. P. Sailer)称,大量证据表明,学生和教会内受过教育的中国人撤退的一个最重要的因素是,缺乏重建社会秩序的计划和兴趣。俄国共产主义曾极力争取中国知识分子和大众的支持,教会不能漠视基督教的社会含义。萨乐迩也认为,尽管基督教在中国鼓吹信仰上帝会结出丰盛的果实,可事实上这样的情况并不多见。他认为,教会正被"谈论至死"。在萨乐迩看来,中国教会主要是一个讲道和听道的机构,而不是一个有实质活动的机构。

缪秋笙(Chester Miao)和毕范宇的调查结果《中国中学的宗教与品质》(*Religion and Character in Chinese Middle School*, 1929)表明,学校全体学生中基督徒学生比例自1924年以来一直逐步下降,其中男生比女生下降得更多。总之,学生更关心救国问题。最近,人们对国民党及新国民政府的态度从抱有高度期望跌至极度失望乃至绝望。学生也关心基督教与爱国问题、生活工作问题、家庭问题、婚约、婚姻、人生哲学和人生态度之间的关系。

据报道,1922年神学院有96名男大学生和295名男中学生,共计391名。相比之下,1934年神学院所有大学毕业生仅26名,另有15名有一年以上大学学习经历,228名受过高中以上教育。较大一点的城市教会为数极少,实际上不可能为培养男大学生提供充足的补偿金。许多教会学校的毕业生选择社会工作岗位,而非神职或基督教运动中的其他正式职务。怀有崇高理想的学生有时会小心翼翼地拒绝神职,他们表示,他们在其他行业能够更好地为国家和教会服务。1937年,中华全国基督教协进会总干事陈文渊(W. Y. Chen)博士说,教会链中最薄弱的环节便是牧师团。在所有教会学校中,培训牧师和同工的学校成效最小,直接花在宗教或布道工作上面的资金也许最少。牧师团威信如此之低,这就难怪有能力的年轻人不愿加入。

9. 教育、教会学校、学院、大学

10. 事工: 医疗、社会、乡村、男青年会与女青年会

［注:第三部分(1922 — 1927年)所有草稿共计1 882页,这两部分合在一起达700多页,清楚记录这一时期传教士着重努力的方面。在教会行政管理权和控制权已移交到中国基督徒手中时,这些例行活动仍广泛处于外国人的监管之下,而且仍然接受大量外国财政资助。关于这些主题的资料相当多,正如贝德士博士在此主要对资料进行改写概述,它们通常是很详细的现成文献。我们不打算概括其内容,只是尽力说明他试图调查的主题范畴。]

—— 教育与教会学校　根据贝德士博士遗留的大纲,我们把资料分为9个部分,每部分数量不等。(1)第一部分也是最主要的一部分,是从广义或从各个方面讨论教育,包括教育目的,资料未加以区分。(2)有关政府和其他非教会学校的资料。(3)第三部分集中于小学,对幼儿园以及为小学和幼儿园培训教师的师范学校也有所涉猎。(4)中学较容易被区分出来,尽管它们通常由小学发展而成,并继续管理一所小学或多所小学作为其直属或附属学校。另一方面,它们有时是早期大学的雏形,与某一所大学有数年合作关系。(5)高等院校的材料似乎数量最庞大且内容最详尽。(6)另一个主题是为成人文盲或因职业或自助目的而设立的特殊学校。还有一类,与前述有所重复,即(7)特别为女孩和妇女提供

的教育。（8）需要考虑教会学校协会、差会董事会或其他海外派遣代理人之间的关系。最后是（9）政府关系领域，正如我们所知，这通常与普通学校的宗教问题相关，但也包括以更为大众化的方式管理学校,常涉及财产问题。

——事工　1930年代，教会同工日益把精力和注意力转向中国乡村的需求上。项目、实验、协会和培训计划激增，遍布中国大地。其中，有些在个人的赞助下实施，有些则得到差会董事会支持，还有些是差会和政府合作实施。这些不同的活动之间几乎不存在协作；这些项目似乎向任何一个具有新理念和拥有发起活动资金的人开放。继晏阳初领导的"识字运动"之后，识字教育成为一种流行的事工方式，经常由男青年会和女青年会同工来承担。尽管某个领域的成果微不足道，但农业和信用合作社几乎呈现了"运动"的特征。张福良在这些活动中是重要人物。土地租赁和所有权问题对整个乡村重建至关重要，但此时基督徒的奋进遭遇政府和拒绝重新分配土地的富裕地主的双重阻挠。除了这些乡村努力，基督教还试图解决城市工人的需求以及改善实业环境。医疗工作得到继续发展，但其重点仍然主要在于修建医院，开展如北京协和医学院一样的日常工作。教会建立了一些乡村医疗诊所，开展了一些预防疾病的教育活动，但这项工作仅仅处于萌芽阶段。各种各样的努力或许会结出丰硕的果实，然而，1937年开始一直持续到1945年的日本侵华战争，摧毁了这些美好的开端。

11.《圣经》与基督教著作

教会出版商、书籍、译著、杂志和报纸都很多，不过，所作的努力似乎一直是分散的，协调不充分，基督教圈外人阅读的也较少。出版基督教著作，如宗教教育类，似乎仍然主要是传教士和各教会的事情。极少数中国基督徒撰写原创作品，如赵紫宸、徐宝谦（P. S. Hsu）、吴雷川和吴耀宗等。有些中国人抱怨著作倾向于反映西方关注的事物，与中国的社会、政治和文化状况不相关。另外，发行也是个问题。1930年代，出版基督教著作似乎一直是项特殊事业。1937年，日本破坏了为巩固这些活动所作的努力。

12. 中国基督教社区、中国人的反应

相对而言，只有极少数中国基督徒作家拥有一个较大的非基督徒读者群，有一个例外如女诗人冰心。1921年，冰心开始写作，那时她还是燕京大学的学生。和耶稣所想一样，她认为孩子是人类最好的榜样，尽管有时忧郁，但她绝不会让自己跌入绝望的深渊。她以基督之爱构筑希望，这种爱她在自己母亲身上也见

过，它可以烧尽所有罪恶，照亮每个黑暗的角落。她相信只能通过这种爱的力量拯救世界。

从有限的个人角度而言，蒋介石基督教信仰的真实性不容置疑。另一方面，对他、对许多其他中国人而言，基督教是一种拯救民族之道。他在著作中多次表明，在中国最高的忠诚就是，或者应该是忠于国家。国家居第一位。

顾子仁是一名杰出的中国基督徒领导人，通过青年会成名，为国际宣教协会及其后继组织作出了重大贡献。顾子仁与他人一起工作时不拘礼节，不喜欢大型组织活动。他是一个超越民族主义情感的普世基督徒，就当时的社会时局而言，极其难能可贵。1925年，作为全国青年会学生干事，他为中国各地乃至教会成员内部激进的反英情绪感到苦恼。因此，他给香港的何明华（R. O. Hall）发电报，邀其前来中国青年会，后者由此成为首位英国籍干事。

如今，开始引人注目的中国基督徒之间存在着巨大的差别，他们观点各异。吴雷川就是一个极端的例子。他是前清翰林，自称从正统的儒教信仰转向基督教信仰，并经常在其著作中谈及，自己几乎把所有先前的观念都带进基督教，但他是燕京大学不容小觑的人物。他的经历最终指引他走向社会主义，并在后来接受共产党的方针。他在1921年写道："我深信基督教及所有其他宗教乃至所有思想体系的本源是合一的，所有宗教与思想体系在根本上没有太大区别。"这与19世纪末改良者康有为的观念相近，不过，康坚持认为，每个国家或民族需要有自己的宗教，而对中国来说，那就是儒教。我们把基督教提供给中国的东西概括为：（1）个人道德；（2）家庭道德；（3）社会道德；（4）以公民义务为衡量标准的国家道德。更需要的是世俗的见证而非专业布道，神学或礼制偏见都不应妨碍这种见证。我们拥有中国知识分子（包括这一时期的年轻人）的许多特点。而其途径不是神学的，也不是普通意义上属灵的。它是伦理的、社会的和类似哲学的。

在1913—1922年，诚静怡与罗炳生共同领导中华续行委办会，后来又领导中华全国基督教协进会，是这个时期的重要发言人和权威教会人物。他比许多人都更关注教会，格外关心真正的中国化教会的发展，也就是不盲目接受任何西方认为正确或合适的东西。他谈及早期传教士在祖先崇拜上有严格限制，这样基督徒才不会陷入偶像崇拜。信徒生活在非基督教的严峻环境下，传教士们因此不得不放宽上述这个限制，诚静怡在高兴之余指出，这种限制意味着对父母不尊不敬，任何一个体面的中国人都不会原谅这种做法，并且这也有损基督教的真实形象。诚静怡也认为，"基督教会是世界上最卓有成效的组织之一，它把最好的东西汇集、保存、关联、统一和丰富起来，并切实用于发展人类的共同利益"。在1920年代，当全国基督教协进会因涉足政治遭到攻击时，诚静怡有理由重申保护中国教会当由中国人管理的权力，尽管他一直在努力调解。他承认中国教会有错误，但认为圣灵正在不断让他们重获新生。他坦率指出，无论中国教会多么脆弱，它都不能成为西方教会的复制品，现在是脱离外国势力如老师一般的控制的时候了。中国教会应当毅然打破西方的监管。另外，中国教会在将任何形式的民族主义引进基督教时都必须谨慎。中国人就是中国人，同样，中国教会必须把自身视为全球教会不可缺少的一部分，是基督教这条大河的一个支流。东方和西方已收到上帝赐予的不同礼物，他们的集体智慧是人类的共同遗产，而不是一个洲的或一个国家的。他呼吁宽容和博大。

王正廷是社会转型时期杰出的青年会干事，后来任中国外交部长。1920年初，他强调，挖掘、培训高才能领导人并给予他们机会是个核心问题。他认为，一些年长、没有绩效的牧师应该退休，以便给受过良好训练、希望享受体面薪水的其他人腾出位置。他没有忘记自己的父亲在担任行教会牧师期间每个月仅有15美元薪水，却要照顾有9个孩子的家庭，而传教士却有仆人、假期以及宽敞的住房。王正廷也发现学校和基督教著作不尽如人意，前者培育了牧师，但在培训中忽略了中国因素；而后者，比如，赞美诗，只比童谣好那么一点点。徐宝谦就王正廷对教会学校的不满作出回应。他也认为，中文科目的教学很糟糕，无论是在文学还是历史方面，甚至科学课程也很肤浅。尽管他希望年轻一代的传教士提高素质，但校长不是中国人，也不是教育专家。

1930年代，赵紫宸开始写作并被公认为重要的基督教发言人。他比诚静怡年轻，受过更多现代教育，似乎竭力在这个时期发现自我。他以哲学为导向，经常试图把中国文明中好的元素尤其是儒教，与基督教融合在一起。他认为，基督教增加了真正的宗教元素或以上帝为中心的元素，不会削弱中国道德价值观。1924年7月，在以传教士为主的牯岭会议上，赵紫宸就"本土教会"作了发言。本土教会"关心自我，融合基督教和中国古代文明的所有真理，由此，要以中国本土的形式来展示和表达中国基督徒的宗教生活和经验……不幸的是，当前基督教面临着来自许多方面的敌意，其中甚至包括教会学校先前的学生和毕业生。教会的困难部分来自缺乏足够的培训以及对中国文明和中国传统的尊重。教会学校里的中国人已成为半个外国人"。就如王正廷和徐宝谦一样，赵紫宸坚决主张中国教会必须体现其社会环境的"特色"，把基督教要素融合到中国文化里。中国传统虽然在某些方面比较原始，但充满活力，如果基督教愿意把它融合进去，那它将会变成一股强大的力量。另外，单纯适应中国习俗也不会造就一个真正的中国教会。

在中国人心里，必须诞生一个新事物。赵紫宸认为，这是一个深层次的宗教问题，一种超乎科学的神秘。另一方面，尽管赵紫宸认为教会因仁慈、爱和正义必须对国家承担更大的责任，但也不能随波逐流，要沿着阻力最小的路线前进。绝不能加入任何政党或政客呼号的"革命"，也不要跟从那些信仰"三民主义"、宣扬"耶稣也倡导三民主义"的人。教会立于更高、更全球化的层面，其责任是谴责而不是原谅邪恶的政府，是培养公民责任感。最后，在赵紫宸看来，教会的道德准则和评判力都是卓越的，他说："我们绝不能把政治和社会运动中不好的、肤浅的主义强加到耶稣的教义和意志中。"赵紫宸对中国教会的认识随着他自身的成熟而改变，但他比其他任何人都更坚持平衡中国教会和普世教会的诉求。但必须承认，这些诉求通常以西方术语来定义。

这个时期，在所有中国基督徒的著作中几乎都可以看到民族主义者对各类外国利益与特权的愤懑，南浸信会《真光》杂志主编张文开表现得尤为突出。1925年，外国人在广州附近杀死中国人，张文开甚为愤怒，成为浸信会出版社全体成员中唯一公开表达同情联合抵制的人。他辞去职务，因为他所在单位是一家美国人所有的杂志社，身为主编，他觉得无法自由表达意见，尽管之后他又复职了。我们也许会注意到，因其教育和在南浸信会受到的训练，张文开理想的基督教在某些方面有所局限，但他在反基督教运动中仍是一名令人敬畏的倡导者和辩论者。

在1920年代，政治问题是无法避开的。程湘帆的文章《基督教与政治问题》（*Christianity and Political Questions*），使中国基督徒对1925年5月30日的事件感到格外紧张。事实上，有些传教士，包括许多非传教士外国人，都主张中国教会应该远离政治争端。外国人之间的辩论中涉及全国基督教协进会，在该协会里中国人早先是不敢发起任何事情的。有些保守的传教士认为，这些问题应该归咎于某些激进的外国人。在程湘帆看来，这种说法既荒谬又自大。政府是有组织的中国公民共同体，影响着每个人。对自己的政府，英美传教士表现都非常活跃，他们期望中国基督徒有不同表现吗？抑或这些传教士期望中国基督徒在这个节骨眼上成为他们的傀儡？中国基督徒意识到他们不仅有责任反对不平等条约，也会因为见证此事而有机会为基督教在华事业作贡献？其他许多有思想的中国基督徒和程湘帆一样愤怒，这是他们内心一个永远无法抹去的伤痛。

郭秉文，著名基督教平信徒、国立东南大学校长，1926年在题为《中国当前形势及其对传教管理的意义》一文中直陈条约问题。他谈及中国人对教会学校的反感，并中肯发问，如果来自中国、日本和印度的6 000名传教士在西方国家开设学校和学院，招收50万个以上儿童和年轻人，并且设立这些学校旨在广泛传播儒教、佛教和神道教,那美国或英国会是什么态度?当然,尽管美、英民主党派信奉自由主义,但还是会求助于政府的监管或控制。郭秉文进一步指出,反对教会学校主要是因为它们与下列两个因素相关联:其一,不平等条约;其二,西方国家,包括一些传教士都未能意识到民族主义新精神。中国人对耶稣本人及其教义没有太多批评,敌意直指基督教在华组织和其传播方式。

有一个非同寻常的重要基督教人物,他就是从农民成长为马歇尔式的对中国军事及其他方面有着巨大影响的冯玉祥。他是一个特别又令人费解的人,认为教会学校的纪律比公立学校的好,于是1912年把两个侄子送进汇文中学。在穆德举办的一次集会上,冯玉祥填写了学习卡,1914年由刘芳施洗并加入卫理公会。他很快就开始给自己的军官和士兵施洗。遭到上级军官阻止时,他引用儒家经典名句来诠释基督教真理。这些言论后来结集出版,取名《灵经》(*The Book of the Spirit*)。至少至1926年,冯玉祥麾下每个士兵都必须研读这本书。早在1918年冯玉祥就成为广为人知的"基督徒将军"。

1917年,冯玉祥在北京为手下军官的儿子们设立了一所较高层次的小学,附属于汇文中学。他还在各种农业中心设立女子学校,巧妙地呼吁人们承认中国妇女的潜能。这种观念在当时的中国社会仍未被普遍接受。1925年,为组织"西北军基督教协会",冯玉祥召开了一次会议。那时,其掌控的各类军营中已有八九位专职牧师,他们经常得到传教士的帮助。冯玉祥计划推进福音宣传、《圣经》研究和基督教教育。每一名专职教士负责1 000人,每一名干事负责1万人,而干事则对7名干事组成的基督教协会负责,后者附属于35名军官组成的董事会。

1925年7月,冯玉祥召集手下的专职教士讨论基督教和中国教会。他所关心的是教会无法吸引人们,基督教一直未融入中国人的生活。他指出,朴素是中国人的一个典范,但传教士的生活相对奢侈,许多中国牧师也在效仿这种生活,那基督教如何能够接近穷人?冯玉祥宣称,太多中国基督徒受到那些特殊传教士母国的过度影响。内陆地区许多无知的农民误认为所有外国人都是传教士,并且基督徒天生就是好人。这是一种必须抵制的错误观念。"我们中国基督徒在爱国、抗议列强不公正和不人道方面必定不能落后于非基督徒。"

后来,由于冯玉祥打败吴佩孚和张作霖,许多有钱又有影响力的人被免职,因此关于他的舆论极其严苛失真。他是赤色的吗?冯玉祥因其地理位置必然与俄国人有许多联系,另外,他公开支持1925年俄国条约,该条约宣布放弃治外法权和庚子赔款。无论是在言论还是在写作中,冯玉祥都否认自己及其军队比那些渴望推进大众福利的美国人或其他人更布尔什维克(指亲俄共)。他承认自己的顾问中俄国人居多,但这仅仅是因为有更多俄国人可用。此外,他嘲讽外国评论家,因为他们的国家并不像俄国那样,竭力帮助中国恢复主权和领土完整。后来的研究认为,冯玉祥一直倡导基督教以及三民主义和共产主义的意识形态。他越来越多地投身为农民大众服务中去。在后来的生活中,他似乎把基督教当作一种个人爱好,但又因政治和社会活动而脱离基督教。

1928年,谢扶雅以一种更和平的方式竭力解释他如何见证中国教会开始成形。中国人具有道德主义和现实主义特征,憎恨空话连篇、思想模糊。当前的人类关系是中国人关注的重点。社会要避免冲突,人们在极端之间寻求最大限度的宽容和中庸,强调包容而非排外。教会似乎也必须这样。谢扶雅认为,折衷主义是值得称道的,毕竟"教会是为人而存在,但人并不是为教会而存在"。因此,中国教会必须是道德的、务实的、包容的,绝不是欧洲商品。对中国人来说,重要的是基督本人及其教义而非西方教会模式。他指出,基督具有超越和反对法利赛人(新约时代一个主要的犹太宗教党派)的绝对独立性,基督祷告时对自我宗教体验的呼求,还有他深邃的教义,都没有掺杂迷信或既定的神秘主义。中国人会把这些品质作为基督教的精髓坚守。

最后,我们必须介绍重要人物余日章,美、英两国的朋友1927年给他颁发了一个爱心杯,上面的题词是"爱国者、和平使者、先知"。余日章出生于1882年,其父乃浸信会牧师。起初他在家里接受中国古典文学教育,后来进入武昌文华书院、圣约翰大学,继而在哈佛大学继续深造。在担任一段时间的教师和校长职务后,他成为湖北外交事务专员,随后任中华民国副总统秘书。他也曾担任《北京日报》主编、世界基督教徒学生同盟的领导人,并从1916年起任青年会全国委员会总干事。1922年起,任中华全国基督教协进会会长。除了内阁职位和商业职位,他还曾担任多所大学的校长。在国家充满疑惑和冷漠空气时,他调用晏阳初并给予支持,直到平民教育运动得以立足。他也开创了青年会公民培训项目。人们都很熟悉他的名言"人格救国"。他是个民族主义者,但同时保持着真正的国际视野和实践。他坚守基督教信仰,极其虔诚。

这一时期,中国基督徒的着重点各不相同,但都主张中国教会在本质、内容和方向上应该中国化。他们是坚定的爱国主义者,并明确索求中国教会关心和参与国家事务的权利乃至义务。遗憾的是,他们人数非常少,其中几乎没有一个牧师。

13. 对外关系:传教士、母会

1922—1928年,中国局势混乱紧张,这让传教士及其母会开始反思一些问题。传教士应该继续待在中国吗？中国如今需要什么样的传教士？1923年，在汉语、社会或宗教事务方面提前作了准备的传教士不超过10%—20%，有些传教士对待中国人时好像在应对一些根本没有思想的头脑。肯定不应该这样做，尤其在把领导权移交给中国人的特殊时期。传教士必须能够友好地同中国基督徒并肩工作或在其领导下工作。新的传教士在到达中国之前应该接受更广泛的教育，尽管相比而言，中国内地会仍然坚持把虔诚和奉献精神而非学术资质作为基本遴选条件。20年前，大多数传教士确实对中国文化有较深的了解，如今他们至少要熟悉中国的政治秩序。所有传教士必须处理好自己与不平等条约体制的关系，尤其是在严峻的1925年上海事件和1927年南京事件之后，尽管人们对这一话题有着诸多不同意见。1926年，教会联邦委员会（Federal Council of Churches）向美国国务卿提交了一份声明，敦促废除治外法权。大多数传教士和传教团已准备好放弃其特权——比他们的政府或外贸部门都提早表态——于是他们被批评只为中国人作贡献，而不帮助自己国家的商人。1926年，一些传教士悲惨地死去，许多人撤离中国，再也没有返华。不过，许多中国基督徒在民族主义革命暴乱与斗争中忠于他们的传教士同工，因此，这一现象得到平衡。

1927—1928年，蒋介石和国民党取得胜利。之后，局势转变。1934年，蒋介石夫妇与新生活运动传教士代表交好。人们开始转变敌视态度，感激那些无私为妇女提供新机会、关心实业和乡村状况的传教士。

传教士所完成的一个重要任务是把中国介绍给自己的祖国。可以说，所有在华外国人和传教士一直是中国人的真正朋友。他们介绍中国的劣势，以便同胞认识到其需求，但他们也谈论中国的实力，并代表中国，努力影响其母国政府政策，比如废除治外法权或阻止日本侵略。中国基督徒同任何中国人一样，对中国在海外的声誉很敏感，经常呼吁他们的传教士同工代为言说。

在1920—1928年，在布道领域服务的学生人数减少。也许是因为战后希望幻灭和1929年的大萧条，中国教会的资金严重缩水。具有讽刺意味的是，此时此刻中国基督徒开始表达他们希望传教士继续留在中国并给予支持的愿望。总之，1928年以后，传教士人数不再像头几十年那么多。反基督教运动已结束，抗日战争则使学生把注意力转向研究马克思主义以及如何救国。在这些情况下，传教士被视为潜在的盟友而非敌人并受到尊重。

◀ 第四部分　　1937—1950年 ▶

一、基督徒奋进的中国环境

1. 社会、政府、法律

此处我们遇到一些棘手的困难,因为常见的信息资源减少,从某个层面来说,1941年以后消息就消失了。另外,整个国家与基督徒活动都一片混乱,不仅干扰了他们自身的活动,也干扰了活动的相关报道和人们的最终理解。对于这一时期,没有任何国家的人能够作一个全面介绍。

有趣的是,这部分中有大量材料来自蒋介石的演说或著作。从某种意义来说,这是自然的,因为他是这个国家遭遇最大困难时的发言人,还是个热忱的新基督徒,尽管信仰不够虔诚。他不应该以太大的名义出现。我们认为,蒋介石发现自己基督教信仰的真正意义这一说法是公正的。不过,就如我们每个人一样,他发现了能够强化自己理念、需求和思想的不同于基督教教义的东西。因此,从某种程度而言,他从基督教中汲取了可以强化其革命、民族和军事决策以及美德的元素。不知道蒋夫人对这个特殊宗教人士的演讲有多大程度的影响,也许在他们向国际听众作演讲时程度更深。蒋介石本人的海外经历非常有限,而且他在日本和俄国的时间很短、时局也不好。他不懂英语,也几乎不懂任何其他外语。不过,当蒋介石在社交圈给中国人作演讲时,语调绝对会有变化。当蒋介石谈论救国,重复谈论孙中山先生的三民主义时,许多非基督徒几乎没有意识到基督教因素的重要性。但在许多人感到绝望的悲惨岁月里,传教士和中国基督徒经常对这类有基督教信仰并被视为中华民族精英的人深为感激。重要的是,在领导人圈子里,蒋介石并不是唯一的基督徒。据说除了立法院院长孙科和蒋夫人的弟弟、财政部长宋子文,中华民国总理、财务部长和外交部长也都是基督徒,而且外交使团三个领导人中也有两个是基督徒。基督徒将军冯玉祥在政治上变化无常,令许多人困惑,他1940年夏任战时副委员长。他说:"美国对中国最大的贡献是基督教。在几千年历史中,中国从未像现在这样勇猛战斗,也从未出现过像蒋介石一样的领导人。但蒋介石已不再是从前的他,他成了基督徒。他的基督教信仰给予他非凡的勇气和耐力。世人对中国如今所展示的精神感到惊诧,其中,一个主要原因便是我们领导人里面有大量基督徒。"

蒋介石意欲把基督塑造为一个为民族解放而斗争的领导人,一个决意牺牲自我解救本国人民、世界和所有人类的革命者。他发现基督革命热情的秘诀在于爱的精神,这种爱使他得以攻击人内心的邪恶,废除社会不公。仁慈、忠诚并最终愿意牺牲自我,这些都是基督获取能力和效力的途径。1945年,中国终于取得胜利时,蒋介石劝告他的人民"爱他们的敌人"。残暴的日本军国主义分子,而非被蒙骗的日本人民,应该受到谴责,中国人不应该想着复仇或伤害无辜者,而应严格遵守所有投降条款。

战争期间,基督徒在中国变得重要起来,几乎停止了对帝国主义的反抗。1943年,不平等条约废除,基督徒广泛开展急救服务,尤其是广泛救助伤兵和不计其数的难民,这些事情都备受关注。因此,中国基督徒和传教士有理由期盼战后基督教工作复苏,因为当前国内形势似乎一片大好。唯一的危险也许是基督教与蒋介石领导下的民族及联盟事业关系过密,但这有待观察。

至于战争总体情况,许多说法和问题都集中于一个问题:当日本控制海岸和封锁所有航线时,对外贸易限额和货币兑换会由中国管理。有从印度、缅甸或香港到中国的航线,但价格高昂。缅甸的陆线在运行前需做大量工作,成本也非常高。同时,中国的海外需求很大,但出口额很低。贷款来自美、英两国,但法币每年都在贬值。1942年和1943年,美元法币汇率为6∶1,与战前汇率持平。非政府利益集团,比如差会和救济委员会,尤其受到打压,因为中国政府只以旧官方汇率卖给他们法币,这意味着他们只得到原货币价值的1/6的资金。中国政府有特殊需求,人们不能过分批判,但确实也存在腐败、官僚主义、贿赂以及资金转移的现象。不过,基督徒及其慈善利益集团相当有耐心,总希望在一两个月内改善状况,并受中国需求的推动,即使在汇率过低或运输条件不利的情况下,也不顾一切地施以援助。

1946—1950年

1946年以后,到处都是关于共产党的报道,而那时其意图似乎仍难以确定。有些人谈论共产党带给人们的影响,事实上,某些领域的教会人士为了人身安全已离开家园。而且，必须记住，报道也在调查总体战时损失，目前的麻烦不仅来自共产党，也来自民族主义者或游击队。局势仍然相当混乱，有些报道自相矛盾，称共产党希望基督徒同工回来。麦克卢尔（R. B. McClure）博士指出，他所熟悉的领域里，共产党并没有严格束缚基督徒同工。不过，通过采访领导人他愈发发现，共产党似乎认同民主观念，拟把联合政府作为过渡阶段。中日战争期间蛰伏的国共两党内战如今再次爆发。

战后，政府制定了一系列改革措施，但很少付诸实践。政府本身物资匮乏、精神不振，没有太多作为，仅仅是维持现状。公众对政府渐渐失去信心，政府各级官员中也弥漫着这种消极情绪。同样，反美情绪加深，因为人们认为美国在阻碍共产党推翻腐朽的政府。共产党毕竟是中国人，因此，向他们开战未能激起人们如同抗日般的爱国热忱。学生深受生活费飙升之苦，因此认为即使共产党执政，情况也不会恶化。有些美国人仍然坚信蒋介石及其政权是民主的根本，因为他受到某些阶层人士的支持。对这些人来说，蒋介石是他们不惜任何代价抵抗侵略者的精神象征。不过，这忽略了以枪炮为基础的政治组织和权力等重要问题。费正清（J. K. Fairbank）在1947年提到，蒋介石的《中国之命运》附加的经济部分内容呼吁"一种反马克思主义的儒家极权主义"，这包括10年实业计划，强调各项工程技术的发展、医疗和相关主题的大量培训，小部分资源用于农业，还有一小部分用于艺术、法律、商业和经济。关乎3/4人口的农业发展问题，很明显是事后的想法。最后，许多人认为，蒋介石镇压共产党渗透的措施是采取高压政策与不正当的人权侵犯。《波茨坦公告》发布那日，蒋介石的声望达到顶峰；之后，对他的反抗逐渐增加。

基督教与国民政府的关系也受到审查。吴耀宗长期领导基督徒和青年会，在1948年发表题为《当代基督教的悲剧》一文。他指出，基督教与美国的关系就像极端资本主义与宗教改革的融合。他控诉和平与自由是十字军东征反对世界革命的欺骗性口号，后者代表着时代的需求与进步。不过，他最后还是极力表达了对基督徒品格、事工以及复活节传达的不朽福音的肯定，虽然带有几分克制。基督徒再次被迫重新评估自己的忠诚和信仰。

2. 中国思想与宗教

即使在战时，传教士对中国哲学和准宗教思想的兴趣也未曾消退。中国宗教研究所于1943年夏在成都成立，其文章涉及主题有：佛教；伊斯兰教；上帝作为人的概念是否阻碍了许多中国人；朱熹能否脱离上帝的启示，单独以个人的术语来描绘宇宙的真实。越来越多的讨论围绕共产主义展开。有些人认为，儒教通过强调精英模范以及为他人谋幸福的某种社会美德,似乎已经在许多方面为共产主义铺了路。

截至1939年,战时教育的目的在于:(1)唤醒国民意识;(2)鼓舞抗战士气;(3)灌输抗战知识。军事训练也是教育计划的一部分。政府强调三民主义,因此学校将其视为主导哲学来授课。但费正清明智地警告我们,不要把一种思想来源作为国民政府思想和政策的本质,或用以解释蒋介石思想指导下的政策或蓝图。"蒋介石的思想综合了多种来源——曾国藩的视道德为人类事务的仲裁者,列宁对帝国主义的诠释,卫理公会教徒的虔诚,来自日本、俄国、美国和轴心国的影响——但所有这些都属于保守的民族主义的范畴。"

二、基督徒的奋进

1. 概览、合作与联盟

注释与主题(1946—1950年)

—— 战后基督徒最为担心的是领导人问题。传教士和中国人认识到基督教事业一直过于以机构为中心,因此决心强调教义并要求传教士以教会为中心。

—— 中国教会在努力复兴其计划和决定未来方向时,自立、财政、教育、救济、家庭、乡村教会、基督教著作、通货膨胀、政治以及《田家》(*The Christian Farmer*)杂志,都是其关注点。

—— 疲倦的基督徒同工,尤其是深处已布道区域的基督徒同工有一种惰性。急需医务人员。

—— 全国基督教协进会计划发起为期三年(1947—1949年)的全国奋进运动。

—— 1947年7月11日至17日,一个新教徒代表团访问了南京政府官员,抗议蒋介石再次调集军队攻打共军。彼时,蒋军希望新教徒如曾经的天主教徒一样公开支持政府。但不幸的是,他们回复说凭良心而言不能这样做。

—— 青年会拟对大众推进"基督教启蒙运动",并与基督徒寻求根本的社会改革,以便潜移默化地影响更多基督徒。

—— 1946年和1947年间发生骚乱。到1948年7月,国民政府明显衰落。

—— 在共产党统治区,中国内地会针对大众施行的战后福音传播目标显然无法实现。

—— 鲍引登(Charles Boynton)估计,1897—1948年,有近2.3万名传教士在

华事工。其中,有一半是美国人,而且男女比例约为4 ： 7。这通常会产生3对夫妇,1名单身男性,4名单身女性。

——乡村教会与乡村基督徒没有遭到共产党歧视,在有些地方,他们还成为地方组织的领导人,因为:(1)作为基督徒,他们有组织管理经验;(2)本质上,政府属于工农阶级;(3)村民信任基督徒;(4)基督徒更有文化,能够主持群众会议。

——1940年代末,中国内地会在华传教士人数仍然非常多:有591名传教士、168个协会,而长老教会(UPCUSA)和美国卫理公会同工分别只有147名和134名传教士。

——基督教活动削弱至仅开展日常常规事务,如布道、咨询、研习《圣经》等。政府还要求基督徒放弃他们的非政治态度,因为政治与公民责任不可分。

——到1950年秋,中国仍有1 150名新教传教士。

——更强调平信徒的作用,乡村地区鼓励基督徒,尤其是牧师实现自养。共产党主张所有有能力的人都应该为重建国家作贡献,但不认为福音传播是一项卓有成效的工作。

2. 基督徒奋进的总体情况(1937—1945年)

事实证明,分散工作对教会是有益的。例如,为伤兵和难民服务并向他们传播福音卓有成效。大多数传教士不顾战争仍在工作。有个中国人宣称教会"……是沦陷区唯一一个主要的文化和教育机构"。

全国基督教协进会不得不从为杭州国际宣教协会国际会议作准备转向战争救济和紧急服务。1937年末,基督教奋进运动开始,救济、鼓舞士气和密切合作的相关工作项目也随之增加两倍。

战争期间,在努力维护上海办公室、联系人和部分同工之余,全国基督教协进会还在西部省份建立了一个咨询委员会。为协调和拓展基督教工作,尤其是为了福音传播、同工培训和基督教著作相关事宜,还举办了宗教会议。蒋介石认为基督教有助于培养人的品格。1938年,一支由龚斯德(Stanley Jones)带队、为青年人开展宗教活动的团队被派往西南地区,他们开展的工作引起越来越多的关注。起初,儿童福利协会就是全国基督教协进会创办的。

神学院学生数量恢复至与1936—1937年相近的水平,他们在统一训练方面作了许多努力。各类学校都在忙碌,尽管有一些遭受重创,但在重重束缚下仍不得不继续前行。战区教会非常分散且财政实力受损。日本人严重破坏了建筑物,对基督教在中国产生的广泛而真实的影响力惊讶不已。珍珠港事件以后,中国面临的困难进一步升级，日本对英、美两国持批判甚至敌视的态度，事情进一步复杂化。

中国基督徒认为，对中国教会来说，1943年治外法权的废除意味着新时代的到来：承担责任、与西方教会平等以及本土化的民族特征。全国基督教协进会执行委员会于1943年5月召开扩大会议，着重强调各地教会的社会服务与社会问题。

自由区或西部地区：模棱两可的措辞显示出利益和担忧的双重性。西部自由区总体上远离海岸线，接收来自东部或沿海地区的难民。同时，它本身是个相对落后的地方，而上海及东部主要宗派中心的领导人对当地情况一直不甚了解，也未曾好好利用。因此，我们的问题是要了解整个战时形势，因为它发生在大后方，具有难民以及外来者与当地人调适的双重问题；西部地区各个时期的情况都要尝试去了解，虽然很多都不为人们所熟悉或未经充分研究或报道，这个地方如今因战争倍受刺激和伤害。（报道和文章列举如下）

共产党的问题及其统治区，1937—1945年。英国圣公会的福德（L. S. K. Ford）在北戴河就马德拉斯（IMC, 1938）大会作了一系列演讲，谈论"教会与经济秩序"。他似乎赞同共产主义的积极目标，同时，也谴责它的方法和残酷，对于资本主义，其态度亦然。他认为，共产主义理想太高远，而且共产党已经否定能使人们实现这些理想的唯一途径——上帝的权能和圣灵的启发。福德希望制订经济和社会规划，而这个规划似乎指的是基督教共产主义。他也尖锐批评以基督教用语来歌颂美国资本主义的现象。

对学生读物的调查显示，他们喜欢了解辩证唯物主义的多样化和趋势以及共产党对国际事件和形势的分析。

据数名传教士报道，共产党统治区普遍欢迎基督徒访问者，并感激外国传教士在抗日战争期间向中国提供帮助，尤其感激在巨大困难下冒着危险工作的医生和护士们。

到过共产党统治区的其他传教士记录道：特权不适用于当时的严峻形势、一切思想和活动都聚焦于全国抗战、为每个人提供一些手工活、所有活动的组织、艰苦的生活、集体反对个人奢侈或懒惰，所有这些都对不道德行为形成屏障。学生对共产主义感兴趣，这其中有爱国主义因素，他们真正渴望与人民一起生活，为他们服务，并且欣赏八路军获得的成就。这种成就的独特性不在于其军事胜利或颇有成效的努力，而在于它所创造的精神。那里有共同的思想、团结一心的努力、阶级平等、解决公共问题的创造性思维和牺牲个人利益的诚挚意愿。中国教会若要把握住青年，赢得整个国家，就不能因为共产党曾经反对基督教就挥挥手不予理睬其实践。中国民族主义和军国主义中的法西斯主义倾向或许会给未来带来最大的危险，也对基督教观点造成最大挑战。中国教会处于战略地位，要为解决对手的经济和社会意识形态作出有益贡献。

然而，事实上，共产党的根本信条是唯物主义和无神论，尤其反对宗教。毛泽东声明，共产党在行动上可以与某些唯心主义者和宗教人士采取统一战线，但意识形态上，绝不能让步于唯心主义或宗教教义。毛泽东的其他言论表明共产党企图根除所有传统的或神学的政治权威，抛弃整个神灵体系。

在许多基督徒看来，基督徒和传教士通常能够认识到共产主义的挑战，且不会过度恐慌。英国循道会干事饶永康（Rattenbury）称："对于我而言，我见过优秀的基督教保守主义者、自由主义者和社会主义者，所以存在优秀的基督教共产主义者似乎也是理所当然。无论如何，在这场不可避免的共产主义和基督教的冲突中，我不会倾向任何一方。"

共产党的问题及解放区，1946—1950年。给毕范宇的信件——或许是回复他1947年初的询问，当时他正准备撰写《中国的黄昏或黎明》（*Chinese Twilight or Dawn*）一书——信中表明：在一些地方，立场不太坚定的基督徒已经离开，中国基督徒领导人不仅数量少，而且才干不足。解放区也有一些教会，但力量极其薄弱，需要援助和鼓励，在经历战争破坏后正竭力恢复元气。与城市相比，乡村地区的基督教的活动自然更少。

缪秋生指出，国统区对宪法赋予个人和志愿组织的基本权力仍未予以充分保护。但相对而言，国统区的教会及其附属的教育、医疗、社会服务和出版机构享有的自由要多于共产党统治区。土地改革和地主财产清算的开展经常损害到基督徒和教会的利益，尤其是罗马天主教会，它一直是最大的地主。教会学校、男青年会或女青年会的活动以及在非基督徒之间布道，均不被允许。

杨庆堃（C. K. Yang）曾说："唯一一个让共产党感觉到威胁的有组织的宗教是基督教……共产主义与有神论宗教的关系是一种信仰冲突。信仰具有根本性的特征，所以信仰之间暗含相互排斥的关系……共产主义历史及其组织的中央集权性质不允许对有神论宗教有任何包容。"

在1948年11月全国基督教协进会两年一次的大会上，一位来自西北的中国牧师陈述了教会在解放区存在的四个条件：（1）牧师必须生活简朴；（2）必须谦逊，能做体力活；（3）必须赢得老百姓的尊重，成为他们的"好邻居"；（4）必须随时准备遭受艰险。

在华伦敦会传教士康斯坦丁牧师于1952年在《国际宣教评论》上发表《给共产党的福音》一文。"中国有一个群体，由吴耀宗领导，他们相信教会旧有的模式必然消失，方能重生，并在新的共产主义社会生活中发挥作用。"他接着阐述了共产党成功获得青年和知识分子支持的原因，并充分讲述了共产主义的权能，但同时也批判基督教信仰的傲慢感。

3. 教会

乡村教会。德鲁大学乡村教会教授费尔顿（Ralph A. Felton）与金陵神学院的毕范宇在中国共事两年。1938年，他断言乡村教会仍处于开拓阶段。他所做的统计数据有一部分来自金陵神学院乡村教会部1937年对1 669个乡村教会的调查研究。其中，近乎半数的教会位于集镇或小城市，吸引了由于路途遥远而无法加入教会的妇女和青年们。1/3的教会在家里发起，一小半在租赁的房屋。每年，家庭布道都多于在教堂布道，而且还有大量露天布道。每隔三周，牧师就会与教会人员交谈一次，他们很少进行学术研究。基督徒在总人口中所占的平均比率约为1∶400。教会规模小的主要原因在于，牧师认为发起一个新的聚会场所比培育一个旧的聚会场所更令人满意或更能得到赞扬。禁止赌博、吸烟、供养寺庙、纳妾和祖先崇拜等社会行为的规定，让许多人对基督教望而却步。文盲很多，主日学校薄弱。《新约》，尤其是耶稣的生活经历和教义被广泛使用，《旧约》则相反。使家庭基督化这一工作一直有进展，但仍只有11%的教会人员遵守安息日规定，不存在什一税，对该税也少有评论。

毕范宇对金陵神学院实施的其他调查作了研究，他表示同意费尔顿的结论，即乡村教会从一开始就贫乏，但指出自1922年尤其是1932年以来，乡村教会取得了巨大进步。他补充了以下调查结论：（1）许多工作重点都放在广泛的福音传播上面，较少注重牧师资质及宏大的教区项目的发展。一个乡村教会平均有35名信徒。（2）教区倾向于跟随自然社区，而不是人为划分的政治区域。（3）信徒有酬劳，因此不积极在社区做见证。约一半教徒居住在教会2 500米之内的区域，其余则分散在10千米或更远的地方。（4）只有极少数地主成为基督徒，20—30岁的教徒少于总人口中这个年龄段的人数，60%为第一代基督徒。有一半教徒能够阅读福音书，咨询者或新信徒较年轻，基本上是文盲和人数较多的女性，这一群体有时占总数的60%。（5）在一项调查中发现，73个教会中仅有17个宗派有明确的名称。（6）主要缺少有计划的监管和领导人。在将近2/3的教会里，传教士仍然是主要的监管人。（7）中国牧师的平均年龄为42.9岁，男性都已婚。一般而言，他们接受的培训是初中教育加上一点点神学训练。受过农业或乡村培训的牧师不到1/10。大多数牧师觉得经济拮据,1/3牧师的妻子完全是文盲或略识字。另1/3的牧师有点财产,通常是土地。（8）多数平信徒领导人是农民或工匠,他们在机构受过短期培训,或通过课程学习和他人指导接受培训。（9）就财务而言,80%是外来资助,所有外来资助占总收入的61%,仅39%来自地方资助。牧师薪水约占总预算的68%。（10）在儿童和青年中开展的工作影响最薄弱。

农业博览会在1930年代末得到普及。这包括园林工艺展览以及农业技术展示,通常还会有感恩节服务。教会学校经常提供音乐、魔术和简单的戏剧表演。乡村生活的特征是贫穷以及社会关系密切,慢慢地,福音传播不得不承认教会在整个社会环境中所发挥的作用有限,仍有待强化。当时,多数乡村教师和传道人相信更为普遍的项目能够使整个社区受益,而不仅仅惠及为数极少的基督徒。

中日战争之后,毕范宇本希望对他在1937年深入调查的37个乡村教会开展另一项研究。但其中1/4在共产党统治区,其他则位于混乱或被孤立的地区。不过,毕范宇还是能够概述这一时期乡村教会的某些特征。他首先指出,在沦陷区,包括混乱的战区,因为日军攻击、劫掠、军队驻扎或途径、财物遭到损毁、放火、抢劫、扰乱和匪患横生,基督教社区一直遭受重创。农业严重受挫,影响数千万人。毕范宇估计,在1万个在华教会中,有25%的教会在战争期间财产损失惨重。但更严重的是失去牧师和教会领导人。战争期间,许多乡村教堂会众分散,尤其在华北地区,日军系统地拔除了当地领导人。另一方面,沿海地区牧师和教会人员的迁入以及基督教机构领导层的努力,有利于西部地区乡村教会运动的开展。但总的来说,乡村教会不得不正视影响其各方面工作的异常政治和经济形势,乃至战后的中国民族主义、通货膨胀的困境、政局紊乱、领导人的缺乏以及复兴大业中缺乏坚强而热忱的人员等问题。

地方教会。很快成为主教的卫理公会城市传教士拉尔夫·A.沃德（Ralph A. Ward）1937年详细描绘了首都——一个强大的教育中心——的战前形势。在他看来,许多教会在某种程度上是"基督教宗族"（Christian clan groups）,从心理学来讲,相当于"封闭式管理"（closed operations）。他批评传教士大规模地取消对地方教会的支持,也批评他们不应该将地方教会视为在华基督教整个体系的薄弱环节。他也担心教会偏向中产阶级价值观,而忽略社会与金融秩序。穷人被忽视,而有社会影响的人和富人仅受到批评或被姑息。

1950年12月的《新教在华运动名录》（*The Directory of the Protestant Christian Movement in China*）列举了位于上海的教会,具体如下:中华基督教会（CCC）20

个，北浸信会和南浸信会19个；中华圣公会（CHSKH）11个；卫理公会6个；救世军3个，基督复临安息日会（SDA）4个；上海五旬节派教会联盟37个；路德会1个；门徒会5个；中国独立教会18个；自立本土教会5个，外语教会12个。

1937年，《教务杂志》的一篇论社呼吁关注这一事实，即很长时间以来上海最成功的宗教服务是美国海军第四师的专职牧师在一个大剧院主持的主日礼拜。

4. 目标、政策、社会伦理

1930年代，一个重要的新发展是乡村合作社的兴起。该运动的领导人之一是1937年以来就开始担任福建合作局专员的弗朗西斯·陈（Francis Chen）博士。用他自己的话来说，陈是一个"狂热的基督追随者，合作社先驱戴乐尔（J. B. Taylor）教授的学生"。陈认为，合作社理论比同时代的其他社会经济运动和体制都好。合作把人权置于财产权之上，强调产品是为了使用，而非获取利益。陈"坚信合作社等同于基督教的友爱教义"。在他看来，宗教和经济完全可以协调。在被问及这一时期中国的主要问题时，陈回答说"人格"。教会领导人总体上对合作社和经济问题漠不关心，这使陈非常沮丧。

传教士很早就开始引导中国摆脱鸦片贸易。不过，到1930年代，他们的呼声似乎就被压制了。1938年，日内瓦国际反鸦片信息局的布兰科（A. E. Blanco）哀叹国家反鸦片协会消失，该协会是敢于反对鸦片的唯一机构，也是联合基督教差会的中介。他担心"在华基督教差会代表在所熟悉的罪恶面前会继续其冷漠且懦弱的不光彩行径"。其嘲讽颇具效力。传教士、中国基督徒和中国进步分子在鸦片问题上通常不情愿与政府坦率交涉，这种状况与日本威胁下的民族主义、团结以及安全问题有关。

1930年代末，许多中国人和传教士沮丧地注意到教会——热衷于做礼拜的教堂会众——似乎未曾根植于中国土壤。1938年，柏乐五（E. H. Ballou）对比了中西方对于"教会"一词及其理解的不同，突出了教会在中国的存在感之弱。"毫无疑问，对这个国家的大多数公民来说，我们所开展的基督教活动的价值及其影响，更多地体现在学校和医院，而不是教会。我们为人们所知，变得有名气和受欢迎，不是因为我们是谁，而是因为我们所做的事情。依据《圣经》，评价一棵树，要看它的果实。但在这片土地上，人们常常不考虑果树品种就去判断果实的好坏。当果实的需求量超过其产量，且因为人们对果实的溢美之词，农夫的注意力正逐步远离果树培植，这实际上是一个持久的危险。"王树德（W. H. Hudspeth）对此作出回应："大多数中国基督徒仍然认为，教会是一个从小学到大学的教育中心的集合体,也是医院、慈善机构、社会俱乐部和青年会活动的集合体。"

人们对教会不感兴趣,有诸多原因。对年轻人而言,原因之一就是他们认为教会似乎与其生活以及国家面临的社会和政治问题无关。赵紫宸呼吁在基督教信徒中深化宗教生活。由于日本的入侵带来的危机,这种深化更该加快速度、加大强度。他也认为,教会有责任就基督教生活与当今重大的政治、社会经济和国际问题的关系对其成员进行教育。然而,基督教不能将自身与法西斯主义或共产主义混淆起来,而应该坚持无论是方式还是结果都要合乎道德。

自养仍然是许多教会的绊脚石。美国圣经公会的力宣德(Carleton Lacy)注意到几个大教会多年来一直没有全职的带薪水的牧师。他指出,中国人常常认为,给一个服务人员付薪水会使他成为雇员,如果不免费,那服务就失去价值。拉奇似乎要挑战有些西方人持有的自养观念。谢扶雅(Z. S. Zia)牧师写道:"对作者而言,自养并不是福音传播的目标,而是一个过程。在这个过程中,基督徒被不断教化,承担起越来越多的责任,更多地展现上帝的爱。"

战后,中国基督徒似乎竭力发掘符合中国国情的新布道模式和牧师任职条件。韦卓民受过神学训练并被圣公会任命为华中大学校长,他为"在华教会四要素"提出了一个计划,含四个请求:(1)一个教堂小室,或一个修道小室,通常有任命的负责人而不是需付薪水的牧师,含100—150人、30—50个家庭,可利用住宅、寺庙等,除非或直到有能力以当地祖庙样式修建教会的简易教堂;(2)这些小室为跨宗派的基督教社会服务中心提供支持;(3)教会大学;(4)朝圣者静修中心,可位于简易的大教堂里面,或坟墓周围,或在基督教博物馆旁边。中心由一个基督徒领导人来管理,原则是开放交流。关于宗派和基督教协会,韦卓民没有提出明确的观点。

青年会的江文汉也不遗余力地拓宽中国基督教学生运动的范围,并强调尽管该运动要求官员必须是地方教徒,但它并不仅仅是基督徒学生的运动,而是向所有人开放的基督教学生运动。该运动应该不分宗派,支持普世教会,决不搞分裂主义。指导原则是整部福音书应该针对所有学生,而且《圣经》不应该被一个特殊信条限制。最后,学生运动应该由学生掌握主动权,不应该由成年人控制,也不应该卷入特殊的政治活动或打上政治色彩。但是江文汉担心许多学生已然迷失在这场争取面包与和平的学生运动中,同时,中国各大学基督徒学生联合会试图完全忽略公共事务,只强调教义戒律。

缪秋笙建议,战后,在中国的精神、道德、社会和经济纷乱中,教会应与外界隔绝。"质量,而不是数量 —— 也就是纯粹的基督教品质 —— 才是这项不断发酵的公共工作最重要的因素。"苗也认为,美国教会如今应该起用新的传教人员来巩固在华教会。另一方面,曾经来华的卫理公会记者理贝克(Richard T. Baker)担心中国教会与美国以及民族主义阵营有太多联系,这将把教会置于共产党的对立面,除非它能采取某种措施。

5. 神学与基督教思想

传教士一直难以成功地获得中国知识分子信徒的支持,下面的史实就是一个极好的例子。1930年代,基督教事业中法令和制度蓬勃兴起,然而几乎没有中国神学家或中国基督徒发表作品。赵紫宸是一个例外。

1938年,日本占领华北,在这种情形下,赵紫宸撰写了《展望教会的社会经济思想与行为》一文。文中,他哀叹中国基督徒几乎没有教会意识:"几乎可以说,在向中国施加影响方面,教会已成为一项基督教运动,它本身是一个遥不可及又经常被削弱的中心。"他给出如下理由:(1)小教派和宗派的增加;(2)没有设立任何中国习俗来开展共同敬拜和教会生活的其他重要活动,中国人几乎不知道如何认识和理解教会的本质;(3)经济问题主要在于教会建筑。另外,教会因时代思潮受到猛烈冲击。欧美思想家如赫胥黎、达尔文、马克思、克鲁泡特金、托洛茨基、罗素、杜威等,对中国人的思想产生了影响,但在中国未发现与基督教思想相对应的思想。结果,"现今的基督徒从内心和灵修来说,其实是一个被冠以不同名字的儒家;环境迫使耶稣成为孔子。那些追随他的人之所以这样做,是因为他的人格,而不是因为他的宗教"。

战争期间,赵紫宸继续从一名知性论者转向坚定的教会中心主义者。"我们对教会的态度公正吗?"他在1941年问道。赵紫宸认为:(1)神学一直被忽视,一直没得到充分理解。一方面,有些传教士把福音当作教条,或鄙视神学,导致宗教只能被模糊地理解;另一方面,有些传教士本质上是科学家和哲学家,他们坚持现代主义和现实知性主义,把信任转变成了怀疑。(2)中国基督徒的教会意识极其淡薄,他们大多数似乎都是偶然知道教会这个概念。许多人即使想接受基督教,也还在追问究竟为什么要有教会。他们没有看到基督教与教会之间的联系以及两者至关重要的统一性与相互依存性。上帝给人的使命是把生命奉献给教会并推动其工作,这确实超乎人们的意料。(3)教会应该确保足够的受过教育的领导人能够承受各种哲学攻击、与上帝的神圣意志相悖的生活模式,并且能够满足人们在皈依基督、团契、宗教指导、福音传播以及引导社会和国家变化方面的精神需求。赵紫宸也更加关心教会没有解决紧迫的社会需求。他指出,年轻人正转向共产主义是为了与社会邪恶作斗争,所以他希望中国基督教更应该如其起源一样,成为一个"战斗的信仰"。基督教有值得中国年轻人和知识分子拥护的福音,它是在理念上如共产主义一样需要正义的信仰,为什么教会恰恰没有触及这个福音呢?

许多年来,虽然不平等条约对所有意图和目的并未产生效力,但1943年它被废除,仍是一个重要的进步,中国基督徒欣喜万分。涂羽卿(Y. C. Tu)指出,基督教如今不必道歉。对中国教会来说,不平等条约的结束就是传教士或中国教会"温室"时代的结束。也可以说,刘廷芳未发表的言论与文章代表他战时的思想,展现了中国基督徒所承受的重荷,这种重荷缘于传教士似乎从未理解帝国主义障碍,以及帝国主义给基督教事业带来的重负。传教士并未大胆地公开解析和批判治外法权以及不平等条约赋予他们的特权。刘廷芳反复说,对于中国重要基督徒领导人而言,这是长期的心灵伤害。他也不断地谈论中国基督徒的"殉道",他们放弃家庭和社会地位,因为坚持信仰而遭到排斥。

6. 宗教教育、神学教育

自1928年以来,基督教家庭备受关注。个体的皈依仅仅是第一步,并且个体需要家庭环境和社区环境来实践其基督教信仰。家庭周(Home Week)发端于1930年,每年都会介绍与家庭相关的活动和教育资源。1936年,父母教育运动(Parent Education Movement)启动了一个五年计划。不过,这些计划在中日战争期间遭到严重破坏,当时许多家庭分崩离析。

统计数据显示,自1920年初以来,有大学背景的神学院学生数量就持续下降。战后,中国基督徒再次强调挑选一批基督徒领导人进行培训,所选之人必须具备扎实的中国与基督教学识,还要进一步发展平信徒牧师,同样采用限量筛选的方式。这种对受训领导人数量与质量的争论从20世纪初持续到现在,当时周慕西从德国回国,他谴责传教士想要"既廉价又顺从的传道人"。由于经费有限,这个问题从未得到圆满的解决。

7. 教育、教会学校、学院和大学

非常简要的概述。

8. 事工:医疗、联谊会、男青年会与女青年会

战争期间,学生投身救济工作。他们管理难民营,运营慈善事业,到处实施救助,普遍致力于战时应急服务。

主要教会医院的工作都有很完善的记录,但很少提及诊所、乡村医疗工作或公共卫生项目。

9. 基督教著作

即使在战前,发现优秀的作家,分发资料和发掘印刷材料需求,都似乎是问题的所在。在期刊和日报方面,新教徒的影响力往往十分有限,并且各个宗派出版社之间存在许多竞争和雷同。战争阻碍了发展更多的合作出版的努力。比起其他基督教机构,由吴耀宗担任编辑的青年协会书局拥有更多读者,尤其是年轻读者居多。

10. 传教士

由于错综复杂的原因,美国人民和美国政府不愿意为中国而战,对于自己的同情心也宣示无疑。对于那些美国人,尤其那些想帮助中国的传教士而言,基本问题是,在不激起战争恐惧的情况下找到一个途径来发展有益的亲华情感。这一任务大部分由美国委员会完成。该委员会倡导不参与日本侵略的宗旨,由曾在中国布道的美国人发起组织。另一个传教士活跃其间的组织是在中美两国运行的美国信息委员会。公众看到的大量信息来自英国的修中诚(E. R. Hughes)和美国的赖德烈(K. Latourette)等传教士的著作。

贝德士中国基督教史论五章

第一章

（1840—1949年）

中国政府与基督教

◀ 序　言 ▶

该工作文件基于实验和调查的精神，从一项尚未完成的大型研究中选取而来，欢迎研究人员、读者批评指正。

这个主题非常广泛，许多论文可以用不同的观点来阐释。希望目前的方法能在某些方面促进关于若干问题的新思考。

中国政府关于宗教的法律、政策和惯例是什么？基督徒的经历和一般史料都将会揭示这些内容。

也许罗列出一些常见的设想并将其大量出版，这样会引起重视会有些成效。但这些假设并非不应该受到质疑：（1）基督徒的推论：因为真与善是他们的信仰和事业之所在，所以对他们的任何限制和束缚——无论在原则上还是细节上——都是错误且应受谴责的。（2）西方的观点：想当然地将19世纪晚期和20世纪早期英国、美国和北欧国家的条件和实践作为标准——有时理想的标准远高于实际。（3）中国场景下的假设，这一假设经常为友好的西方人士所接受：政府在本质上是不受限制的；在与个体和志愿者群体的论争中，正义在政府一方；官员是受过良好教育的人，因此原则上是道德的和称职的——尽管普遍存在不信任官员的情况。（4）这个假设是：对于中国来说，任何接近中国的外来力量在动机上必然是错误的；国际交流意味着对其他人的剥削优势，以及对中国的侵害；将对外联系保持在最低限度是政府和社会领导者的责任，以免在一个开放的社会里无法维护中国的习俗。

我们的目的不是评判，而是发现和理解。一直摆在我们面前的是那段不愉快的往事，即违背中国自我隔离的意愿而进行国际交流。中国憎恶不平等条约所象征的一切，这种情感占据了主流，阻碍了人们对主要困难或多或少紧密相关的其他因素的理解。

读者有权获悉作者是如何对这一特定主题产生兴趣的。1920—1950年，他在金陵大学教授历史时,多次错过研究的机会。但他认识许多有才华的人,他们通过生活经验或历史研究或两者兼而有之,对晚清和民国初期的习俗、态度和转变很了解。作者经历了整个国民党统治时期和共产主义政权的崛起。1943—1945年,他完成了一项全球范围的研究:《宗教自由情况调查》。1961年,他向这次研讨会提交了一篇论文,名为《共产党统治下的自愿团体:基督徒》。目前,他正在从事一项长期研究:"中国社会的基督教会和差会(1900—1950年)。"

◀ 导　论 ▶

此时此地，我们任重而道远，我们要展开讨论，要谨慎对待这一主题。第一，我们熟知中国传统的地位，中国文化的坚定信念，以及近年来强烈的民族主义，它在与包括宗教思想和习俗在内的国外思想和实践作对比时屡屡出现；并且它以不平等条约为攻击目标，传教活动的权利和中国公民的宗教自由权利均源于此，而这是不受欢迎的。

第二，西方人普遍认为，帝国时期的中国狭隘、愚昧和专制，而在民国和共产党统治时期，则是在不加区分的情况下过于激烈和排外。许多西方文献都是从英美人士的观点来看待问题，他们要么对基督宗教以及将基督教传播给全世界的人们报以同情，要么绝对的自由，相信在一个开放的社会里，偏执是最大的邪恶之一。

第三，在最近的一些年里，以芮玛丽（Mary Wright）和保罗·柯文（Paul Cohen）专门涉及1860—1870年这10年的论著为例，以及以卫青心（Louis Wei Tsing-sing）为代表的中国学者为例，我们想借助于中国官方文档来理解中外交涉中的问题与困境。这种想法是正确且恰当的；然而，也有可能由于强调实现这一想法，以及聚焦于这个特别艰难的时期或某些突出的案例，反而无法以公正的视角来看待中国及其宗教。

第四，我们也需要重视中西方学者的某种教条主义，认为中国自古以来都是宽容的，在中国历史上几乎没有迫害。事实上，许多中国人并不会清晰明确地委身于任何一种宗教，而是在某种程度上，可能受多种宗教的影响或不只加入一种宗教，这进一步强化了上述观点。支撑这一观点的还有儒家思想本身对于宗教基本持中立的态度。无论是晚清帝国，还是国民党，我们必须注意到中国的一个重要原则即无所不能。这掩盖了代表国家的当局官员们的行为。没有通过宪法明文规定限制政府权力的法律传统；个人和社会团体几乎没有权利保障以反抗官员和政府。此外,政府高度限制和怀疑自发组织的结社和活动。

再者,我们发现官方宗教或意识形态是由政府有意识地灌输的,在某种程度上,是强制推行的,任何的背离都会受到限制与惩罚。此外,我们发现,法律和政府机关严密控制和压制佛教与道教。通过非常明确的所指和众多官员的态度及惯例,官方意识形态对这些宗教深怀敌意。

被称为异端或自甘堕落的自治宗教团体也受到禁止和严酷迫害,尽管他们可能具有并且通常的确包含有佛教信仰和修行的元素,但并未归于普通的佛教和道教类别。不可否认的是,在某些方面,这些教派(异端、邪术、左道、邪教)与具有政治特性的秘密社会相互交织。地方性的迷信非常流行,它们甚至并未以教派形式组织起来。政府对它们的态度也有点模棱两可。它们处于正统之外,也不受官方的青睐。另一方面,由于大批农民和受人尊敬的普通老百姓在某种程度上参与其中,它们也不会轻易地被取缔。它们与佛教、道教以及各种教派相互交织,它们也存在于许多或多或少遵循官方正统思想的人们的脑海中。因此,身份界定对于佛教徒、道教徒、或多或少值得尊敬的其他教派成员以及基督徒来说,成了一个尖锐的问题。

帝国时期,政府和统治集团属于社会正统;民国和国民党时期,尽管没有那么清晰明确的界定,也存在一种正统信仰。因其存在,其他各派则明显处于劣势。尤其是对于基督徒来说,政府和官员的观念、传统和偏见可能使基督教自然而然地陷入困境。如果说佛教和道教应当遭受谴责并受到中国社会的严厉控制,以限制其活动范围,那么那些异端和不正当的教派则远处于社会评价的末端。基督教不仅将会与这些异端归于一类,还要作为异于中国文化和社会特性的舶来品而背负额外的负担。

我们熟知中国人一般对基督教的敌意,主要源于晚清、民国时期外国列强的欺凌和不平等条约的庇护。可是极少有人停下来想一想:没有一个人由于任何行为而被迫成为基督徒,基督教也并未如此而强加于中国。现在的问题是外国传教士传播基督教的机会微小;以及中国基督徒对于基督信仰、传道和祈祷的宽容。由于把敌意归因于条约,我们不禁要问,签订条约之前的情况是什么样的呢?直至1840年,没有来自任何外国列强任何形式的"保护"。基督教仍然受到禁止和迫害。

我们应该注意到,中国对基督教稍微有了些了解,因而基督教在中国逐渐受到容忍。回想1842年的《南京条约》,除了通商口岸的外国人可以建造教堂、举行宗教仪式之外,并没有特别涉及传教士或宗教。清政府的宽容条款源于总督耆英和法国外交官拉萼尼（Lagrene）之间长期周密的谈判。文件充分显示，拉萼尼决定不使用强制手段，而是尽自己所能说服中国政府代表，使他们认可对中国基督徒的适度宽容是人道且有益的。他提出如果现有的一些天主教传教士被中国当局抓捕，对待他们的方式应该表现出适度的仁慈，尽管在这一点上他如愿以偿了，但他并没有坚持要求传教士获得入境和旅游的权利。另一方面，事实上耆英最为显著的是他尽可能地仔细研究了基督徒在广州和在他们母国的书籍与行为。此外，耆英本人虽然是个彻底的反宗教者，但他的一个重要幕僚的亲属是基督徒，耆英知道他们并不是坏人。清政府1844—1845年的诏令是个转折点。

◀ 一、晚 清 时 期 ▶

（一）正统信仰，作为异端和宗派主义的裁定者和镇压者

中国古典名著、儒家思想与政府和社会权威的关系非常紧密，其中，通过教育和官方权力来维护这一层关系，从而形成了一套令人敬畏的正统思想体系。《四书》中有句名言大意是："异端邪说是多么可怕啊。"孟子的民主和伦理思想在包括传教士在内的西方人中广受推崇，他撰写了一篇雄辩有力的文章批判异端教条。抨击他们是为了支持圣贤。"如果不取缔他们的教条，儒家学说就不能占据主导地位……仁义将会受到阻碍……人类就会如畜生一般，相互吞噬，将他人撕成碎片。"本性将人引向儒家仁义之路。任何其他路径都将走向仁义的对立面，甚至会摧毁人性。孟子得出必然的结论："我欲行正学（正），止异端（邪）。"我们进一步引用《周礼》中的："以邪僻之说干预朝政者，论罪当死。"

在1812之前几年里，一些省份的秘密社团遭受到了迫害，因为有些法令对异端邪说以及秘密社团长期进行严厉镇压，这也使得儒家正统思想中大多数古老体系得以维持。地方官奉命对其治下的老百姓宣称："三纲（君臣、父子、夫妻）五常（仁义礼智信）之外，没有所谓的宗教存在，超出自然法则（道）和统治者律法之外的幸福是不可求的；幸福源于合乎正统（正），而不幸则源于附从邪说（邪）。"

儒教不只是一种伦理和哲学体系，也是一种控制手段。正如末代王朝一位谨慎的历史学家所写的："……皇权下的儒教使人向善的作用不及它作为劝阻人们避免成为危及君权的危险分子的工具。"关于"异端教派""离经叛道的传道"和"邪教"的定义具有政治倾向，关注于统治者所理解的整个秩序的安定——尽管这些思想早已与意识形态和祭仪相互交融。

康熙皇帝于1670年撰写了一份代表政治正统对其他思想特别是宗教思想限制的重要文件（《圣谕广训》），雍正皇帝在文章中对其予以详细阐述和应用

（1724年），并很快由一位政府高官用实用的语言对其逐条进行解释以便于广泛传播。其基本内容被称为"儒家精义"，随后多个版本印刷出版直至20世纪，根据律法，所有清朝地方官员在每月初一和十五由官方组织的轮流讲演中诵读这份文件并加以评论。希望通过重新阐释法令和重复性的劝告、训诫能够对异端进行教育与管制，这一做法一直持续到整个18—19世纪。有报道称，一直到1896年仍有讲演活动，包括使用保甲或公共安全系统，以组织集会并迫使大家参加集会。慈禧太后1899年颁布诏令，下令重续此项活动。

《圣谕广训》的许多版本，包括后来的一些版本，分章节附有相关的刑法条文，其基本原则是广训的准则七："摧毁异端教义以向正统思想表示敬意。"最初是："黜异端以崇正学"；另外一种翻译："罢黜异端是为了崇奉正道。"这的确是正统与异端教派之间的关系。

1724年开始，官方列出了邪教名录，例如，早前参与叛乱的几个臭名昭著而又颇具影响力的秘密社团——白莲教、天地会和义和拳。义和拳后来发展成为义和团运动。"这些教义是异端；法律禁止人民信奉它们……这些邪教组织应该像洪水、火灾、战争或强盗一样让你产生恐惧。"此外，雍正版本的广训将基督教列入邪教名录，但同时作为特例对传教士、朝廷上的科学家表现出明显的宽容："西方教义仍然信奉天主（天堂的主宰，天主教中的上帝）。这虽不是正统，但是，因为这些宣称信奉天主的人精通历法，他们深受君王重用。"用通俗语言对其作明确的阐释："你们断不可信它。"你们绝对禁止信奉它。"佛祖"也被攻击为贪得无厌和不忠不孝。所谓的"神"是卑鄙的；他的追随者极端不孝和邪恶。道教甚至更糟。包括天主教在内的其他"邪恶"教派备受谴责。

通过高官如李鸿章公开或半公开的声明，儒家正统在19世纪得到进一步的显现。在1873年，李鸿章作为总督回答天津道台关于如何应对基督徒要求行使豁免权，免于缴纳违背其宗教信仰的赋税，尤其是为了迷信仪式和游行，以及修建庙宇而征收的税费。李鸿章回答道："孔子乃中华圣人，自古及今，受万人敬仰，上至皇帝下到黎民……黎民百姓，甚或拜洋教者，皆知为天朝子民。倘其仅有上帝，而无孔圣人，则与叛乱者绝无二致；言行不一者，国法不容。"这个政治家明确地将儒家教育下共同的社会文化公共信仰与佛教或其他宗教的异端迷信区别开来。最大限度地怀疑基督徒，禁止其公然地抵制真理和正义的核心体系。

我们现在转而考量律法及政府对佛教和道教的处理，无不展现了正统对于没有获得真正支持的宗教的霸权，因为我们一直希望越过佛教和道教指出，中国对基督教采取了更为苛刻的态度和限制，认为基督教比佛教和道教更奇特、更异质、更应受谴责。我们首先来看一下学者型官僚韩愈于819年所写的著名的《论佛骨表》。自从这篇文章被纳入正史,在随后的岁月里,甚至在我们的年代,它在很多方面变成了典范,因而这篇文章事实上也具有公共性特征。"佛本夷狄之人,与中国言语不通,衣服殊制,口不言先王之法言,身不服先王之法服,不知君臣之义,父子之情。"在此,有必要对西方读者强调的是,家庭与服从国家的基本联系,甚至人类的本质特性,皆归因于儒家正统;而在许多学者型官僚的思想中,异端否认这些基本事物。在844年,一份载于正史中的朝廷法令悲叹佛教自传播以来引起民风和世俗被污染。"……它腐蚀了纯朴的民风,以夷变夏。"此外,"由于受到教义唆使和金钱的诱惑,它使人们漠视三纲五常,臣不臣于君,子不服于父,夫不义于妻 —— 从来就没有任何宗教能如此动摇国家机构的根基,对人类造成更大的危害。"同样载于正史的955年法令,哀叹佛教的邪恶和泛滥。"逃避法律制裁和兵役者,有意借剃发以逃脱肉体上的惩罚;无赖和劫匪寻求住持的庇护,以隐藏他们的恶行。"传统文献载入的正统精神即在于此,一直延续到20世纪;预示着邪恶的范畴,并且,不必说,将它们归因于基督教。

我们进一步审视政府对佛教和道教的控制和限制,其中,对道教略有不同。首先,我们应该注意到新儒家的倡导者朱熹所著《家礼》,通过清朝政府的官方制裁,完全禁止使用佛教的葬礼仪式。只有获得了官方证明之后,和尚和道士们才能被授予神职。神职人员只有超过40岁,才有资格培养新的神职人员,且同一时间内只能培养一名。神职候选者必须来源于至少有三名男性成员的家庭。此外,庙宇、寺院和尼姑庵的数量受限,这不仅仅源于经济方面的压力,也是因为开始建造寺庙之前必须获得政府的许可。社会学家杨庆堃对中国社会如此之大而神职人员则相对较少而印象深刻。他认为,一个主要原因是政治上的限制,因为政府担心庙宇或寺院有可能成为权力中心。他同时也强调儒教徒和政府无神论者,甚至隔三岔五地迫害导致人们回避神职人员。我们也应注意到,法律禁止妇女前往对男人同样开放的庙宇和寺院敬拜。杨教授观察到,整个形势"表明政府完全控制宗教……在中国历史上,自发宗教自始至终都受到政治控制"。

将庙宇财产和收入用于公共用途是很普遍的,尤其在华北相对贫困的地区。在清王朝以及后来的民国政府时期,所有的庙宇财产必须登记为公共财产,地方官员也将它们视为公有财产。没有法律禁止政府将它们据为己有。

我们现在转而探讨教派问题,这是一个极难处理的主题,因为有些教派具有真正而又纯粹的宗教特质;而有些则尽管具有显著的宗教性,但有时为政治目的所利用,或者与政治有关联;并且,部分秘密社团和叛乱组织使用某些宗教术语和仪式，或者借用宗教之名作为掩护。必须指出的是，政府对私人结社的怀疑，尤其是对那些具有叛乱性质的组织的怀疑，使他们几乎被迫秘密行动，至少秘密地进行部分活动。这反过来更加重了政府的怀疑。

总督耆英对法国外交官拉萼尼书面请求的答复是一个恰当的例子。1845年，拉萼尼在书面请求中提出对已经同意授权信奉基督教予以明确，其中包括中国人建立教堂和集会的权利。尽管与他同时代的公众人物相比，耆英在各方面而言都更为温和，更乐于调适，但他的立场很坚定："在中国，民众集会只会作恶。佛教徒和道教徒均不可聚众集会。倘若准许，必为恶民用作谋叛的借口。"只能在五个通商口岸设立教堂，内地则仍然严格禁止修建教堂，耆英坚持要求，"基督徒只能在各自的住所信教"。在其他一些讨论中，中国政治家试图提出以20人作为勉强允许参与宗教集会的底线，且这20人必须属于同一个地区。19世纪中期，一位尝试详尽报道秘密社团的外国学者宣称："鉴于法律规定，5人集会即为非法。"还有基督教相关的各种文献表明：在官方看来，跨地区的集会或结社本身即应当受到谴责和处罚。另外，在清朝律法中载明了镇压叛乱的原则，关于结义行为的处罚表明：一旦成员人数超过20人，即可便宜行事、先斩后奏。对不寻常和非法结社的敏感无疑使基督教会步履维艰。

不考虑年龄而选择领导者的教派或其他团体 —— 也就是说，超出了父权式家族和推崇长者的儒家模式范围。此外，宗教团体、教派或秘密社团中所谓的师生关系也被视为有罪。想必是对有人居于师者之尊位而有所戒备和担心，师者之位一直为儒家学者所垄断；同样的担心在于这种对于中国传统而言如此重要的关系或许会发展成为牢固的服从关系或领导者与追随者的联合。

与异端和教派相关的法律及其法令、指示和案件多少有几分让人难以理解。尽管其主要法令的颁布目的似乎直指白莲教以及偏离佛教正统的具体事物，但其语言却模棱两可。他们对夜间集会以及在隐蔽处崇拜偶像与宗教标志尤其敏感。律法明确提出并且谴责"以修善德为借口煽动和误导民众的集会"，这证实了官方的怀疑，同时也危及无辜的信徒。（迫于压力，19世纪的官方文件对于基督教培育或传授善德的要求是认可的。由此可以看到质疑和疑心的相关背景）

清朝刑法第十六章最后部分主要涉及异端、邪术和左道。这三条基本条款完全摘抄于明朝法典。补充性条款也来源于此，但最后一段是清政府补充的，宽恕以吟诵佛经和斋戒为谋生手段的良民，"但不得践习异端教理或筹备宗教书籍或符咒，不得向弟子布道，不得敛财，不得误导他人……"这些例外条款清楚地揭示了清王朝采取这些措施的意图之所在。惩罚是严酷的。教派主犯将被处以绞刑。

从犯杖责一百,流放3 000里。对华北平原的中国人而言广西的疟疾则恰是如此。这些处罚等同于刑法中的谋叛罪,除姻亲关系之外,适用于任何团体。

然而,反对异端和教派的律法均归入礼数之列,似乎在强调罪犯的意识形态特征。显然,正统官方思想认为,一群人一旦产生邪念即处于谋叛的萌芽阶段。公开的行为,哪怕不是叛乱,对于证明犯罪来说都是不必要的。1769年和1801年先后两次颁布处罚条款,用以惩罚那些出于骗取他人钱财为目的而组织"教派"者,"(即便)还未有皈依者或误导百姓,其邪教书籍也还未有煽动或误导人心"。这就是中国形势的核心之所在,正如基督徒在悲惨的经历中所了解的:异端邪说 —— 领导一个群体而非宗族 —— 怀疑从事非法勾当或秘密结社 —— 归因于密谋反对当局的势力和意图;一条私密而又必然的链条。

对于告发和逮捕异端、教派势力的行为将予以奖赏。如果地方副职官员为其提供通行证使其能够四处游历以传道,则会被罢免官职。地方官员如果采取敏捷快速的行动,"镇压暴民创立的异端教派",并由此而将主犯斩首的话,他们将获得升迁。在补充性条款和解释性说明中,如果地方行政长官和副职人员疏于发现和调查任何可疑的或非法的宗教仪式和节庆集会,而这些仪式和集会可能为淫乱提供机会,他们就会受到严重的处罚。这也适用于"聚众以习善德,或者当救赎者聚集民众诵读宗教书籍时……"清政府增加的一条补充性条款,对于几个指定的宗教社团和"类似的宗派"而言,是明确且非常苛刻的 —— 吸纳信徒和承认领袖或师傅都是重罪。法典中的另一条款则是:"凡撰写异端作品,和传播异端以欺骗百姓者,处以斩首之刑。凡不上交官府而私藏异端作品者,杖责一百,监禁三年。"对于这些条款的注释继续使用19世纪记录在案的几个处决和流放事件。

大家对此进行了大量研究,并得出如下结论:"即使是处理纯粹的宗教事务,宗教组织也无法脱离世俗的控制。这尤其体现在对其成员征收税捐或税收上。事实上,终清一朝,对教派的主要控诉无不使用'借传教而行骗'这一标准的指控。"此外,在提出特殊举措以确保官吏和军人远离宗教信仰之后:"这些法律条文的作用在于由于人们开始害怕被视为参与者,普遍不再有任何形式的传教和集体讲道,这些趋势无疑使基督教传教事业步履维艰。"

我们也必须注意到,政府对这些教派非常苛刻,因此这种迫害频繁地引起叛乱;对此有一些重要的官方报告。杨教授甚至提出:"整个民国时期,虽然异端宗教运动在某些地区勃然兴起,但是由于反异端条款的废除和政府对宗教控制的松动,宗教叛乱的数量远远小于晚清相似时段内的数量。"事实上,官方和学者的大量确凿的证据表明,官员在这些事件中常伴有贪污腐败的目的和行为,我们在后面讨论基督教案例时必须牢记这一点。正直而尽责的地方官员被教徒的胡作非为和传教士的盲目干预所激怒,对这一标准的官僚主义场景必须有所纠正。乾隆时期(此时施政手段胜过19世纪)颁布的一纸诏书中(1741年)有一个经典的实例。不可否认的是,白莲教在普通民众中大行其道。"因此,当官府不得不处理异端宗教时,他们通常相当随意地搜查和逮捕他人;此外,他们三番五次地利用这些机会去敲诈勒索,连问都没问他们是要处置宗教成员还是非成员……"同样,我们必须一直记得,对于正统而言,与之不同的思想和行为大多数都是反叛的。注意1811年法令,应一名御史和刑部(the Board of Punishments)之请,该法令对传教士和基督徒非常苛刻:"让我们谨记:该宗教不信奉任何神明(不敬神明),也不敬拜祖宗或亡者,并且因此公然地反对正统的道教(道);所以,当人们听信并信奉它时……这还缺乏反叛者和暴乱吗?"

（二）针对基督徒的法律和行政措施

1. 1723年以前

有一种自傲的、防御性的谬见逐渐形成,即中国人的宽容为基督教的偏执所伤害,而这种偏执与外国势力以及19世纪条约所造成的隶属体系相关联。西方方面的局限性已经并将继续受到应有的批评。但也有必要正视远在类似条约签订之前中国的现实状况。一本学术性的天主教专著曾指出:"中国是最强硬地拒绝赋予天主教会自由发展机会的国家之一。"在天主教看来,宗教迫害彻底摧毁了13—14世纪建立的早期天主教堂。关于16世纪以来所建立的拥有400年历史的新教堂,同一学者写道:"……允许基督教发展的最佳政权,则是在间歇性的宽容中穿插着长期严酷的迫害或限制。"结果就是,教会的发展与其发展阶段或所投入的精神上和人力上的努力不相匹配。

对于沙勿略(Xavier)和利玛窦(Ricci)来说,其困境是在面对排外时手无寸铁地只身进入中国。不过,出于好奇,中国人表达出善意,且乐意一睹西方或外国的文化和思想,因此其成就非凡,赢得了许多信徒,其中,包括许多精英人士和官员。然而,尽管如此,明朝时期仍然采取了迅速且严重的排外行动,即1616—1623年实施的迫害。

而在清朝统治下,早在1664年,杨光先时期,驱逐现象普遍存在。依据法典,对著名学者汤若望(Schall)的第一次定罪以其代表邪教且危及朝廷安危为名被判凌迟处死。然而,在等待批准并执行判决期间,汤若望又被指控历法荒谬,与法庭上的五名基督教评审一并被判凌迟——对后者的判决予以执行。汤若望始终遭受监禁,拒绝其出庭或提交辩词。太后(注:疑似太皇太后)对基督教和外国思想颇有兴趣,遂干预此案并大赦四名传教士,这就是众所周知的钦天监之争。1669年,发生禁令危机,这场与杨光先的较量成功告终。很快,对于传教士的禁令开始逐步松动,但是,禁止新的传教士入境且不允许吸纳新的信徒。1692年,浙江巡抚有意为难传教士和基督徒,此时正好正式出台了稍微容忍基督教的法令,对此很少作详尽的研究。在军机处和礼部联合提议下,皇帝似乎对传教士保持着最低限度的防护,以便运用他们中部分人的科学才干。他相当谨慎地陈述西方人的服务。"他们没有做过伤天害理的事,也没有引起社会失序。如今,齐(Chi)和其他人建议禁止异端教派选派宗教领袖,也无害处……"值得注意的是,眼前的问题是将传教士从异端教派中排除开来。实际的诏令包含如下内容:"……居于各省份的西人,事实上并未为非歹,也未引起社会失序。此外,未有误导或欺瞒百姓,也未见异端教义。喇嘛、僧侣等寺庙仍接纳焚香者和往生者。而西人的确未有违法乱纪,却被禁止从事类似的活动,这是不合宜的。让所有的天主教堂像以前一样继续开办;允许每个焚香者如往常一样入内。没必要予以禁止。"第一,必须指出的是,这一诏令略显小气,它准许现存的教堂在以往的限制下继续开办;但对建立任何新教堂却一字未提。第二,在教堂内做礼拜显然是得到了保障;但是,对于在家里或在教堂之外的任何地方做礼拜则未置一词。第三,中国民众可以信奉天主教;但对于布道和传教则并未提及。

在10年间,1692年宽容条款相继被侵犯。被广泛讨论的一个改变因素在于礼仪之争和罗马方面对传教士的禁令,它通过朝廷之外的权威机构宣称关于文化事务,至少是有关适应中国文化问题的决定。虽然我们无法了解造成变化的其他因素,但这一争论极大加深了皇帝的敌意。当然,对于此事,耶稣会士是有所偏袒的,据悉,事实上所有官吏阶层的基督徒都拒绝服从罗马的决定。照理,这应该缓和了皇帝对中国基督徒的态度,但同时也加深了皇帝对于天主教会作为一个权力机构的敌意,特别是对其传教士的敌意。1706年,皇帝宣布实行执照制度"票",只向遵守耶稣会政策的传教士颁发在华执照。

1717年,高官中有人积极密谋,不能确定是否得到皇帝本人的默许。行动始于广东省军官陈昂(Ch'en Ang)的奏折。他在文章和奏折中指出,基督教由欧洲人传到马尼拉,并在明朝时经由马尼拉与日本通商,利用宗教改变日本人的世俗人心。他们劝诱了大批人,并内外夹击。他们公然将自身视为这个国家的主人。

但是，通过猛烈地抗争终将其击退……"现在，他们正在中国的每个省份建立教堂。他们耗费巨资。在特定的一天，他们会以宗教仪式为借口，而召集社会败类。他们践踏我们的法律和习俗。他们绘制山川河流的地图。我不知晓其目的，但是我甚为担忧，当我认为，马尼拉是第一个被基督教化并随后被征服的地区时；欧洲人正在试图使日本重蹈马尼拉的覆辙；他们现在已在广州和其他地区建立教堂，并拥有一群信徒。"

先前的奏折予以补充，增加了如下内容：自禁教以来就已奉教的人，在忏悔和自我纠正的前提下应该被赦免。"如果他们顽固坚持，则将被视为叛国者。父亲、兄弟和邻居如若对自己的儿子、兄弟或邻居不予告发，则鞭笞一百，流放1 000里外。官员搜查基督徒不利则罢免其职务。"允许欧洲人在他们自己指定的教堂（允许或已颁发执照）里做私人礼拜。同时附上1664年禁令基础上修订而成的1669年禁令。

传教士对1692年弛教令的呼吁是徒劳的。很快，就出现了对基督教文人的贬低和各色其他人群的惩罚。从本质上来讲，法令回归到了之前的决定，驱逐传教士、禁止基督教教义、摧毁基督教教堂。然而，皇帝仍然试图将部分传教士留在京城，特许其从事科技服务。在讨论皇帝是如何处置他们之前，我们必须注意到，引起1717年变化的这份奏折从一开始似乎就有点不合逻辑，将沿海的荷兰船只描述为最主要的威胁。奏折将荷兰人描述为，"所有人中最邪恶且最不受控制的，如老虎和残暴的狼一般，他们到处制造恐怖。他们一旦在任何海岸登陆，就会想方设法地使自己成为当地的主宰。"呈递奏折者认为，帝国有理由因其边境的欧洲人，尤其是荷兰人而感到担忧。这一点非常有趣，因为他与来自法国、葡萄牙和西班牙的天主教传教士没有任何直接的联系。

迫害几乎一直延续到19世纪中期。在几代人的时间里，京城和地方越来越严苛的法令纷至沓来，没有任何的宽容迹象。八九条怀有敌意的法令直接来自朝廷。康熙之后的四任继承者在这一过程中均发挥了重要作用。

压迫、禁止传教的政策并非即刻全面执行，也有一些间断。但是，它有时是极度严峻的，经过数十年的时间，它不仅抑制了教会的发展，而且还使其严重缩减。我们关注这些事件因其建立一种直至1900年仍具影响力的制度、观念和文献传统，并且影响了其后许多人的思想。或许我们可以说，直到1840年，法令和法典使迫害成为一种公务职责。没有必要以抢劫之名来抑制和刨除基督教。自此，确实发生了逆转。根据1858—1860年签订的条约，迫害是非法的，因此，不得不经常对其加以掩饰。

2. 1723—1800年

最初的行动始于雍正登基第一年。闽浙总督满保上折控告,遍布全国的西人建造教堂、传播教义和迷惑百姓。他建议,除由于皇帝自身出于技术目的而被送往京城的传教士外,其余众人都应被平和地遣返澳门,将天主教堂变成公所,那些误入天主教的人则应当强烈要求其斩断联系。此奏折获得皇帝的首肯。

我们现在进入第二阶段,对这一重要发展的基本原理和细节给予更全面的考量。一些天主教学者认为,皇帝自己或者至少是礼部,共同拟定了公告及闽浙总督的奏折。他发现在福建南部地区有18座天主教堂,其中有一名欧洲"法师";且男男女女均入教并相聚祷告。"我判断,在所有的教派中,它是最邪恶的……依据大清律法,其邪教首领应被处以绞刑,附从者被处以杖刑和流放……其祷告之所应当被没收或摧毁。作为总督,我命令逮捕法师并将其遣送澳门。我命令那些依附者遵循法律,忏悔并宣布与其断绝关系。我命令百姓只能学习古代圣贤,以保教义风俗无异。变教堂为学校或先人祠堂。凡不与基督教断绝关系的学者,将会失去功名;而默许基督教的官员则将被罢免。"同时,这个总督上书皇帝请求在全国范围内采取行动。礼部审议了他的奏折,并向皇帝提出建议,且得到准许。结果就是:对行省内的欧洲人显然是无益的。"之前所有已颁发的许可,都被撤回、审查和销毁。所有的教堂都改作俗用。禁止基督教。要求信徒放弃异教。仍聚集祷告者则依据反邪教法典相关条款予以惩处。"此建议在1724年1月获得朝廷批准。此项法令得到广泛执行。

同是在1724年,皇帝刊印了《神圣法令》的注释,确立了其合法地位和学理立场,并被反复申明和使用直到19世纪。

乾隆皇帝长期执政时期(1736—1796年),出现了重大进展。1736年法令增加了一条对传播宗教处以死刑的条款。能够确定的是,在北京则相对缓和。禁教时期行省的反教行动很频繁——有人被关押甚至被处死。依据反邪教律法的规定,领袖和追随者将被逮捕和判刑。当时也采取了反对佛教的其他措施,这表明是出于宗教原因而非完全的排外目的。确实,在整个统治时期宗教都饱受重压。渎职的地方长官将被总督问罪。

1784年,新增了两条严令。其中一条是:禁止中国基督徒接受蛮夷授予的头衔,无论受金钱或援助所引诱。否则,将没收其财产,将其流放新疆沦为奴隶,以儆效尤。违背亲属意愿而信奉基督教者必须迫使其回归原有的渊源关系。其书籍、著述和其他的物件都必须被销毁。1784年采取的这些措施包括否定基督徒尽孝的德行："至于那些因其祖辈和父辈世代相传而入教并遵守基督戒律的本地人，当然应当迫使其改变信仰，亦即，忏悔并回归正统……"这些措施不仅仅专门适用于此时此刻，直到19世纪，它们仍被引述和采用。

3. 1800—1840年

1805年，皇帝颁布了一项新的正式禁令，禁止基督教任何口头或文字的传道。皇帝为北京的御用数学家们破例，但同时指出一直以来都禁止他们与百姓往来或挑起事端。"禁止遵循此种教义和阅读此类书籍。将这些书籍和楼群烧毁。搜查并惩处与欧洲人往来频繁之人。如果佛教和道教教义都不值得信奉，欧洲人的信仰岂非更甚……至于那些依旧没有放弃这种虚伪教义的人，因其不念皇恩，则将被视为禽兽。"1805年法令声称，对基督教著述的审查清晰地表明，其教义中包含着不敬且虚假的篇章，这将引发暴乱。同一年，京城的12名基督徒，其中包括2名皇室成员和2名军官被判流放新疆、充为奴隶，其余人等则被戴上枷具。

在1811—1814年，新增了两三条法令，其中一条可能被认为是所有法令中最严厉的。它们包含以下处罚条款：（1）对欧洲人，绞刑取代简单的驱逐；（2）对中国人，不管是神父还是基督徒，依据犯罪的轻重，处以绞刑，充为奴隶，或者流放，除非通过践踏十字架以很好地证明自己脱教。1814年法令结尾如此表述："所有文武官员，如若对国境内传播宗教的欧洲人查处不力，则将由上一级公堂对其予以审判。"1814年的帝国法令明确规定，死刑适用于每一位神父和传教士，无论是欧洲人、汉人或满人，同样，任何不正式放弃自己信仰的基督徒也都将被流放。这些措施很快就写进了刑法（第6条，补充1824年颁布的第162章）。在接下来的几年里，随之而来的是对传教士们施以绞刑。

某些版本的法典中，在有关异端教派法律的旁边列入了一条1815年7月2日颁布的法令，其中报道称有大批天主教徒在四川被捕。两人被判绞刑；另有大约800人受到轻度处罚。通过马礼逊博士（Dr.R.Morrison）的翻译，我们注意到整个19世纪在官员中比较有影响的几项条款："如果迷信言论得到广泛传播，且可能产生非常严重的后果；或者如果百姓受符咒或魔法的蒙骗，或者妻女被诱奸和玷污；或者如果发生挖出等待救援的垂死之人眼珠的疯狂举动；当犯罪活动发生之时则予以审议，并视其暴行而给予处罚。"此外，严令禁止欧洲人在中国购地或置产。"

现在，我们换一种略微不同的方式提出问题，中国政府是否将基督教归入反对异端和教派的法律范围之下？荷兰学者德·格鲁特（De Groot）确切地回答：

"是的。"没有教派或宗教能够免受禁令和处罚,抵制祖先崇拜的外国宗教当然亦是如此。同时,我们必须注意到在标题为"镇压叛乱"的旨意(圣训)中,我们发现反基督教法令放置在反其他所有异端的法令当中。一些迫害基督教的法令和布告被写入各种反异端法令的条款中,例如,(1840年)检验那些宣布放弃基督教信仰的人通过践踏十字架以期获得缓刑。

德·格鲁特继续指出:"除了这些法令之外,在法律中,我们发现关于异端的特别规定,大清官员没有逮捕在其辖区内传播基督教、旅游或定居的外国传教士,他们将会被处以免职、贬官和停发俸禄的处罚。因此,关于异端的法律本身证明,中国立法者从未想过该项法律对于基督徒是无效的。"我们进一步观察到,尽管有宽容法令和条约协定,律法中的迫害条款则至少延续至1882年。

道光皇帝统治时期(1820—1851年),在某些方面,比前几任皇帝有所缓和,但是,却在禁教体制惩处方面补充了额外内容。最初,朝廷将基督徒排除在大赦人员之列。此外,皇帝本人偶尔对等待起诉的基督徒施以酷刑。命令刑部在法典中列入1840年3月26日颁布的法令,明确指出源自嘉庆律法,"以便永远得以遵守"。至于"传教和信教的罪人",地方官员在证明他们脱教的诚意之前,会带来他们在住处日常信拜的木十字架,以便使其践踏其上。地方官如果满意,就可以给予缓刑,只要弃教,则自动生效——流放,加重羞辱。确实,1838年被流放的两名皇室成员正是通过践踏十字架进行验证。1840年夏,颁布了一项包括对武汉的天主教传教士处以死刑的法令,当法国谈判者开始极其小心地寻求一点宽容时,他在心里已经认为将遭到严厉的惩处。

我们要将这一时期的迫害事件置于时代背景下:秘密社团、叛乱和中国政府的懦弱。《中国丛报》(*The Chinese Repository*)在1832年出版的第一卷中即察觉到大小教派的担忧,而这表明了清政府的软弱。"通过《京报》(*The Peking Gazette*),我们观察到政府频繁发布禁止所有社团的法令;对元凶施以严厉的惩处——任其慢慢死去、立即处决、流放终身,这使得我们得出上述结论。"

我们在此可以恰当地指出,维护正统、摒弃异端的政府信条、法典和行政执法在1810—1850年时期对基督教产生的现实结果包括:最后几十年的全面镇压,以及依据条约予以默许的微弱曙光。以北京为开端是较为合适的,因为通常认为北京是彻底保护和容忍基督教的。到1817年,尽管科学布道团仅剩的一位可怜人仍在坚持,但是仅有1/4的教堂建筑得以保存——并且其中一部分是钦天监监官的住所。当最后一位主教逝世(1838年)后,其住所和神学院被官府变卖或毁坏,传教士参与钦天监事务整整两个世纪的时代告终。1835年一份可靠的教会报告指出，自1805年之后，宗教迫害几乎一直存在。一个基督徒连续30年被迫每天戴着木枷在城门口示众。基督徒被驱散，教会被禁止运作。即便逃到偏远的小镇，迫害也会紧随其后。

在1823—1835年及之后，两湖地区疯狂迫害基督徒。宗座监牧于1842年写道："恐怖活动在基督徒中是常态……我们在旧法令的压迫下卑躬屈膝地活着；因为在过去，我们的未来只能是流放、拷打和处死。"1837年的一份报道显示，没有基督徒和传教士能够免遭官府的毒手。教堂被摧毁，教徒被拷打、监禁、流离失所。1810—1850年，广东省经历了一段阴暗残酷的历史。中国神职人员所剩无几并且还在日益减少。由于长期以来缺乏管理和指导，以及反基督教迫害，这里没有皈依者，只有持续的叛教者。"整个村落再次回到偶像崇拜；其他没有宣布放弃信仰的人，已经失去了对所有教义的了解和每一次善德的修行。"大量的教堂被摧毁或者掌控在非基督徒手中。如果我们往回看，我们发现1858年的一份评论中，计算出在半个世纪里发生的迫害超过40例。1847年的基督徒人数仅仅1 200人，500多人在官员面前承认他们的信仰，至少有200人被流放新疆，其中有20多人在报道时仍然活着。四川，一个拥有众多基督徒的省份，在1814—1823年间呈现的是一幅惨烈的画面，所有基督徒和基督事业饱受迫害，令人备感凄凉。至此，中国神职人员的人数降为之前的1/3——与全国的比率相差无几。

(三) 1844年以后的宽容举措、条约及其附件，1858—1860年及以后

许多人会惊奇地发现，对中国基督徒最初的宽容保证，明显与代表传教士及其传道利益的举措毫无关系。很多人听说过法国官员拉萼尼。他是一名虔诚的天主教徒，对布道事业深感兴趣。他受到海军上将塞西尔（Cecile）和能干的传教士们的驱使，向中国政府建议称：要想与法国建立友好的关系，就必须允许宗教自由。中国与英国作战时处于弱势，也希望借助于塞西尔加强中法之间的关系。紧随英美之后，法国轻而易举地就签订了一份通商条约。无论如何，对于法国而言，商贸都不是重点。至于中方，耆英已经认识到改变的必要，并且准备作些让步。拉萼尼最初认为不可能对宗教自由达成共识，但是，他会尽可能地寻求改善。第一，传教自由是一个双重问题，理论上它与条约紧密相关；第二，关于中国人信奉基督教并作为基督徒而生存的自由。后者更为困难，必须完全列入敕令而不是将其载入条约。耆英过早地释放了信号：他不会让拉萼尼空手而归。拉萼尼决定用

最大的耐心和策略予以周旋，他相信即便最终的结果并不完满，但他的努力终将有所回报。

1844年8月22日签订的《中法通商条约》（*The Treaty of Commerce*）第23款规定："任何法国人如果违反之前的规定，越出通商口岸的界限，他们将会被逮捕并遣送给法国领事；但是不得施以殴打或虐待，以免损害良好的中法关系。"旧法典仍旧禁止传教士进入内地，但是此举绕过了该禁令。

此时，耆英上奏折给皇帝，1844年12月28日批准该奏折成为帝国法令。诸如有关禁止的法律问题被微妙地回避了。"行善避恶是天主教的宗旨。帝国最初禁止的是戴着宗教面具而作恶的个人；从来就没有禁止诸多欧洲国家公开敬奉的宗教信仰。"为此，拉萼尼就未来提出的要求是，如果中国人信奉基督教以行善，他们将免于所有的过失。耆英乞求皇帝怜悯，"要一视同仁，中外臣民，凡是慕道并入天主教，而没有借天主教以作恶以获利的教徒，免受所有的罪责。然而，如果发生有人挖走病人的眼珠，或者有犯罪行为，原有法律就会惩处他们。"值得注意的是，在整件事上，根本都没有提及传教士一词，而传教士之所以获得此类有限自由仅仅是因为他们是法国人。

在1845年8月间进行第二阶段谈判，耗时两三周，双方代表在第一阶段都获得了各自政府的支持，现在少了几分胆怯。为了避免进一步复杂化，拉萼尼试图解决并澄清以下几点：（1）地痞流氓和基督徒混为一谈；（2）确保向所有官员发布告示；（3）对因宗教罪而遭受处罚的基督徒实行大赦；（4）发表公告，允许中国人信奉基督教，包括建设教堂和宗教集会。当时，即1845年，在中国的部分地区传来一些传教士和基督徒遭遇麻烦的坏消息。

1845年间，以清政府所批准的一份请愿书为基础，耆英对清朝官员申明了对传教士的一些基本宽容条件。现在，为了区分基督教与非法活动，耆英认为，在现实的管理中，对基督教有一个描述性定义是有必要的。禁止"……那些集会以礼拜天主、崇拜十字架和圣像、阅读宗教典籍和传布奉行美德的教义的人"，这种做法是不明智的。"如果这些人建设敬拜之所是为聚集在一起崇拜圣像和传布美德，那他们就可以随自己的意愿进行。但是绝不允许召集和组织远距离地区的百姓，并引起百姓的骚乱而有可能违反了帝国既定的法典。""假借基督教或者其他宗教名义作恶者，认为按照前例他们会得到宽容，但是他们之后将遭受旧法制裁。"绝对禁止外国人进入内地传教。

皇帝于1846年2月20日发布的最后宽容条款鲜为人知，很多人怀疑它的真实性。不过，在1860年《北京条约》的结论部分有特别提及。这自然是基于耆英的请求。其主要条款是："耆英和其他人向皇帝上折：学习天主教的人是行善之人，请求使他们免于迫害，允许他们建造教堂以集会做礼拜、放置十字架和圣像、做礼拜、解释教义，而不被搜查和禁止。希望同意以上所请。既然天主教规劝信众行善，它完全不同于其他的异端教义（堕落教派）。"此时，准许归还之前被充公的一些教堂。3月18日公布了此法令，其中结论部分为："我已废止了呈递的调查和禁令。官员不应以处罚来妨碍良善的基督徒。"整个法令的过程相当于是重申和加快中国基督徒的复兴。

在下一个重大变革来临前，1844—1858年或1860年间的现实历史如何演变呢？内地约100名传教士中有15名被逮捕和驱逐，他们在中国的岁月里，时而得到宽容，时而遭到逮捕。有些官员希望避免公开许可传教士进入中国并定居；有些官员是为了避免麻烦和节省遣送传教士回通商口岸的开支。法国人布尔布隆（Bourbulon）在1852年寄往巴黎的关于传教士的便笺里，他宣称："1846—1850年，尽管宽容条款没有完全刊行，但如果首先考虑到人们的情感、法令都不能消除的根深蒂固的偏见以及审查时习惯性地敲诈基督徒的贪心，因为这是正确的，条款仍然能得到相当好的遵守。"北京政府坚持推出一整套迫害条款，强制对其进行编纂、刊行、反复重申，决定了150年里传教士和基督徒的地位，及其教义的公共价值。无疑，在19世纪的官员和学者中，普遍存在对基督教的偏见和不满。清政府没有强硬坚持执行这些政策，从而减弱了正统体制和政策可能带来的残酷后果，传教士和法国当局对此表示由衷地感激。"从来没有撤销过这些法令，却也是真实的，"正如此时期的一位传教士学者写道："官员脑海中长期形成和应用的观念，使他们一想起基督教就从内心产生敌意，使得他们将信徒视为法外作恶者，认为信徒注定要判刑、罪有应得。"

我们可以举出一些旧传统如何延续的实例。1850年8月8日，广东地方官嘉英（Kiaying）监禁了几名中国天主教徒，并关押了一名传教士一段时间，而后将其遣送到广州。那些使人愤怒、扰乱人心、诱骗妇女（加入教派）或实施各种犯罪活动的中国人，应按照中国法律明文受到制裁。还有就是经常利用谣言猛烈地抨击基督教义。冗长的公告以重申法律中规定的处罚结尾，同时公告中也提供了减轻处罚的方法：忏悔以及践踏十字架。

此外，1859年末又出现了迫害传教士和基督徒的情况。江西巡抚要求按照日本人的方式践踏十字架。这些事件显得无足轻重，并未受到关注，因为当时英法联军侵华，人们对此十分厌恶。然而，这表明旧的残酷政策又重新得以执行了。

作为新旧时代的连接，我们必须记得，拉萼尼在1844—1846年形成了一种观念,尽管他是为法国政府工作且服务于天主教,但是帝国法令没有区别基督教的派别,也没有区分是哪一个国别的外国人。耆英和北京政府也认为,要平等地对待在华外国人,以避免各国争相对华提出更高要求。随之而来的结果是这就变成了外国所熟知的外交关系的基本原则,也就是说,最惠国待遇能使任何国家对于其他国家的利益均沾。经由法国政府而得到的对天主教传教士和信徒的担保,最终也变得同样适用于新教。

我们无法在此全面讨论一系列条约的形成。经济方面的主要条款几乎没有涉及传教士。治外法权和通商口岸或外国租界的演变自然会影响到身为外国人的传教士。部分传教士在较大的口岸定居和传教。从条约中的这两大方面来看,传教士和差会在19世纪享有条约中的一些利益,但是随后这些有利因素开始减少,而不利因素趋于增加。但是,其主要的影响是使传教士与享有特权的外国人截然不同,因为他们的政府竭力获取和维持特殊地位以奴役他人,并导致其他人的怨恨日益增长。更明显的是,涉及基督教利益的部分位列经济和政治之后,而对政治经济的考量也因国际竞争而有所增加,但是,在20世纪高度紧张的某些年份,基督教成为对全部条约体系敌意的积怨。

1856—1862年的争端、条约以及调解都以1858年的《天津条约》为焦点,也形成了主要的国家关系结构并有效地运行到20世纪,这一变化十分巨大。如今,中国完整履行条约义务,承认传教士有权前往内地旅游和传教,此外,1860年的中法《北京条约》还增加了定居权。其次,许多地区开始零零散散不断接纳传教士与地方教会,双方官员都认可并使用了一份来源非常规的中文文献,承认差会有购买或租赁地产的法人资格。

接下来更重要的是要给予基督教必要的保护,不仅保护传教工作,还要拓展到传教宗旨并守住成果——形成一个由中国基督徒构成的教会,他们能够坚守信仰、敬拜上帝、教导他人。西方人和基督教认为,对中国来说,这种非凡成果能够代为管理社会,因为中国既没有宪法,也没有人权宪章,体制下也没有宽容。1858年中美《天津条约》的第29条规定:"正如新教和天主教所宣称的那样,基督教已被认可,其基本教义是教人行善,己所不欲勿施于人。今后,秘密入教和传播教义者不因其信仰而受干扰和迫害。依据这些原则,不论是美国公民还是中国信徒,任何传播和奉行基督教教义的人,绝不会受到干涉或骚扰。"显然,起草此次条约的人遵循了耆英在1844—1846年颁布的帝国法令。现在,这些变成了国际义务,外国公民也要遵守。更重要的是,在中美关系的特例中,这些内容完全保存在1903年新条约的第14条中,条约对中国谈判者而言基本满意,在我们的时代里一直保持不变；并成为一些与小国家签订条约时的模板。

中英《天津条约》（批准于1860年）的第8条，也有类似的规定，但相对较为简洁。中法《天津条约》（批准于1860年）的第13条，关于保护基督徒的生命、财产、宗教自由，以及有效保护具有官方证明的传教士，则更为明确。任何在华人员的权利，政府不能干涉，"如果愿意，可以接受基督教，并践行教义而不因此而遭受任何处罚"，也有完全明确的规定。此外，仍然进一步生动地反映出，直至1858年，天主教遭受迫害的经历，中法《天津条约》的条款保证正式废除旧式禁令和处罚："在中国，以前借助于政府反基督教法令而书写、公布和刊行的一切事物，皆遭废除，并且此后，以上所述在帝国所有省份也都失去效用。"条约最后提出了这条废除旧令，这主要是考虑到当时很多官员认为旧法不可废，会使条约或者新法令实施受阻。（但京城仍容许此种态度，并未能实施宽容措施。参见恭亲王在1862年2月的声明以及总理衙门同期的奏折）

此外，废弃条款自身，既没有更改过去那些年里所刊行的法典和文件，也没有改变官员和精英的心态和情感，尽管不止一代人经历了从旧秩序到正统的孤立。传教士和外交官频频抱怨：旧法典仍在使用，在官方和指定书店售卖，甚至得到重印——折射出这个问题对未来有深远的影响。此外，基督徒和传教士在当地也遇到阻挠，和外交官深受教案的困扰，他们相信，高官或者其中的许多人，对贯彻条约和相关法令所规定的承诺缺乏诚意。直到法国提议（1870年），在法典中加入一条规定，即准许基督徒结社和集会以做礼拜，并且删除、撤销和废止之前所有的反基督教禁令。然而，此项举措并没有终止旧法典的流通和使用，至少迟至1892年和1895年，在某些省份重印的事实并未有实质性的改变。在1858年之后的很长时间里，旧禁令维持，甚至某种程度上延续了文件的生命和教育功能。我们没有必要详细阐述其他延期的证据以及中国当局明显有意的妨碍性政策。中国政府曾向驻京公使保证差会在内地购置地产的权利，而在1880年代，中国当局发出的秘密指示又与此承诺相违背。而且，为了消除这种模棱两可的态度，美国大臣在1881年清楚地意识到，宽容、保护和免除中国天主教的准宗教税收的特权，也应该同样适用于新教徒。但是，在1894年之前，关于此点，在法律中未置一词。

我们将一些老问题的联系放置到1900年及以后的形势中。例如，在1900年，一份关于围攻奉天地区一个重要城镇的天主教报道显示，通过改宗者宣布脱离基督教和践踏十字架，包括皈依者"脱离堕落教派"的声明，辽阳地区的高官颁发证书给叛教者，并亲自担保改宗者"由恶变善"。此外，我们发现在1900年，一封来自西藏地区宗座代牧比耶（Biet）主教的书信，围绕着《巴塘协议》，其通过处理1887年教案而终止迫害基督徒。以前,张贴在巴塘的诏书,对声称是基督徒的西藏人处以死刑;但是,现在,宗教自由的新公告已经废除并代替了这些旧制度。在1910年,当著名传教士德·光若翰(De Guebriant)由云南中南部向北旅行至长江时,他发现,对基督教事功处以最严厉惩罚的地方法令,持续张贴了几个月。1910—1911年的天主教报道表明,黑龙江地区官吏的敌意,使得众多非基督人员远离传教士和教堂。此外,在四川东部,联合抵制新的皈依者,通过诬告的方式而将他们扭送官府,并将中国的所有问题都归咎于他们。在云南,人们对法国人充满忧虑与敌意,铁路问题也正是由此造成,基督徒在此同样也总是遭受谴责,许多基督徒还被扭送至官府。然而,长江以北的沿海地区,情况则普遍较好。这类事情使我们回想起许多地区政府官员的态度和行为也很友善,可能尤其是远离北京和靠近沿海地区都是如此,这种状态至少一直延续到了1911年。

(四) 现实中的某些问题,官员态度

另外一个困境,即牵涉基督徒和传教士的法律诉讼。这些争论中的观点有时明显是宗教的,或者有宗教因素,但是事实上,也有时候它们是关于土地、合同的世俗诉讼,关于个人或团体性质的争论。官吏们的偏见和大众对基督徒的敌意很严重,这一点在他们堆积如山的迫害和不公中可见一斑。条约试图保护他们,因此,传教士经常提起诉讼,或传达信息给地方官或行省更高的官员;将各类事件移交给差会教首或外国领事,并最终呈递给外务大臣。因此,在众多的教案中,官员们有理由认为,他们在当地的霸权和他们的意愿由于传教士的干预而饱受挫败。强有力的地方势力支持反基督教人士,但是很少代表他们的利益。然而,品行不良的人,不管是教会成员还是慕道者,都向传教士求援,使得他们有机会进一步地滥用权利。论战和控诉持续了数十年,三言两语难以说清。一般情况下,差会(尤其是新教差会)不赞成世俗诉讼中的任何形式干预;但是,它可能在捍卫宗教自由时被牵涉进去。另一方面,不得不承认的一点是,世俗与宗教因素相互纠缠。同时,很多事情具有隐蔽性,并不为传教士或官员所知,他们很容易受骗,这一点也很清楚。必须进一步承认的是,少数新教传教士和大量天主教传教士 —— 后者得到某些差会政策支持,并受法国政府的有力支持,法国政府保护所有天主教差会 —— 偶尔,或者说经常,通过在法律案件为他人提供援助,而保护基督徒或与非基督徒交朋友。尽管他们或多或少审慎而克制,但是,仍作为一种手段在敌意世界里传教,使某些人深受到差会的影响和引导。

大量的证据表明，绝大多数新教传教士在这种事情上是极其谨慎的。他们完全意识到入教者的复杂动机。他们深知谨慎辨别的必要性。总之，他们拒绝入教的人远多于他们允许入教的人。在很多情况下，他们觉得向当地官员上诉，要求调查一项某传教士认为值得注意的案件时，他们也就满足了。许多传教士团体的规则手册和官方指示，关于以上诸点，都是非常明确的。一些学识广博、负责任的传教领袖对此也十分重视。新教传教士进行了仔细研究讨论，他们也给出证据表明确实偶尔会发生上述滥用权利的问题。但是，我们相信，我们描绘的内容总体是真实的。

罗马天主教的情况则有所不同。官方立场是非常谨慎的；尤其是在1890—1900年的指示则相对消极。此外，从档案中可以获悉，整个沿海和南方地区的天主教相当好地遵守了这些原则，其与新教相差无几。另一方面，很显然在一些重要的地区，尤其是在靠近北京、容易引起高官注意的直隶地区以及蒙古和东北地区，某些传教士制定明确的政策，并且有时是在地区主教的指导下制定的，为了教会的拓展，可以利用传教士代表实际或潜在的皈依者施加影响。可以说，天主教传教士主要依靠长时间的问答式指导，在充满敌意的世界里利用"律法"或寻求其他援助来引导他人，但这也不能代替专门训练。天主教方面有关于整个问题的大量证据，包括针对干涉中国司法局限性的批判性讨论。的确，1900年之后特别是"一战"之后的改革影响，对那些在这方面认为是旧传统的不良后果和残留物的部分带来严重的冲击。1920年之后，众所周知的滥用情况相对较少地发生了。

庄士敦（Reginald Johnston）以林绍阳为笔名撰写过一本反映许多旧式官员朋友的观点、极具有批判性的反传教士和亲华的书，书名为《一个中国人关于基督教传教活动向基督教世界的呼吁》（*A Chinese Appeal Concerning Christian Missions*）（1911年）。庄士敦声称，新教徒和天主教徒都无意充当罪恶的保护者。他也指出这样的事实，法国政府也已经减少了对天主教差会有力的官方支持，西方残余势力也极力劝阻他们的传教士干预中国司法进程。

1896年，李鸿章在纽约，对所有在中国工作的美国传道会代表团声称："你们的传教士从来不干涉与他们无关的事情，并且也从来没有侵犯地方当局的权利。"环境如此，以至于赞同甚或责成中国政治家说这些礼节性的话。然而，除非他想说，他并不必说这件事；他本应该发现，使传教士在这一点上形成一种错误的看法是很不利的。

大量证据表明，官员们的确并且可以在法庭上维护权威，有效地处罚犯错的基督徒，或者不正当地使用教名为护身符的人。关于此点，重要证据源于总理衙门对御史陈其昌（Chen Chi-chiang）于1896年所提建议的评论。总理衙门认为基督徒始终是受法律制约的中国臣民；我们也没有听说，基督徒抗拒应召出庭，或逃跑而不出庭。因此对你的提议予以慎重考虑是没必要的（传教士不应该阻止中国人应召出庭）。同时，我们必须公正地指出，连负责外交事务的总理衙门对基督徒也怀有敌意。这名御史同时还建议，传教士必须将犯罪之人清除出教堂，并且他坚称大部分基督徒都是地痞流氓，他们入教只是为了欺压他人。总理衙门作出如下评论："确实，鲁莽加入基督教的中国人，满脑子疯狂的念头，绝非良民；因此，这种人不可避免地会挑起诉讼以欺压他人。然而，传教士使他们满怀信心，并变成了他们的附庸。如果这些基督徒中有人碰巧在争斗中被打，传教士就会立即将其置于自身的保护之下。我们的公堂在处理宗教事务的数十年间，从未有发现有传教士会指责和处罚基督徒。"因此，总理衙门的结论是通过传教士来做工作是无用的。如果我们针对基督徒的案件是正当的，我们在审判中就应该坚持。（在此必须注明的是，从最令人尊敬的传教士那获得的大量证据显示，对那些接受教导和受洗者提出的申请进行了大幅的修减；很多情况下，在某些案子中，那些因非法行为而被驱逐的人通常都只是从道义上而言犯了错，还不到犯罪的程度）

结束这个话题之前，对罗马天主教而言，引用一位法国主教的话是很公正的，这位主教的法式左派非常保守和彻底，后来招致革命者雷鸣远（Lebbe）所写的最为激烈的一篇文章。这就是浙江的赵保禄雷诺（Reynaud）主教，在1890年代提及平均每年对每个慕道者的传道、考察和测验："在像中国这样的地方，滥用权力、管理腐败、喜好诉讼、复仇盛行，如果我们的大门向每个人都敞开，那我们应该很快就被淹没，我们的所有时间都将用于解决人们的争吵。而且，还有无意中充当不公正事件支持者的危险，还可能招致清朝官吏反对的风险，他们最多能勉强容忍我们。因为改宗者有可能会被指控为入教是出于不纯动机，宗教也将因此遭受打击。因此，对准许慕道者入教最为讲究，并且拒绝所有因法律诉讼而入教的人，这一点是非常有必要的。"

有关暴动的一些例子（"教案"）。重要证据来自林文庆（Lim Boon Keng），他是厦门大学的创建者和第一任校长，以文庆的名字写了本书，题为《从内部发生的中国危机》（*The Chinese Crisis from Within*）（1901年）。他通常的处理方式对基督教绝非有利，但他宣称："不公和腐败已经变成这片土地的常态。在任何法律诉讼中，如果没有钱或权势，无人能免受处罚。许多基督徒在传教士的帮助下，依法达到正义，这一事实为无知者憎恨传教士提供了足够的理由。"他为传教士的行为作了一些辩护。暴民运动常常引起或纵容对无辜百姓带来的伤害。"所有的问题都归因于政府官员的不公。当我们遇到正直的审判官，他们对基督徒和非基督徒一视同仁，我们很少听说有问题。无论何时，当官员被迫履行职责，他会采取一种自取灭亡的政策，怂恿那些鲁莽和不安定分子将仇恨发泄到基督徒身上。"

大量证据表明，传教士在困难地区很少习惯性地仓促卷入危险之中或招惹麻烦。1898年，法国试图解决1865年南昌驱逐传教士事件以及归还当时的教会用地问题。领事后来提到，法国企业被驱逐出中国部分地区长达35年之久。鹰派大臣杰勒德（Gerard）于1896年得以恢复法国传教士进入农村并定居的自由，在这之前整整10年间，他们被禁止进入贵州的几个城镇。西藏东部地区亦是如此。

我们不希望过多论述中国司法和官方行为中不尽如人意之处。关于1897年末两名德国传教士在山东被害这一重大事件，有必要采纳一位坦率而又谨慎的传教士的报告，他当时就在同一间房子里，险些丧命。他于1898年5月写道："在6个月的时间里，没有逮捕一名真正的作案者。砍了两个人的头，其余7名无辜者被屈打成招并被判刑。事实上，当地方官员面对上级陷入麻烦时，他就会逮捕所有他的反对者。在获取巨资赎金之后，他释放了富人。接着就是严刑拷打穷人迫使其告发他人。几天内即实施逮捕，随后便行刑。"

很可能注意到，1900年之后，尽管仍有许多严重和不快的例外情况，但是严重的骚乱和案件已普遍减少。我们在此并不打算像这样停留在义和团时期，部分原因在于其他人对此已进行过非常细致的研究，并且大家对此一般都很熟悉。值得指出的是，尽管外国人中失去生命者大多数是传教士，真正激发西方国家敌意的是那些消灭外国人的大众标语，以及对外国官员的攻击。起草和解协议时，从初稿到定稿均没有特别提到差会或基督徒。当然，通过对包括差会和传教士在内的社团和组织给予赔偿也间接地与他们有关。

现在提供一些旨在保护传教士和基督徒免受不公正攻击、维持治安和避免招致外国不满或施压的公开文件是很重要的。这些文献中最引人注目之一的是1891年6月法令，针对天主教差会遭受严重骚乱和攻击，同时，外国人在扬子江流域的利益也间或受到侵害，外国派出联合代表处理此事，该法令即在此之后颁布。尽管非常简洁，但仍旧反复申明宽容的基本原则与法律基础，并要求给予公正平等的对待。传播谣言之人、煽动他人为盗或有意为盗之人、秘密社团以及恶人要为该案件负责。官员被逼处置残暴的破坏者，以为爱好和平者提供适当的保护。这条法令广为流传，中国官员也偶尔引用，至少一直到义和团之前是这样。

南京地区的地方法官在设宴招待传教士代表之后，于1895年7月发表公告提醒公众，外国人的行为长期以来一直获得帝国法令的许可。"如今，在审查了辖区内每处教堂之后，我们发现他们创建了免费学校，使穷人子弟可以接受教导；设立了医院，使中国人能接受免费治疗。在行政长官之前，省城的地方法官就已经亲自参观了每个教堂，并且要求其他地区的地方法官，也亲自参观每个传教站并与传教士交谈。他们亲自考察了医院、校舍等。他们非常善良，并且都发自内心地愿意救助他人。尽管中国人都乐善好施，但是没有人能胜过这些传教士。"此公告进一步禁止虚假报道和对传教士的诬告。（这一访问声明应该用于反对频频指控传教士秘密开展工作，尤其是在孤儿院。的确，即便有传教士傻到想要尝试去这么做，在中国也很难看到涉及一大批人、看护者和服务人员的事如何能秘密地进行。当然，还没有例子表明，官员在准备得当的时机到访时被拒绝过）

毫无疑问，由于担心外国入侵和出于避免激怒外方使其有借口采取行动的疯狂愿望，同时也受到改革运动兴起的影响，1898年颁布的帝国法令宣称保护传教士，敦促公正处理和裁定，以尽快解决教案，并追究相关官员的责任。这些法令对官员大加指责；甚至慈禧太后在短暂的改革运动之后所颁布的法令亦是如此。这些法令因其本质上是自愿的，而非出于在京的外国使节明确提出的要求，因此，它们更加热烈地受到外国团体的欢迎。

（R. M. Mater）牧师在1898年在第二次山东传教士大会上的陈述，表露了传教士的政治才能。他宣称："目前的处境是危险的，因为近期颁布的法令给予外国人非比寻常的威望，并且要求从速办理涉及他们的案件。官员们害怕引起外国人不满而可能使用高压手段。我建议差会联合行动，以防止总理衙门因过度迎合外国案件而导致处理不当。"可以说，在某些方面，慈禧的反应迅速地解决了这一问题。

大约在1880年以后，尤其是1895年以后，传教士学校、出版物和医院收到了许多礼物，赢得了公众的好感以及官员的资助。最后，我们有将近100个地方传教士几乎一致的证词：大多数人都是友好的或中立的。严重敌意和动乱一般是官员和士绅们，或者偶尔是秘密社团的代表们煽动的。

学者和官员们的无知和偏见，以及他们发表的诽谤言论，都在猛烈地抨击基督教。1896年，万县一位传教士会客厅中悬挂的地图，频频引起下面的评论："看！这些洋鬼子在地图上将中国缩小以欺骗他们的上帝。"在四川，同一个旅行者被告知，如她之前在华北听说的那样，许多文人断言："化外之地，五个王国共奉一个皇帝，即基督耶稣。"（这种伪基督教观点以及实际的基督教素材所暗含的风险，使人想起19世纪早期四川神父约瑟夫·袁（Joseph Yuen）被判处绞刑因其在严刑拷打下承认祷告文中，"你的国度即将来临"，指的是欧洲人到达并控制中国）这种地理上的和普遍的无知不仅仅限于内地。在京城，在使馆区存在了一代人之后，在短程直达天津国际重要港口的火车开通后，樊国梁（Favier）大主教写道："中国学者是无所不能、无所不知的，他们用高傲的眼神看待欧洲人，满是蔑视的神情。"樊国梁在1900年印刷了他自己的平面图，该图目前存放在北京，图中中国占据了所有的空间，只有向外延伸的很小的三个部分：靠近上海的一个名为"欧洲"的岛屿；另一边是更小的一个岛，被称作"罗马"；北部狭长的带状地区是"俄罗斯帝国"。这些例子恰当地展现了由学者和官员掌管的世界畸形的和不真实的可悲画面。更为开明的领导者偶尔真实的评判对此也予以证实。由于中日战争而失宠和惨遭失败之痛的李鸿章，于1895年9月与李提摩太（Timothy Richard）讨论高官们的无知。他说，中枢官员们，称呼西方人的教育为"鬼子学"，并且唯独关心中国学问。翰林院掌院学士总是诅咒外国的学问和宗教，并且禁止其成员研究外国书籍。1898年，谨慎的改革派总督张之洞，为中国广大读者介绍他所写的有巨大影响力的一本书，即《劝学篇》（*Exhortation to Learning*），他很坦白地说："中国官员和大众既闭塞又愚蠢。他们对当今世界事务一无所知。"此外，"在我们的官员中，没有一人能够洞察世事。"

《经世文》（*Ching-hsih-wen*）集合了官方文件和御用文人的文章，以自1826年之后一种重要的传统方式进行筛选、编辑和出版。它们成为标准的公共事务图书馆的一部分，列入官方书店出售的书籍名录上，并且陈列在每个官署和数以千计的私人图书馆中。在世纪之末，最有影响力的版本是1888年发行的32卷本，作为早期工作的补充。据说编者是一名翰林院的高官，然而，前湖南巡抚窃取了编者的头衔。其中，大约有1/6的内容涉及外国事务。在中国历史和习俗的传统话语中，经常称外国人为"夷"或"蛮"；甚至在重要文件中，有时称他们为"鬼"。各种抨击中对概念偷梁换柱，将传教士、基督教与令人生厌的外国影响混为一谈。一份文件指出，外国人试图使所有中国人屈服，攫取中国的所有财富和土地。两份稍长的文章源自夏燮的《中西纪事》，该书反基督教的气味甚浓。夏燮既是太平天国起义的见证者，又是一位至少卷入一次重大反传教士和基督徒暴乱的学者型官僚。他在《中国日益败坏的道德》（*The Gradual Demoralization of China*）一文中声称，改宗者在入教时可获取4盎司银子，作为死后挖取眼珠的代价，并将用于从铅中提炼出银子。神职人员借助于药丸而控制皈依者。男女同寝于教堂。《江西和湖南两省的反教运动》描述了这些省份为驱逐传教士，不顾1860年新签订的条约而策划（1862年）的攻击。在此，我们特别注意到，《蓝皮书》（*Blue*

Books)挑选并从而强化了从湖南传出的谣言 —— 在日期、内容和起源地上接近《湖南揭帖》与《对腐败教义的致命一击》(不久后将进行描述)—— 以挑衅的方式强调不道德的行为而非政治危险。

明朝末期,杨光先与耶稣会科学家论战的著名篇章得以重新刊印。有关他被欧洲人毒害而死的传说进一步提高了他的影响力,传言说欧洲人花费巨资买断并销毁了他反对外国人及其宗教的著名抗议书:《不得已》。

《蓝皮书》与作为二十四史中最后一部的明史相联结,其重要性也因此而得到提升。官方历史中,关于针对早期基督教的指控还包括控告利玛窦敬献给皇帝的礼物比佛教遗物更为异端(与经典真理相背离),韩愈曾公然抨击称佛骨难登大雅之堂。利玛窦的皈依者和后继者们被控告夜间集会,阴谋勾当触及广州,以及与白莲教和其他危险教派相类似或有关系。其中,某些内容被选入《南京地名词典》(*The Nanking Gazetter*)修订版或19世纪晚期出版的地方志中。

《蓝皮书》中,对其与秘密社团亲密关系的指控进一步指向19世纪早期与白莲教(the White Lily)和八卦教的联系。另有指控称,"邪恶的人,在他们的名义下,实现他们邪恶的目的";此外,利用集体做礼拜以敛财是革命组织的根基。这些指控的内容与处置条款相对应。但是,这里出现了一种迹象,其他地方偶尔也会有这种迹象,即某些官员并非将之前提到的危险全部归因于基督教会。实际上,其中一篇文章的作者,他的父亲是南京遭遇宗教叛乱时期的一位高官,他从父亲那里听说,这些麻烦是由无业恶民制造的,他们基于自由之爱和财产共享而秘密结社,但"与西方教派没有联系"。如此的洞察力似乎可以为天主教差会及其追随者开脱罪名,但无法阻挡这些文件所代表的官方敌意的洪流。值得注意的是,之前用来衡量官方混乱思想的材料显示,总督在粉碎了1813—1815年的白莲教(the White Lily)叛乱之后,以践踏十字架来检验被俘虏的白莲教首领。

另一份是总理衙门所谓的"传教士通告"(1871年)。这份文件很难衡量。其中,一方面对中国官员希望插手管理传教士、皈依者和教会行为的情况表示同情。而且,由于传教士和外国外交官拒绝接受公平的行政监管,这使得他们的态度遭到否定。另一方面,相关的特殊请求包含不能接受的禁令,比如,禁止妇女进入教堂或者参加任何形式的宗教服务;以势必产生歧视的方式区分基督徒。这份通告在官方赞助下出版范围非常之广,此后的数十年里一些官员坚称这份通告是协定或法律的一部分;并且不仅能够而且必须遵守。其他的官员们,包括一些位居高位的高官,直到1900年,针对基督教的监管所提出的建议都或多或少地因循了传教士通告的原则。

我们对半官方的湖南宣道会避而不谈，它自1860年代起发挥了重要作用，1890年代早期恶意煽动不满；但是我们必须注意到，1891年流传的小册子中有一些故意设计的歪曲内容。它们介绍了声称是在京外国公使对总理衙门指控传教士和基督徒犯有兽行的回应。显然，这种谎言旨在证实反蛮夷宗教的邪恶主张，以及推动反传教士和基督徒的活动。总理衙门的指控围绕有关传教士施加于中国人毁损的64幅画，认为传教士并不渴望达到中国人的道德水准，因为他们的宗教反复灌输混乱的男女关系。画中显示，传教士用麻醉药蛊惑信众，并将人体器官贩卖给日本人。甚至我们外国人——也就是说，外国公使们——痛恨此种应该遭受处罚的行为。从此以后，如果传教士被捕处死，我们将不会干涉。紧接着是一份伪称为总理衙门的公告，声称条约只保护良民。依据法律和被焚烧的《猪教书》（*Pig Books*），必须对有罪的传教士处以应有的处罚。（有外国官员卷入其中，而且条约中的保护条款也削弱了，这也是外交官、商人以及传教士焦虑坚持的部分原因）

我们从中国官方文件中注意到，官员们特别是在差会问题上很无知或者甚至是有些无厘头的想法。例如，翰林院侍读学士陈炳和（Chen Bing-ho）在1896年向总理衙门递交了一份复杂的奏章，声称山东省的传教士向商人征税；并且在其他省份贩卖通行证。总理衙门回复称，第一，他们在处理的所有教案中，没有发现关于此方面的任何证据。如果你有证据，你为什么不一并提出？第二，在有关财产一事上，总理衙门说，1865年与法国签订的协议直到前一年（1896年）才下发到地方官员手中。第三，总理衙门抱怨道，许多官员对于条约内容相当无知。比如，几年前发生在山东的德国教案，传教士为寻求保护而出示了一份条约的副本。官员将其掷于地上并用脚践踏。关于该奏章的最后一条，总理衙门认为，传教士期望的只是获得条约规定的简单保护。在大部分案件中，往往是官员忽视了对传教士予以保护。这正是为什么刘坤一总督呈递奏折认为，行省官员应该承担严重暴乱所造成的损失。总理衙门将其转呈皇帝并获得批准，因为地方官员应该承担职责。

让人感到惊讶的是，1902年，刘总督与其他人（大概是相关的六省总督巡抚）请求总理衙门确保与江西交界的六省边境地区禁止中国改宗者传教，因为这些地方人烟稀少。刘总督在建议中进一步明确坚持：条约没有给予中国人传播基督教或建立教堂的权利。他希望总理衙门照会外国大臣：禁止中国基督徒进入内地布道。

奇怪的是，1907年颁布法令要求各省督抚将中外各国涉及基督教在华传播的所有条约汇编成册,并且将其分发给下级官员。作出此项指示是因为地方官员处理教案不当。该文件也证明不管是借助于行省或是其他渠道,中央政府和地方官员之间的关系极其松散,且沟通效率不高。事实上,据我们所知,在此之前已多次将条约汇集成册;此外,在李鸿章以及周馥等其他著名官僚的赞助下,先后出版了一系列版本,其中,包括一套连续五次扩充和修订的版本,它们不仅列出了条约中的相关条款,还附有相关法令以及用来阐明条约相关问题和具体应用的一些案例。但是,一直到1907年,他们仍然无知,并且依旧需要这样的册子。

关于传教士和基督徒人数存在最不确切的信息和错误信息。我们想越过1911年来说明对于中国大众而言这一问题有多严重,甚至直到1917年也还是如此。当年,《东方杂志》刊印了基督教堂、他们的全体人员及其活动的统计数据,其数据来源于外务部和内政部的联合调查。该报道显示,基督徒的人数是35 287 809人。此数据是绝对不可能的,它是1917年新教和天主教实际人数相加后的15倍,真实数据差不多是230万人。实际上,从1890年开始,新教和天主教统计报告较为频繁地得到出版,并且从1910年起,每年都得以出版。没有理由出现如此严重的错误。自然而然地,一个阅读这些数据并认为是官方数据的中国人,可能会对一大批中国人正在接受这种新的、奇怪的宗教而感到震惊。

二、中华民国时期

（1912—1949年）

（一）法律和政府举措

从1912年起，一系列版本的宪法作为原则性的公告，被认为是合宜的，即使很难发现它与政府工作之间的关系。概言之，这些条文声称，任何公民不论宗教信仰一律平等，全国各族人民亦是如此——穆斯林即为其中之一。这一事实在某些情况下，倾向于赞成宗教宽容，因为穆斯林人数众多，社区保持稳定，占据着北京或南京不易控制的战略性地区，并保持着尚武的传统。不管是儒家正统、激进的反宗教，还是国民党意识形态，都不能巧妙地迫使他们动摇自己的信仰。宪法通常声称言论、出版、集会、结社自由，也宣称宗教或思想自由，显然，它们仍受法律的限制。胎死腹中的1946—1947年宪法作为1936年草案的升级版，极有策略地试图保护过度限制的基本自由："第23款。除非是为了防止侵犯他人自由，避免即将来临的危机，维持社会秩序或促进公众福利，在先前条款中所列自由和权力，法律不可限制。"毫无疑问，完全已发现限制自由是避免专制行政的良策；但是，如果行政官员借助于法律力量发布命令，或者毫无约束地无视任何宪法或法律的话，所述自由就压根儿没有建立起来。此外，当实际权力遭到十几个军阀的瓜分，建立并玩弄政府机构，这一问题就会变得更加糟糕。

我们接着继续关注一些其他问题和发展。那些由某些佛教领袖或未获承认的教派或团体提出的建设性或令人生疑的问题，导致内政部于1913年对"宗教"作出了明智的定义，使其享有法律的宽容和保护——即拥有系统的教义、正典及历史。

说到这，我们注意到尚未解决的一些佛教和儒教问题。国民党在1924年1月召开的第一次党代会上通过国民党纲领作出重要承诺（第二部分第六款）："公民享有自由集会、结社、言论、出版、居住及信仰自由的权利。"不可否认,此公告在某种程度上是宣传作品,并且来源于一群当时没有承担治理国家责任的人。受孙中山的威望影响,这项原则获得通过,后来在国民党内部重要成员的攻击下,基督徒亦呼吁此文。

经过历时两年多对基督徒信仰自由更为严重的侵害,伍朝枢(Wu chao-chu)代表中华全国基督教协进会总干事余日章和其他的请愿者提出一项决议,并在中央政治委员会的一份决议(第93次会议,5月13日)中重申了这一原则。因此,国民政府全国行政命令:"指示人民不能误解对帝国主义的抨击,使用排外和反教特色的力量,镇压和侵犯中外人民的宗教自由。"有人可能会怀疑当时这种行为的权威和动机。但是,在第二年的一场争论中,在国民党中央执行委员会的支持下重申了这一原则,确立了这一原则为既定政策,自行决断该领域的特殊问题。

但是,当时一般性声明无法产生效应。为了说明该问题,我们阐明1929—1931年里遇到的诸多困境:(1)经常(但不是每次)以军事手段没收佛教和基督教财产,并长期毁灭性的占有;(2)拒绝向有意学习宗教的学生办理护照;(3)在镇压迷信活动的作战中偶尔针对基督教事业;(4)对佛教、道教和基督教进行官方调查,试图进行注册登记——这自身本没有错,但是一位高级探员表明,此种方法期望"将它们重组";(5)以"不能很好地代表中国"为由,压制基督教出版物。这些事实虽然不是基本的,却反映了国民党体系中的不同因素敌意性的约束,既缺乏尊重,也破坏了一般的保护。

在1931年初,内政部召开了一次民政会议。会前,有关宗教团体受到威胁,提出了四项议案:(1)变某些庙宇和寺院为政府公用;(2)在"实用型"职业中训练僧侣;(3)通过禁止教会和神职人员参加政治运动,抑制宗教团体的政治活动;(4)限制宗教团体举办的学校数量。

有一组法令和建议在教育领域出现,在教育部组织的1930年全国教育大会上首次提出,不久便进行了讨论。第一,正如山东省党部掌控(教育权),上海和南京市党部亦是如此,以至于中央党部要求只有中国国籍的公民和纯粹由中国人组成的组织才有资格为中国学生创建小学、幼儿园或师范学校。

第二,所有小学和幼儿园的老师和行政人员必须是中国国籍。(可能此项措施主要是针对日本事业。此外,中国人在基督教学校的优势已经很明显。即便如此,这一提案照其所述,将排斥有任何外国传教士参与的教会机构,并彻底清除仍在教学和管理的极少数外国人。)

未能在教育大会上通过的其他建议,进入了广阔的自由领域。然而,其中之一即是山东省党部和大上海党部，其同样获得浙江教育厅的支持，敦促教育部禁止宗教组织"召集中国年轻人，给予宗教教导"。在最初的形式中，此建议将矛头指向这样的组织，比如名字为"普道堂"（pu-tao-tiang）或"学道院"（hsueh-tao-yuan）；并依然公开地强调，在关停处罚之后，学习宗教的团体不得招收未成年人。（这些目标似乎是新教的"千字课"或"主日学校"，针对他们所作出的非正式和相当宗教化的教导，而且"礼拜学校"对于天主教而言也是重要的，两者在教育部定义"教育"时都被排除在外——因此，特别分为"宗教"。基督徒担心他们的逻辑设想会成为现实：政府当局有能力并有可能会将进一步插手父母职责的领域，阻止孩子们完全在公办教育之外接受宗教教导）

在教育部已出版的决议中，将基督徒多年来并未要求的条约添加了进来，这一点很可疑，其中，同时也表达了对孩子接受宗教教导的反感；但是，的确表明了坚持宗教自由的立场："明确禁止所有13岁以下的孩子参与任何宗教服务，这是一项与宗教宽容和中国对外国所作承诺相矛盾的举措……然而，应该敦促父母将13岁以下的孩子注册登记，或送往政府学校接受免受宗教偏见影响的教育。"

第三，建议所有基督教学校或机构的出版物都应该接受相应党总部的审查。

第四，鉴于基督教声称是发扬四项基本美德，但是，事实上是借助于帝国主义文化侵略机构，而传播基督教教义和诱惑青年。在教育大会任其发展之后，上海市党部向教育部提出应该敦促中国教育团体接管和控制青年会。（政党声明谴责"这一机构自称其目的旨在促进人格发展，但是事实上是将年轻人引入歧途，使他们成为基督徒"）青年会中有能力的中国领导者有充足的理由相信他们自己的爱国心及其公众表现。在许多城市中，他们遭受到党总部中的煽动者和幼稚的革命者严重的迫害。于是他们提交了一份辩护书进行反击：党的缔造者和伟大领袖以及中华民国第一任总统孙中山是青年会成员，在正式著作和出版的演讲中，他对青年会的信念及其为中华民族提供的务实服务表示赞赏。为什么这些声称是孙中山的追随者的党员们要否认他明确的评价（现在却将这些评价束之高阁）？为什么要提议充公？如果政府这么做是因为我们的机构是建立在宗教的基础之上，它将不仅仅违反宗教自由的普世原则，而且违反了国民党自建立以来就承认并视为神圣的宗教自由原则。全世界唯一一个敢于压制宗教自由和迫害宗教的政府，也就是莫斯科政府。我们的政府是基于什么原则能够效仿莫斯科政府呢？"我们希望我们国民党领袖能够谨慎地考虑这个问题"。

同一时期，南京市政府下达了一项命令（1930年）："禁止基督教会举行集会。这是为了抑制迷信而采取的有效措施。"没有立即采取措施禁止教堂提供日常服务,或许官方主要考虑的是室外集会。但是,这种彻底怀有敌意的言论迫使基督教代表齐聚上海,准备向中央党部提出抗议,辩护称这项命令违反了宪法。

拒绝未成年人获得宗教自由的做法仍在继续。1931年5月,在宪法辩论的最后阶段,激烈的争论后还是未能成功补充以下内容:"关于未成年人,政府可以制定章程,以限制他们的宗教信仰自由。"

更具威胁性的是各省份所采取的各种行动,因其进一步偏离了宪法准则的理念和远离了中央政府机构中胸襟豁达的官员。我们举一个例子,贵州准备通过立法来控制宗教团体,似乎既包括教会,还包括秘密社会宗派:(1)必须严格限制宗教组织开办新学校;(2)禁止团体加入宗教组织;(3)只有成年人可以加入;(4)除非能证明有确定的生活来源,否则不可加入;(5)包括警察局长在内的三人委员会有责任对宗教组织内部事务保持高度警觉;(6)必须严密监控他们的财政状况,以免他们转向非宗教目的。

可以用一项保护性措施来为该部分做结尾,或许其措辞过于笼统,但阐明了穆斯林在整个画面中所扮演的角色。《行政院关于禁止对任何宗教诽谤和辱骂的命令》源于一家商号和刊物出版了一份"不友好的材料"(1932年),他们也受到点名谴责。种族平等和宗教自由是我们党的基本原则,国民政府也一贯遵守。官员必须严格要求,禁止出版以任何形式诽谤宗教的印刷品。除了法律义务之外,政府在此危急时刻呼吁爱国主义。

(二) 国 家 和 儒 教

孙中山和他在帝国陨落之前的革命追随者以及《中华民国临时约法》都面对着一个宗教自由的政权,无论它是世俗的还是宗教多元化的。他们似乎正在彻底改变传统习俗,包括孔子的半宗教身份。但是,旧传统并未在新时代黎明之际消亡。从1914年初起,袁世凯及其后继者频繁地颁布法令,包括地区和行省政权,为孔子提供公共庙宇和举行官方祭孔。甚至从1912年起,下令学校必须举行祭礼,包括基督徒学生在内;尽管从1915年起,在孔圣人肖像前面,更为平等的鞠躬礼取代了三次跪拜礼。政府承认宗教自由问题,并且屡次将祭礼的各个方面界定为公民行为,而不具有对神虔诚献身的宗教意义。不仅佛教徒和基督徒提出了这一问题,那些杰出团体,从1906年至1917年,并且——呈下降趋势——甚至直到1924年,一直力图用这样一种方式尊崇孔子,以使他在与释迦牟尼和基督的神性竞争中不会受到任何阻碍;而且甚至使儒教成为国教。后者因基督徒、佛教徒、穆斯林和世俗主义者临时结成有力联盟而受阻，1917年，他们将多年来的公众影响力成功用于影响国会作出决定：儒教教义是道德修养的根基，然而同时也重申宗教信仰自由。

与此同时，政府撤掉了公共基础教育中的儒学著作，语言革命则使之更加远离。改组后的国民党将孙中山的三民主义确立为主干教材，将其作为民族主义的爆发点，指导集体生活。但是，张作霖在北京一度复兴了长期停滞的祭孔活动，并在五部中重新加入礼部。持续时间更长和更典型的是日本统治下伪满洲地区的准帝国复辟；令许多人惊讶，但大部分中国人却漠视的是，1934年的广州、南京，并且基本上全国都恢复了官方的祭孔活动。广州省和地区的领导阶层在战神关羽和岳飞的神位前增添供品，要求军官参拜行省和地区的庙宇。有必要指出，大量借鉴儒家德治思想的新生活运动几乎与祭祀的复兴同时进行。

（三）佛教、教派和迷信

帝国的轰塌及其将佛教严密控制于其下意味着什么？宣称自由的政权意味着新生还是新的伤害？自1912年以来，随意发布临时法令和声明，持续不断的变化带来的是仅能想到的混乱。1912年5月，总统告知急切的佛教请愿者们，尽管没有在法律上明确说明，但是政教分离是可以理解的。内务部拒绝了（然而是无效的）中国佛教会提出的获得公益法人（作为公益团体）身份的申请，这是更为实质性的、不祥的征兆。1915年颁布了一项法令，政府获得掌管佛教和道教财产的权利，同时，终止和废除协会在此之前对皇帝和个人捐赠的财物——主要是地产——所负有的法律上的管理职责。1917年颁布的一项法令宣称所有（基督教）差会财产具有同佛教道教寺庙和地产相同的法律性质，应当按照后者相同的标准予以管理，这对所有差会财产造成了威胁。1934年，政府再次重申并确认了该法令。（依据该法令所采取的行动都未曾引起公众关注。其重要性在于表明民国早期和国民党时期政府当局的态度。）1929年颁布的《佛教庙产管理规则》，如果在执行中能合理约束和保持连贯性是足够有效的；但是，它们为地方党部和军队贪婪和任意干涉留有很大的空间。除了法律与原则以外，佛教活动，特别是居士发起和开展的佛教活动，受益于民国时期的结社自由。然而，潜在的可怕事实是，对佛教财产的随意没收和转移，是协会大部分活动的首要原因——居士极力保护庙宇、僧院和神职人员。1935年出版的一期佛教期刊以《十五年来教难之回顾》为题对国民党时期作了一个总结，陈荣捷和杨庆堃多次引用该文。而且，如同基督徒、穆斯林和其他虔诚的人们一样,佛教徒认为,通过利用公共权力和税收来摧毁他们的宗教,这侵犯了他们的信仰自由,也使他们的家人遭受沉重的负担。1930年代前后,公民(公民、社会伦理)教科书中指出,佛教是一种必须彻底摧毁的迷信;禁止学生跟随母亲参加迷信活动。

内务部(1929年?)要求省、市政府掌握所有宗教组织和机构的信息,并对其进行注册;并且"……同时,禁止迷信和其他不正当的宗教形式,以及算命和其他相关活动"。的确,在国民党时期,甚至比民国早期更为频繁地爆发间歇性的压制性运动,他们随意并且有时十分残酷地镇压那些被某个党列为禁止或需要断绝的行为。调查和司法程序从未取得令人满意或有效的结果。1934年,针对传统道德及其起源的公共政策发生了一些变化。内务部宣称,对佛教和道教庙宇进行检查和监管是为了保护纯正宗教;并且,也保护了圣人、有功绩的官员、受人尊敬的学者、守贞妇女、模范孝子的祠堂。内务部暂时还未能公布相关标准,以彻底划分应当被摧毁的圣殿,但是却列出了作为第一批被废除的四类情况:(1)"那些没有现实基础的",例如,圣殿神灵与自然元素相关——风、电、山脉和土地;(2)"那些借助于迷信力量而产生不良影响的",例如,城墙守护神、瘟神庙;(3)"那些用来敛财或误导民众的",例如,供奉天花和狐妖的圣殿;(4)"那些煽动劫掠和伤风败俗,有损习俗的"。这四条具有灵活性的概括与清政府针对包括基督教在内的教派所采取的措施具有相似之处,这说明通过法律和行政途径来解决迷信这一复杂问题困难重重。

(四) 国民党分裂的意识形态和领导层

孙中山多少带有几分自由和开放的传统(接受俄国的一党垄断统治模式,接纳共产党积极参与担任关键职位),他本人被确认为基督徒,蒋介石和其他几位重要的内阁部长在1930年之后提出建议,实行宗教宽容,尤其是对基督教。另一方面,激进的反宗教运动明显出现在1920年代 — 1940年代的国民党左派和其他成员当中。其实,这种反宗教意识是一种混合体,源于中国理性主义以及吸收了具有法国或俄国特色的西方世俗主义。俄国人民抗击英国和其他"帝国主义"的决心也进一步强化了日益高涨的民族主义,而且俄国本身就有反宗教的动力。

几位更重要和更激烈的反宗教领导人的例子足以说明问题。廖仲恺在1924年广东激烈的反宗教周中尤为著名,他猛烈地抨击基督教学校是帝国主义的,并且力劝学生离开学校。(当有基督徒指出,廖仲恺的儿子毕业于一所基督教中学,并与一位姐姐正就读于岭南时，这位父亲唯一的辩护是，他已经命令他们不可成为基督徒。）蔡元培，党和政府在教育领域中最具影响力的一位领导者，一直竭力反对宗教。1920年代，他在演讲和著作中指出："利用无知人们的盲目信仰，以维持传教士及其事工。这些事工是对我们知识界的侵犯，以及对我们公民权利的攻击……任何学校都不应该开设任何宗教课程。任何以布道为业的人都不应该从事教育。"蔡元培的中法联盟在法国有2 000多名学生（1920年），他们立刻开除了那些被确定为天主教徒的中国人。汪精卫对宗教的敌意渗透到了他的政策取向和管理中，这种不公行为引起了孙中山的指责。

汪精卫的助手汤良礼广为人知，1920年代晚期和1930年代，他掌管着国民党和国民政府大量的公共关系事务，包括用外文出版了一系列书籍，详尽阐释国民党革命以及当时政权重建所取得的成就。也许他最广为人知的是《反抗中的中国》（*China in Revolt*）（1927年）一书，蔡元培和伯特兰·罗素（Bertrand Russell）为其撰写了热情洋溢的前言，其中一章"传教士问题及其对中国分裂的影响"，充分代表了当时的左派宣传——共产党公开出版的任何可资比较的文章。这种半官方的声明宣称："在寻求凌辱和征服中国的策略中……外国帝国主义最阴险的手段"是1858年中英条约中的宽容条款，中英条约的签订结束了第一次传教战争和第二次鸦片战争。汤良礼强调："中国人对严格意义上的宗教向来都是容忍的。"再者："近代传教士对中国造成的直接或间接的伤害甚于任何外国团体。由于他们的颠覆活动，中国已经失去大部分的附属国。通过他们的布道，他们已经使成百上千的中国人改变信仰，从而在很大程度上成为从肉体和精神上分裂民族的帮凶。由于他们的歪曲，他们已经间接地使中国文化在西方被严重误解，因此，他们应该对中国在近一个世纪里遭受名誉损失而负主要责任。"基督教试图摧毁"中国真正的精神……因为对家庭、宗族和国家的忠诚被当作偶像崇拜"。

甚至，20世纪三四十年代，国民党高官陈立夫的名字经常与"恢复儒教"和反动意识形态联系在一起，因为他极力反对基督教或任何与其想法相背离的事。一个典型的例子是陈立夫1930年在南京对政府官员所作的演讲。他强烈的反犹色彩，充斥着使人目瞪口呆的自相矛盾。顷刻之间，基督教对于抑制犹太人控制俄罗斯的阴谋是有用的。资本主义和共产主义都是由犹太人提出来的。然而，基督教基本上是毫无作用的；它太理想主义了。我们必须坚持三民主义，我们自己的品牌，它是介于基督教和马克思主义两者之间的中间道路。

刚好在1930年——顺便提及一下，当时，蒋介石按照3年前结婚时保证的那样，长期学习并了解基督教，准备于12月份受洗——国民党的喉舌《中央日报》

刊登了一组反基督教漫画,这无疑得到了莫斯科和江西赞许。其中一幅描述的是,一个传教士将"人民的精神鸦片",即一片贴着《圣经》标签的药丸给了一个被蒙住双眼的学生。另外一幅展示的是,"耶稣基督回归他自己的国度",激励中国人通过"教会学校"的大门进入天国。直辖市总部和江苏省党部宣传部组织开展反对帝国主义文化渗透和宗教的活动,常常专门针对基督教学校和青年会。江苏省总部的活动包括在省会大门口张贴一张巨大的海报:"耶稣基督阻碍人类进步,是与时代精神不相容的恶魔。"此外,省党部委员会重新刊印和发行朱执信所写的一个恶意诽谤的小册子《耶稣是个什么东西》,朱执信是广州政府时期国民党的一位引人注目的领导者(附带说明一下,没有证据表明这本册子是作者或国民党的智力成果,因为,其中大量的内容都源自19世纪中期德国唯物主义者黑格尔)——一版印刷了2 500份。

主要的观点无非是,国民党的重要人物和观点,不再试图坚持党务大纲和宪法关于信仰、结社等自由的主张。相反,在某种程度上,他们使用公共权力、金钱和声望,以摧毁和剥夺其他人的信仰和活动,同时,将他们自己的信仰,不论消极的或是积极的都强加于人。

多年以来,公务人员不定期发动这场遍及全国的反宗教运动,这产生了各种各样意想不到的结果,其主要影响在于,大多数人甚至很难了解基督教或其他宗教究竟为何物,更为困难的是甚至去考虑接受任何被如此广为诟病的宗教。随便举两个例子,当蒋介石将黄仁霖及其助手从青年会抽调出来为士官生和青年军官创办一个世俗版的青年会(励志社)时,他们必须克服众多的偏见。许多士官生认为,这是外国宣道的新方式,是迫使他们加入基督教的诡计。他们在大街上朝黄仁霖扔东西,并商议焚毁这幢新建而又美丽的建筑物。此外,从1924年至1930年代,断断续续在每个省的部分地区,让山东省的一些市县成为基督教会、学校和人员多样化经验的代表。直到1929年,与英国浸礼会(English Baptist Mission)相关的许多学校决定注册并自愿地接受政府的管理。此时,南京禁止宗教教导,地方党部挑拨者组织学生发动暴乱袭击,销毁学校档案、《圣经》和《赞美诗集》;在青州和其他一些地方,他们逮捕了几位基督教教员,将他们捆绑并押送至党总部。因此,基督徒领袖们关闭了学校,转而计划在政府这种运作方式范围之外开展职业培训。

我们将通过1927—1928年进行的公开辩论来介绍当局中几位杰出的基督徒。一位代表国民党的反基督教发言人毫无羞愧感地公布了这一事实,即在此前一年里,他工作的中央党部考虑接受建议没收所有教会财产,表面上是将其改为

"劳工学校"；并且宣称坚持"在党的领导下，禁止任何宗教拥有实体组织"的观点。最后这一点是明确确定将所有一切都奉献给党，承认党对中国一切事情的绝对指导；遵从的原则也与清政府政权相似，即基于宗教目的而自愿结社，在本质上是违反官方学说和意愿的。另外一个活动家在其出版的论争中写道，宗教的意识形态，仅仅是党的意识形态的一个组成部分，党的意识形态包括了所有宗教教义中任何有价值的成分。因此，"没有必要贴上宗教的标签"。这些略显幼稚且空洞的极权主义表达很容易遭到基督教发言人的反击。但是，这也显示了一种傲慢的无所不知和无所不能的永恒趋势，当他们以政府权力和枪炮武装起来时，这对于人权和自由而言是危险的。

（五）杰出基督徒的角色

大体上，在政府、政党和军队这些相互关联的部门中的杰出基督徒通常以两种方式来支持已经承诺的宗教信仰自由：第一，即使一言不发，这些人的存在已经反复地证明了，基督徒完全是爱国的，有能力的，能获得上级、同行以及主要下属的尊重和支持，以获得和维持显赫的地位。当然，他们也犯错，但是与大部分的同行相比，他们很少有贪赃枉法、拉帮结派、地方主义。并且，每个人都知道他们的基督教信仰，无论是显著的还是表面的，在政治上，与其说是一个助力，不如说是一个障碍。他们本人否认对他们的刻板指控，即剥夺公民资格、空想以及无力在中国社会行使职能。此外，由于颜惠庆、王宠惠、孙科、王正廷和其他人的存在和政治影响，更不用说孙中山和蒋介石，辱骂佛教和基督教、支持反宗教运动和执行镇压行动，都没有那么容易。第二，在许多时期，当基督徒及其信仰遭受打击或压迫时，这些人以及许多在中央、省、市政府以及教育、医疗服务、经济生活中职位较低的人们的卓越表现，给负责任的基督徒以信心。他们在内心千遍万遍地提醒自己，并且无数次大胆地说出或写下，因为革命、民国和国民党之父，帝国主义和外国剥削的强敌，国民生计大纲——三民主义——的起草者孙中山是一名基督徒，所以我们能够容忍甚至回应辱骂性的嘲讽，对自由的过度侵犯则会被贴上标签，更加确定是错误的。在某种意义上，已故且备受尊崇的孙中山从某种意义上说是基督徒的先人，他的精神能够被唤起，并且确实能起到保护作用。蒋介石的角色在不同时期和具体方面虽有所不同，但是与孙中山多少还是有几分相似。从孙中山生病去世到蒋介石受洗这中间是最具破坏性和最沉重的6年，对每一点救援都是满怀感激的。抛弃共产主义和俄国路线的伟大转折，尽管它还不完全，还在一个尚未统一并且处于日本可怕压力和威胁之下的国家,实现从动荡的革命运动向负责的政府的自然转变,这些对于中国的公共生活而言,无疑要比蒋介石的改宗更为重要——它在本质上而言只是私事。但是,对于基督徒而言,这是一个非常重要的标志,使他们真切地感受到,基督教不再那么陌生,基督教更像是中国古老的传统。我们正好注意到,到1930年及之后,积极的反宗教和反基督教因素一直都在发挥作用——并且,他们从来都没有消失过。但是,所有事件的整个运作,包括蒋介石的声望,同样减轻了中国反对宗教的政治压力。确实,政府希望在各种重建和社会工作中有基督教人员的参与和服务,因此,它对中华全国基督教协进会、其他基督教机构和团体怀有期望和友好的要求,从他们的能力范围、资源有限的潜在负担以及为了非基督教的目的不可避免地与官僚机构和政治有联系来看,这是令人尴尬的。

为了避免任何的误解,应该坦率地声明,孙中山和蒋介石绝非理想的基督徒,并且,中国信徒所在的教会和主要团体所需要的远远超过他们所给予的。我们在此不涉及对早期婚姻的处理,也无关暴力、分担社会罪恶以及通常在革命、战争和无政府主义中为取得政治成效所采用的模糊做法。此外,我们相信,从个人角度来说,他们每个人的良知和价值在某些方面的确受到基督教的影响,并且在一定程度上信仰基督教;而且,在他公共生活中的一些选择性动机方面,他从基督教中找到力量、勇气和坚持。但是,从大部分的职业生涯、决策对他人的影响来看,两个人都似乎与自身所坚持的小教区有明显的联系。表明孙中山的基督教信仰和践行的证据留存下来的很少,但相当重要。至于蒋介石,别人提供的证据更多是有关冥想、诵读、祷告和参加私人小礼拜堂的例子——加上一些说教性的话语。但是在20世纪那个背景来看,曾有人将蒋介石的大部分讲道描述为带有儒家传统的高谈阔论,而不是如在耶稣基督、圣保罗和希伯来先知身上所显现的那样对信仰上帝的见证。此外,至关重要的是,孙、蒋两人都未真正将自己与基督教会、任何教堂、各行各业信众组织及集体祷告、教导、联谊和公共服务的集会联系起来。这一事实反映了中国社会的常态——有点个人主义、半公开的,(并且,就知识分子和有头衔的人而言)有一点势利,避免与普通人经常往来。但是,基督徒充满感激,并且他们有深层次的原因对孙中山和蒋介石所秉持的虽然有限但实实在在的基督教立场表示感谢。我们都未曾意识到偏袒基督教利益是违背其他组织或整个国家的利益。请他们为基督徒特定需求或特殊群体提供特别援助的无数请求均被拒绝或出于政策或需要而未予理睬。在任何意义上,他们都不是基督教会和服务团体正常基本运转的重要支撑;但是,却是对抗敌人(尤其是党内和政府敌人）的保护伞。

在与党员论争的过程中（1928年和其他时候），基督徒中有些人本身就是党员或供职于政府，他们从孙中山已发表的演讲、书面声明或与朋友和家人的口头陈述，以及三民主义中的两段文字中节选出一系列虽不多但重要的表述，表明孙中山个人的基督教信仰以及他对基督教、基督徒以及基督教活动在国家生活中的价值给予的赞许。在某些场合，这些表述与科学、外国帝国主义以及孙中山至关重要的政治工作相联系，从而限制和削弱了实质上的基督教声明。此外，孙中山有很强烈的倾向将宗教作为一种工具，这一点在蒋介石和许多中国人身上也很明显（普遍的人性）——选择认为能够满足自己直接目的的部分，用自己的风格诠释和应用它，而不是接受宗教教导以及道德和精神上的挑战。不应过于强加这种观点。例如，耶稣被誉为革命者，即使遭受死亡和明显的失败，他的信念也毫不动摇。但是，关于此点，孙中山的第三次演讲表现出的理解是，耶稣的"王国"是精神上的而非政治上的。

此外，由于孙科与其父亲关系非常亲密，并在20世纪早期的广州政府时期举足轻重，所以，他坦率的基督教立场，与他父亲的态度是彼此关联、互为奥援。他的文章《国民党与基督教》（1925年），批判将非基督教运动视为党派问题的普遍看法，并为此给出解释；但对党员在非基督教运动中非常活跃这一点表示遗憾。正如其父亲一样，孙科力劝基督徒为了党和国家的利益而加入国民党——他们可在党内获得更有利的地位，以阻止非法或不合规则的行动。他进一步要求减少偏见，还原事实真相："我深信'非基运动'是一件完全不能理解的事。当某些'反宗教分子'斥责基督教会成为帝国主义先锋时，请试着思考——这种诽谤是基于什么样的证据？教会有叛国行为的证据在哪儿？它曾经协助过任何帝国主义国家侵略中国吗？"

我们之前提到过1928年的论争，不能忽略在其中的部分场合对那些不愿对宗教自由施压的党政官员进行了审查。2月，钮永建将军（一个没有很高声望的基督徒，但是在军政中颇有声誉，不久之后即为江苏省长）和冯玉祥的老相识、不久后担任江苏（面临激进风潮的特殊问题）绥靖督办公署督办的张之江将军（成年后一直是一位真挚、积极的基督徒，因缺乏教育、见识和平衡能力而未能成为一名可靠的主要领导）在"许多来自西北的同志"的支持下，向政府委员会提议，通过"废除反基督教和反任何宗教的标语"以实行宗教自由。换言之，终止党对基督教、伊斯兰教和佛教的抨击。此建议引起激烈的争论，被提交给中央党部以接受审查，3月有了结果，正如我们先前所见一样，通过使用政府委员会早期就已明确禁止暴力侵犯宗教信仰自由权的法令而予以解决（1927年5月）。

此外，在讨论宗教教育这一实质性问题之前，我们注意到15个新教教会团体参与了部分论争，它们向政府部门提出诉求（1930年），请求放松有关禁止将"宗教作为必修课"和"在课堂上传道"的命令。这些命令进一步指出，"禁止在小学开展宗教活动"；高等学校"如果有任何宗教活动，均不得强迫或诱使学生参加"。教会总结其基本观点为反对使用"诱使"这一暗含讽刺的词语，要求依据言论自由原则而具备传扬基督及其教义的权利，要求依据宗教自由原则而具备做礼拜和传教的权利。

接着，他们抬出孙中山以面对眼前的这个问题："孙博士为我们国家奋斗了40年。他在教会学校接受教育，甚至在临终前还声称自己是基督徒。他并没有将宗教视为使人愚昧的事物。他没有怀疑教会学校是毒害青年并使其冷漠的机构。因为他知道基督教和教会学校功能的本质，甚至在其生命的最后时刻，他还由衷地支持基督教机构。为什么他的追随者们要违背他的本意呢？"

关于此点，蒋介石在这一点上则较少受到关注，部分是由于在中国的政教关系方面他的影响力不及孙中山在世的时候，此外，孙中山推崇传统——孙中山提出了蒋介石公开声称信奉的三民主义；部分原因在于蒋介石成为基督徒时，革命时代正让位于政党、官僚机构和军队所掌控的军政时代，以适应一个幅员辽阔的国家。此外，在处理教育问题以及向基督徒施压以寻求合作时，蒋介石的这种立场将再次显现。

1920年代，民族主义十分强烈，破除旧习的革命也正处风口，当时人们对西方帝国主义的英国及其不平等条约采取敌视的态度，三民主义凌驾于任何信条或"世界观"之上，俄国反对宗教的行为也引起直接刺激。在这背景下，43岁的蒋介石成为一名基督徒，这对他而言是一个大胆的决定，但经常面临革命党内的挑战。当然，个人的婚姻因素和宋氏家族发挥了主导作用。政治上，蒋介石忍受着得不偿失的痛苦。如果没有孙中山这样一位保护者，不知他是否还敢这么做。不管怎样，它表明任何中国人，哪怕是居于党、政府和军队最高位置的革命首领和继承者，只要他真的愿意，他都可以自由的成为一名基督徒。政府不太可能改变政策，以及严重威胁宗教信仰的自由。有意思的是，1929年，刚好在其改宗的前一年，蒋介石为青年会全国代表大会写了一篇题为《宗教自由》的文章。

或许蒋介石有关这一问题最重要的声明在其代表作《中国之命运》（1944年）一书中。考虑到中国边陲的各族人民，蒋介石提出确保他们在宗教、文化和经济生活上的机会均等，以增强其凝聚力和协作能力，"将有可能使他们和谐共处，满怀爱国热情共同支援国家"。他称赞接纳佛教、伊斯兰教以及异域基督教的中国精神。"它们都使中国的学问和思想获益匪浅。因为中华民族能够以这种方式行事，中国历史上从来都没有发生过欧洲在中世纪所经历的宗教战争。在过去的一个世纪里，基督教通过科学知识和社会改革实践的渠道产生了显著的影响。太平天国运动是将其自身思想架构在基督教概念之上。而且，基督教遍地开花，并将其动机根植于国民革命运动之中。（尽管历史论断还有待考证，但是，支持各种群体和信仰之间的自由与平等，正如赞成爱国精神与和睦共处一样，都体现了政治家的风范。这种做法应该更早开始，且始终如一地坚持下去。）

（六）教 育 问 题

面对传统社会中的保守主义，要以极大的耐心创办和发展基督教学校。直到1900年以后，政府甚至还未开始创办现代意义的普通学校，而在很大程度上只限于审核以私塾和古老方式培养而来的人选。1912年的学校条例禁止公共教育中有任何形式的宗教教导，但是，却将道德教育置于首要位置。1913年，确立了差会和基督教学校注册的指导方针，包括以下诸点：（1）禁止学校冠以差会组织的名字；（2）禁止设置任何专门针对基督教的系列课程；（3）禁止对小学生谈论基督教。政府没有强制要求注册，并且差会教育通常宁愿等到他们期望有所缓和的状况。蔡元培早期表现出的态度就很明显。教育部1914年的公告抨击宗教，公告中引用了自1882年开始通用的法国世俗道德手册，并且完全废除宗教。但差会学校仍然经常与地方当局保持良好的关系，地方政府公开称赞并帮助过部分差会学校。有可能许多实际的立案和申请是由省市当局亲自操刀。例如，山东南部的德国天主教初级中学，之前仅仅招收基督徒，后来全面开放招生，但并不要求占大多数的非基督徒参加宗教课。与当局保持良好的关系，至少整个1918年都是这种情况，并且显然这种情况一直持续到1920年代。

然而，将宗教从教育中清除的目标断断续续地得到了确认。这在基督教教育者们看来是完全错误的。他们自己受益于教育中的宗教因素；他们了解宗教在他们生于斯的欧美国家整个教育中的历史地位和时代价值；他们真诚地希望将这一点引入整个中国教育。当然，最终的决定取决于中国政府和社会。事实上，公共教育明确的非宗教以及偶尔反宗教的立场，对基督教教育者们而言似乎强化了一些私立学校的宗教特征。正如一位博学的法国传教士所写的："……在科学主义的辩护下，强化了反宗教。"此外，传教士和基督教团体——比那些希望官方路线在任何时刻都保持高度一致的民族主义官僚——更强烈地意识到私立学校的价值——尤其是在初级和高级中学。

我们没有必要详细讨论政府对于立案的要求，自1925年开始就很明确，任何未经立案的机构均将被排除在教育领域之外，并且面临着被强制关闭的风险。尽管因为强制性而不受欢迎，但其背后的理由是可以理解的：（1）校长和董事会多数成员必须是中国人；（2）学校必须遵循政府的课程体系；（3）学校不得将传教作为其目标；不得要求参加宗教教导或做礼拜。到1929年，甚至在小学和初中自发的宗教教导和集会也遭到禁止——高中和高校在获得特许的情况下可将宗教课程列为选修课。基督教图片和书籍，在小学，即使是在图书馆，也都是被禁止的。1930年，在中央党部的推动下，教育部颁布章程公然抨击基督教是"有意麻痹青年人的心灵"。在某些情况下，政府当局坚持有权任命任何已立案学校的校长。

进一步的议案已经提出，但是，没有得到实施：政府当局可以任命和罢免任何校长；只用中国人才能教书；宪法保障的宗教自由仅适用于成年人。确实，政府官员们才刚刚入门。教育部副部长对基督徒教育者们说，正如新政权下的父母不再有权替子女选择配偶一样，他们也无权决定子女的宗教关系。（这个类比既不准确也不清楚。这是否意味着国家应该拒绝接纳或应该否决孩子对于婚姻的选择或期望，有如宗教一样？孩子在两件事上均没有自由或发言权？总之，官僚在压迫着孩子的父母）

当然，国民党有权根据自身的愿望而作决定。教会呼吁取得公平公正的待遇，让他们传播智慧。此外，应该指出的是，几乎所有的基督教中学和高校的确都立案了。因为种种复杂的原因，相当一部分小学被移交给非教会机构。未立案的学校面临被关闭的威胁，并且其中一些学校真的被关闭了。但是，到1930年代中期，对立案的基本条件作了可接受的调整。

但是，整个进程及其后续发展仍然是不自由的。仅仅只有一家中国出版社刊印了新教教会团体1930年的请愿书，这与教育部苛刻且明确的反驳得到广泛传播形成对比。社论对请愿书的内容以及基督教教育的内容与宗旨相当无知。政府在导引公众舆论方面有巨大优势。

新教提出诉求的同时，天主教以284 793名天主教小学生和中国学生之名提出抗议，这是由新成立的天主教青年联合总会于1930年发起的，该组织的创办是出于广泛的宗教和社会宗旨，形成与法国和比利时一致的做法，包括"捍卫教会和家庭的权利"。这份有力的文件提出限制性条款违背了自然法则、中国宪法、孙中山主义以及公民自由。"我们希望在我们的学校自由传播宗教，我们希望在我们的学校可以自由举行敬奉我们所爱的上帝的仪式，他创造了天地。任何人都无权阻止我们遵从我们的良知。我们要求充分享有作为中国公民的权利。"

在几年之内，在教育部当局成功地压制宗教和外国传教士因素之后，开始出现一些新的想法，这与面对日本入侵的"民族危机"感以及文化和道德的混乱不无关系。胡适提出，中国文化中宗教的缺失是民族软弱的一个原因。他似乎关心的是无法对领导者表示尊重的同时保留争取宗教自由的目标。教育部的一位代表慎重而深刻地向众多与会教育者指出，宗教在人类生活中的影响和潜力是如此之大，教育不应该禁止或忽视它。宗教可以成为国家崛起的推动力；因此，教育家和政府教育工作者应该重新审视之前的态度。

然而，事实上，并没有发生有利的转变。国民党采取行动迫使私立学校接纳公民教员，他们的培训、任职资格，并且有时连实际的任命都由国民党来规定；还有训育主任也是如此，他们在许多学校武断专行或者随意施加影响。在某些基督教学校，这些人无论在才能或品格和精神上都不及教员；并且，他们还是个沉重的负担和严重的问题。在其他情况下，教育当局与学校管理部门共同指派人员，可能是学校的在职职员或毕业生，这样可能会令人满意，不会招惹麻烦。

大量政府条令，要求这个又禁止那个，都涌进基督教和其他私立学校。至1940年代末期，针对高等教育机构的法律法令、规章制度和指令累积达几大卷；并且，甚至一所规模较小的大学也不得不雇用2—3人专门负责提交报告的工作。对于规定高中每个课时和每门课程的新条例，基督教教育者们感到极其失望，并因此而自动放弃了之前提出的将宗教设为选修课的诉求，而宗教选修课曾经在某些学校得到有效的实施。

毫不奇怪，日本的侵华战争导致不断加强对学校和学生的政治利用，以及教育领域的党派和准军事化行动。这些措施有时并不得当并且简单粗暴，有时借助于品质低下的人员来操作，侵犯了具有爱国主义和专业服务崇高理想的校方管理人员正当的自由与责任。1938年春，宋美龄通过广播和新闻稿首先向传教士宣布，为了感谢基督徒在战争危机时期献身服务，总司令建议修改法律中关于允许私立学校在自愿的基础上开设宗教课程和举办宗教仪式的条文（直接影响中小学）。行政院批准了修订后的条例，并非正式地出版了。但是，这些条例从未经过官方正式发布，也从未作为官方教育指令而生效。蒋介石发布声明之后的大肆宣传和基督徒的欣喜逐渐转为失望，甚至对其动机的愤恨和怀疑一直持续到1949年。如果蒋介石并不会或不能贯彻他的提案，为什么要通过广泛的宣传来寻求基督徒和国际的支持呢？如果在因为法西斯分子以及出于党派甚至派系目的而强化的政治意识形态感到焦虑的情况下，政府和党派势力已经决定并且能够否决这项提案，那么我们从中能够推出怎样的结论呢？对这件事，大家听任自流，从未在任何坦率或负责任的声明中对其予以澄清。基督徒领袖并不试图辩论，在令人绝望的战争形势下，这么做似乎是不爱国的表现；并且他们还有许多其他值得担忧的问题。民国末期，即在1948年初，国民党中央执行委员会委员、国共内战时期蒋介石"精神动员"计划的坚定支持者于斌大主教公布了谈判中的一些进展，谈判的目的是为了缓解"禁止在天主教学校传播宗教的法律"。但是，据我们所知，大陆从未采取过这样的行动。

我们仅仅提及复杂的汇率和汇款援助问题，这些款项除了用于支持这一时期减少的基督徒传教活动以外，还用于救济，为人们提供紧急医疗和教育服务。战争期间，政府占有基督徒大部分的海外捐赠，有时达到56%或更多。当政府的优先利益和受青睐的个人从同样的汇率管制中继续获益时，基督教机构表现出极大的忠诚和宽容，继续代表中国人民而努力奋斗。

（七）未能提供恰当的法律地位

基督徒的合作需要

中国政府始终未能为中国基督教团体提供合法地位，以便他们在法庭上能合理地指控或辩护，或者与政府官员负责任地处理财产、征税或其他事宜。关于这一点，中国国内或海外几乎没有相关的公开资料和了解。或许有人认为，中国政府希望淡化差会的外国色彩，同时，增强中国人的领导，将其变成国家组织，本来会很早就制定并且一贯坚持有利于发展中国教会以及将组织权力和财产转移到中国人手中的法律和管理机制。然而，显然，对基督教的敌意阻碍了中国信徒团体对现实情况的有效认识；并且1900年或1911年之后，条约对教会的庇护日益减弱，但教会却还是只有条约这一层保障。从1915年开始，某些地方性、相当随意的"立案"，并没有产生多大实际效果。

中华基督教会分阶段地联合许多长老会、归正会、公理会和其他差会以组成最大的新教教会，在其第一次大会上批准了申请。但是，此事并不简单。中国历届政府对存在于中国社会的教会既不理解也没有作好准备。怀着诸多疑虑，作为对与政府未来关系表示信任的一种象征性行为，1936年中华基督教会在唯一可能的范畴下获得立案——行会、工会、农协、妇女俱乐部、学生会、宗教组织、慈善团体等的混合物。只有处在党的一整套统一的监控条例下，这类自治团体的注册才能获得批准并得以维持，党的监控对于教会而言确实是不合适或不能接受的，而且这也侵害了宗教自由。

我们指出其中几项条例，以表明教会和其他基督教组织所处的国家类型——在剩下的13年里，还可以忍受仅仅是因为，管理普遍都比较松懈，对基督徒通常也比较宽容：（1）禁止任何反对三民主义的言语或行为；（2）这些组织应该接受国民党的指导；（3）禁止吸纳被判有罪的反革命分子和被剥夺了公民权利的人；（4）除了常规会议以外，任何会议都必须获得当地党和政府最高官员的批准。站在一个已注册团体的立场上，中华基督教会请求在宗教自由的原则下对像上述条款（1）和（4）这样令人不愉快的条例作出善意的"澄清"。得到的回复却是装模作样的重申教会必须将任何"违反法律"的人逐出教会，这比最初的情况甚至更糟。

尽管有这样明显且不利的先例，大多数基督教团体希望法律完全认可其中国领导权和责任以及接收和管理差会原有和现有财产的合法权利——对其中一些团体而言，这一过程持续了20年。中华全国基督教协进会牵头组织了一个由专业顾问组成的法律关系委员会来研究整个问题，他们继续与政府保持联系，并向教会和差会提供相应的建议。尽管付出了极大的努力，但1936—1949年并未取得任何具有重大意义的成果。此外，必须指出的是，出于各种各样的动机和目的，部分党内分子极力反对任何巩固自治组织或自由思想的行为。在重庆期间，中华全国基督教协进会总干事和卫理公会会督（Methodist Bishop）陈文渊博士对国民政府和总司令极其忠诚——甚至到了服务于新生活运动、救助伤员、组织并带头为三民主义青年团提供牧师的程度，他感到有必要大胆宣布："中国似乎正在进行一场法西斯运动。"

最后，我们必须提一下在战后危机时期政府对基督教领袖和组织提出的要求。当抵抗日本的困境已过，蒋家王朝就不再是民族存亡的象征和代理人。国民党的衰败让渴望和平、改革和建设的人道主义者们越来越感到绝望。许多人认为，政府腐败、无能、无法借助于武力来确保国内和平，又不愿通过谈判来解决。但是，新教领袖的代表出于对疲惫不堪的人民的关心，从良心上不能将他们的拥护者卷入战争之中，而且是在一个未经改革并且低效的政府领导下的战争。结果如何？蒋介石步步紧逼，进行"精神"动员和全体总动员。有如希伯来先知，他们私下进谏南京政要，包括蒋介石本人，声称政府"因为自身腐败严重而且显然不够关注人民福祉"而有失众望，并且预言，除非采取更多措施改善人民生活，争取更大自由,否则政府在战争中付出的努力将毁于一旦,"并给我们的子孙后代带来可怕的灾难后果"。他们承诺愿意加入改良运动,它是对抗专制主义的最佳武器。但是此后,蒋介石和其他人对他们表示出了不满。

此时此刻,整场戏以悲剧而告终。清政府时期,基督徒始终被视为危险分子,尤其是将它与太平天国运动和戊戌变法联系在一起 —— 1898年最为显著 —— 偶尔也与孙中山领导的革命相联系。事实上,大量的教会团体依据历史原则为现行政府祈祷,将它视为上帝任命的有效政权,并且叮嘱要服从合法当局,这在清政府及其之后的政权中都是如此。此外,后来的国民党政权谴责基督徒调整适应旧秩序的保守做法,以及未能全部较早地参加历次革命。总之,基督徒们因其政治活动被认为是不正当的干预而受到谴责;又因其不参加政治活动而被指责缺乏爱国主义。或许真相在于每一任领导和每一项发令都希望得到基督徒的默许或援助,但同时否定任何过去、现在或潜在的独立思想或行为。政府时常过于强烈地坚持自治组织的从属地位,不信任普通民众。官僚们自我信赖,并且对自身的才智和清廉过分自信。尽管如今几乎任何人都会谴责沙皇体制下普遍要求牧师充当国家警察和间谍的做法,但在中国,无论是清政府、民国都要求教会驱逐并报告违法者和嫌疑犯。总之,对宗教的宽容是有限的,也是不确定的。

注:作者省略了太平天国运动,以及传教士与德国强占胶州的关系的有关内容。除了胶州以外,作者欢迎大家提供因由基督教差会而丧失领土的案例资料。

第二章

（1937—1949年）

新教在华事业

◀ 前　言 ▶

　　本文试图对自抗日战争爆发至新中国成立这段混乱和缺乏完整记录的时期寻求初步的了解。这一时期时间不长，需要慎重选择，否则就会有误判与误读的危险。

　　1937—1949年的每一年中国都无不经历着重大的斗争。侵略与占领带来的是长达8年的抗日战争（1937—1945年）。此时，在日军投降之前，为了夺取中国的领导权，隐形的内战正走向全面的冲突。共产党于1949年获得胜利，迅速并完全牢固地掌握了政权。

　　1937—1949年，所有中国教会均无法彼此交流，也不能与宣教差会联系。报告、研究和出版物的正常出版遭到受阻、中断，或者终止。自1912年起，作为主要报道和宣介渠道的《差会年鉴》在1940年停刊之前仅发行了2份合刊；《教务杂志》秉持了创刊于1867年的前身刊物《传教士记录》的优良传统，但在遭受多次重创之后，于1941年停刊。在这13年间，并无综合性的调查和全国性的基督教会议。中华全国基督教协进会上一届"常规"会议（第十一届两年一度的会议）于1937年5月召开。直到1946年12月第十二届大会才得以举行。正如1948年的大会一样，此次大会如果说不是一次紧急会议，它也是非同寻常的。

　　虽然零碎的信息相当可观，但都是分散的、不完整的，且基本上都是未经整理的。通常可以收到中华全国基督教协进会从上海（1937—1941年；1945—1949年）和重庆（1941—1945年）寄来的许多重要文件，并且，照例通过位于纽约的北美东亚海外宣教委员会（the Committee on East Asia of the Foreign Missions Conference）和位于伦敦的同一组织油印后分发给相关的宣教差会负责人。各大差会以及教育、医疗与一般救援服务等特殊团体的报告，外加众多称职人士的报告信函，均有助于我们补充细节。传教士和其他人士所著的大量书籍，虽然质量参差不齐，但都在特定时期从当代视角尝试着去记录并解读时代场景或部分场景。从这一时期结束后的10—12年来看，值得为之著书立说。

◀ 一、民族场景，社会宗教 ▶

　　尽管普遍贫困、遍地文盲、疾病丛生，但对于绝大多数的普通民众和基督徒而言，1937年的中国与近代史上的任何时候相比似乎步入正轨——自从日本自东北进犯华北，战争阴云，甚至存在着更大的威胁。20年以持续内战为特征的分裂状态相对有序地逐步得以终结，尽管有缺陷，但仍采取了实质性的措施朝着现代化的政府迈进，修建铁路、公路，完善金融和货币，扩大教育规模。在经受统治集团长达数十年旧式的和新式的反基督教的态度之后，基督教仍然得以幸存，在此时的政府中，有部分高级官员公开宣称信奉基督，并且也有许多基督徒和教会学校毕业生任职于政府部门。不少基督徒留心各种新的可能性，包括成为良好公民以及在关乎中国的福祉甚或存亡之时投身于国家重建。政府方面则一直在寻求与基督徒合作开展服务工作，比如公共卫生、大众教育、新生活运动、乡村建设。

　　然而，一切并不容易。正如中国民众一样，政府仍然不了解宗教的本质，也没有为其提供可接受的合法社会地位。1936年，一个主要的宗教团体的确在政府注册登记，但仅仅属于行会、公会、学生社团及类似的组织，教会原则上必须接受国民党的指导及任何有关非常规会议的政治性决策，同时有义务驱逐任何"触犯法律"的成员。事实上，无论是政府官员还是教会对这些条文均不予理睬，但是地位问题仍旧是个尴尬的问题，并且从未得到满意的解决。各种各样特别是在青年人中间开展的"有组织的"政治活动，外加对公众甚至是邻里生活大范围的军事及警力管制，都使教徒们受到干扰。陈文渊博士作为中华全国基督教协进会总干事，通常会赞成并带领基督徒与政府合作开展富有建设性的项目，曾大胆地宣称："中国似乎在进行着一场法西斯运动。"①

---

　　①　中华基督教协进会第十一次两年大会，上海，1935年5月5日—10日。亦见《教务杂志》第68卷（1937年），第343页。

　　1937年7月，日军开始实施全面侵华，到处是惨绝人寰，一片混乱。随之而来的是对沦陷区的剥削与自由区的数千次的空袭，各方力量聚集起来，在蒋介石的领导下参加全面抗战。基督教组织自身所开展了不计其数的人道主义服务，在其他社会服务中表现突出，扮演着重要角色，赢得了人们的感激和赞赏，减少了一直以来的偏见，促进了人们对基督徒和传教动机与性质的新的认识。蒋介石在诸如耶稣受难日、复活节和圣诞节等基督教节日场合通过收音机和报刊所发表的讲话是平信徒的讲道，它强调不可征服的信念和勇气，服务与牺牲的意愿，哪怕是走上十字架，耶稣基督就是为世人所树立的活生生的榜样。尽管如此，基督徒参与公共服务事业带来了官僚主义甚至是准极权主义程序的问题，以及与显要人士联系紧密的问题，这些显要人士本可以因其教名和基督徒的优点而受到尊重，但又因其个人和社会过失而受到怀疑和厌恶，有的过失确实存在，有的则是因党派的诋毁而制造出来的或被夸大的。一个人不可能身处善恶夹杂的社会而不染尘埃。

　　1943年，美、英政府宣布放弃治外法权和其他特权，传教士深表赞同，而中国人也欢欣鼓舞。由于基督徒一段时间以来所开展的工作并非依靠这些条约，因此也并不期望这一改变能产生重要的实际效果。但是，对于教会合法地位的担忧却与日俱增，而政府也并没有采取任何实质性措施提高其地位。与此同时，因急速上涨的通货膨胀及固定汇率，西方支持者对基督教在华事业的支持及相关的战时援助已难以为继。中国政府的经济困境确实令人绝望。但是，当国库的每一分钱实际上很大程度上源于美元或英镑时，要维持特别的供给是很困难的。（此困境直到1944年才最终得以克服）到1945年，物价已经上涨到了战前的1 000倍，对于依靠货币收入者而言，许多紧急措施仅够维持基本生活。

　　日本人勉强承认外国传教士的"权利"和在沦陷区的影响，教会虽然是合法的但仍被视作可疑机构。1939年，他们迫使大多数英国传教士离开华北，在珍珠港事件后，则拘禁或交换几乎所有传教士（除了德国人）。同时，他们试图在日本牧师的帮助下，以一种便于指挥和控制的方式组织中国教会。此种努力在东北地区获得极大的成功，在华北地区亦是如此。然而，在不同的情况下，中日基督徒以一种意想不到的伙伴关系确保了某种最低限度的保护和友谊。

　　抗日战争成功击退了日本人；见证了共产党军民从战前的300万人发展壮大到约9 000万人，并且其势力还在进一步增长；与此同时，国民政府则无力肩负全面复兴的艰巨任务。姑且不提日币和伪钞，两届政府货币消失在地狱之中，预示着在心理、政治和经济上将产生不良的后果。抵抗日军侵略的必要性一旦消失，蒋介石政权即不再获得支持或被视为民族存亡的象征，而是被判定为腐败、无能，并且无法通过谈判或武力确保国内和平。只有根本性的改变才能使生活过得下去。但是,正如1947—1948年的每个月都使得越来越多的人所感受到的那样,如果政府不会或不能创造一个更好的明天,数百万人将逐渐由不情愿变为默许,甚至或许仅仅出于对和平的强烈渴望而希望通过得到授权对国家困局采取某些措施。我们没有忘记日本人对造成灾难性局面所应承担的主要责任。但是我们关心的是大部分基督徒在生活和工作中不得不面对的形势以及他们的应对方式。

在长达8年的抗战之后,百姓仍饱受贫困和战争之苦,这使得基督徒领袖感到十分失望,甚至愤怒。他们的确发表了有关道德和人道主义评判和呼吁的公开声明。① 此外,他们有如希伯来先知,私下游说南京要人,包括蒋介石本人,声称公众对政府失去信心,"因为它的腐败以及明显缺乏对人民福祉的关心",并且预言除非更多地致力于改善民生、追求自由,政府的战时努力将失败,"并将在未来……带来可怕的和灾难性的后果"。② 他们准备参与一项改良计划,以此作为抵抗专制主义的最佳武器。此后,他们依旧遭遇蒋介石和其他人的不满,因为他们不支持像著名的罗马天主教徒那样动用所有的人员和物资。

---

① 例如,见"协进会声明,"第十二次两年一度的大会,1946年12月3日—11日。

② 中国基督教协进会,63-2,绝密,"南京考察报告",1947年7月11日—12日,大约18人代表新教教徒。

二、教会与差会，数量与增长，及其关系

数量不是基督徒首要关注的事情。但是，由于质量无法测量，它是衡量质量的一个指标；尽管它并非完全与发展活力和增长有关，但它们有着必然的联系。长期的战争严重滞缓了教会的发展吗？他们是以蓬勃发展的态势进入共产主义时代吗？

1936年，领圣餐会友达53.6万人。这需要外加东北地区的3.1万人，以及未曾报告的人数可能占总数的10%，这主要是中国本土教派。（那就意味着总人数大约有62.3万）据报告，受洗礼的未领圣餐者有8.2万人，加上东北地区还有7 000人。撇开这些复杂情况不谈，53.6万人这一基本数据显示，尽管经历了内战和国民革命、反基督教运动和大萧条，在不到20年的时间里，人数翻了一番，即是1917年的2倍。教会获得了并非引人注目但是实质性的发展。

很难描绘出战后的场景。在统计出1937—1945年损失和增加的人数之前，内战所造成的危害迅速蔓延，且难以计量。但是，从不同的渠道还是获得了一些重要的数据，包括各教派收录在《中国基督教团体调查录（1949—1950年）》①里的报告；1946年末对777个地方教会的问卷调查统计资料；出于同样原因，对44个教区，包括2 031个地方教会的24.1万个成员的调查统计资料；以及一些对其他证据的有力概述材料。1950年的目录数据是包括所有受洗者在内的"基督徒"，加起来的总数可达90万人，有些人兴奋地将其与1936年受领圣餐的53.6万人相比较。但是，之后的数据包括了东北和台湾地区。此外，他们还将真耶稣会的12.5万名成员和长老会的3万名成员（长老会没有加入中华基督教会总会）统计在内，他们的报告数据都不太可能核实，有可能需要打一半甚至更多折扣。另一方面，没有关于内地会1930年代（当时是8.5万—9万人）之后的人数统计报告，

---

① 中华基督教协进会，上海，初稿和修订版。

因此只能一再重复老的数据,没有任何改变。令许多宗教团体人士担心的是,在处于多方干扰的时期,大家乐于报道有关教会成员的增长情况,而对于人数的减少,则较少忠实地反映出来,并且担心某些地方教会全部交由上帝来检验,因为他可以看见不可见的。

依据每个较大的教会团体的报告,有尝试着将1936年与1950年的数据进行仔细的比较,其结果仅仅在一定程度上而言是可信的。我们暂且提出下列一些假设:(1)较老的和熟知的团体占20%;(2)中国教会在总人数增长中占了重要且极大的部分。另一方面,有关战争期间人员损失的真实报告,外加1946—1950年记录下的颓势的证据,使得我们不禁怀疑一直以来教会成员新的增长是否真的能弥补人员的损失。1946年底报告称其成员占到所有新教徒约30%的44个教区,与1936年相比人数增长了15%。农村教会是总量的一个重要组成部分,关于农村教会的报告并非都让人感到沮丧,但有一些的确如此。总而言之,这一时期的净变,包括许多地区在战后重整旗鼓,但或许不充分考虑新近的损失的话,似乎呈现出增长的势头,这是在长期的逆境中所取得的一个实实在在的大成就。然而,其增长的速度则明显低于1937年之前的增长速度。

以1937年为基础,14 500名中国传道人服务于5 800个有组织的教会和7 000个其他的常规性宗教场所,他们中有2 135人为按立牧师。在华传教士总数仅过6 000人,其中,有1 084人为按立牧师。许多传教士从事教育、医疗和其他事业,尽管他们可能也直接服务于教会。

在所有教会团体中,中华基督教会全国总会是最大的一个,其有12.3万名受领圣餐者,大约占总数的23%。它是通过先后联合由16个差会所创办的教会以及来自英国、美国、加拿大、新西兰、朝鲜和中国本土的教会而发展起来的。长老会和改革派处于引领地位,同时还包括各方代表,他们分别来自英国公理会和美国公理会、英国浸信会、联合兄弟会、加拿大联合教会以及中国自立教会联合会,其中,加拿大联合教会在中国包括卫理公会的一部分。由于地理位置分布范围广,这种联合相对比较松散,这为每一次教会大会留有较大的自由空间,使其可能保留之前的教派传统,但在精神上和联合行动方面取得稳固的进展,在教会方面,有关差会仍在继续援助教会,包括选派1 150名传教士和提供财政支持,尤其是在制度方面。这类传教士尽管没有宪法赋予的权力,但是和中国人一样可能会被选中或任命去履行各种职责。参加1937年联合大会的代表中,传教士约占1/5。

其次,则为内地会及其分支机构,其有8.5万名受领圣餐者和1 350名传教士。内地会坚决维护其明确的神学观点,但并没有建立一般的教会秩序。地方教会联会即便实际上并非由传教士所掌控，但也深受传教士传教模式、教导和建议的影响，传教士或多或少根据其教派传统而分成不同的团体。仅仅专注于传布福音传道有其优势，但伴随而来的却是严重不利于训练中国同工。至1936年年底，1 253个有组织的教会和2倍于此的传教站中仅有61名中国人被任命为牧师，所有领薪金的中国同工的总人数也仅略微高于传教士的人数。差会及其分支机构虽然组织有序，然而，从规模来看，还未能建立起公认的、跨越地区范围的教会团体。

其他由各教派创立的教会拥有超过2万名受领圣餐者，其中，包括美以美会，新教圣公会，源于斯堪的纳维亚、德国和美国的8个团体所组成的中国路德宗，南浸信会创办的教会以及英国卫理公会的部分机构。1940年，受其在美机构合并的影响，美以美会、监理会和美普会进行了合并，从而推进了同一教派内部的联合取得明显进展；而且，战后通过将另外8个团体纳入中国路德宗，也进一步推进了联合的进程。这8个团体中有2个重要的德国差会，其成员中包括改革派。

总之，1937年共有134个新教差会、团体以及专业机构在华工作。12个教会，或著名的家庭教会——如果后者的表述有实际的意义的话——其人数超过5 000人；占所有成员总人数的86%以及传教士总数的73%。合作运动深入推进，因而在1950年基本完整的《调查录》中显示约有35个宗教团体，而差会以及援华机构的数量仍维持在135个左右。（这两个数字虽然不成正比，但在其各自范畴内都是相当可靠合理的）更多有关新教合作关系的阐述通过全国基督教协进会而得以体现，其成员包括16个教会（其中有8个属于更大的教会）的30.6万名受领圣餐者（占受领圣餐者总数的61%）。中国内地会下属教会、路德宗、南浸信会以及基督复临安息日会则不在其中。但他们还有其他一些团体均参与各种临时的救援合作和其他出于"实际"需要而开展的合作中，特别是在战争期间。教育、医疗和文字事工方面的重要合作具有其明显的价值，但带有地方或特定的性质，对那些其所在教派也从事相同领域事工的团体来说，常常不具有更广泛的意义。

1935—1940年处于核心地位的栢乐五（Earle Ballou）博士曾如此简洁地阐述过差会与全国基督教协进会以及其他一些差会开展合作的意图和宗旨：

> 基督教在华事工不再主要是差会团体在全国范围内分散的活动。多年以来都已不再如此……中国基督教运动富有创造性的源泉在于教会，而非传教士、母国的差会或在华传教站。[①]

①　《危险时机》（*Dangerous Opportunity*），纽约友谊出版社1940年版，第25页。

　　然而，事实与如此表述的信念之间仍有差距。教会的任务太重且需求太大，但是其人员和资源却十分有限，以至于庞大的传教士团体的加入已成为其传统、公众形象和动力及运行机制的一个重要组成部分。每个团体中传教士与中国同工的比例千差万别，甚至在那些对中国教会的主体地位持相同观点的团体间亦是如此。在他人看来，有些传教士团体表现出的是一种特别自欺欺人的谦卑。另一方面，部分中国人似乎将（中国）教会或中国总体形势所固有的困难归因于差会的控制，且认为这种控制应该受到谴责。

　　战争经历及中国人员与资源状况的恶化增强了传教士和差会援助的重要性，然而，这一趋势被传教士人数的减少——1941—1946年经历灾难性的锐减，并在这一时期结束时再次缩减——以及其他支持中国人承担更多责任的因素，完全抵消了。

　　为了跟上中国的需求和变革，对北美方面的迟滞进行引导，东亚委员会中国分会（北美海外传道大会）于1944年底提议：中国分会向董事会提出，如果尚未这样做的话，建议将目前仍在差会控制下的事务的管理职责，包括对所有传教士的管理，移交给与他们相关的中国教会或其行政代表机构，并且为避免产生误会，建议差会停止运作，同时，预先采取措施解决好影响传教士个人生活和财政状况的事项，包括薪酬、子女补助金、住房及健康等。

　　显然，首先，中国分会意识到了部分董事会需要这样的建议或推动；其次，它明确赞成中国由教会团体来吸纳传教士，而不是某个与自治教会相分离而又必须对教会事务施加影响的差会组织。总之，为适应1948—1950年新形势的需要，在良好的状态下作出了进一步的调整，传教士们乐意按照中国教会的需求和愿望提供相关服务，并在似乎对教会最有利之时辞去特定的职位或全身而退。1948—1949年，中国基督徒领袖发表了一系列富有责任感的声明，呼吁传教士同工们在进入新时代的转型时期能够支持他们；甚至在发表了著名的1950年《三自宣言》之后，仍提出至少在一段时间内继续获得经济援助的诉求。总之，存亡之秋，许多宗教团体内部的关系基本上是好的。上述声明对自1950年起持续不断激烈驳斥帝国主义传教士的言论起到了缓和的作用。

◄ 三、教会的生活和工作 ►

　　简要叙述1937—1950年教会的生活和工作理所当然要论及普遍的和局部的情况，同时选取几项体现时代特色且规模较大的发展。

　　有一个极端且不在少数的情况，这在某些团体中比其他团体显得更加突出，即他们用一种狭隘但强烈的情感和道德模式，强调个人主义，只作言语上的表达而不去引导或行动，忽视遵照神旨而行；尽管他们或许可以在爱的社群中了解到上帝之国的种种可能。与此相反，另一个极端认为，有组织的社会服务和投身于解决公共问题即构成了基督宗教。有些教会参与服务，但做得很少。有些学校和医院则几乎没有明显的传播福音的迹象。

　　但是，传福音的意愿通常都很强烈，在某些地区还抑制了对人员培养的需求。拉尔夫·费尔顿（Ralph Felton）曾对在1936—1938年远东地区的农村教会作过研究，他写道，"在中国基督徒中传布福音的热忱绝对可以与在任何西方国家相媲美"；他还指出，"甚至在今天，传布福音仍然是普通牧师们最为关心的事情"。总之，获得听众和民众回应并不是太困难。所有的分析研究和报告都表明，相较于初次接触所遇到的问题，更为棘手的问题在于开展后续工作、给予指导以及真正融入教会的生活和工作中。

　　中国自由福音传道者的影响日益突出。他们集会的共同特征就是极其生动地布道，强调末日审判和基督复临以及来世；禁欲；所有人同时向上帝祷告；经常使用中国的曲调唱赞美诗；有时公开承认自身的罪恶，和某种改宗形式——这些都趋向于更多地吸引基督徒而不是非基督徒，并使其脱离原来的教会而加入新的教派团体；猛烈攻击那些历史悠久或众所周知的教会及其领导人；趋向于极端的分离主义，甚至在术语的使用方面亦是如此，包括用以指代上帝的术语以及保留这一术语的那些《圣经》版本。可以预料到，其他基督教同工对这样的"福音传道"评判不一，有的为他们唤醒一批死气沉沉的基督徒而给予热情的支持，有

213

的对那令人生疑的教义感到苦恼，有的敌视那些改宗者和制造分歧的同工。地方教会、宗派组织以及城市中合作开展的连续性的福音传道计划则更是面向非基督徒，这些计划时常获得全国基督教协进会提供的指导和资料，也更多传授全面的基督教真理。然而，上文提到的两种类型并无绝对的界限。

中华国内布道会（the Chinese Home Missionary Society）（非宗派的）和许多教派的国内差会均鼓励向新的地区拓展，且通常以一种接近于外国差会的视角面向西部省份少数民族地区开展工作。基本上，他们并未探索出明显有别于国外差会所熟知的那一套方法，但从中国方面的贡献来看，他们是一种有益的激励和表达方式。

幸运的是，合作编纂而成的赞美诗集《普天颂赞》（*Hymns of Universal Praise*）于1936年出版发行。其中，精心挑选和编译了普世教会的标准赞美诗，以及起源于中国的约70首古老的和新的赞美诗和曲子，几年时间，其销售量即达到30万本，相当于全国每2位受领圣餐者即有1本。这种常见的崇拜方式有着很大的精神价值，它使人们对这种方式在1950年前得以完全确立而心生感激，但这种方式未能明显广泛应用于主要的传教团体而令人遗憾。

1937—1950年，宗教教育在人员、实验、研究和资料方面的长期准备工作取得了成果，这些准备工作主要由中华基督教教育促进会（NCCRE）予以赞助，既服务于中华基督教协进会一般的教会所需，也为中国基督教教育会（The China Christian Educational Association）用于学校教学。其针对儿童、青年、中学生、平信徒事奉人员以及农民的课程内容，源自受过训练且工作于这些群体中间的同工们的经验和奉献。此外，家庭教会所取得的重大进步，无论从组织关系或使用的方法来看，也同样采用了这样的分组。本地同工所使用的《家庭教会指南周刊》（*The Handbook of Christian Home Week*）在动荡的1948年销售量达到了7 000份。《家——基督教家庭手册》（*The Guild Book for Christian Homes*），一本仅100多页的书，一年内（1948—1949年）在上海4次再版，总数达到5万份，在中国西部地区也得以再版。

有责任感的中国领袖和传教士深切关注牧师，1937年以前曾得到较好的发展，但在人员数量和训练方面已远远不能满足在一个发展中国家日益扩展的教会需求。中国的传统、自立原则、西方的大萧条和中国毁灭性的战争，以及对于基督教的其他形式或利他性服务形式充满吸引力的诱惑——所有这些都不利于牧师的人员招募和持续发展。大学毕业生进入神学院的非常少并且还在不断减少，高中毕业生也是如此。从事地方事工的诸多男女，其中，不乏既富有献身精神又充满智慧的人，他们仅受过初级中学阶段的培训甚至更少，然后在圣经学校待了3年或不到3年的时间。这个水平远远高于在欠发达地区通常为来自小学的人员所提供的短期特殊培训。战争时期，很难培训和招募人员。然而，经过努力，到1948—1950年，在某些方面明显取得了真正的复苏和重大进展。1937年，许多神学院和培训机构不断加强宗教教育方面的培训和针对乡村牧师的培训，此后，只要他们有能力，也是这么做。同时也注重为在职牧师开设进修课程和短期培训学校，在这场让人心力交瘁、倍感束缚的战争结束之际，这些举措显得分外重要。

之前对战时紧急救济服务作过简短的介绍，它是基督徒对于整个国家层面人类巨大需求的回应。难民总数曾一度达数百万之众，需要提供避难所、食物、医疗服务、逃难的必需品，同时尽可能保护他们免受日军的暴力和虐待。提供长期的救援服务以救助那些最困苦的人，有时包括学校和医院人员。儿童喂养工作是重要的，也是必然选择的救助项目。支持这样的救济工作，从人力和场地来说均超出了当地的承受范围，主要的支持来自英国和北美的教会。基督教负伤将士服务协会、青年会军人救助服务、新生活运动服务团、中国工业合作社——这些表明了服务事业所涉及的范围广泛，作为组织者、工作者与支持者的基督徒及其他人员和公共基金或普通基金在从中都扮演着重要的角色。关于所提供服务的质量以及基督徒在生活服务方面的典范和见证均有大量资料，反映在整个危机时期对这种服务的迫切需要。传教士在最黑暗的时期留下来并服务中国，由此获得了前所未有的认可，成为中国人生活的一部分，并在各种公开的颂词中获得赞赏，而今这有利于作出历史性的解释来消除后期对传教士的谴责所造成的负面影响。

◀ 四、教会的几个主要附属机构 ▶

　　基督教在中国的教育活动尤其重要，在中国，教师饱受赞誉而牧师则备受鄙视。至1937年，对于教会而言，基督教小学的需求和价值大不如前，但是，仍有2 800所学校及17.5万名学生。90%的教师都是基督徒。绝大部分的学校都与地方教会关系密切。教会和差会共管辖有5.3万名学生的255所中学，其中2/3的学生都分布在沿海省份。至1939年，由于战争，37所中学被迫关闭，尽管其中有15所学校仍在提供非正式的课程，并且在撤离出沿海和大城市的大潮流下与其他37所学校合并成9所，只有少数几所则相反迁入上海临时安全区和香港。很少的学校能够很快地达到同样的学生总数，同时，女生的比例和男女合校的学校数量均有增长。学生中的基督徒、选修宗教课程以及在校期间受洗的学生比例显著增长。日本袭击美、英两国，从而切断了传教士与沦陷区的联系及其对沦陷区的资助，而沦陷区的范围在不断扩大，上海和香港也毫无安全可言。这些变化导致许多中学关闭；但是在1943—1944年，在国统区仍有117所中学，而且在其他地方还有一些非正规的学校。而在117所中学之中，有一半是在他们自己的站点办学。主要集中在四川和福建两省。此种提纲式的报告几乎不能揭示前文所提到的重大困境，以及有热忱的人所承受的重担，其中，传教士的作用有所下降。学生的普遍贫困和日益加剧的通货膨胀使各种形式的救济都很有必要。

　　战后回迁、重建、复原，加上通货膨胀和其他的经济问题造成更多的紧急需求，应对这些需求一部分依赖差会，一部分则依靠救济基金来解决，学费则更多用作日常的生活开支。至1947年，已知的有226所学校，比战前至少多了1.5万名学生，其中有37%的人是基督徒或慕道者——此比率低于战时的最高水平，但与1930年代则不相上下。据报道，一年之内有3 000多名受洗者，这个数据达到了最高值。甚至在具有决定性的1949年，经验丰富的罗天乐（Lautenschlager）向120所教会学校和公立学校的8.7万名学生作了演讲，使5 000名学生决志信仰基督教。显然，中学是基督教服务和影响的重要领域。

1937年，中国1/7的大学学生就读于14所教会大学，其中有几所大学在医学、自然科学、农学、英语语言文学、西方与中国人文学科并举以及中国国学等方面都有显著优势。6 400名在校学生在10年之内增加了1倍，按照某些标准，规模仍很小，这成为抱怨大学里面基督教因素和影响发展不成比例的一个原因。超过1/5的教职员是传教士，在医学院尤为明显。在预算不断增加和项目不断拓展的模式下，来自中国方面的收入从1925年的10%和1930年的20%增长到全部进账的36%。

战时搬迁和特殊服务广为人知。仅有一个机构在整个战争期间能继续留在原址，并且它还接纳了4个在此避难的大学；有些大学不得不一再搬迁。大量研究和培训项目以及社会服务工作主要针对邻近地区的迫切需要，但通常具有更广泛的价值。典型的服务事项包括增强营养、改善中国教育和医疗用品与设备、对鲜为人知的西部边境地带的人与自然进行研究、为处境艰难的实业公司以及乡村教会开办的企业提供各种技术援助以及文字及宗教教育等领域的服务。战时和战后的特殊财政需求在相当大程度上依赖于纽约的中国基督教高等教育联合董事会（后来成为亚联董）和伦敦方面的共同援助。国民党在大学里的政治控制和活动在我们所考虑的所有这些年里一直都让人伤脑筋，尽管政府方面表现出了基本的友善且提供过一点经济援助。

1937年，基督教医疗救助服务是一项庞大的工程，按照定义所界定的医院达240家及以上，此外还有大约600所防疫站、诊所或卫生站，但这些有了缩减的趋势，因为医院所承担的重担超出了他们的能力范围，政府开始重视使用范围广且预防性强的医药，而不是完全依靠医院服务。医护人员中仅有600名传教士医生和护士，530名中国医生、1 000名毕业生以及400名实习护士则充当了核心角色。可悲的是，长期严酷的战争、大量的民众伤亡，加上贫困地区发病率的增高，提升了医院及医生的价值。日益恶化的供应与保障问题，也仅以某种特殊和一般的救济方式得以解决。此外，战争除了不断威胁到其原本不足的人员之外，还直接关乎医院的存亡。以1936年统计的268家来说，到1939年，至少有62家医院或已被毁灭，或被迫关闭，或遭受重大损毁或被洗劫一空。1940年，在尚在运营的217家医院中，121家位于沦陷区，绝大部分即便免于消亡，不久之后也都变得形同虚设；42家医院位于当时的"抗战区"，他们中的许多家医院将随着日军新的攻占而被接管，并且全部都将遭受损害，供应被中止。只有54家医院处于安全的自由区，其中部分医院处于空袭范围之内。当时全国所有对民众开放的医院和病床中超过60%是由新教创办的。

另一份调查表明，1942年底，有127家新教医院免受日本人的侵占而得以运营。在5所医学院中，只有华西协合医院得以全面运转——事实上，甚至得到加强。战前143所护士学校中只有不足40所学校尚存，学生人数从之前的3 800人减少到不足1 400人。并且这还不是历史最低点，医院和医职人员仍在继续减少。1945—1946年，在职的传教士医生不到100人，对训练有素的中国人的需求之大令人生畏。

重建任务只有依赖各种国际机构持续不断的慷慨援助、差会的重要支援以及贫苦大众的努力工作方能完成。1946年12月，有203家医院对外开放，且主体是中国医生。至1947年，病床数量上升至1.7万个床位，但仍然远远低于战前的2.2万个。1948年夏，运营中的医院有172家，大多位于黄河以南地区，5所医学院也全部都在运行。当国外强有力的援助被削减或切断时，各类物资无法更换，对人员的政治干预和纪律要求进一步增强，所执行的诸多措施对原本脆弱的财政状况产生不利的影响，而这种措施可能进一步加强。1950年底之前，绝大多数医院就不堪重负。

《圣经》在中国广为流传是众所周知的。1936年，有7.6万本全套《圣经》，外加8.7万本《新约》《旧约》，以及超过900万册单本（通常是单本的福音书）存于世面——这些数字对于仅有大约60万名的教徒而言已是相当高了，况且他们还不完全受过教育，又非常贫穷。尽管使用一种核心语言具有其优势，仍有28种使用少数民族语或特殊语种而成的版本被采用。尽管坚持不懈地努力和全身心地投入促成了一些非常有益的合作，但因在基督教著作项目上未能得到很好的协调而受到来自各方的批评。发行或许是工作链上的最为薄弱的一环。出版的160种期刊总发行量达30万份，这些期刊大部分属于地方性或宗派性的。基督复临安息日会的《时兆月报》发行7万份，相对新近发行的《田家半月报》，用词简单，发行量达到3万份，且每份的读者达7人之多。战争期间，《圣经》和基督教文学作品的出版、运送及发行所遭受的损毁是常人所无法理解的。人们对这些非凡的作品和留存下来的成果背后所付出的奉献和牺牲只是心存感激，出于内心的需求与渴望，也越加珍惜这些作品和成果。战争结束时，1948—1949年紧急援助期间，数量和质量上的回升达到顶峰，推进了发行和销售工作，13座城市库存的《圣经》可满足3年的供应量，9个中心存有大量的《赞美诗》，还有不同寻常的是上海和西部地区对精选书目进行了再版。

基督教青年会（YMCA）和女青年会（YWCA）在中国比在其他一些国家显得

更加突出，因为它们对学生、青年以及那些受过教育但对教会缺乏足够兴趣的城市群体是颇有吸引力的。随着中方人员的发展壮大，让中国人担任领导职务并担负起责任得以成为其首要的工作原则。在许多中心，干事是开展友好合作不可或缺的引领者。战争使其在东部城市的学生工作和重大项目遭受重创，但同时也为其创造了非同寻常的服务机会，这些服务在困难时期更加珍贵。在西部城市，除为难民、学生和士兵提供紧急救援服务之外，它们还承担了一些新的工作。多才多艺和能力几乎成为它们对成员的硬性要求，在某种意义上，志愿服务机构和政府服务机构迫切需要这样的才华和品格。

◀ 五、中国教会的信仰与思想 ▶

成熟的神学尚未形成，教会在基督教生活中的地位尚未真正确立，基督教仍未得到很好的理解，这些显然都是中国基督教运动中存在的不足。战争期间的严重混乱、困境以及紧急需求通常不利于产生平和且一以贯之的思想；尤其在1941年以后，出版物和会议的促进因素也减少了。另一方面，许多中国人在经受和应对苦难，他们又一次面对邪恶以及日益猖獗的邪恶所带来的信仰问题，因而他们在祷告和服务中感受着信仰的力量，更加坚定他们的信仰。随着生命中许多惯常的支撑被瓦解，使得一部分灵魂更加恳切地求助于上帝，或驱使他们如此。无论多么艰难，那些依靠信仰忍耐到八年抗战结束的人们——他们中一部分成熟者之前经历过内战、革命，以及反基督教风潮的锤炼——在精神上比新入教者或那些在其他国家经历更加平稳的人们能更好地应对1948—1950年的考验。

在此，我们最好专门提及一下赵紫宸博士，他是其中一位最富有成果的中国基督教思想家及作家，虽然像任何一位领导者一样有其独特性，但他与教会建立了广泛的合作联系，也代表着那些与他共事的同事和追随他的教师、牧师和作家的现状和潜力，从这个意义上来讲，他具有代表性。日军的入侵以及它所昭示出的中国机构、文化与道德的缺陷，个人对中国人未来精神状况的真诚关注，1937年北平"沦陷"后的相对隔离状态，1937—1938年举办的普世基督教协会会议，要求他尽一份力，这些都使赵博士对教会有了清晰和权威的认识。这种认识有利于对神学的直接领悟、基督教对教会的社会功能和地位及其与国家命运相关联的理解，这种认识也得到有益的声明。他的这一认识在他为1938年马德拉斯世界基督教宣教大会所准备的《教会未来的社会经济思想与行动》（"The Future of the Church in Social and Economic Thought and Action"）一文中得到了最准确和完整的阐述。他关注中国令人绝望的现实经济问题、国民政府、日本人和共产党。"现代的中国基督徒实际上从本质上和精神上是儒教的信徒，只是用了一个不同的名字而已；因为迫于形势，耶稣已变成了孔夫子。那些追随他的人之所以这么做，是因为他的品格，而不是因为他的宗教信仰。"赵紫宸接着转而提出积极的建议："是时候像这样来建立教会了，使它成为一个介于神和人之间的机构，以耶稣基督、上帝的启示和圣道为其基础，信仰耶稣为救世主，并基于这一信仰而接受上帝，以改造男人和女人为其职责，并成为最大程度上实现社会复兴的一股力量……对于基督徒而言，教会应该是必不可缺的。它应该成为两个世界的居间者，即永恒真理的世界与历史演进的世界。"

在直接考虑经济制度、民主与家族问题之后，赵紫宸得出的结论是："教会可以也必须通过培养各个阶层的精神领袖和依靠精神力量对社会经济及其他事务产生影响。因此，它对于建立国家的贡献首先在于成为完整的自我并获得自我发展，使上帝的爱和力量在充满活力和慈爱的人身上体现出来。"①

在1947年所精心准备的论文中，并且大约在那时，赵紫宸提出了他自己对于中国文化批判性的评价以及对中国文化未能满足现代世界要求的认识："而今天中国人生活的根基受到了动摇。其哲学、伦理、宗教、艺术、语言和所有的一切都在瓦解。"中国的思想家缺乏一种能力和文化根基对值得传承的价值观进行有选择性的保护。"只有基督教才能挽救作为个体的中国人，才能拯救他们的文化并实现他们的抱负。"赵紫宸随后宣称引入中国的正统的基督教教条是超凡的信仰，而它（中国）自己的理想主义因缺乏这一信仰而被证明是没有意义的。

为参加1947年在惠特比举办的大会，他就"交流问题"作了一项研究，题为《清晰的话语》（"The Articulate Word"），他面对的是中国教会方方面面的工作。"在某些地区，对共产党控制地区将禁止传播福音而表示担忧——好像福传是唯一的'交流'方式。我相信，这些地区的大门不是关着的，而是为那些勇敢和富有冒险精神的人敞开着。"②

赵紫宸《奋进中的中国基督教信仰》（"Christian Faith in China's Struggle"）一文感人肺腑，是一篇权衡基督教处境优劣势的文章，对于教会的未来，似乎更多的是绝望而不是信心。教会人力枯竭，高层领导极度缺乏，这些都是显而易见的。一些突出的基督徒"代表的只是腐败、贪婪和耻辱"，而其他一些人与教会敬拜和服务则完全无关。"如今宗教在中国最大的魅力包含在出于私心的教导和对自我

---

① 《玛德拉斯大会文献丛刊》，中华全国基督教协进会，1938年第3期。也见《教务杂志》，第69卷（1938），第345—354页；第437—447页。

② C.W.Ranson (ed.), *Renewal and Advance, a report from Whitby*, pp.124 - 133.

救赎的狂热追求之中。"相当多乐于自我牺牲的年轻人"投向共产党。他们几乎看不到教会得以拯救国家的希望"。

另一方面,赵紫宸追述了自19世纪以来基督教对中国的贡献,这是大家所熟知的,包括推翻"父母专制"、传播"自由、博爱与平等"观念、"建立小型基督之家"等。他明确指出基督教"鼓励爱国主义,教会成员中的许多有用之才积极为国家服务"。"20年前,中国基督教教会被贴上了帝国主义先锋的标签……被看作是精神鸦片的供给者,使人们丧失了为国服务的能力……但是现在,所有这些都改变了。甚至连通常都一直反对基督教的共产党也宣称人人应该享有宗教自由。普通大众相信教会及其附属机构。"其二,赵紫宸主张,教会象征着信仰和道德生活,它们在中国已经消逝或湮没;其三,"这一信仰由一种确定的生命哲学支撑着,而中国目前还在盲目寻求中",源于上帝之爱的精神自由与平等是实现真正民主的动力;其四,尽管教会已经分裂,但是教会真正的生命和力量存在于每一个地方教会群体,它们与重要的机构和服务团体联合起来,一起重塑人们的精神生活;其五,联合和巩固教会的呼声日益高涨,"以应对摆在我们面前的前所未有的机遇与威胁";其六,尽管中国教会疲弱不堪,但"它可以依靠全世界基督教同工在精神和道德上的支持和实际的帮助"。确实,赵紫宸承认:"任何力量都不能切断与全世界基督教群体之间的精神联系。"

但是,在仔细考量当前的时代背景以及教会在其中所发挥的作用,赵紫宸冷静地指出:"如果,作为一个无信仰的人来说,鉴于教会无法解决中国在追求民主与和平过程中的现实问题,那么教会就应该逐渐消失,什么原因呢?难道不是因为教会自身、神职人员或福音主义的弱点,基督教运动本质上的缺陷吗?基督教信仰在中国第三次被根除也似乎不是没有可能!"但是从这一点,赵紫宸又转回来指出:"当然,这种可能性仍然还很遥远。如今,教会已然成为中国人生活中的一部分……"①

---

① 全文见于论文集,缪秋生编写的《在华基督徒的呼声》(*Christian Voice in China*),纽约友谊出版社1948年版,第4—32页。

第三章

（1900—1950年）

美国在华传教士的神学

美国来华传教士所秉承的神学是如何形成的？是根植于美国社会文化所形成的，还是原本就普遍存在于基督教国家之中（至少存在于许多国家的新教传统中）？它是如何因在中国的传播而被修改？随着中国基督徒在整个差传事业中扮演越来越重要的角色，它是如何受到他们的影响？要回答这些问题，首先必须看到当时所处的背景，然后了解影响神学结果的某些过程。美国天主教传教士可以不用考虑，因为与新教传教士相比他们所占比例很小。大多数美国天主教传教士是1920年以后才到达中国，在整个天主教事工中占据次要位置，因为无论是内容、组织还是管理都由欧洲人牢牢掌握。

◀ 一、在华传教士中的美国人 ▶

尽管美国差会遍布中国，但美国人似乎从未成为在华新教传教士中的大多数。这一弱势地位也对传教造成了一定影响，因为美国传教士不得不以各种方式与其他国家的传教士相处，他们在数量上超过美国传教士，其中，有些传教士还长期在某些地区身居要职。的确，新教差会的组成使我们几乎不可能确定美国传教士的具体人数。例如，北美差会联合会（Foreign Missions Conference of North America, 1898 — 1950年）是获取信息的一个重要渠道，其成员主要包括美国和加拿大的差会董事会和团体。代表几个美国机构的传教士中有不少是加拿大人，但报告中很少提及。很多时候，加拿大机构中被任命的人大约达到整个北美机构任命人数的9%。

更为严重的是中国内地会的问题，中国内地会的下属联合差会使得所面临的问题更加复杂。中国内地会无论是从领导权还是人员组成来看都具有很强的英国成分，但它又是国际性的，在北美有一个重要的二级中心。其原则和实践是以中国为中心，因此，通常不会发布不同国籍人员的人数或名单。1900年，中国内地会传教士占所有新教传教士的28%，共779人，其中大约8%—12%是美国人。1935—1936年，内地会总人数达到1 325人，占所有新教传教士的23%。内地会成为在华最大的传教机构,1900年其人数几乎等同于所有自称为"英国"差传团体成员的总数,接近于"北美"总数的4/5。因此,任何有关传教士国别分布的判断都会明显影响到对美国传教士及其英国或欧洲同工人数的判断。

我对传教士遭到义和团驱逐之前的数据作了估算,1900年1月美国传教士已经达到所有新教传教士的35%,英国传教士占54%。1910年的报告显示两者分别占43%和44%。1912年,美国和英国传教士人数很有可能相等。在1917年处于战争的情况下,美国传教士人数或许已达到新教传教士总数的一半。1935—1936年,美国人占47%,英国人占35%。

接下来描述一下美国传教士的教育和神学训练水平。"北美"基督教团体在1900年以及1910年都作了报告,报告表明:圣职人员大约占29%,也就是说还不到3/10。随后与之相当一致的是1936年,其中,有60%是女性。1935—1936年,被授予圣职的人数降到23%。这表明:专业服务得到了发展;出现了将牧师职责移交给中国人的趋势;某些差会或许提出了更高的圣职按立标准。剩下的大约11%—17%是平信徒。

通常认为,被授予圣职的人接受过神学训练,平信徒以及那些已为人妇或是单身的女性则均未接受过神学训练。事实上,尤其在早期,一些被授予圣职的人并未接受我们现在所熟悉的3年制神学研究生课程。他们在教会相关的学院接受一定的《圣经》指导或很简单的神学介绍,以及另外1—2门课程,比如哲学、教会历史或比较宗教学。而对于那些较为保守的人群,他们主要进入"圣经学校"学习1—2年,这些学校通常以各式各样的名字命名,并且建立在不同的基础之上,包括中等培训、大学培训、技术培训或商业培训。至于女人和平信徒,他们中大多也进入过教会相关的学院接受一些宗教指导,通常是作为辅修科目或任意选修课,偶尔也会作为一门主修课。相当多的女人以及一些男人接受过宗教教育。总的来说,几乎不到1/4的美国传教士接受过任职培训以使他们正式准备好作出有效的神学理解或思考。这部分人中有各种不同的想法,并不是所有人都有意愿付出努力来有效发展和利用他们所接受的这些训练。

此外,一些传教士在中国传教期间取得了一定进步,他们专注地学习神学,许多人利用假期在神学院以及其他学校充实知识。有时候,他们力图汲取当下所需的知识,如努力理解非基督教宗教。有些人获得特殊的机会,比如在美国机构从事亚洲研究。许多传教士到中国后,先用1—2年时间进行神学训练,同时还进行语言学习。但基本的情况并未改变。至今,大部分美国传教士中只具备基督教的常识和《圣经》知识，以及在基督教家庭、教会和机构的经历，而不具备神学能力。他们是同工和老师，而不是神学学者或神学思想家。德国传教士经常将他们贬低为激进分子，英国传教士偶尔也会这么贬低他们。①

---

① 统计资料源自毕海澜（Harlan P. Beach）著《新教差会地理与地图》（*Geography and Atlas of Protestant Missions*）（1906年，纽约，学生海外宣教运动SVMFM），第19页和第23—24页；James S. Dennis，毕海澜（Harlan P. Beach）和查尔斯（Charles H. Fahs）编《世界基督教传播地图集》（*World Atlas of Christian Missions*）（1911年，纽约，学生海外宣教运动SVMFM），第83页和第87—88页；Joseph I. Parker，《世界基督教会解释性统计调查》（*Interpretative Statistical Survey of the World Mission of the Christian Church*）（1938年，纽约国际宣传协会International Missionary Council），第86—88页；罗炳生（Edwin C. Lobenstine）在Parker著《调查》（*Survey*）一书中所撰写的文章《中国》（"China"），第27页；以及毕海澜（Harlan P. Beach）和Burton St. John编《世界基督教传播统计》（*World Statistics of Christian Missions*）（1916年，北美海外差传联会FMCNA），第63—64页；Charles H. Boynton的《基督教运动手册》（*Handbook of the Christian Movement*）（1936年，上海），第8—9页；H. Paul Douglass在Orville A Petty所编《平信徒对海外传教的调查：事实与调查报告》（*Laymen's Foreign Missions Inquiry: Fact-Finders' Reports*）第二部分中国丛刊增刊第5卷中撰写的文章《中国基督教福传的几个主要问题》（"Some Major Problems of the Christian Evangelization of China"）（1933年，纽约Harper公司出版），尤其是第4页和第89页。1935—1936年之后的资料缺乏给予类似考虑的意义。局势反复变化无常，毫无模式可言。

◄ 二、适应与统一 ►

对"神学"这一术语的常规理解对于讨论传教士思想的价值不大。在一个极端，神学是指对于基督宗教基本要素严密的、系统的思考；在另一个极端，它是指基督教信仰、观点和相关实践松散而通俗的组合，与美国文化的精神显著地交织在一起，传教士们来自这一文化，差遣教会也是在这一文化中所建立。传教士们的神学介于这两个极端之间，相对于前者，似乎没有那么严格，但比广义上的美国主义具备更多的特性。其中一个原因在于，从业牧师只是大众中的一小部分人，差会董事会和他们热心的支持者则更是经过精挑细选而来的。最初目标的严肃性、细致的选拔和培训以及在中国经验的逐渐增长进一步将传教士们区别开来。作为美国新教基督徒，他们也是经过精挑细选的。他们重视《美国独立宣言》和林肯的就职演说，许多人认为，这表达了一种受到犹太教－基督教真理显著影响的文化。但是传教士不会将这些文件和《圣经》相混淆，也不会这么教导人们。一位美国参议员（而非传教士）在1940年访问远东时宣称："借助于上帝的帮助，我们将托起上海直到它像堪萨斯城一样。"

19世纪较常出现这样的情况：对美国文化过度自信，对中国社会过分贬低。因为中国社会与美国社会不同，传教士当时对中国社会还不够了解，也并未看到中国好的一面。"一战"之后，这种态度通常都受到克制或转变。大多数传教士借由基督耶稣以及关于基督谦卑的祷告与著作不断压制自己的骄傲；他们力图在他们自己和中国人面前设立社会准则，不是作为美国联盟而是作为上帝之国。例如，我还记得自己有一次感到很沮丧，因为看到一位传教士为哈丁总统去世而流泪，而她却自认为这是基督徒的泪水。但是她的品质和奉献最终使她成为一位卓有成效的基督教教师，她对以中国美学形式呈现的基督教具有独特的见解。对于成千上万的传教士而言，那种热情洋溢、未经思考的美国主义得到了有效的克制，这一点部分源于宗教纪律与宗教精神，也来自传教士的不懈努力以求得善果，因为他们一直努力了解中国人的生活和情感，为中国人提供帮助并进行合作。拙劣的外国作风在此背景下几乎无法立足。

传教士神学的一个重要决定性因素是教会忏悔和教义。这对于路德会、圣公会和长老会更为明显，公理会、浸信会和卫理公会则没有这么明显。然而，中国长老会和改革教会致力于合作与联盟，因此也调和了加尔文主义的严厉举措，圣公会在坚定的教会主义范围内可以容忍许多自由思想和社会意识。相比之下，浸信会和卫理公会吹嘘着某些类型的自由，但其教义和实践仍旧没有改变。卫理公会擅长通过组织机构使传教事业跨越大陆和海洋的限制。

然而，在华差会的情况因为它们的相互适应而令人印象深刻，这使得新教的共同基本根基又推进了一步，极其渴望实现组织统一。教会传统和民族传统种类繁多，令人困惑。宗教团体数量众多，仅在路德会就有大约20个团体，分别来自德国、瑞士、每一个北欧国家和在美国的每一个主要移民群体，包括这些地区的分裂主义团体。美国公理会、卫理公会、长老会、浸信会和圣公会在中国能找到来自英国、加拿大、苏格兰和澳大利亚相同的团体。他们是美国人的教会兄弟——在某些情况下，甚至是现存的祖先或表兄弟。这些团体由于环境和历史因素而分离，而19世纪时团体之间缺乏沟通也加剧了这一问题。那些由于海洋以及世代而长期被分离的亲缘关系也难以在中国联系起来。值得注意的是，美国卫理公会无法与英国卫理公会联合，浸信会也无法忘却大西洋。

尽管如此，新教徒们仍然联合起来，通常都意气相投地在跨教派或由不同教派共同建立的机构里工作。这当中包括最重要的月刊《教务杂志》；圣经公会（英国及海外圣书公会、苏格兰圣经会、美国圣经会）经过不断的协商逐渐合并为一；广学会和伦敦圣教书会；中国基督教教育会及其出版物；中国博医会及其后合并到中华医学会之后的机构；中国主日学协会；1877年、1890年和1907年的全国大会，1922年有更多华人出席的基督教全国大会以及因此而建立的中华全国基督教协进会。此外，在华传教士及其国内委员会代表均出席了1910年在爱丁堡召开的世界宣教会议，这次会议增进了不同宗派之间的合作精神以及共同的基督教事业使命感。1926年耶路撒冷会议和1938年印度马德拉斯坦巴兰会议虽然没有明确促进传教士的合作，但通过大幅增加"年轻教会"代表的参与推进了这一目标，在这些代表中中国人非常突出。基督教青年会（YMCA）并非宗教机构，但也积极地传播福音，尤其在1900—1925年，各类差会依靠它作为联系学生的一种方法。同时，他们也指派授命的传教士或其他传教士为其服务，并重视他们的许多出版物。

差会早已学会尊重彼此的信念并就进入新领域相互协商。尽管这样的礼让并非完全有效但也相当可观。它旨在限制竞争和浪费，将资源用在真正需要的地方，使福音惠及所有中国人。大家都有一种意识：无论如何，南方浸信会教徒认可圣公会引导教徒皈依的有效性，路德教也接受跨宗派、非基督教会性质的中国内地会的福传。事实上，教徒转换教派的做法非常普遍。在有些情况下，如果出现新的差会或是差会发展需要重新调整领域，成群的会众就会转移到其他的教派。个别传教士更改教派也时有发生，这不仅因为常见的婚姻因素，也因为其他的个人原因或是政策变化。

也有一些中国教会进行实质上的联合，尽管中国人参与其中并最终接管，但传教士发挥了主要作用。大部分长老会和归正教会逐渐聚合在一起，包括公理会、浸信会以及前卫理公会教友，并最终于1927年成立中华基督教会总会，至1950年其成员占所有中国新教徒的1/3，远超过任何其他机构。与此同时，美国圣公会（Episcopal Church）和英国圣公会（the Church of England）在华差会于1912年合并建立中华圣公会（Holy Catholic Church in China），而各类路德教会以及1939年美国卫理公会在华联合会很大程度上是在美联合会的一个缩影①。

当时中国的情形是存在众多的宗派组织，宗派意识（particularism）被认为是理所当然的。但是，宗派神学常常在合作之中得以调和，宗派联合有时也会调和不同的宗派神学。不论是中国内地会还是基督教青年会（YMCA），都有出现将不同教会的传教士进行联合的情况。相当多的联合教育机构，甚至包括联合神学院和圣经培训学校，使来自不同神学传统的传教士共同投入一项广泛的新教传教事业中。问题依然存在，但合作也相当有效。

就中国自身而言，也存在许多要求对外来神学作出修改的因素。中国社会对基督教不熟悉，并且相当多的人未受过教育，对于简化的需求和愿望很强烈。在这一背景下，使用《圣经》极其困难。中世纪、宗教改革以及英美特定状况对中国人来说太遥远，或者说与他们毫无联系，如果这些内容再用忏悔的术语和文献呈现给他们，这非常不合理，甚至荒唐可笑。仅仅只是区分希伯来和希腊的立场就足以成为问题。

①　关于这一时期，参阅司德敷（Milton B. Stauffer）编《中华归主》（*The Christian Occupation of China*）（1922年，上海）；Boynton 著《基督教运动手册》（*Handbook*）。关于早期，参阅《基督教来华宣教百年纪念大会著述》（*China Centenary Missionary Conference Records*）（1907年，上海），以下引用使用简称CCMCR；季理斐（Donald MacGillivray）编《基督教差会在华百年史 1807—1907》（*A Century of Protestant Missions in China, 1807—1907*）（1907年，上海）；关于后期的相关报告混乱不足，可参阅《中国基督教差会名录》，1948年、1949年、1950年（*Directory of Protestant Missions in China, 1948, 1949, 1950*）（1950年1月），油印本，上海全国基督教协进会；《世界基督教手册》（*World Christian Handbook*），E. J. Bingle 编（1952年，伦敦 World Dominion Press 出版）；毕范宇（Frank W. Price）著《中国：黄昏抑或黎明？》（*China, Twilight or Dawn?*）（1948年，纽约 Friendship Press 出版）。

面对一群消极的公众和满是困惑的皈依者，需要持续地为他们消除混乱、解决宗派信仰之间的显著冲突。以往数十年的经验使他们有了积极合作的意愿，从而能够将分散的人力物力集聚起来，完成孤立运作无法有效完成的任务，如翻译和出版。他们渴望联合起来，渴望分享绝望的经历，渴望能够更多地依靠基督徒，这种希望使不同个体以及差会的事工与见证更有意义。他们不愿意出现争执，因为争执会拖延神圣而紧迫的传教工作，这一点也能够对好事者有一定的限制。他们一起面对相同的问题，分享经历和困苦，虽然并不总是如此，但已大幅增进了跨国界、跨教会的相互理解。

或许所有这一系列影响因素中，最重要的是处于中国社会、文化和民族中的中国教会的愿景和经历。只有中国人可以使中国福音化。只有他们能够建立一个基督教社区，并影响到人民大众。他们自己必须建立起与主基督耶稣之间灵性、道德以及概念上的关系，必须自己想明白如何使旧的生活焕然一新。他们将必须通过对他们的邻里而言有意义的语言和行为传达他们自己的信仰。传教士们确信基督信仰是由上帝所启示的，其本质是永恒的真理，许多人意识到海外差会的功能必须是引导性的，然后是辅助性的。从早期开始，有一些组织即强调中国教会的重要性；其他组织则从外国人不足的经验中认识到，皈依者需要的是中国团契和更为意气相投的领导者。

所有上述因素限制了传教士引入已经标注为西方神学的自然倾向。在给中国人的布道、讲授以及印制品中，使用符合中国人视听的中心要义，这一理念成了基本指导方针。让中国人形成他们自己的表述和应用方式。许多西方的忏悔录，甚至古老的信条本身，是在与当代文化问题的争议中表达信仰。当然，这些一般的指导方针无法回答在华传教士的所有问题。他们仍然必须决定究竟什么是"基本的"，并且由谁 —— 无论是过去，现在或将来 —— 来决定。虽然他们有意采取开发的态度，但仍有不少人对英国国会《四点宣言》或《西敏斯特信条》（"Anglian Quadrilateral or Westminster Confession"）持绝对肯定的观点。

或许适应程度最高的当属内地会和其他那些宣称传递信仰为传教士首要任务的人。他们一直热心于争取个人的皈依，而推迟建立教会。相应地，差会对于在某个特定地区建立何种类型的教会表现得漠不关心，只要能保持合理的延续性和避免混乱，就将这一问题留给有着英国国会或者浸信会传统的传教士们。直到1950年都很难发现究竟何谓"内地会"。内地会传教士认为，正确的做法是使皈依者跟从上帝的引导而不要试图让他们去适应某种教会类型。如大家所看到的，对于机构和实践的选择主要由每个地区的首批传教士所决定，而保守教条的核心则自始至终由明确的教义以及对财产和职位任命的掌控而予以规定。

◀ 三、1907年百年纪念大会 ▶

1970年，在华新教传教士最后一次集体表达了他们所秉承的神学。如此重要的集体表达还是首次，所涉及的宗派非常多，辐射的地理范围也非常大，而且又与美国人以外的大多数人相分离。但是，美国传教士热心参加1907年的大会，也没有明确表达过对大会决议持有异议。他们数十年后才对其思想作出表述，并且是对以往的适应和发展而并非根本上的改变。

总之，教义中既包容了不同，又坚定了宗派信仰；既要在中国教会中取得和谐统一，又要保证教会按照本心追求真理的自由。大会的决议也揭示了这一问题的敏感性。例如，大会决定中国牧师的教导应该包括其他的宗教信仰和道德教育，并且应该使用白话文，以便能讲授给中国人。忏悔和救赎与共同的罪有关。劝诫基督徒走向灵性的成长、忠诚和正义。通过好人在多方面关系中的辐射作用扩大基督教的影响。对家庭生活表现出特别的关注，包括女孩和妇女的发展，培养实际的而非传统意义上的孝顺。告诫人们既要有爱国精神，也要建立跨越国界和文化界限的基督教联系。出于教会的本质和为了维护教会的美名，同时，确保官员们能够容忍，敦促大家要小心应对那些出于错误动机而寻求教会庇护的小人。

百年纪念大会有关中国教会的决议涉及首先考虑的主题范围，并且是准备和讨论最为充分的部分：

（二）决议。此次大会全体一致认为《旧约》和《新约》是信仰和行动的最高标准，且坚持原始的使徒信仰。而且……大会不以任何信条作为教会统一的基础……但是……从宏大的基督信仰……对圣父、圣子和圣灵的爱中……从我们对罪与救赎的见证，以及我们对人类神圣的救赎者的敬意中……我们乐意承认我们已经成为一体……

我们坦白承认我们的行政手段和教会管理方法各不相同。但是，我们一致认为，这些不同无法否定我们在共同见证神的恩典的福音中实现真正的统一。

（三）我们希望仅仅是在主耶稣基督的唯一掌控下将基督教会根植于中国的土壤上……我们在自由地与这个教会交流真知以及更古老的教会已经获得的丰富历史经验。对于我们代表的差会和教会所建立的中国教会，我们承认其在基督信仰的自由（the liberty of Christ of the churches），只要这些教会随着基督徒品格和经验的成熟适合行使这一自由；当时机成熟时，我们热切地期盼，他们可以不再需要我们的引导和控制时，我们想将继续保守主的信仰和希望这一任务托付给他们。

除了这些主张，接着便是提供给派遣教会的建议，建议他们支持差会在中国建立的教会"按照他们自己的真理和责任的认识组织起来"，同时，允许传教士代表进入他们的管理组织"直到这些教会能完全承担起自养和自治的责任"。任何要求"永久的……灵性的或管理上的控制"都是不允许的。[1]

除对中国教会的关注，紧接着是对中国牧师的关注：

（六）决议。

1. 神学训练虽然应该根植于作为上帝之语的《圣经》之中，围绕耶稣基督和他的工作，并最终达到与改变世界的圣灵同在，其范围应该广泛而全面，应包括对其他宗教和其他形式伦理思想的研究，应该为受训者开启有关人类关系和责任的新研究路径。

2. 通常情况下，神学训练应该采用受训者预计传教受众的语言，这样他们所受的教育将贴近而不是远离他们将要服务的人们。[2]

大多数美国传教士与大会[3]通过的《致中国教会的信》想法一致。信中，对普世的基督徒生活予以支持，而被谴责的罪则普遍存在于中国人的生活中：激烈的争吵、醉酒、鸦片；贪婪、欺骗、压迫；一夫多妻；自杀；买卖妻女；忽视甚至摧

① CCMCR，第437—439页。
② CCMCR，第474—475页。
③ CCMCR，第353—363页。

残儿童尤其是女儿；徒劳无用的偶像崇拜。基督教义首要的不是审判和惩罚，而是使心和人生归向上帝的忏悔和救赎。要求基督徒不仅仅是言语上的赞同，而要以正义的生活作为见证。

敦促基督徒要通过阅读《圣经》、家庭祷告和参加教堂礼拜以及教导来理解基督教义。每一位基督徒都应该为了自己的信仰而勇敢公正地站立起来。人们所希望的是基督教将渗透中国社会，日益影响公众舆论，使人们为其恶行而感到羞耻，为其善行而感到荣耀。贫穷并非耻辱；频繁的借贷则招致损失和危害，并无法真正解决问题；为炫耀，尤其是为了举办奢华的婚礼而欠债是非常严重的恶。用别人的钱"给父母办一场盛大的葬礼，这不是真的对父母表示尊敬而是让他们丢脸，是真正的不孝"。

基督徒对家庭要格外关注。他不会让自己的儿子给坏人当学徒，也不会让他的女儿在无知中长大。中国基督教社区对女孩的教育已经比其他地区表现出更多的关注。未来每个人都将看到，那些妻子是受过良好教育的基督徒家庭与其他家庭的区别。基督徒父母只有在能对年轻人的品质作出判断时才能将女儿许配给他。禁止缠足，需要提醒的是，皇太后和皇后是不缠足的。

在信中，随后指向教会在公众中的名声这样尖锐的问题。所有基督徒都应该协助牧师防止某些人加入教会是为了利用教会在争斗和诉讼中占据优势地位。那些扰乱治安，尤其是加入秘密组织煽动起义的人也应该被禁止从教会获得庇护。基督教教义承认政府在神之下的权威是必要的，以维持秩序和正义，以便人们能够和平相处。

的确，少数基督徒需要通过尽一切可能减缓压力，在国内或普世教会建立团契受到鼓舞：

> 传教士本人属于不同的民族和不同的差会……但是中国教会今后没有理由将这些不同的差会保持下去。随着时间的推移，在华教会将不再依赖于国外的监管，这样一来，毫无疑问的是，那些目前在不同地方做祷告并且安排各异的人们大多会认为最好是能联合起来……。请记住，甚至是现在，你也是由来自普天之下各个民族的大多数人所组成的非常大的教会中的一员；也请记住，他们所有人和你一样都属于主的家庭。每一个基督徒都应该热爱他自己的国家，但是看在上帝的面上，他也同样应该爱他在其他国家的基督徒伙伴。中国人和外国人应该彼此友好相处，这是神的意愿。

在提供给中国政府的两份会议记录册中，对传教士的神学及其应用作了说明，同时也印发给了大批官员。第一份文件①共有9页，用提供信息和进行辩解的方式，试图使官员们对基督教以及传教士的宣教工作有一个大概的了解。文件简要介绍了基督教的起源与发展，从而将读者引向中国传教事业中，引向翻译《圣经》的事业中，传播《圣经》中的真理。记录册接着开始探讨上帝和人的本性这一核心问题，并明确提及中国：

> 信仰看不见的神灵为全人类所共有，但是，虽然大多数民族都有属于他们自己的宗教信仰，崇拜许多的神，每一个神都有它自己掌控的领域，比如山川、河流、农业、财富和治愈之神，以及被神化了的古代民族英雄。基督徒崇拜的只有一个上帝，他至高无上，基督教导我们称呼他为"天父"。基督徒不可祭奠或焚香朝拜其他的神，否则，便是侵犯了唯有对上帝才能有的尊敬。

基督耶稣被标准地描述为同是神与人。他以完美的人类生活向世人展示上帝的荣耀，上帝是人类一切完美之源。

> 读过基督教书籍或者听过基督教布道的中国人常说，我们的教义与中国圣贤的教导有许多共同之处。我们乐意承认他们之间存在相对应的部分，但我们也必须注意到他们之间的不同……这是围绕上帝与人类的关系以及人类对上帝的责任的问题。对上帝的信仰和认识使世界上的一切事物、人类所有的责任和人类历史看起来各不相同……人们真诚尊重上帝的地方，每个家庭的孝道就将得到发扬光大，人类所有其他的美德也是如此……"普天之下是一家"，这一说法的确具有深刻的含义。基督徒借用这一说法旨在表明所有的民族和语言实际上都是一体的。但是每个家庭都有一家之主，而上帝则是天下之家的一家之主，万物均为其子。《圣经》中有另一种说法："上帝是不偏心的，无论哪个国族的人，只要敬畏他，行正义，都蒙他悦纳。"
>
> 此外，《圣经》关于上帝造人的教义显示了人类真正的尊严。《圣经》说最初上帝按照自己的模样创造了人，并赋予他主宰万物的权利。正是这一点使人区别于任何其他生物，也鼓舞我们望着上帝和上帝所掌管的天国祈求我们的道德模式以及人与人之间有序的管理模式……所有生物中只有人可以

---

① CCMCR，第393—403页。

敬奉、祈祷和感恩。只有人感受到他对天国的罪，这使他心有不安。只有人相信天国的法规和法令，且知道要谨守它们。

纪念册继续对差会的动机及其成果予以陈述，旨在说明其在华事工的本质和方法，具有非政治性和守法性以及对中国政府和民族的尊重。首先，差会被描写成遵守"基督对门徒最后的训言，'去吧，收所有国族的人们为门徒'"。因此，第一批门徒穿越犹太到达罗马和希腊。他们的后代宣扬"世间所有人得救的普世福音，不分种族或肤色"。尽管遭到反对，常常招致监禁甚至死亡，但基督教最终在许多国家赢得包容、获得公认。

纪念册随后对差会的特殊性质进行了说明：

> 整个中国或中国习俗都没有与之相似之处。欧美基督教差会完全是借由那些信仰耶稣基督、希望看到整个世界基督化的人们所提供的义务服务而获得支持。我们未接受政府的任何东西……用于差会的钱有一些是来自富有的基督徒大量的捐赠，但更大一部分钱是来自那些并不富裕甚至是非常贫穷的人。这些人每天为中国、日本、印度和每一个还未基督化的国家而向上帝祷告，愿上帝保佑这些国家的统治者和人们，使他们美好富足。这中间没有任何政治的或与之相关的动机……支撑差会的唯一动因是对基督耶稣的奉献、希望看到全世界都敬拜上帝、去除其他地区的恶习。中国基督徒也捐赠了一大笔钱，资助他们的老师与学校、修建教堂以及帮助穷人。

接下来，重点强调的是，在华教会一直对接受人们加入教会非常谨慎。"有很多人……因为他们的动机比较可疑，所以未被接受；此外，那些已经被接受加入教会的人中有一些人被驱逐出教会，要么因为吸食鸦片、或赌博、或欺骗、或以其他方式显示出他们是坏人。传教士的目标不是使大量的人加入教会，而是仅仅接纳那些为他们的罪行忏悔并希望过上好生活的男人和女人。"

传教方式被简洁地描述为："我们的教导方式是公开布道、分发书籍以及创办学校。但我们的救世主除了布道，还到处行善，因此，差会为男人和女人建立医院，在有些地区我们有麻风病人、盲人、精神病人以及聋哑人收容所。我们开办这类机构不是为了积德，而是遵从上帝的命令，看在上帝的分上，我们应该爱人、友好待人，并通过这种方式向他们表明上帝是多么爱他们……孔子说，'上天生德于我'，我们相信所有的美德来自上帝。"

最后，纪念册坚定宣称基督教的非政治本质：

　　有些基督教国家是绝对君主制，像俄罗斯；有一些是有限君主制，像英国和德国；有一些是共和制，像美国和法国……《圣经》说："所有的权力都为上帝所命。"我们要为国王和所有的掌权者祷告。所有的中国教会都定期为中国的统治者们祷告。我们自己也时常告诫中国基督徒要做忠诚的臣民，尊敬国家的统治者，热爱他们的国家并定期纳税。我们完全劝阻他们与政治团体以及秘密社团有任何的联系。我们对中国最大的期望就是它可以繁荣昌盛并在世上所有民族中起引导作用。

　　第二份纪念册① 标题为《为中国各阶层基督徒要求完全宗教自由而致政府的请愿书》，这份纪念册把宗教自由的道德理由与中国的福祉和美名、善良的人民大众以及其他国家的例子（包括印度和日本）联系了起来。基督教强烈的关怀用一种能引起非基督教国家好感的措辞来表达。宗教自由不仅仅能增进基督徒利益，更能促进和平、善意、忠诚以及整个帝国的爱国精神。其他国家之前担心，如果不要求只能有一种信仰，人们将出现分裂，这是有害的。但事实上赋予宗教自由能够使人们更加清晰地从形式的、琐碎的事中区分出真理与价值；与此同时，宗教自由能赢得人们的真诚，让人们感到满意。在西方国家，好公民宁可入狱也不愿违背他们的良知，还有人因此流亡在外，这严重侵害了已满是压迫的社会。"我们希望中国……可以免于承受我们国家由于宗教偏执而遭受的不幸。"

---

① CCMCR，第403—405页。

◀ 四、分歧与协定 ▶

尽管1907年百年纪念大会展现出了统一精神与共同宗旨,但神学分歧也已出现。例如,有一些教师和医师现在认为,他们的工作不仅仅是作为布道的开场白。他们认为,教育和医学有助于促进基督教社区以及更广大的社会发展。严格的福音传道者或许能赞同这样的服务,尤其在那些用其他方法难以吸引听众的地方;教师和医生时常本身就是福音传道者。但是,差传工作神学本质的冲突会逐渐使无所作为的团体与那些致力于教育、医疗以及社会工作的团体区分开来。

此外,那些试图影响文化界和变革整个社会的传教士们将科学和世俗文化看作是上帝意愿的一部分。在这方面,像林乐知(Young J. Allen)、丁韪良(W. A. P. Martin)和李佳白(Gilbert Reid)这些美国人、比保守的传教士看上去要更加激进。同时,像作为教师的谢卫楼(Sheffield)、卜舫济(Pott)和狄考文(Mateer),他们更显然也是牧师,赢得越来越多的追随者。这两群人都认为,随着技术进步以及科学理性主义从日本和西方持续传入中国,其部分引入工作应该在基督教的支持和庇护下进行,这很重要。而且,随着古老帝国面临着改变和革新,对品格高尚之人的需求越来越大,对教育发挥作用也越来越期盼。当声称是基督徒的孙中山宣告共和国成立以及随着宗教自由公告的发布,对于传教目标和计划优先顺序的争论变得更加尖锐。

有关宗教权威的分歧尽管不总是公开的,但也在不断增强。随着儒教对基督教的抵制减弱,传教士们开始更加欣赏儒教传统价值。没有美国人像李提摩太(Richard)或苏慧廉(Soothill)那样甚至认为佛教的本质起源于基督教。但是许多美国人逐渐缓和了他们早前不屑一顾的态度。他们不自觉地产生了一种想法:上帝允许将真理和美德根植在犹太教-基督教以外的地方。同时,美国国内负责提供基督教奖学金、培训和人员招募的支持者阵营更习惯于对《圣经》的历史批评，并将进化看作是上帝造物的方式，但这种观点使那些守旧的人们日益焦虑。广泛发行的12卷系列论著《基要信仰：1905—1915》（*The Fundamentals, 1905—1915*）和《司可福串注圣经》（1909年版及以后的版本）[*The Scofield Reference Bible*（1909 and later editions）]因其对无误论、《圣经》直译主义和时代论的支持而成为冲突的标志。有人仔细收集了1909年在华传教士所作的声明后得出："传教士们自身对高等批判运动（Higher Criticism）的态度大不相同。年长者大多未受其影响，并为其对中国教会产生的影响而感到担忧。他们中有一些人还抱怨部分年轻人的傲慢态度，许多年轻人都或多或少受到高等批判的影响。"①

在接下来的10年，由于传教士更多关注摇摇欲坠的中华帝国、欧战和日本侵略，他们在教义上的分歧得以缓解。直到1920年著名基要主义者多马士（W. H. Griffith Thomas）和崔伦保（H. Clay Trumbull）访华才重新开始公开表达传教士不断扩大的分歧。1920—1921年，一大批新传教士的涌入招致仓促的行动。中华圣经公会（The Bible Union of China）成立于1920年夏，并在随后几个月内发展组织并发表声明。很难测算出其人员数量，但在1—2年的时间里，据报道其成员达到了2 000人。这其中似乎包括持包容态度的保守派，他们并不过于严格地界定他们的观点，同时还包括焦虑派、顽固分子和一些激进的极端分子。狂热分子在驱逐或削弱现代派方面几乎没有获得什么成功，但是整个运动毫无疑问有利于保守势力在接下来的几年努力影响美国差会董事会。这对在华基督教机构部分人员的任命和在美传教士候选人的遴选均产生了影响。

圣经公会的声明遵循福音派的核心要义，并特别指向社会服务：

认识到基督教和非基督教国家均要求对目标进行统一，并坚持宣讲和教导《圣经》所揭示的基本救赎真理，尤其是那些正在遭受攻击的部分，例如，我们的主和拯救者基督耶稣的神性、童女生子、赎罪祭以及耶稣死而复生；《旧约》和《新约》中的奇迹；圣灵的位格（Personality）和圣灵做工；个人的新生及其作为基督社会服务的必要先决条件：

我们重申我们对作为上帝圣言、基督教信仰及实践权威来源的整部《圣

---

① 1910年，《世界宣教大会》（*World Missionary Conference*）（1910年，纽约Revell公司出版），第4页；《传教士眼中的非基督宗教》（*The Missionary Message in Relation to Non-Christian Religions*），第4卷：《中国宗教》（*Chinese Religions*），第68页。

经》的信仰；并且一致表明我们的目标是"诚挚地为永远交付给圣人的信仰而战"。①

尽管这一声明与早前在百年大会决议所表述的传教士思想具有共同的基础，双方在1920年以及后来都认为对方破坏了必需的团契关系。最初公开的"分裂"行为来自圣经公会其领导者控诉现代派或自由派已经背离了已确立的信仰，但仍留在传教事工中并试图颠覆它。尽管这些指控通常是针对"主义"而非同工，但其敌意是很严重的。

1922年召开的全国基督教大会，以及随之成立的中华全国基督教协进会，两者均有可能将控制权从现有的差会机构转移给相对不可预测的中国教会，由于这种潜在变革的担忧，圣经公会变得更加强大。当之前所担心的种种趋势根据经验似乎开始变得没有那么激进，当中国高涨的民族主义和反基督教运动同样打击基要派和现代派，当他们面临同样的痛苦和同样紧迫的问题时，圣经公会即开始衰落。最初的兴奋过后，这些划分松散的群体中许多人认为有必要合作开展工作，尽管也有许多人坚持各自分离，但不再充满敌意。在经历了多年的衰退之后，圣经联盟及其垂死的机构消失在1937年的战乱之中。

在背后支持圣经公会的是早前创办且持续发展、组织有序的神学保守主义机构 —— 中国独有的中国内地会。中国内地会早期的领导者和成员普遍来自英、美，也曾辉煌一时；后来，公会主要由中国内地会成员组成。公会的官方评论称只有内地会经常提醒传教士们记得圣经公会的存在。在随后的几年里，《简报》(The Bulletin)倾向于登载以传教士为主题的综合类文章和新闻，其中，大多是中国内地会的作品或者甚至是通过再版其出版物而来。

中国内地会的教义基础，在戴德生早前的声明中作过说明，并且经常出现在内地会所出版的刊物中。戴德生1905年代表内地会的最后一次官方活动就是重申这一声明。以下信条对其稍作提炼，发表于1928年并延续至1950年：

1. 新旧约的神圣启示和权威；
2. 上帝、造物者和天地万物的主持者三位一体；上帝的三个位格分别是圣父、圣子和圣灵；

---

① 《中华圣经公会公告》(The Bulletin of the Bible Union of China)，成为《中国圣经》(The Bible for China)(1921—1937年，上海)，1920年11月25日的声明，(1921年2月)第二份。

3. 人的堕落和随之而来的道德沦丧以及再生的需要；

4. 我主耶稣基督为了人类的罪被钉在十字架上，成为代罪羔羊，将自己献给了上帝；

5. 罪人因信被钉在十字架上后而又复活的主耶稣基督而被宽恕和释罪；

6. 所有人，不论正义者还是不义者，都复活；

7. 获救者得永生，迷途者得永罚。①

差会的大量文献显示似乎只有一个迹象表明有人对教义提出了挑战，它来自一位匿名的、意志坚定且颇有知名度的人。在被免职前后，他努力了20多年，以仁慈的上帝之名呼吁停止对"迷途者得永罚"进行逐字的、极端的翻译，显然他得到的支持寥寥无几。自1899年至1904年，这一问题始终处于有节制的争论之中，控诉者至少到1919年一直都在为之努力。北美理事会会长（director of the Council for North America）焦急地咨询年长的戴德生以及上海和伦敦两地的董事们。但是他们都认为弱化教义是不对的，也是不可能的，尽管他们也认为要避免对控诉者绝对的谴责和不屑一顾；而北美理事会会长从那时起一再坚持"永远有意识的受苦"。戴德生的继任者、内地会会长何思德（D. E. Hoste）1915年在上海发表声明称："在整个新旧约中我们发现，呼吁敬畏之心以及警告持续作恶的后果构成上帝给人类的信息中重要的部分，任何忽略利用敬畏之心对人类良知施加影响的思想体系或教义从根本上都是有缺陷的、错误的。"②

中国内地会对美国传教士的神学来说很重要，尽管其大部分领导者和约85%的人员都是英国人。中国内地会是福音传道的专家，它的影响力，连同截至1950年的几位杰出差会开拓者及其广泛发行的著作影响了所有机构的传教士。几个联合差会与其有些密切联系。坦白地说，基督教宣道会（美国）以及其他几个小的团体都是在模仿内地会。正如圣经公会一样，中国内地会成员倾向于与其他差会、或许最常与中国中西部地区差会中的保守人物来往。从1907年和1910年的大会到1913—1922年的中华续行委办会、1922年的全国基督教大会以及全国

---

① 《政策声明》（*Statement of Policy*）（1928年，上海中国内地会），第1页。

② Phyllis Thompson 著《何思德：与上帝同在的王子》（*D. E. Hoste: A Prince with God*）（1947年，伦敦中国内地会），第215页；F. Howard 与 Mary G. G. Taylor 撰写的《信仰：霍亨利与中国内地会》（*"By Faith…" Henry W. Frost and the China Inland Mission*）（1938年，费城中国内地会），第262—264页；司米德（Stanley Peregrine Smith）1916—1919年在上海秘密出版的小册子，现存于耶鲁大学传教研究图书馆（Missionary Research Library）。

基督教协进会,内地会即便不是整个合作机制的核心,也是其中的一部分;直到1926年,内地会从中退出,且并未公布其原因。

然而,显而易见的是,全国基督教协进会下属教会被赋予越来越多的权力,加上目前在一般神学上存在着糟糕的分歧,这是内地会退出的诱因。1928年,内地会的政策声明规定:差会将财产和权力移交给教会需签订严格的、教义上的转让合同。结果显然起到了平息的作用。不管怎样,1943年中国内地会的中国委员会对"教会是神旨意的中心"(the centrality of the Church in the purposes of God)进行了全面考虑。正如正史所描述的:"内地会最终同意以教会辅助机构的形式提供服务;其成员将以合作的方式在当地教会服务,并接受当地教会领导。这一决定表明教会与差会之间的关系向前迈进了重要的一步。"① 在实践神学这一重要领域,如果说语气和实际行动还有些差异,那么至少在语言表述上终于与其他许多差会几乎完全相同。

中国的大致情况是,在1922—1950年,将教义问题留给各个教会以及作为海外教会代理机构的差会,从而实现了广泛的合作。1922年的全国基督教大会在经历一些压力之后投票通过了以下决议:

> 一份提交给大会的提案建议:有关委任中华全国基督教协进会成员的决议中应该包含表达基督教基本信仰的教义声明。
>
> 作为大会成员,我们喜悦地承认我们对全能的主、对上帝之子、爱我们并为我们的罪而舍弃自己的我主和救世主基督耶稣、对主和赋予生命者圣灵的信仰,并重申我们对他们的忠诚;我们承认对《圣经》的忠诚,它是信仰和行为的最高准则,我们承认对我们各自所属教会所坚守的基督教基本信仰的忠诚。此次大会并不是作为一个教会理事会,无权对教义问题和政体(教会管理形式)问题发表意见或起草任何形式的信条或教义声明。尽管大会认为,中华基督教会(the Church of Christ in China)应该建立在真实信仰和纯正教义的基础之上,这一点至关重要,但它也承认,确定基督教信仰基本要素的权力也在于参加此次大会的代表所属的几个教会。②

---

① 赖恩融(Leslie T. Lyall)著《对不可能之事的激情:中国内地会(1865—1965)》(A Passion for the Impossible),(1965年芝加哥Moody Press出版)。

② 《全国基督教大会所展现的中国教会》(The Chinese Church as Revealed in the National Christian Conference)(1922年,上海),第693—694页。

中华基督教会作为实体机构不应该与此次全国基督教大会决议中所表达的广阔愿景相混淆，因为它是后来才成立的。最终成立之后，中华基督教会即成为在华建立的最重要的教会机构。它主要由美国传教士与中国以及英国同工合作建立发展而来。不久之后，中国成员无论在数量上还是在发挥作用方面均占据主导地位。联合机构中相当大比例的美国传教士都由衷赞成之前一致同意的神学立场，这为之前分离的教会提供了刚好足够的支持者，同时，必要时也为联合教会未来的发展留有空间。1922年临时大会（Provisional General Assembly）通过一份团契宣言，基于：

1. 我们对我主基督耶稣的信仰，基督教会也正是因为我们的救世主才得以建立，以及对在全世界建立他的国度的热切渴望；

2. 我们视《圣经》新、旧约为上帝默示的话是在信仰和使命问题上的最高权威；

3. 我们承认使徒信经（Apostles' Creed）表达了我们共同的福音信仰的基本教义。

接着是于1926年生效的章程，其第二条内容如下："我们的目标是通过中华基督教会积聚力量，共同规划并弘扬自给、自治、自传的宗旨，使信徒联合起来，像基督一样生活，推广神的原理，使全世界都成为上帝的国度。"①

这些表述或许对大多数普通美国传教士来说，是他们所认可的神学（working theology）最佳集体表达，虽然他们并非由一个综合性的美国机构所提出。此外，他们得到美国差会所建立或积极资助的约16个教会的认可，也获得了这些差会所属国内董事会的批准。总体而言，大多数传教刊物和书籍将在华美国传教士神学尤其是1910年之后的神学描绘为重点强调以下四个要素：基督耶稣，他是神的启示、主和人类生活的典范；上帝之国，它是人类关系的理想，激发全社会向善的追求；对人类与社会的弊病、对罪恶的灵魂及其自然后果的救赎；对推进教会发展的承诺，使其成为信徒的社区，继续发展壮大。②

---

① 有关中华基督教会（Church of Christ in China）的文献，参阅《中国基督教年鉴》（*China Christian Year Book*），附录B，15：405—412（1928年，上海全国基督教协进会）。关于中华基督教会的历史，参阅 Wallace C. Merwin 著《合一之旅：中华基督教会》（*Adventure in Unity: The Church of Christ in China*）（1974年，Grand Rapids: Eerdman 出版）。

② 参阅史迈士（Lewis S. C. Smythe）所撰写的《新教传教士在华福传的改变》（"Changes in the Christian Message for China by Protestant Missionaries"）（1928年，芝加哥大学博士论文）；C. William Mensendiek 撰写的《新教传教士对1890—1911年中国国情和中国人的使命的理解》（"The Protestant Missionary Understanding of the Chinese Situation and the Chinese Task from 1890 to 1911"）（1958年，哥伦比亚大学博士论文）。

五、中国社会和文化中的神学

　　早期前往中国的传教士们确信他们拥有天赋的信仰权,这一信仰是确定的、独一无二的和排他的。对上帝、耶稣、《圣经》、皈依和救赎的理解都是建立在这一基础之上。中国各种各样的信仰和宗教习俗大多是公然的盲目崇拜和封建迷信,所形成的鲜明对比更加坚定了传教士们的立场。同样地,中国家庭的团结和权威性限制了家庭成员自由地聆听和响应福音,或是从中国人的生活网中走出来接受一种陌生的、外国人的模式。这些因素加强了传教士对"祖宗崇拜"的反对,孝道的教养是服务于父权、长者权和男权的控制。对中国皈依者决定性的考验即在于他放弃偶像崇拜或类似于偶像崇拜的信念和奉献,只相信唯一的真神。这是许多与文化相关或文化中的枝节问题所产生的核心神学问题。

　　尽管文化问题不可避免,但随着传教士越来越多地融入中国的环境,这一问题变得不再那么尖锐。对上帝与"上天"(Heaven)的比较,对摩西、先知、耶稣与孔子以及其他中国圣人的比较,对基督教中的罪—皈依—救赎与中国有关人性、修身和道德准则观念的比较不断涌现。传教士的传教事工使他们逐步加深与中国人的交往,和他们成为邻居、同胞信徒和同工,这些中国人不仅继续生活在中国社会和文化之中,而且将他们自己先前的价值观和理念也带入了基督教会。所有这些日益改变着中外之间的对抗。只有采用中国人业已熟悉的术语才能使《圣经》中的宗教教义和道德教义对他们而言是有意义的。必须找到一个最能代表"上帝"的术语,要尽可能不带有任何会引起反感或复杂的联系,这类术语包括"上天"(Heaven)、"主上"(sovereign-on-high)、"圣灵"(the spirit)、"主"(lord)或者"天主"(lord-of-heaven)。从基督徒的角度来看,这一过程实际上贯穿所有的元素和美德。传教士对中国古典文学和宗教文学的研究带有目的性,同时,也具有欣赏性。他们因此也越来越能理解中国思想和生活中美好的和精华的部分。

　　问题的关键在于相互矛盾的价值观和信仰。中国有一种折衷主义的传统和将不同信仰松散地结合起来的共同趋势，与此同时，对宗教又普遍地表现得漠不关心。儒家思想大体上只是略接近于宗教。其理性主义加上官僚主义的态度对迷信、佛教和教派产生相当大的敌意。在近代，老的信仰和机构开始衰退，到世纪之交，这一点变得更加明显，而到1911年之后则几乎是灾难性的衰败。总之，中国抛弃了儒家思想，甚至是激烈地谴责儒教和佛教传统。到了20世纪，传教士、中国基督徒和有识之士日益谴责中国的混乱和道德标准的沦丧。

在此背景下，传教士神学思想及其相关实践中与中国文化相关的内容在20世纪远远超出19世纪的范围，承认真、善、美源于上帝 —— 中国和美国及世界各地都是如此。大多数传教士确信上帝在耶稣基督身上得到最充分的显现，在中国和其他国家，人类心灵和思想对基督的明显响应也证实了这一信念。他们越来越放心让中国基督徒在适应、实现、替换等方面自己作决定。或许传教士们主要担心的还是中国的民族优越感或者说文化民族主义。有时候它似乎将中国性作为价值的首要标准，在某种程度上甚至侵犯了上帝化身为耶稣基督这一真理。但在神学上，通常通过献身于教会来解决这一问题，相信中国社会能建立起他们自己与基督的联系。①

---

① 对于美国传教士神学与中国社会和文化最具代表性的论述参阅乐灵生（Frank Rawlinson）的著作《在华基督教的本土化》（*The Naturalization of Christianity in China*）（1927年，上海美华书局Presbyterian Mission Press出版）。

第四章

差会与远东文化的关系

◄ 说　明 ►

　　这是贝德士为1942年在加拿大魁北克举行的太平洋国际学会第8次会议提交的长篇论文,以后由北美外国差会会议(Foreign Missions Conference of North America)太平洋关系研究院出版,1943年后者再次印行。由于这篇论文在中国颇为罕见,所以在此全文刊布(这是贝德士自己保存的一本),供中外教会史研究者利用。贝德士晚年花费13年时间,为《基督徒奋进在中国社会,1890—1950年》这一巨著作了工程浩繁的准备工作,可惜天未假之以年,这一写作计划终于功败垂成。因此,我们只有通过贝德士这篇论文,才可以了解他对包括中国在内的远东教会史的系统见解。同时,我们如果把本文的目录与贝德士晚年多次草拟的上述巨著写作纲要相参照,对于现今中国教会史研究乃至撰写专著,都会有很多启发。①

---

　　① 　"说明"为章开沅先生撰写。

◀ 内　　容 ▶

导言

   1. 文化接触的性质与重要性

   2. 文化运动与宗教

   3. 北美差会的当前趋向

   4. 以基督教社会为研究基础

   5. 以中国为主要地区

一、差会的宗旨、组织与方法

   1. 动机与目的

   2. 组织

   3. 基督教社区：国民与传教士

   4. 差会的功能方面

二、差会事工的特征

   （一）显著的成就

   1. 个人接触：当地人士的重要贡献

   2. 女传教士与妇女工作

   3. 与基督教教民关系的特色

   4. 差会教育的意义

   5. 民主进程与社会努力

   6. 机会与领导

   7. 语言知识与社会

   8. 在北美的教育影响

9. 西方方式的无意识展示

10. 非官方的、独立自主的地位

11. 对公众舆论与美国政府的影响

12. 基督教对世界文化的贡献

（二）明显的弱点

1. 狭隘宗教事例

2. 个人主义与宗派分化

3. 未充分融入东方文化

4. 培养高质量国民的部分失败

5. 从经济高水平向低水平传播的困难

6. 家庭生活标准

7. 回归北美

8. 北美缺乏互动与协作

9. 制度的惰性，东方与西方

10. 国际合作的行政性错综复杂

三、差会与基督徒在中、日工作的量化总结

1. 中国：传教士与教会

2. 中国：教育

3. 中国：医疗工作

4. 中国：基督教青年会和基督教女青年会

5. 中国：教会出版

6. 中国：洛克菲勒基金会与哈佛燕京学社

7. 日本

8. 朝鲜—台湾—伪满洲

9. 罗马天主教差会的发展

10. 教会财务与支持的提示性资料

11. 差会在中国和日本财务支出的资料

四、差会事业内部的当今趋势

1. 合作与联合的增长

2. 外国差会与中国和日本教会的关系

3. 以东方文化形式来表现

4. 中国人和日本人对北美的贡献

5. 宗教的教育方法

6. 乡村社区项目

7. 与政府合作

8. 教会与社会责任

9. 教会成员的变化：类别与年龄

10. 在中国和日本非同寻常的发展

11. 派出教会的兴趣

五、战时变化

1. 传教士的替换

2. 对本国人员的严重影响

3. 财产的损失和破坏

4. 日本军队和政府的影响

5. 机构与教区的混乱

6. 紧急服务：医疗、难民、救济

7. 北美教会的目前姿态

六、影响教会在中国、日本环境下的趋向和现状

1. 政府对宗教、教育与社会组织的关注

2. 反对外国与国际联络

3. 捍卫受威胁的文化，包括传统宗教

4. 本土语言的主张

5. 西方威望问题

6. 中国对基督教会服务的赞赏

7. 基本理念的怀疑

8. 经济困难

9. 内部再调适问题

10. 美国和其他政府在国际范围从事文化事业的可能性

11. 持续的需要

12. 和平压倒一切

引征文献

◀ 导　言 ▶

1. 文化接触的性质与重要性

　　战争及其后果，使人们开始以新的视野关注北美文化与中国及日本关系的重要性。这对于发展国际秩序与福祉进行持久合作的可能性极为重要。这还关系到众多人民的看法与境况，包括那些管理商业、教育与出版的人。文化接触的因素是多样的，它包括商业、居住和旅行上的私人关系，尽管其中许多是偶然的，不可能在文化层面产生结果；另外，还包括学校、报纸、电台和电影反映出的信息（包括它带感情色彩的声音），它显示一个国家对其他国家生活的关心。在目前情况下，它包括大批到美国接受高等技术或职业教育的中国和日本留学生，以及他们对北美及他们将要回归国家的影响。东方学生流的数量和重要性是如此之大，以致需要分别地和深入地加以研究。由于目前情况，洛克菲勒基金会与哈佛燕京学社也是极为重要的事业。这些因素在本文中都没有被忽视和低估。本文关注的是文化接触这样一个复合体，它关系着大量美国人和中国人及日本人之间持久而频繁的互动：这就是基督教传教事业。

2. 文化运动与宗教

　　文化关系被当作一个方便的术语用于非政治和非商业关系中。宗教被定义为文化的重要因素。宗教在历史上被视为其他文化因素的载体，与特殊语言、文学、哲学、艺术和音乐传统、社会及制度模式相联系。在佛教、伊斯兰教和儒教的传播中，东方对于那些以宗教和伦理为核心的文化移转相当熟悉，它们为一般文化运动提供动机与基调。基督教会的灵修方法与个人接触，在北美和远东都产生了相当大的影响，在远东亦然。

3. 北美差会的当前趋向

现在研究的不是远东教会史,只是对过去10年或20年的趋向作一个简要的探讨,旨在对不久的将来的可能性作更为明智的观察。北美通常被视为一个整体,因为在美国与加拿大差会的合作与报告中,其工作与存在的问题均极其相似。英国和欧洲差会以其先驱者的传教经验和直接合作,为北美教会事业作出了很大贡献。希望通过分别的和更广泛的研究,可以越过大西洋,或与那里的朋友联合,使教会事业遍及英国和大陆。

4. 以基督教社会为研究基础

天主教在本文中亦被涉及,文中的部分材料既适用于天主教也适用于基督教。但在25年前,天主教会几乎全是欧洲人,即使到现在,虽然北美天主教发展迅猛,但相对于中国和日本的天主教势力而言,仍然只是一小部分,尽管在朝鲜和中国的伪满洲相对重要。鉴于神父和教会两种性别,在中国的5 764名天主教传教士中,美国占651人(1938 — 1939年);在日本,838名传教士中,美国人占42人,而操法语的加拿大神父在日本就有45人。①

5. 以中国为主要地区

在一段紧张时期过后,中国同日本的所有正常关系都中断了,甚至它们的部分恢复也有待于战后一段时间,很难预见如何适应这种环境。此外,北美教会在中国大部分地区比在日本有更大的发展,洛克菲勒基金会及其相关的教育事业也是类似的情况。因此,综述首先适合于中国,尽管在可能的情况下与日本相关,或在特别的条件下适合于日本。日本界定为1937年的日本帝国,兼及朝鲜。

---

① Dr. G. Roggedorf, S. J. 著:《美国人天主教外国宣教团》,载于《日本基督教年鉴》1941年。("Catholic Foreign Missionary Society of American", 1942 directory and lists, *Japan Christian Year Book*, 1941.)

◀ 一、差会的宗旨、组织与方法 ▶

1. 动机与目的

差会的基本动机是教徒。在为强权政治或国家利益服务的意识方面，它既不是美国的，也不是加拿大的或西方的。北美差会的人员、精神、传统和方法有其独特的特点，它非常关注个人与群体的解放、政教分离、民主和社会理想主义的伦理等。差会的目标有三：基督教信仰与团契在全体人民中的传播；通过提供更充实生活的机会、服务于需要、破除国家与种族畛域，以展现基督教四海皆兄弟的信念；基督教伦理在个人、家庭、社区和国际生活中的运用。

2. 组织

在美国和远东，差会大多由宗派所组成，如卫理会（Methodist）、长老会、美国圣公会（Episcopalian）等教会团体。北美也派遣一些跨宗派或无教派团体，如重要的内地会（China Inland Mission）、基督教青年会和基督教女青年会、美国圣经会（the American Bible Society）；同时，还有不少"独立"团体各派出一个或几个传教士。

北美外国差会会议是102个美国和加拿大差会组织（和20个附属机构）合作的协会，实际上包括除内地会（它主要从英联邦及其自治领获取支持）之外的所有重要的基督教团体。在102个差会中，有67个在中国和日本工作。和北美相比，在中国和日本的事工更为合作与联合奋进。在过去的20年，中国和日本成立了全国基督教协进会，大体上相应于美国的基督教联合会，但在协商与领导国内综合教会项目的功能方面，则相对来说更有影响。通过国际基督教差会，北美外国差会会议与这些全国基督教协进会以及欧洲及全世界的类似团体联系在一起。于是，通过这些机制，可以交流协商共同关注的问题，选定人员的访问，特别事工的基金；布道和差会通常用的著作；基于他们所服务的共同目标而在会议和通信中相互信任的领导集体。

罗马天主教差会的最高权力高度集中于教宗，它通过罗马传信部和各国国内统一的教阶制度进行工作。但在实践中，他们是非常灵活的，可以利用每个修会和相关差会，如马利诺外方传教会（Mary knoll Mission）、耶稣会、圣言会（the Society of the Divine Word）、方济各会玛丽姐妹（the Franciscan Sister of Mary）中高度自主的部分，并容许地区多样化存在。

3. 基督教社区：国民（nationals）与传教士

朝向确认目标的基本工作方法，是发展基督教社区和各种东方社团中领导的作用。传教士作为先驱者和奠基者而工作；现在则常作为国民的合作领导者或助手，在有些情况下，他们已经从教民从事的服务中退出。传教士作出示范之后，国民通常自我负责地发起类似的或更好的服务。从北美方面看，在整个过程中，传教士是文化接触的主要工具。考虑到不同地区的文化差异，通过与其合作的中国和日本国民、通过数千名曾被传教士帮助过的人、通过在北美作有兴味的研究或旅行的国民，传教士的作用得以补充和增加。

4. 差会的功能方面

它的功能是多方面的，主要有：

（1）布道和宗教教育；

（2）教会的组织、教育和基督教事业；

（3）训练国民在基督教事业中服务；

（4）在基督教徒赞助下，从事通常带有某些特殊基督教因素的各级普通教育；

（5）供给与散发《圣经》及基督教著作，连同为基督教徒赞同和需要的本国的和大众读物；

（6）医疗和健康服务，包括卫生教育；

（7）科学知识或方法的介绍及其在需要地区的运用，例如，上海天主教的天文台和气象台，金陵大学的农业改造；

（8）综合和特殊类型的服务，例如，基督教青年会和基督教女青年会，乡村发展计划，基于慈善目的的工业与工业训练，收养孤儿、麻风病患者和盲人的机构；

（9）无论社会或个人，都要致力于反对危害人类的罪恶，如吸毒、酗酒、纳妾、卖淫等。

◀ 二、差会事工的特征 ▶

（一）显 著 的 成 就

1. 个人接触：当地人士的重要贡献

　　传教士与基督教社区和当地团体中的许多人有密切的个人接触，与学校和教会团体中的儿童、青年，与病人，与教会、学校和服务机构中的工作人员等都有接触。传教士广布于小城市和内地布道点，并且其中许多人有规律地频繁前往若干或许多其他地区。1936年的《中国基督教差会名录》（*The China Directory of Protestant Missions*）显示，784个城镇有传教士驻守，在日本，战前有传教士居留的城镇超过了120个。

2. 女传教士与妇女工作

　　包括已婚和未婚妇女，有2/3的传教士是女性（中国和日本若干县的统计显示比例为64%—69%）。她们经常在妇女和女孩中开展事工。对于文化关系和社会变化而言，这具有独特的、相当重要的意义。

3. 与基督教教民关系的特色

　　在最好状态下，传教士与所在国家基督教领导和合作者的关系是以共同信仰和道德观念的深度为标志的，这两者给他们以特有的力量和稳定性。

4. 差会教育的意义

　　差会事业对教育模式和人事的影响，在过去和现在都是相当大的，尤其是在中国。伴随着清华大学和留美奖学金的设立，以及教育学院（哥伦比亚大学）对教育技术学科的影响,教会学校已经形成。在先驱领导时期之后,它们适当地让位于普通公私立教育的发展。最近几年,在基督教中学和学院接受训练的青年,分别从9%增加至10%,从15%增加至20%。根据职业登记表,在战争爆发时,有41%的基督教学院和大学毕业生(总数1.1万人)从事教育工作。在中国,基督教对女子教育的贡献仍是无与伦比的。在日本,教会学校的影响在近来并非十分重要,但它在幼稚园、女子中学和女子高等教育三个领域仍然很有名气。基督教在这两个国家的私立教育中都占有重要地位,而非公立系统。

5. 民主进程与社会努力

提倡民主的团体生活,积极关心全国贫民的福祉,已经以各种方式显示出来。差会在教育和为公共利益而组成团体方面是有所裨益的,包括介绍管理会议的简单原则。在志愿基础上,集体参与的运动会和健康的娱乐活动,有助于青年超越封闭家庭发展新的建设性关系的能力,这有助于真正意义上的社区的成长。目前,在公共教育和军队中广泛采用的合唱,就是由差会大力引进的。大胆将《圣经》翻译成本国语的举动,曾被胡适高度赞扬为这一代中国语言学革命早期和仍然有渗透力的因素。在中国和日本,传教士在数百社区介绍新的观念、组织技巧以及在社会服务事业和社区改造方面的合作,对此,更多的公众已认同,并且移植到老的行会和寺庙观念之中。

6. 机会与领导

从全社会来考虑,差会已经为许多素质优良的人士提供了培养自尊、发展经济、卫生与教育的机会。就"呆板"的"阶级"一词而言,它常受到基督徒和非基督徒的关注,差会愿意让相对有前途的个人和家庭从无产或农民的地位走向自由的中产阶级。在较有才华和奉献精神的群体中,基督教和世俗社区两方面的领导层(leadership)都在显著发展。在朝鲜,相对于日本禁止为自由社区活动而合作、阻止任何符合朝鲜人利益而偏离日本计划的有力的领导层的政策而言,这一进程更为明显。

7. 语言知识与社会

与许多曾与中国人和日本人有接触的北美人相比较,传教士更熟悉当地的语言、风俗和社会生活状况,因为他们的居住相对稳定,他们对社区典型人士(typical folk)的认识相对全面。有时,当地人的语言和文化成为语言学、历史学、文化人类学和其他社会科学系统研究的对象。就这 10 年学术性的增长而言,北美传教士的工作不如他们的前辈 —— 北美、英国和欧洲大陆的传教士突出。但是,卫三畏(Wells Williams)、季理斐、Hepburn、钟钧安和 Peek 的工作在语言学领域仍是有价值的。怀履光(White)、福开森(Ferguson)、葛维汉(Graham)和明义士(Menzies)考古的和文化的收藏,在我们时代仍有高度价值。在历史学、文学和社会调查领域,有卫根(E. T. Williams)、赖德烈(Latourette)、德效骞(Dubs)、宓亨利(McNair)、赛珍珠(Pearl Buck)、明恩溥(Arthur Smith)、卜舫济(Hawks Pott)、恒慕义(Arthur Hummel)、甘博(Sidney Gamble)等。卜凯是多样化的象征,这种多样性在我们当代上百个名字中,在他们增添了知识意义的传教经验与交往中,都是明显的。

8. 在北美的教育影响

北美传教士与差会组织,对于在远东传教有着广泛、持久的兴趣。书籍、小册子和杂志文章的流通,其品种每年数以千计,其中,若干印数达数万册。此外,还须加上布道、演讲、数千研究团体和多方的个人接触及传教士讲台在北美的出现。史汀生(Stimson)干事在他的著作《远东危机》(*The Far Eastern Crisis*)中,描述了这个双重过程,他解释了 1931 年九一八事变时美国人对中国的关心:

> 多年来,中国从这个国家(指美国 —— 译者)接受宗教的、教育的和医疗的福祉,这些最伟大的私人传教努力是由一个国家的人民对另一个国家的人民提供的"。(p.14)
>
> 我们有关中国的最普遍信息来了……通过伟大的传教士运动 —— 宗教的、教育的和医疗的 —— 近一个世纪来,它们被这个国家的教会和人道组织带往中国。这个运动的广度和影响,并不总是为历史学家所充分肯定。经过这些年,几乎在每个较具规模的美国社区,特别是通过我们东北部和中西部各州,都有一个或多个教会、全部或部分地支持一个或多个外国传教士,其中,大部分在中国工作。这些传教士的工作,通过他们的报告和信件传达到生活在每一个角落的为数众多的美国人民。对许多人而言,这种工作的进展就是他们最感兴趣的事物之一。他们从传教士的报告中捕捉中国进步的细节,因而对那个国家和它的人民产生纯粹个人性质的人道主义关切。(pp. 153–154)

对于这些和前述的问题,耶鲁的赖德烈(Latourette)教授最近写道:

大部分研究中国的美国学者,要么是传教士、要么是以前的传教士或传教士的子女。如果没有这些传教士,西方对于有关中国的准确而具有同情心的信息将会大大减弱。

这种叙述可能很恰当,无论如何,由于传教士圈内对组织工作广泛发展的关切,倾向于减少大量的资助;由于北美大学和基金会资助下的高度专业化学者的迅速起升;由于严密的科技和规范的提升,对许多普遍利用和高度通俗化的知识产品不再使用"学术的"一词。一个特殊的事例是,有15所美国大学,包括耶鲁、康奈尔、普林斯顿、密苏里、宾州、匹兹堡、史密斯和韦尔斯利组成的共同体,每所大学分别与一所中国教会大学保持有益的接触。

9. 西方方式的无意识展示

反过来,差会正在中国和日本传播西方信息,友好地展示西方方式、理念和个人性格,并且常常无意识地背离了基督教的初始目标。他们的家庭生活和卫生状况,他们的书籍、杂志和照片,他们的社会风俗,都是有趣的和刺激的,尤其是在小城市。

10. 非官方的、独立自主的地位

在名誉上或事实上,传教士都不是美国和加拿大的政治和商业代理。同样地,派出国政府通常也不会设法利用传教士作为工具。只是最近的紧张年代与极端民族主义和极端多疑的日本人打交道时,传教士被错误地置于这些位置;但仍很少伤害到传教士与已经结识的国民、其他朋友和邻居的日常接触。宗教与文化的优势无须苦心经营。

11. 对公众舆论与美国政府的影响

通过会议工作和公众舆论,传教机构和传教士已经对华盛顿发挥了某些影响。在中国事例上尤其如此,在那里,传教士和他们的利益已经在美国的人事和利益中占有很大的比重。除了他们为宗教动机而在人们中工作,并对这些人通常持有友好与和平的意向外,也有少数事例可以被提及,它们显示传教士的影响只是众多影响中的一个,并且是不能被分开衡量的。

在将庚子赔款用于教育事业的提议中,传教士的角色是相当重要的。在军阀统治的困苦年代和国民党崛起时期,传教机构的主要声音是寻求耐心和适度的调整，以适应中国民族主义的高涨。他们日益强调，保护美国公民与利益的努力应与正常的国际实践密切联系，而远非冒险进行军事干涉。放弃长期以来为众多传教机构所鼓吹的治外法权，尽管不是全部，也可以是部分地使中国自由寻求自己的发展，并减少19世纪以来不平等条约带来的冲突。在中国的传教士，以及在某种程度上他们的派出组织，通过解释在中国见到的事实，已经有效地唤起北美舆论对日本侵略中国的21条要求、山东问题、占领东北、1932年攻击上海及1937年侵华战争的反对。

在日本的传教士和他们组成的团体，仍然坚定地善待日本人民，尽管他们对日本政府及其1931年以来的政策持严厉态度，并且在1937年进入僵局。许多北美差会组织以及他们支持的教会，公开地支持停止对日本的军需供给。同时，他们大多继续支持消除针对日本人民的移民歧视，赞同针对日本需要而进行的长期经济调整，特别是在美日贸易中降低美国对日关税。因此，在远东问题上，差会团体是公众舆论发展和表达的其中一个工具，并且可能是主要工具之一。

12. 基督教对世界文化的贡献

与对目前国际关系不可避免的伦理关怀相对应，差会继续发展意义深远的超国家的文化因素，并且有些是深植于感情与心灵中的。《圣经》、赞美诗及与其相伴随的音乐；宗教仪式；宗教画像和与其相伴随的艺术、西方经典文学的翻译与改编，哲学、历史、自然科学，特别是基督教伦理和共同理念；英语、法语和拉丁语知识，还有更加严密的民族语言，如斯堪的纳维亚语和德语。尽管基督教社区在中国和日本出现的时间很短，并且是微不足道的，但它们贡献的宗教诗歌、画像、赞美诗、祈祷词及伦理挑战了北美和其他西方社区。

（二）明显的弱点

1. 狭隘宗教事例

在很多情况下，宗教的宣道与授课过于个人主义，并且太局限于教育和文化，因此，不能成为基督教或大众文化的令人满意的工具。

2. 个人主义与宗派分化

同时，也在很多情况下，传教人员过分个人主义，传教组织过于分裂和宗派主义,因而不能作出应有的文化贡献。

3. 未充分融入东方文化

过分教条主义、民族或种族或文化的优越感、语言或技术方面的懒惰和无能,这些都是个人不足的例子,并妨碍他们进入东方的生活与思维方式,而这又是宗教和文化传播所必需的。特别是对差会工作中的人们的文化与宗教传统了解的贫乏,这是实现目标的一个主要障碍。

4. 培养高质量教民的部分失败

大多是因为上述原因,在培养有能力的公民的坚定信仰与合作上常常失败。这是教会努力的主要成就的对应面,这些努力是通过被公认有品质与能力的教民所作出的。

5. 从经济高水平向低水平传播的困难

从在一个经济水平相对较高的社会培育传统组织和人员,到在一个经济水平较低的社会中从头开始发展基督教社区,这个工作的困难是巨大的。一个大范围的解决办法出现在朝鲜,另一个在日本:首先,通过集中相对简单而范围有限的教会计划;其次,通过吸引这个城市的中产阶级。

6. 家庭生活标准

特别地,对一个北美家庭来说需要维持健康与道德的生活标准,在远东是奢侈的,并且是他们与当地多数居民之间的一个障碍。天主教徒在这方面做得比较好,他们的独身工作者同北美和其他西方教民保持不太密切的关系,但这是以牺牲很多文化和社会的影响为代价的,这些影响要通过家庭和常规休假发挥作用。

7. 回归北美

北美教会与北美公众观念的落后,通常容易限制传教机构作很多他们的领导认为必需的调整与发展。教区的具体教育不充分且发展缓慢。

8. 北美缺乏互动与协作

对传教事业的学习和参与价值完全缺乏思考与努力,对包括中国、日本在内的正在形成的全世界范围的基督教协作观念也是如此。

9. 制度的惰性,东方与西方

在远东和整个传教组织中,教民和传教士的制度惰性限制了其在迅速变化时期的服务。

10. 国际合作的行政性错综复杂

教会事业在东方的行政性传播错综复杂,以及它的宗派的和国际的分布对整个成就来说是一个沉重的负担。目前,这些困难在特别的领域尖锐地显现出来,而正是在这些领域,大规模的、富有成效的合作是被预期或期望的。

◀ 三、差会与基督徒在中、日工作的量化总结 ▶

1. 中国：传教士与教会

表1

年份	传教士	教友	中国圣职人员	全日工作者	北美社团
1893	1 324	55 093			
1903	2 785	112 808（a）	610（a）		
1906	3 833				
1910	5 144	167 075	513（b）	12 108（b）	92（b）
1915	5 338	268 652			
1920	6 204	366 527	1 305		
1925	8 158	402 530（a）	1 966	27 133（c）	138（a）
1928	4 375（d）	446 631			
1930	6 346				
1933	5 775				
1936	6 059（c）	536 089（a）	2 135	11 662（a）	132（a）（plus 21 unions）

（a）数据源于 Lobenstine 著《世界差会统计调查》（*the Statistical Survey of the World Mission*, 1938.）；

（b）为1911年的数据，参见 Lobenstine 上述著作；

（c）为最大数值，包括全部峰值时期初级中学教师和一些可能参与服务的雇员；

（d）数据来源于《中国基督教差会指南》（*The China Directory of Protestant Mission*, 1928, lists only 3,133.）此为集体撤离和大疏散时期。

　　除了特别标明出处的，所有这些数字均来自鲍引登的著作《中国基督教运动指南》（*Handbook of the Christian Movement in China*）。鲍引登是中华基督教协进会的统计员。传教士的数字是在一个有变化的名单上统计的，这个名单可能有20%的减少,因为正常的休假和病假,以及需在一定时间达到一定数量等原因。中国人员的数字是被明确地报告出的,并且在大多数情况下是相当确凿的。

2. 中国:教育

表2

年份	小学与幼稚园	学生	中学	学生	大学	学生
1915	5 299	141 051	216	13 369	24	1 144
1920	6 946	203 071	231	13 196	16	846
1925	7 333	257 453	333	25 597	16	2 811
1938	2 795	est.150 000	255	43 879	13	5 858

1915年和1920年的数字来自司德敷(Stauffer)的著作《中华归主》(*The Christian Occupation of China*, 1922)。1925年的数字来自毕海澜(H. P. Beach)和C. H. Fahs编写的该年的《世界传教士图册》(*World Missionary Atlas*),但有关1922年的事实,是根据1923年中国团体的报告。同样地,1938年的数据来自该年的《基督教会世界传教机构统计调查》(*The Interpretative Statistical Survey of World Mission of the Christian Church*)(ed. J. I. Parker),但在大多数情况下对1936年事实的描述,有时是根据以后的信息补充的。

1911年的《中国差会年鉴》(*The China Mission Year Book*)报告,各级各类学校共3 728所,学生总数102 533人。当时学校部分地或全部包括两个或更多的级别,但分级并非标准化的。其他类型的各种学校未经列入,如工业、师范(大约到1928年)、神学和圣经训练、医护(此后报告)等。

在1920年代的战争时期,小学陷入严重混乱,并且大部分被差会移交到中国私人团体,或随着公立学校的发展而衰落,特别是1926—1929年,国民政府拒绝任何一所教授宗教课程或保持宗教活动的小学注册。

中学和学院趋向于集中化,学校减少了,但学生更多了。学院统计出现变化,因为早期的分年级问题,也因为医学校部分并入或分出普通学院与大学。

1936年,中学生中女生比例为30%。教会中学学生在全国中学生中的比例为9%—10%。255所基督教中学,过半与北美有关。据报告,230所学校有传教士服务,262个全职传教士,141个兼职传教士;尽管69所学校据称无传教士教员。

当1937年战争爆发时,13所普通学院与大学有6 898名学生(春季)。1937—1938年减少到约4 000人,这一时期正常工作中的人数更少。但1941—1942年增至9 009人。到1937年，教会学院和学校已有1.1万多名毕业生。除去5%没有就业信息的毕业生，41%从事教育，11%是宗教工作者，13%从事医务工作，11%从事商业和工业，6%从事公共服务。

3. 中国：医疗工作

表3

年份	医院	床位	病人	药房	医疗总数	医生		护士		学生护士
						传教士	中国人	传教士	中国人	
1909	170			151	1 333 482	388				
1910										
1915	330	15 455	104 418	233	1 535 841	383	191	142		
1920	325	15 153	141 516	370	3 186 122	374	309	192	441	1 304
1925	301	16 608	165 949	496	3 439 427	499	373	320	1 001	445
1938	300	20 892	240 258	594	4 808 630	287	634	256	1 656	3 955

1909—1910年的数据来自1911年的《中国基督教年鉴》(*The China Christian Year Book*)。1915年和1920年的数字来自司德敷(Stauffer)的著作《中华归主》(1922年)。1925年和1938年的数据来自在前面教育部分提到的《世界传教士图册》(*World Missionary Atlas*)和《基督教会世界传教机构统计调查》(*The Interpretative Statistical Survey of World Mission of the Christian Church*)；它们是以 1922年和1936或1937年的事实为依据的。

医院的规模和活动显著增加。药房通常是由主要医院经营的独立的门诊部。随着中国医生的增加，传教士医生急剧减少。传教士护士仍然很好地保持着，而中国护士也作为一个全新的职业发展起来，这是传教机构对中国其中一个主要的开拓性的贡献。最近几年，几乎所有新招募的护士都是女孩。学生护士的人数不太令人满意，但教会医院作为小型训练学校的巨大作用是不可抹杀的。

1938年有140所护士学校、6所医学院，其中，3所医院是普通大学的组成部分，另外3所医院很大程度上是独立的。这6所学院共有555名学生，其中，包括仅有的一个完整的牙医学院。

北美差会团体有169家医院、11 713个床位、356个传教士医生和护士，占全部海外医护人员的3/5。

4. 中国：基督教青年会和基督教女青年会

基督教青年会在宗旨和组织上适宜中国社会，它重视具有明显社会与教育功效的活动。此外，基督教青年会在早期由传教士领导，他们把培养负责任的中国领导人放在高于一切的地位，通过认真选拔和与锻炼机会相联系的职业竞争，它通常包括在北美学习、观察和实践。近年来，基督教青年会国际委员会已准许美国人干事减少到10人（1925年是87人），然而，它仍然被认为是这样一个组织：与美国很少有实际关系，但在结构上被认为是高度美国化的，就像在人事与自我意识上高度中国化一样。1937年，基督教青年会有38个城市组织和130多个学生组织，289个中国干事，在一些责任职位上有8 284个中国人，如当地委员会成员、教师和团体领导等。基督教青年会在出版方面是走在最前面的，在宗教哲学文化、市民培训和社会事务等领域都开展了有价值的翻译和开创性工作。在出版和学生工作方面，国际联系和思想因素的作用最明显。基督教女青年会事业与基督教青年会有相似的发展道路，它在教育方面的努力相对来说不够广泛，而在某种程度上更关注劳工群体和工业问题。1937年有13个西籍干事，而在1925年有64个。19个城市组织和5个乡村组织在从事服务，它们包括近100个学生团体、85个女子团体、10个劳工团体。

5. 中国：教会出版

在图书和期刊领域，教会事业是相当重要的。在很长一段时期，它对成千上万人的智慧与心灵启蒙、健康的兴趣与好奇心的培养有重大贡献。它们主要以本地语言（民族语言）出版，因语言学上、简化字体上、学术风格上和农村方言等方面的要求而有所变化。在69个出版发行组织中，有33个完全为这个目标服务。《中国基督教会中文著作联合目录》(*The Combined Index of the Chinese Literature of Protestant Churches in China*)（1933年）列出了4 000多种出版图书和1 000多种小册子。1936年，有237种基督教期刊出版，包括3种日报、24种周刊、104种月刊和半月刊。据称，在战争前夕，基督教图书馆约有114家，拥有藏书199.8万卷，这些图书馆与学院和较有实力的中学或民族组织相联系。美国圣经公会（Bible Society）每年出版和销售4万多册《圣经》或《新约全书》，节选《圣经》小部分内容组成的书更大大超过200万册。其中，大约一半由英国和海外圣经协会发行。连同苏格兰国家圣经公会，战前每年发行总量超过900万册。

6. 中国：洛克菲勒基金会与哈佛燕京学社

洛克菲勒基金会在中国的工作覆盖领域很广，其重点在医疗和卫生服务以及自然科学,最近扩展到社会科学方面作出较多的努力。1915年,北京协和医学院赢得了由几个传教机构组成的联合体的支持,在此后花费980万美元建造了一个新学校,并成立了自己的一个重要的医学研究和教育中心,同时伴生了一个大医院和护士学校。1928年,洛克菲勒基金会捐赠1 200万美元,创立了博医会(the China Medical Board)以管理该学院。到1943年,该学院将在整个捐赠资金和支付上从基金会获取3 500万美元。1929—1931年,北京协和医学院年均支出超过100万美元;1931—1938年,大约为85万美元;1938—1942年,大约为60万美元。

医学院在人才培养方面的成就尤其显著,中国政府已经发现他们适合担任国家卫生管理部门的职务。在这个现代医学工作的发展期,医学院毕业生通常成为科学家或管理人员,而不是开业医师。它也对一些差会医院提供帮助(到1928年),部分地是发展它们的护士培训。在自然科学方面,教育和设备资金(直到1934年)直接面向大约10个大学和学院的医疗预科培训,其中,有几所是基督教学校。

自1934年,洛克菲勒基金会已设计了一个针对乡村重建的"中国项目",它包括行政管理、教育、农业、经济、医学和公共卫生等方面的人事和技术。"中国计划"的主要方案集中于华北乡村重建委员会,该委员会由北京协和医学院、清华大学和南开大学,以及两个基督教机构——燕京和金陵,连同平民教育运动(作为晏阳初的事业,在北美更流行)中华全国联合会。因战争变化,最初的组织已有很大改动。对政府的卫生与农业计划,基金会也提供合作性的帮助。1940—1941年,有13.5万美元被投入"中国项目",其中,2.5万美元作为研究和科学事业的补助金,5万美元用于协作;另外,6万美元用于其他8个项目:(1)乡村建设全国委员会;(2)平民教育运动全国联合会;(3)燕京公共事务学院;(4)南开经济研究所;(5)金陵大学农业经济系;(6)中央大学畜牧学系;(7)国家农业研究署;(8)国家卫生局。

除了博医会外,洛克菲勒基金会最近几年有关中国总支出的账目(如表4):

表4

年　份	1936	1937	1938	1939	1940	1941
金额(美元)	454 190	423 875	367 600	298 860	240 600	226 000

洛克菲勒基金会的常规工作大部分是通过中国的机构实行的,主要形式是向通过的项目拨付经费。像本文所提及的,它也涉及其他事业,通过在协作方面提供既用于中国也用于海外的援助,也通过对教会大学应急基金提供意义重大的帮

助（因战时需要）。

哈佛燕京学社的主要目标，是发展几个机构在中国文化领域的工作，包括中国语言、文学、艺术、历史、哲学以及历史视角的宗教。学社成立永久基金，由此所得的资金用于帮助6个教会大学：福建、岭南、金陵、山东（齐鲁）、华西和燕京的大学工作，它尤其关注中国文化领域的学科，以及通过提供图书资料和研究或前沿培训的机会来提高它的质量。该学社以其精细的研究和出版物，在燕京大学维持了一个关于中国研究方面的研究工作中心；在哈佛大学支持一个研究生培训项目，该项目由中国和西方的学者及学生参与，同样地也为研究和出版工作提供便利。哈佛燕京学社已经以其语言学和其他学科的高水平而著名。财政报告还没有出版。包括霍尔基金会（Hall Estate）的转账，基本金额已达数百美元。该学社每年还对教会大学应急基金提供5万美元的资金。

7. 日本

表5

年份	传教士		教　友	日本圣职人员	日本非圣职人员	妇女工作者
	总　数	北美传教士				
1911			67 000	474		
1920	1 305			814	1 639	469
1925	1 253		135 000	950		1 227
1930	1 198			1 549	2 170	2 170
1938	825	666	208 962	1 759	1 361	432

如表5所列1911年、1925年、1938年的数据来自费希尔（G. Fishers）在1938年统计调查册中的说明文章：前述报告时期关于最近两年来他们所声称的数据。1920年、1930年的数据来自《平信徒差会调查》第二部分（*The Laymen's Missions Inquiry*, Pary II）。尽管1920年以后传教士数量减少，其他日本工作者人数也在1930年以后迅速下降，但日本圣职人员的增加已经与教友数量增加并驾齐驱，甚至有所超过。

根据传教士的基本任务，1940年的《日本基督教会年鉴》列出有名的传教士任务分派如下：435名福音传播者，307名教育工作者，44名慈善工作者，27名医疗工作者，7名文学工作者。

教育工作是相当重要的，并且通过1938的调查报告显示，它仍在发展。（如表6）

表6

年 份	幼 稚 园		中 学		大 学	
	数量	学生	数量	学生	数量	学生
1925	252	11 799	55	22 663	24	6 418
1938	403	15 349	44	17 615	21	8 427

我们相信这些报告是不完整的,特别是在1938年《平信徒差会调查》中关于中学的数据。两个时期中,女生占中学生总数的大半。平信徒求实调查团(The Laymen's Fact-Finding Commission)记录道:根据政府和年鉴数据,教会高等和中等学校比佛教和神道教联合起来的学校和学生还要多,尽管佛教和神道教教派的成员要庞大得多。

教会医疗工作在日本没有引起太大关注,著名的St. Luke's 国际医疗中心(St. Luke's International Medical Center)应归功于洛克菲勒基金会及其他的团体。然而,据1940年的日本教会年鉴报告,在13家医院和疗养院中,有8个传教士医生和19个护士、1 325个床位以及15个诊疗所。这些医院列出了526 379个病例,而诊疗所有296 996个病例。这当然是可能的,因为有129名日本医生和233名经过训练的日本职员同他们一起工作。

8. 朝鲜—台湾—伪满洲

在朝鲜,有着广泛的传教工作(如表7)。

表7

年 份	传 教 士		教 友	朝鲜圣职人员
	总 数	北美传教士人数		
1925	598		112 059	
1938	462	400	148 677	1 050

资料来源:《世界传教士图册》(World Missionary Atlas),《统计调查》(Statistical Survey)。

据报告,1925年,所有学校共有学生51 604人,其中,793所小学、39所中学、10所工业学校。1938年,在该国2.5万名中学生中,有7 000名是教会中学学生;3 000名大学生中,有1 000名是教会大学的;另外,8万名小学生。

在纯洁的热忱与奉献的基础上,朝鲜教会以高度的自养为特征。1938年,有4 500个当地圣会,拥有4 200栋建筑,几乎全部由他们自己建筑和出资。

在朝鲜，有46个传教士从事医疗服务，他们大多数来自北美。23家医院和37所门诊部，全部由北美团体或他们参与的联合体创建的。除了245名学生外，还有82名朝鲜医生和124名朝鲜护士同他们一起工作。

根据1938年报告（关于1936年）的花名册，台湾仍有22名加拿大传教士和20名英国传教士，有14 895名教友。

在伪满洲，总共272名传教士中，仅有33名是北美人，因此，他们在工作中的贡献不能被视为十分重要。这里有3.3万名教友。

9. 罗马天主教差会的发展

美国天主教外方传教会（马利诺外方传教会Maryknoll）已经公布了今年美国牧师和修道士的人数，包括参与外国传教服务的男性和女性。中国、日本、朝鲜和伪满洲有814人，或者是到1942年夏部分遣返回国事件发生时，有这么多人。这占美国所有传教人员的30%，美国在所有国家的传教人员共有2 693人。其中，651名在中国服务，这是一个我们必须给予特别关注的地区，尽管在全部努力中美国人的贡献是小的，正如这篇文章的序言所指出的那样。

徐家汇耶稣会和北京的遣使会出版的年刊，以及1941年《教会会议委员年报》（*The Acta Commissionis Synodalis*）（北京）上半官方的文章，都给出了1938—1939年的统计数据。他们声称"罗马天主教人数"有3 182 950人，同时，每年成年人的增加现已达到10万人。有2 008名中国神父、2 898名外国神父。而根据1930年（L'Annee Missionaire, Paris, 1931）的数据，总数3 420位神父中，有1 369人是中国人。1938—1939年，男性教友人数有所下降，减少到1 262人，其中，中国人占大多数。根据1933年的报告（罗马传信部），尽管外国女教友已在2 281人的基础上增加了1 667人，但宗教妇女总人数减少了，特别是被称为贞女的未发誓言的中国助手。

1938—1939年，有4所大学和学院，拥有2 000多名学生；91所中学，有学生1.6万人；3 614所小学，有学生20.6万人。在神学院（seminaries）和教理问答学校，教育尤为发达。

根据J. J. Considine 神父《跨越世界》（*Across a World*）（1942年）著作中引用的传信部（Society for the Propagation of the Faith）的报告，中国315家医院有床位16 234张，另外还有960家诊所，拥有11 909 123治疗人次（推测起来，这些数据应该是1939—1940年的，因为所描述的数据比1938—1939年的中国官方报告有了进一步增加）。中国的声明显示，战争期间有247—267家医院，在几百家诊所的帮助下，共提供了1 000万治疗人次。到1939年，中国的报告表明已有104家或

114家医院关闭,但整个空间(total volume)被很好地保持着。根据博医会的报告和各种年鉴书,医院最多时的数量是不可能一致的;也许天主教会分别统计医院、诊所和独立门诊部。天主教建立了584家养老院和孤儿院,照顾了33 196人。

传信部报告了1933年的数据如下,这些数据显示了过去10年或20年天主教在中国和日本的工作的比例关系。

表8

地 区	成 员	神父		修士		修女		小学		中学	
		传教士	本国人	传教士	本国人	传教士	本国人	学校	学生	学校	学生
日 本	100 492	251	73	96	141	423	355	28	1 938	57	13 369
朝 鲜	115 949	87	84	22	8	37	199	117	12 293	1	317
台 湾	7 193	14	0	0	0	9	2	0	0	1	496
伪满洲	88 661	152	55	14	0	107	212	204	9 660	6	356
中 国	2 541 754	2 120	1 504	322	408	1 667	2 930	3 701	131 663	313	18 147

这部分的第一节表明,在中国和日本天主教传教士活动的国际特点,法国人、意大利人、西班牙人、德国人、比利时人以及其他国家的人都扮演着重要角色。

10. 教会财务与支持的提示性资料(suggestive data)

很明显这部分是同样重要的,到目前对这方面还没有足够的研究。由于篇幅和时间的限制,本文也只能对需要做的事和可能做的事提供一些线索。在第一个也是主要的图表中,第一栏给出了15个主要的基督教团体中,1926年传教士的收入,这些收入来自现存的捐赠人,在C. H. Fahs的研究中,将其整理为《新教捐赠的倾向》(*Trends in Protestant Giving*)(1929年);从1927年开始,外方传教会议委员会报告中关于来源于各种途径的传教士收入(它包括一个非常大的比例,在北美,所有此类基金都是由基督教教徒募集的)是有价值的。在第二栏中给出了商品批发部门的价格指数,是以1美元的购买力来衡量的,1926年是1美元,并且1922—1929年是相对稳定的;第三栏给出了实际的价格指数,1926年相当于100;第四栏的数据是该国实际纯收入总额;第五栏是被总体价格水平调整过的人均收入,这种收入的变化比通常认为的更少;第六栏,在一个指数系列中列出了同样的人均收入,1929年是100,1923—1929整个时期变化很少。第四、第五、第六栏的数据来自R. F. Martin的《1799—1938年的美国国家收入》(国家工业委员会，1939），它又采用了纽约联邦储备银行的价格指数。1939—1940年，商业部关于国家收入的数据被采用。像前面提到的，前几年有些变化，但没有严重失真。

表9

年份	传教士收入（百万）	1美元的购买力（1926年）	价格指数（以1926年为基础）	实际国民收入（百万）	调整过的人均收入	调整过的人均收入指数
1901	5.3美元			17.2美元	466美元	74.6
1906	7.6			23.2	507	81.1
1911	11.2			28.1	535	85.6
1916	13.3	1.44美元（a）	69.5（a）	38.8	562	89.9
1918	16.5			57.0	599	95.8
1919	21.3			62.9	592	94.7
1920	29.7	0.65	154.4	68.4	569	91.0
1921	29.8			56.7	550	88.0
1922	28.5	1.03	96.7	57.2	563	90.1
1923	29.8	0.99	100.6	65.7	610	97.6
1924	26.9	1.02	98.1	67.0	610	97.6
1925	27.9	0.97	103.5	70.1	614	96.2
1926	28.2	1.00	100.0	73.5	631	101.0
1927	27.2	1.05	95.4	74.0	626	100.2
1928	41.0（b）	1.03	96.7	75.9	615	98.4
1929	40.7	1.05	95.3	79.5	625	100.0
1930	38.0	1.16	86.4	72.4	599	95.8
1931	30.2	1.37	73.0	60.2	553	88.5
1932	28.2	1.54	64.8	46.7	484	77.4
1933	22.5	1.52	65.9	44.7	472	75.5
1934	24.2	1.34	74.9	51.6	508	81.3
1935	22.7	1.25	80.0	56.3	520	83.2
1936	24.2	1.24	80.8	65.2	564	90.2
1937	25.9	1.16	86.3	69.4	570	91.2

续　表

年份	传教士收入（百万）	1美元的购买力（1926年）	价格指数（以1926年为基础）	实际国民收入（百万）	调整过的人均收入	调整过的人均收入指数
1938	26.4	1.27	78.6	62.3	531	85.0
1939	24.7	1.30	77.1	70.7（c）		
1940	24.3	1.27	78.6	76.0（c）		

（a）1915年。

（b）这是北美外国差会会议报告的开始。见下面（1）中的评论。

（c）商业部的数据，一个不同的系统。

评论：

（1）我们知道，北美外国差会会议的数据所涵括的团体数量比Fahs的研究中的多得多（尽管大多数附加的组织比较小）。1927年，北美外国差会会议的第一个数据是34 679 563美元，而Fahs小组的数据是27 179 594美元。这似乎表明，北美外国差会会议的数据比Fahs小组要高25%—30%，或者说Fahs小组计算了北美外国差会会议数据的80%，如果其他的年份也为两者所估算的话。不同之处不仅在于团体的数量，也许更在于这样的事实：即北美外国差会会议不像Fahs小组那样，把自己的报告仅局限于现存捐赠人的捐赠；而且包括了遗赠、到期的年金津贴以及捐款的利息。在3年的抽样中，这些现存捐赠人之外的"其他资源"提供了报告中提到的、来自北美外国差会会议数据的总收入的13%—19%。这些例子也表明，平均起来，85%的收入来自现存的捐赠人。

（2）在这些财政数据及北美差会的全部事业中，加拿大的份额是10%。

（3）从毛收入来看，Fahs系统（直至1927年）的最高峰是1921年达到的，但1920—1927年没有重大变化。北美外国差会会议系统（1928—1940年）在1931年出现急剧下降，1933年又有一次下降，此后有幅度很小的恢复。根本的变化发生在1929—1938年的10年间，对比较的目的来说，这个变化也是最适宜和最方便的，下降了大约35.1%（1928—1940年是40.7%）。

（4）就在美国的购买力而言，最近的变化更剧烈。以1926年的美元来描述，1929年的收入是4 270万美元，1938年是3 350万美元，下降了大约21.3%。

（5）同一时期，1929—1938年，实际国民收入从7 950万美元下降至6 230万美元，大约下降了21.6%。与购买力相对应的美国国民人均收入，从625美元下降至531美元，大约下降了15.0%。

（6）相对于实际国民收入而言，传教士收入的最高配给量（允许Fahs小组的数据与北美外国差会会议的数据不同）出现在1920—1923年，1932年又出现一次，尽管1928—1934年都很高。因此，传教士的收入没有跟上整体经济发展的步伐。总的来说，传教士的收入是"无弹性的"，总是处在不景气期，增长缓慢。

（7）这些评论不应被看作遮掩了传教士捐赠的严重下降，其他不明显的因素是：（a）成员没有津贴的增加，以及随之而来的人均捐赠的下降；（b）1939年，美国国民收入的增加和价格的增长，使传教士的收入处在一个实际较低的比例，而不是像毛收入数据所显示的那样；（c）海外价格的上涨或汇率中不明显的趋向有时抵消了美国较低价格的好处，最近几年，这种情况在中国尤为严重。

Fahs的研究涵盖了主要宗派中所有目标的整个捐赠领域。他发现，慈善捐赠趋向于占当前捐赠的22%，而会众开支是78%，然而1920年，在战争的刺激下和募集基金特别运动中，慈善捐赠比例达到35%。1913—1927年整个时期很少有变化，大约30%的慈善捐赠来自外国教会。1919—1927年，人均慈善捐赠大大地超过了1913年，轻易地弥补了相对于1913年而言，每美元购买力的下降。Fahs没有发现证据说明：1920年代早期的原教旨主义争论，已经将基金通常的财政部门转变为明显更适宜于原教旨主义捐赠者的代理机构。他发现了1920—1922年大规模运动的重要意义，它将各种目标的、整个规模的捐赠推进到一个令人惊异的水平。Fahs也证明了教会和教会相关财富大量扩张的意义，1916—1926年它增加了2倍，1923—1925年教会建筑显著发展。尽管进步主要是由金钱促成的，但债务和利息成为每年预算中极大的因素。仅卫理公会在1928年就支付了400万美元的利息，1926年南方浸礼会支付了260万美元，这等于他们对国家、公民和外国差会的所有捐赠。

在《世界差会统计调查》（*The Statistical Survey of the World Mission*）（1938年）中，罗炳生指出，根据不完全报告记录，每年在中国用于教会事业的1 174.2万美元中，几乎500万美元是从该国募集的。大约有700万美元来自海外，指定来源如下面的比率：北美72.6；大不列颠20.7；欧洲6.7。根据来源国家的不同，中国内地教会基金的分布，将高于英国，而低于北美几个百分点。但它表明，在中国，最近几年海外对基督教会的支持，至少2/3来自北美（相对于罗炳生的数据，北美外国差会会议的数据是，1936—1938年，每年大约400万美元）。据雷麦（C. F. Remer）研究，1928年从美国到中国的汇款数据如下，这被公认是不完全的：基督教团体，5 607 319美元（北美外国差会会议的数据是6 567 056美元）；天主教团体，222 564美元；慈善和教育机构，1 867 394美元。（这些数据来自*Foreign Investment in China*, 1933, p.307）

　　雷麦估计,1900年,美国基督教差会的财产价值500万美元,而商业和金融财产是1 970万美元;1914年,前者是1 000万美元,商业和金融财产是4 920万美元。1930年,他估计,美国基督教差会的财产是27 355 720美元;美国天主教团体的财产是1 022 422美元;慈善和教育机构为13 526 747美元。同一时期,商业和金融财产、债券是1亿9 680万美元。(美国)国务院声称,1928年,美国传教士和慈善事业在中国的财产价值5 210万美元;但雷麦认为,这和其他估计仍然是高的,它已被中国银通货汇率的变化所影响(Remer, pp.260, 302−308)。1938年,13所教会学院和大学的财产是11 685 438美元,其中,部分款项不是由海外捐赠的。这些数字提供了一些线索,即基本建设费用主要来自美国教会团体。

　　在美国和北美教会的总体贡献上,捐赠情况可以由下面的数据粗略地显示出来(如表10):

表10

年　　份	所有宗教团体的成员	各种目标的捐赠总额
1916	41 926 854	328 809 999 美元
1923	48 224 014	547 560 562
1926	54 576 346	817 214 528
1836	55 807 366	518 953 571
1940	64 501 494	

材料来源:1916、1926和1936年数据,来自美国商业部编的《宗教团体普查》(*The Census of Religious Bodies*),所用的数据是该组织自身通过严密的调查提供的。1923年数据,来自1924—1925年的美国教会年鉴(*Yearbook of the American Churches*)(*Federal Council of Churches of Christ*, New York),它包括了加拿大的数据。1916—1926年,有3个团体改变了对"成员"的定义,它包括了儿童,这在以前是不被报告的;因此,随后的数据是不能同以前的报告相比较的。1940年,一个松散的、包含一切的"宗教分支"中的人员被记录在内,这些数据来自美国普查。

　　注:(1)"所有宗教团体"一词,不仅包括所有类型的基督教、天主教和东正教,而且也包括犹太教和少数派宗教的信徒。在这个总数中,基督徒占13岁以上的所有人数的61%。(2)1926年的宗教团体普查,把捐赠总额817 214 528美元分为慈善和传教费用150 097 167美元,日常开支和设施655 220 128美元,以及一小笔未分开的基本金。慈善捐赠和日常开支的比率是1.00美元:4.37美元;或者说慈善一项占不同类型捐赠总额的18.6%。(3)1936年的宗教团体普查,把总额518 953 571美元分为慈善部分71 079 168美元,日常开支和设施417 054 056美元,以及未分开的余额。像上面1926年那样可比较的比率是100美元:5.87美元

或者是14.7%。可参照主要基督教徒的捐赠数据。

更进一步的令人感兴趣的信息可从联合管理委员会（the United Stewardship Council）的条款中知道,1925年的联合管理委员会包括25个捐赠团体,有22 309 805名美国和加拿大成员;1935—1936年,包括21个团体,构成上有些不同。这些数据在1926—1927年联邦委员会（Federal Council）的《美国教会手册》（*Handbook of the American Churches*）中已出版;1937年联邦委员会的《美国教会年鉴》中也有这些数据。

表11

年　份	慈善预算		人均	教会开支		人均	所有目标的捐赠		人均
	总　　额			总　　额			总　　额		
1925	91 815 275 美元		4.11	342 552 496		15.35	469 871 678		21.05
1935—1936	53 391 330			246 290 875			300 201 381		

解释这些及前述表格中的数据,需要参考前面表格中提供的国民收入和价格水平的变化。联合管理委员会的数据显示,在1925和1935—1936年,在重要基督教宗派中慈善费用和教会开支的比率分别为1.00美元,3.73美元,1.00美元:4.61美元。在各种不同的捐赠中,慈善的百分比是21.4%和17.7%。下降是明显的,尽管对所有宗教团体来说,在两个例子中反映的状况有所好转,正如前述所显示的那样。

11. 差会在中国和日本财务支出的资料

1928年,北美外国差会会议开始从它的分支团体和理事会收集他们国外差会全部开支的数据,以及用于每一个主要差会的基金支出。这些开支数据意欲涵盖所有当前的条款,因为在这些领域中,有差会发薪水、交通、供给、工作方案、财产的日常维护及类似的支出。他们也意欲排除行政的、教育的以及在北美推进的项目,也不包括其他领域的资产,如买地产、建房屋及特别的维修。简言之,"支出"一词指海外教会的日常维持费。因此,1928—1940年,这样记录的支出总额平均是390万美元,少于总收入;也就是说,平均起来,每年财产和行政类包含390万美元。1928年和1929年,经济繁荣时,这些款项每年合计超过800万美元。1933年,当各地支出最大程度的削减时,数据仅为130万美元。1938年、1939年和1940年,数据稳定在380万美元,接近于整个时期的平均水平。1928—1940年,资产和行政条款平均占总收入的13.6%;这一时期的最后3年是16%;最前面两年,在大萧条产生明显的影响前是20.6%。

前面被界定的支出总额是这样分布的(以百万为单位)(如表12):

表12

年份	所有地区	中 国	日 本	朝 鲜
1928	32.3(美元)	6.6	3.7	1.5
1929	32.2	6.4	3.4	1.5
1930	32.9	6.3	3.5	1.5
1931	27.2	4.9	3.1	1.3
1932	26.1	4.7	2.6	1.0
1933	21.2	4.0	1.7	0.8
1934	21.2	4.0	1.6	0.7
1935	20.2	3.8	1.6	0.7
1936	21.8	3.9	1.5	0.7
1937	22.6	4.3	1.7	0.8
1938	22.6	4.1	1.6	0.7
1939	20.9	3.5	1.5	0.6
1940	20.5	3.7	1.5	0.7

在形势严峻的10年中,支出总额的百分比变化(如表13):

表13

年份	中国(%)	日本(%)	朝鲜(%)	三个地区的总额(%)
1929	20.4	11.6	4.7	36.7
1938	17.9	7.2	3.3	28.4

尽管还没有准确的比较,但在前面述及的时期,在中国和日本,差会绝对的和相对的财政支持的主要趋势是下降的,正如《平信徒差会调查》(*Laymen's Missions Inquiry*)、《求实报告》卷七(*Fact-Finders' Reports*, vol.VII)、《总部和传教士人事》(*Home Base and Missionary Personnel*)所发现的那样。1921—1930年,8个主要董事会对中国差会的投资每年都在下降,共下降了26%;对日本,不规则的下降是16%(纯下降)。相对而言,同一时期印度差会从8个理事会中获得了11%,明确地取代中国成为领先的努力区域。所有这些说明,20年中,在实际工作中差会重点显然,有一个相当重大的变化,即远离中国和日本(朝鲜也一样),转向印度和其他地区。

◀ 四、今日差会事业内部的发展趋势 ▶

1. 合作与联合的增长

　　合作与联合已向前发展。在中华全国基督教协进会（The National Christian Council of China）中，58％—60％的代表是新教成员，更高比例的人与美国团体有关。它的组成团体，中国基督教教育协会（the China Christian Educational Association）和基督教医疗工作委员会（the Commission on Christian Medical Work），两者在各自的领域都包括一个极高的新教工作的百分比（大约90％）。日本全国基督教会议的代表几乎全部是新教徒。在相对和平时期，两个全国基督教协会都发展得很好，在战争紧张状态下，他们倾向于发挥他们协商作用的重要性及对宗派领导的影响。在朝鲜，官方对日本的同化政策，可能暗示着更广泛的民族合作，甚至是被严密界定的宗教关注，但它几年来已经阻止了自愿合作的健康发展。在中国和日本，一些大城市有运作得相当好的当地会议。在这两个国家也有《圣经》出版发行上的实际联合，许多差会和教会在基督教文学团体中也有联合；尽管宗派出版仍然是重要的。在中国有很多联合学校和医院，体现了在以合适的组织做特别的工作时，两个到多个教会团体的联合；在日本也发现了较少的类似的联合。

　　面对中国和日本部分领导人的惰性和制度利益，可比较的因素就好比北美的选民，增加的联合长期面临来自一些公民团体和一些传教士团体的压力。一些重要的联合体已经产生了真正的鼓舞。在中国和日本，美国新教圣公会长期以来与英国圣公会和加拿大的英格兰圣公会联合工作。在日本，自1907年不同的卫理公会教派已经在美国和加拿大差会的帮助下统一。

　　在1922年开始的渐进阶段，中国基督教会已与早期的宗教联合体和不同类型的教堂会众团体（英格兰、爱尔兰、新西兰、朝鲜、美国长老会；苏格兰教会；美国宗教改革派；加拿大联合教会；英国公理会教友和部分美国人；公理会会议；

英国浸信会；联合教友会；联合自立的中国教会）合并成一个相当大的长老会和宗教改革派团体。这个复合体被详细列出，表明这些努力中的困难，也因为它固有的重要性。中国基督教会包括了23％—24％的中国新教成员。

1925年，加拿大联合教会的形成，意味着在中国和日本的差会，在该国仅有两个意义重大的教会团体；并且每一个都在中国和日本一个更大的团体内，像上面描述的那样。主要公理会团体在美国的联合，迅速在中国引起了相关教会的联合（1941年）（先前是在日本的联合）。因而，联合进程不时地向前发展。在中国，现在11个最大的教会包括了全国教会成员的86％，像日本的八大教会一样（更进一步的是，日本一个教会包括了71％的人员）。最近的联合（1941年）及所有政府资助下的日本教会的连续性稍后将被提到。

2. 外国差会与中国和日本教会的关系

随着教会的增加及以不同速度和进程的移交权力，差会数量减少。在日本，这种趋势已经很久了，并且越来越彻底，这至少因为3个主要因素：日本成员具有相对较高的教育和经济水平；密切相关的事实是，这些成员主要是城市居民和中产阶级；日本基督教徒强烈的民族自豪感和自我独立意识。以不同的方式和程度，绝大多数传教士与日本教会组织有个人关系，并且在内部或在边缘为其服务。传教组织只发挥了辅助作用，他们大多数有日本人参与。然而，差会经常与半自治的机构如高等教育机构保持着直接关系。在中国，由于与日本相反的原因，这个步伐较慢。但是，大多数中国教会团体也有自治，传教士或多或少地与中国工作者占有相同的地位；或者是联合组织的方式，在这个组织中，一定比例的职位分配给传教士，有时在预算和政策决策上他们也可以发出平等的声音。

在这两个国家中，制度几乎全部掌握在理事会手中，在该理事会中本国人占绝大多数，实际的行政首脑是本国人。（日本有一些显著的例外，直到1940年，传教士仍是首脑）通常，个人声音的力量取决于个性、知识和经历，而不论国籍和地位。如果教会的财政贡献是充分的，通常是因为急迫的需要，并且因此负责的传教士的意见比人数更有影响力。大体上，在基督教组织中传教士与本国人的关系是好的。许多组织声称，在他们的组织中从来没有国别界限，但总是有跨越民族界限的个人意见的差别。在日本，关系有些紧张，但诚恳与个人信任通常持续到1940年的严峻时期，以及此后的一些事例中。

尽管教会有相当程度的家长式作风和对机构的所有权，在朝鲜教会中仍有一定的自信。在神圣的问题上，重要的传教士群体比大多数被认为英明或可能的朝鲜领导人占有更重要的地位；在政治胁迫氛围中，一些传教士对教会组织工作严重疏远。近来空前的发展不应掩盖长期的、潜在的真诚举动。基本的不同不是存在于传教士和朝鲜人之间，而在于传教士和日本当局的要求之间。

3. 以东方文化形式来表现

在中国和日本，基督教工作者在寻找与他们自身所珍视的文化相协调的、基督教的表达方式的能力方面有所进步。值得注意的是新的赞美诗和改编音乐，本国人自主写作的文学作品稳定增加，并且以完全自由的媒介、方法，崇拜形式和教会饰品及象征符号，企图基督教化或为家庭礼拜或历史悠久的风俗提供基督教类似物。例如，在中国，在卖出的30万册赞美诗集中，2 800个句子中有60个起源于中国的诗或曲调。在建筑方面，主要是在传教士的激励下，而拓宽到更大的自主性，是努力调整本国的建筑形式以适应教会及风俗的需要。（在中国，由教会从广州到北京、从上海到成都建立现代中国风格教育建筑的实验，已经明显影响了公众建筑的发展风格）北京的天主教堂，实际上是一所基督教艺术学校。

4. 中国人和日本人对北美的贡献

有修养的人格（Cultured Personalities）对中国人和日本人的人格和文化尊重的固有结果，以及最近几年他们在基督教和其他团体中的进步，被发现是一个相互促进的关系。东方被认为对西方文化作出了很大贡献，尤其是对作为世界范围大家庭的基督教。中国和日本基督徒中的一些人，在数百万名北美基督徒中是著名的和受人尊敬的，通过书籍和期刊报道，通过印刷出的熟悉的画像，通过个人访问和数千教会团体前的演讲。许多中国人和日本人在普世教会（the Church Universal）负责人领导中，被明确地和亲密地对待，不仅被自己国家的传教士，而且被派出国的差会行政领导、本国的和国际教会会议的教会领导。其中一人的书在全世界受到称赞。

5. 宗教的教育方法

通过运用和改编北美宗教教育学校的重点和技巧，教会工作在教育方面取得了很大发展。世俗训练，小学中的儿童教育，公共礼拜形式的改良和进步的挑战有助于个人和家庭的贡献，课程中材料和教学方式修订及儿童和年青人的选修课，都显示出了进步。

6. 乡村社区项目

由于意识到工作不均衡地在城市发展,差会试图向乡村发展项目投入有能力的工作者。到1938年,在中国大约有75位传教士将全部或部分时间投入乡村重建工作中,这个数字增长缓慢,战争爆发后急剧减少。同时,一个持续到目前的特别事业,是在新老传教士休假期间培训乡村生活技巧,已经在北美被康奈尔大学、艾奥瓦州立大学(Iowa State College)、斯卡里特学院(Scarritt College),俄勒冈州立大学(Oregon State College)承担起来,其他机构也热心合作,提供一年的特别课程或5—6个星期的密集讲习班。自1930年,已有大约150个中国传教士利用了这些机会。

到1937年,中国已有大约15个相当规模的学校或实验与训练中心,在中国基督徒和他们的团体中传播乡村发展技术。这些事业中规模最大的是金陵大学农学院,该学院提供了中国所有大学水平农业课程毕业生的近1/3,并且是仅有的提供林业全部工作的学院。这个学院主要为中央和省政府的农业和乡村发展事业提供人员,特别是那些关注农作物发展与农业合作社的省份。它的工作包括多种形式的研究和实验,特别是在植物养殖和农场经济方面,以及出版各种各样的农业作品,包括相关的公告和有益的农业报刊。和很多政府事业部门的合作关系是成果显著的。其他类型专业化的农业服务有岭南大学的养蚕和华西协合大学的园艺等。

7. 与政府合作

最近,差会事业的特征是与发展教育领域的政府项目和所有类型的福利事业的联系越来越多。一个显著的例子是医疗工作,尤其是公共卫生事业和乡村诊所。有时,合作主要是共同计划以避免重复,使全部设施的分配更为合理,以适应地区需求;有时,是为由政府部门提供资金和支持的事业提供人员。通常,基督教组织是自治的,尤其在人事和行政方面,这是一种令人满意的状态。这些表述主要是对中国而言的,但在日本和朝鲜也有一些多重合作或乡村卫生管理方面很好的例子。

8. 教会与社会责任

可以确信,基督教必须抓住不利于他们邻人的社会难题,这个信念是以更多种类、更多的社会服务来表达的。服务组织离开教会发展独立组织生活的倾向,已经与笼罩在世俗社会进程上的悲观主义，以及导致再次肯定教会作为包容的基督教实体的首要地位的神学运动结合在一起。在这种矫正的趋势中，社会服务被看作教会必须表达的基督教兄弟情谊，而不是作为可能很快失去他们的最初动力、附属于事业的任务。

9. 教会成员的变化：类别与年龄

传教士的主要类别已经有一定的重要变化，尽管他们不能简单地用统计数据衡量，但必须指出差异。在大多数团体中，平均教育水平已经提高。大多数在中国和日本代表北美外国差会会议的传教士，在派出前已经在北美受过研究生训练或有一些经验；他们通常花一年或几年休假时间进一步学习，特别是从事医疗、教育或其他要求专门化技术的工作。

服务中的传教士平均年龄上升，这是由于自1925年后派出新传教士的比例相对较小，由于大萧条，1925—1928年的中国民族主义战争，日本和朝鲜的困境，以及1937年的战争。这些变化不应在数量和质量上被夸大，但它确实影响了来年的人事前景。至少在一段时间，对于与年轻人接触及大胆的创意方面可能的损失而言，平均经验的获得是一种补偿。

从1925年开始，选择的过程是严格的，这也是一个有利的方面，因为在1925年的经济繁荣时期，一些年轻传教士没有完全投身于他们的信仰或他们所加入的团体。伴随不幸的损失，剔除那些身体和精神不坚强的人、那些发现使自己适应中国、朝鲜或日本的艰难环境有困难的人，这个趋势是严峻的。

1920年代，关于原教旨主义与现代主义的不愉快争论主要是从北美引发的，当他们经过中国和日本时，也延伸到了那里。但事实也是，传教士和他们当地的同事中的大部分人已经意识到，他们没有精力浪费在基督教圈子内的争论。真正的救助，是在基督教事业中对压倒一切的任务的适当的和合作的关注。原教旨主义和现代主义的思考方式仍然存在，但很少有冲突。

同时，被称作罗马天主教的传教士和教民显著增加，尽管这个变化在不同地区和情况下程度不一，它并没有改变中国和日本差会的根本面貌。Boynton的《中国基督教运动手册》（*Handbook of the Christian Movement in China*）和1940年的《日本基督教年鉴》（*Japan Christian Year Book*）上完备的名单显示，中国有150个、日本有80个传教士代表罗马天主教－五旬节派团体。在北美传教士总数中，这分别为5%和12%。没有严格的界限和描述作为证明。他们更像易于动感情者、原教旨主义和极端个人主义者，而不是有"定期"的、主流差会的传教士。

10. 在中国和日本非同寻常的发展

在特定国家的两个主要变化的事例引起了短暂关注。在中国，1924年开始的对"危险思想"和社会科学的压制，1931年开始的心理"危机"和加强民族主义、集中控制人民的全盘计划，已经相当程度地限制了传教士的行动和精神自由，跟他们有关联的本国人更是如此。作为生存的代价，适应这种状况是必需的，这个过程完全是渐进的，因此经历的多数人不能清楚地意识到它的程度。但被束缚的事实和徒劳感已经减少了基督徒在这方面努力的可能性。许多善举继续进行，通常由传教士圈子做这些事。但顺从被看作官僚和宪兵的本国人的要求，产生了使人麻木的影响。

在中国，国民政府内著名的基督徒毫无疑问对该国的基督教精神很重要，并且有助于驱除在人民大众中普遍存在的反基督教的偏见。在这个问题上，有许多相反的潮流，传教士组织谴责一些新闻记者式的宣传。这里应特别指出，中国政府中高级基督徒官员的存在是如何改变了美国人的观念。对数千万北美人来说，信仰是一种品德的标志，是精神上可信赖的象征；因此，对中国与北美的文化和政治关系而言，它具有重大意义。

11. 派出教会的兴趣

美国和加拿大派出教会的变化已经在重要联合中（卫理公会、加拿大联合教会）、在争论的平息中、在他们的捐赠报告中和传教士人事中被提及。他们对差会的一般兴趣已经变化，他们对差会的知识进步还是后退，他们在捐赠和时间上的特别贡献是加速还是减少，这些问题的重要性还未被深入研究。几乎没有确凿的证据。我们必须依赖一些从不同类型的差会组织中选出的行政人员的综合判断。

非常明显，近几年从大捐赠者获得的数量的重要性比以前相对减少；相反，小捐赠者的总量上升。我们相信，像传教士书籍、期刊和学习材料所显示的那样，差会和他们派出国信息的传播已经趋向于有较小的波动。书籍和其他差会学习材料越来越以专业化内容及形式适合不同类型和年龄的读者为标志，而不是用一些流行书来遮掩不加分析的需求；以在合作的传教士教育运动上的宗派依赖为标志，这个运动是为了他们每年计划的主要条款，因而倾向于全面提高质量标准；以关于教会工作的各自国家当前发展的比较宽广、比较丰富的信息为标志；以本国基督徒名人的连续出现为标志。

这些发展很少能够以量化方式来说明,但从1923年至1940年,传教士教育运动出版了14种有关中国、日本、朝鲜的成年人读物,18年中形成了7个小组,书的总销售量是482 700册,或者说平均每本书销售近3.5万册。这些书籍包括了差会的所有领域,中央委员会(Central Committee)关于外国差会联合研究(United Study of Foreign Missions)(1921—1930年)的12本成年人读物,平均每本销售8万册;另外,在同一时期10本青少年读物,每本销售近1.9万册。《平信徒差会调查》(*The Laymen's Missions Inquiry*)、《求实调查报告》(*Fact-Finder's Reports*, Vol. VII, 1933)的记录为,班级和特别"学校",或者叫差会短期集中学习中心,都在普遍增加,3个主要委员会所涉及的总人数明显大大超过100万人。浸信会维持了一个差会图书读书项目(平信徒发现,在他们40%以上的教会中),从1920年至1930年,这个项目稳定发展,并且今天仍很活跃。1920年,据称在有组织的小组中阅读了4.8万本图书;1930年,超过100万本。

传教士的兴趣现在可以在当地教会的整个教育过程中更广泛地反映出来。适合所有宗教教育级别的主日学校的训练和素材,系统地包括了传教士的部分。同样地,在当地妇女教会组织中也有更广泛的传播,因为当地教徒中传教士团体融入普通妇女团体的趋向,将特定的传教士项目带入了更大的群体。然而,判断强度和彻底性的损失是否消除了使更多妇女有一定知识的有利条件还太早,宗派的多样性和当地的变动是无限的。可以肯定的是,在一些宗派的男子团体和男女混合的成年人团体中,在很多宗派的年轻人和儿童中,兴趣、学习和读书在进步。一本关于传教士教育的新书,两个月内已开始第二次5 000册的印刷。许多报告显示,在战后的世界,战争及对国际关系的敏锐关注已转向先前不被人们关心的差会和相当多的教会团体。近几年,学校急需为儿童准备教材,图书馆急需用于发展"世界友好关系"项目的书。传教士教材也被广泛用于成年人和高校种族问题和国际问题项目。事实上,它是有重大意义的,在该国的很多教会团体中,对种族问题的一个新的、健康的关注已经形成,它来自传教士的重要意识和多种族的而不是白种人的价值观。

最后,应该被注意的是,在过去的20年,在远东的传教士有着特殊困难,他们使美国教会人士感到困惑和失望。直到1931年中国混乱、日本的武力入侵、伪满洲被改变的地位和控制,日本与其属地之间日益增长的民族主义紧张情绪,所有这些都一再地、并且几乎是连续地使支持者觉得这些动力是没有价值的,从而导致朋友和家人期望传教士撤退。要做的事情是克服这类障碍。

◀ 五、战 时 变 化 ▶

1. 传教士的替换

　　在中日战争早期，在中国和日本的传教士人员有微弱下降；在1939—1941年下降更多，特别是在日本和朝鲜；珍珠港事件后，在中国沦陷区传教士几乎完全无法开展工作。在中国，14个差会董事会的报告显示，在1937年夏季至1939年春季之间，仅有5%的传教士回国或退休，与以往的比例几乎没有不同，但实际上没有替代人员。据中华全国基督教协进会报告，在1941年6月，包括所有国籍的18个主要团体，与1937年6月相比较，仅有68%的男人和56%的妇女在工作（这些数据包括中国的自由区和沦陷区；来自北美董事会的大多数传教士在沦陷区工作）。因为撤退的压力，美国人的比例有所下降，在美国公民中对这种压力的反应比在各种英国和欧洲大陆的团体中要大得多。已经知道的，大约有200名传教士从沦陷区转移到自由区，其中，有约一半是北美人。

　　珍珠港事件后，留下来的北美传教士（儿童不计）：在日本，76人；朝鲜，21人；伪满洲，3人；包括香港在内的中国沦陷区，766人。这些人中，在8月的Gripsholm战俘交换中，420人回国了，仍有37人留在了日本；大约450人留在了中国沦陷区。据估计，几乎所有人不久将被遣返。大约850名北美传教士在中国自由区工作。这与正常名单上近3 000人的数字是一个尖锐的对比。现在，这些地区的许多传教士维持着超过他们正常休假时间的状态，并长期处在急迫责任感和经济困难的紧张状态下，因为他们的中国同事和教友，因为他们的工作目标，最后也因为他们自身的生计。

2. 对本国人员的严重影响

　　在基督教事业中的本国人员受到不同程度的影响。在日本、朝鲜和部分中国沦陷区，政治压力普遍存在，并且在部分地区很严重。日本中产阶级的生活水平严重下降,朝鲜则普遍下降,基督教团体的元气和收入也受到相应影响。然而,在战争早期的日本城市中,大量工业兴盛甚至繁荣;教会和社会事业没有经历很多财政困难。在中国沦陷区,中国人员因迁移而严重减少,剩余的人悲惨地忍受着他们所服务的地区的普遍混乱、财产和房屋的损失、先前所从事的事业被充公或关闭、家庭的贫困,以及类似的痛苦。直到珍珠港事件,状况有相当大的缓解,因为传教士能够在中国人员的合作下保持事情的进展,无论是急迫的或日常的事业;最后求诸救济帮助。大多数人员显示出了非凡的精神毅力,来抵制许多影响力,不放弃对有用的宗教、教育和社会工作的斗争。但阻力逐渐增加,这一年后,经济折磨将更残酷。

在中国自由区,当地人员因为迁移而得到了极好的补充,但不是没有调整问题,因为有频繁的、较高级的训练,魄力和新来人员的选拔。通过在非凡任务中的极端努力,大家保持了很高的士气。但在过去的两年中,通货膨胀的加剧和生活必需品的短缺,已经影响了家庭成员的健康,残酷地剥夺了人们赖以生存的职业,削弱了与他们团体站在一起的多数人的体力和精力。由于混乱和不适当的重新调整,数量和质量下降,总的损失是严重的。教会、学院和美国援华联合会又一次无法估量地缓解了灾难。在艰难状况和急迫需求的刺激下,本国人责任感和自立的增加,个性和领导关系的发展,是一个主要补偿——在沦陷区和日本帝国情况一样。对整个中国来说,整个战争期间经济困境是城镇中产阶级的沉重负担,而这个群体是大部分基督教人员的来源。但固有房屋和个人影响的损失,持续地无法获取与不可思议的价格上涨相平衡的收入,在严酷的、困难的行程中无掩蔽的困难(hardships from exposure),对疾病防御力的下降,同样受到影响的家庭成员的沉重负担,所有这些形成一个整体的、持续的压力,它非常明显削弱了人们的体力和精力。值得注意的是,大多数教会职员保持着信心、勇气和忠诚,奉献他们有限的力量。

3. 财产的损失和破坏

对基督教事业来说,财产损失已经非常严重,尤其在中国沦陷区。无法准确地记录这些,即使在战争早期。自1937年中国全面抗日战争爆发后的两年中,已知的、仅因轰炸而毁灭或破坏的差会场地就有150多个。因轰炸而带来的损失是持续而重大的,在战争后期可能更为严重。迄今日本士兵纵火已造成了一些损失,他们被赶回现在占领的地区时,这种情况可能会变得普遍。抢劫、对设施和个人财产肆意的破坏严重程度不一。没收和征用美国、加拿大人的财产是十分频繁的，尤其在1942年夏季之后，但不普遍。事实上，大多数教会建筑迄今还在当地会众手中，像一些学校和医院在日本人手中一样。在中国自由区，轰炸导致了更大的损失。

在日本，相对来说财产很少掌握在外国团体手中，大部分财产似乎安然地掌握在日本基督徒手中，用于差会事业。在日本社会中，对不幸的发展的估计无益，尽管战争过程带来破坏，尤其是对工业区。在整个中国沦陷区、伪满洲、台湾和朝鲜，对学校、医院的设施和建筑，事实上对差会所有或差会有关的事业来说，严重的损失和普遍的衰退必须被估计到。5年抢劫、破坏和虐待的经历是一个恶兆；现在来自中国和协约国军队的轰炸，其他战争，失败和过渡中的无序，日本军队撤退时故意的破坏，傀儡的贪婪、无力或不愿意为恢复和保护提供物质和资金，所有这些都显示出不幸的危险。

4. 日本军队和政府的影响

在时代的压力和政府的影响下，日本新教教会合并成10个"分支"或叫教团，通过主管或领导，所在这些教团都与政府有联系。这种组织一定程度上与罗马天主教和俄国东正教团体有关。有些迹象显示，这些新教教团不久可能合并成一个联合体（注：现在——1943年——我们知道这个联合已经实现，它包括了所有新教团体，除基督复临安息日会和英国圣公会一部分之外）。据预测，一定的神学院和其他机构将合并成更小，但相对来说更强大的单位。所有这些有它便利官僚利益的不愉快的一面，并且在日本基督徒中也有相当大的不情愿。但另一个事实是，多年来，普通信徒群体和一些牧师朝着明确的团体工作；这些领导和很多他们的继任者现在决定充分利用这个机构，尽可能地保护它的利益，减少损失。一些人觉得，合并的教会比松散的合作宗派能更好地使他们抵抗令人不快的压力。自1940年，不允许外国人在基督教组织中担任被认为拥有实权的职位（实际上，这是整个日本社会中所有组织的事实），大体上，此后没有收到来自海外的钱来支持任何基督教工作的项目。

在朝鲜和中国沦陷区，日本模式正被程度或大或小地执行着。在华北，一个包括日本人员、由日本支持的新教联合体业已形成，以当地为基础，同样的过程正在扬子江流域进行。这些是一直到1941年12月占领军和日本政府代表所作的连续但无效的尝试的必然结果，它企图将日本基督徒推为文化领导的角色，或叫"绥靖"，或者说是取代美国和英国传教士成为中国人民无所不在的"朋友"。不用说，日本军方和官方是用非常政治化的观点来看待所有这些关系的。

据估计，组织中叠加的变化自身不会严重影响中国基督教信徒的精神和态度，他们拖延、消极抵抗，内心抵制而表面顺从，表现出了非凡的力量和技巧。然而，加上在战争期间由于混乱以主为结束战前组织模式而工作的许多压力，强加的变化是一个更深远的力量；他们对中国领导人在战争结束时的重新调整是一个附加的困惑。没有迹象显示日本的压力和宣传已经影响了中国基督徒对西方军事联系严重的、长期的敌视态度。如果战争长期拖延下去，前景可能更糟；但大体上，日本军队在其他亚洲人民中的态度和行为，已经破坏了宣传和公民组织的潜在影响。

前面所说的特别适用于教会和基督徒普通组织。学校、医院和其他机构的接管，日本人或他们的中国雇员的专门化的服务，将加重已经十分严重的损失以及这种服务和可贵的人力资源的混乱。其中的原则是监督，或"合作"，而不是接管，低级助手的不安并非突然和彻底，但对基督教事业的整个的破坏仍是重大的。

5. 机构与教区的混乱

战争早期带来了几乎所有教会学院和大学的混乱，261所中学关闭或迁移，268家医院中大约60家严重破坏或关闭。多数干扰因服务中的重振精神和锲而不舍而得到一定程度的补救。但是，不能低估在财富、人事和有用的特性上的损失。高级医疗和教育人员广泛迁往自由区，其他有价值的普通信徒和一些牧师群体的迁移也相当多。在这些基督教领导中，多数人正把他们的训练和在类似服务中的经验运用到自由区，而多数人则专注于新的公共性质的紧迫任务。对国内团体——包括普通团体和基督教团体来说，他们都是一笔有价值的财富和激励。然而，在被迫的、不规则的迁移中有损耗，使每一个人适应这种地方是不可估量的失败的，当地的傲慢和内部团体的惯性、部分基督教团体和政府部门组织上的不灵活以及急迫的需求——在一个很少交流的广大区域空前的需求，这一切可能使之很难适应。以异常努力为代价的，一个令人吃惊的事例，是唯一的期刊《田家》（*The Christian Farmer*），在日本占领区，它失去了几乎全部的3.5万册发行量，但在中国西部和其他自由区，它建立了新的中心，发行量达到4万册。

6. 紧急服务：医疗、难民、救济

在整个中国，非凡的传教士和普通人在医疗帮助、照顾难民、救济、困难环境中，甚至在沦陷区维持教育的服务，是在情谊和精神支持下进行的，它的内在价值和所赢得的理解是显著的，这是服务的副产品。下列叙述来自《中国评论》（The

China Critic),《中国评论》是一个知识分子组织,它通常在评价传教士和西方的事情时持严厉态度:

> 目前,战争所产生的许多后果之一是一种认识,即在过去无论存在什么样的怀疑,在中国的基督教差会充分地和绝对必要地证明了他们存在的正当性。他们面对考验时,是怎样的没有丝毫的犹豫,这将使他们在全世界的基督教差会历史上留下其中最生动的和划时代的一页。今天,战争爆发已经两年了,在中国的基督教差会创立了他们自己的记录,对此,他们应该感到骄傲。他们通过行动而不是语言来传播福音,来证明上帝的爱和人类的兄弟情谊。通过在悲痛时刻满足巨大的人类需求,他们明确地找到了自己在这个民族的生活中的位置。

被破坏、减少和牵制的医院,通过对急迫需求的极度投入,完全可以照料像在战前的年代一样多的病人,同时,特别关注受伤的市民、一些自由区受伤士兵中的严重的外科病例。尽管相当多人员转移到政府医疗服务中,这是可以理解的,但被削弱的教会组织仍然伸出援助之手来满足非常患者。全国基督教负伤将士服务社(the National Christian Service Council for Wounded Soldiers in Transit)有组织地、大规模地为转移中受伤士兵提供人员,到1939年,这个服务会已经达到这样的规模:有973个全职工作者和5 000多个志愿者;也有很多类似性质的当地服务机构。

收容所及对难民的各种帮助,为数百万处在严重危机中的人提供了帮助,并为数十万人提供了长期帮助。教堂、学校和其他差会房产通常提供难民所需的服务,这个过程随着复杂的军事线的开辟而继续。整个战争期间,救济工作是很多传教士中心的主导性活动。一度有各种组织的800位传教士全职或兼职从事救济工作。在中国,大量在海外为救济事业募集资金的分发组织由传教士和他们的中国同事建立和经营。在这个事情中,基督教人员以前在灾荒救济中的经验是非常有用的。各种各样的服务方法需要一个分类。其中,比较普遍的是修路和制衣;为儿童提供每日的热粥和日常必需品;为差会医院的慈善工作提供必需的援助,为离开医院到贫困的家中休养的病人提供规定的食物;为老人和带着小孩的寡妇无偿提供物品,通常是食物和床位;为手艺人或可怜的经营店铺者的复兴而提供小笔贷款或资助金;为农民提供种子或工具。

在成立美国援华联合会(1941年)之前,大多数普通救济(与专门的医疗型相区别）是由中国救济教会委员会（the Church Committee of China Relief）支持的，它是美国主要新教团体的代表。美国红十字会的救助部分也是通过传教士分配的。在中国，人员和建筑在绝大多数情况下是由差会和教会捐助的。在救济工作中，对所有这些普通组织来说，与城市委员会一起工作是通常的情况，在委员会中，新教与天主教是联合的。如果过去主要在沦陷区工作，那么现在传教士在自由区是持续活跃的。他们也服务于中国工业合作协会（Chinese Industrial Cooperatives），尤其是在实践和训练工作上，以及在一定的组织问题上。此时，美国援华联合会的行政管理部门，美国红十字会的中国事业，中国工业合作社的管理职位都交到了传教士手中。1942年春季和夏季，有99或100家基督教医院在自由区工作，与此相对比，在最后的报告中有137家医院在沦陷区运作。

7. 北美教会的目前姿态

战争也给支持差会的北美教会带来了新问题。通过教会渠道，他们的成员已经为普通的中国救济组织捐助了大约200万美元，并为联合中国救济会捐助了相当数目的一笔资金。他们还通过日常基督教机构，通常是差会董事会，为更小的、个人的救济事业提供了数十万美元。尽管迫于美国所有地区的公众慷慨支持的呼吁的压力，例如，欧洲救济和难民事业、联合服务组织（the United Service Organizations）以及社会领域社区和教会事业日益增加的要求，教会仍然保持他们对差会的日常供给，在几个宗派中，还为紧急事务提供了特别款项。一些组织报告说，传教士的候补者近几年非常多，并且往往有非常高的素质和热情，他们经常期望通过2—3年的教育准备，及在战争结束前能够开始积极的传教士职责。这种对差会的财政和人事关注被维持着，面对着对在日本和日本帝国的努力通常的挫折或失望，这种情绪已经累积经年，在战争的紧张状态下达到了顶点；面对着严重混乱和公众心中对战争的困惑，它包括长期地、密切地卷入英联邦战争问题中的加拿大人。

在不利情况下，差会这种投入的支持的基础，是最近全世界日益高涨的基督团体意识，以及增强的希望，即成为一个深深充满国际兄弟情谊的有效机构。战争增加了人们对作为侵略受害者的中国人和朝鲜人的同情。中国人对装备精良者坚定的、付出重大牺牲的抵抗，已经赢得了真正的尊重和善意的好奇心。对东方自身的重要性、它对世界和平或冲突的重大意义、它在国际机构中的必要位置等，人们有了新的正确评价。对差会感兴趣的教会人士以不同寻常的个人参与热情来感受这些活动。许多以前不感兴趣的人开始读传教士的作品，寻找传教士讲道者。对中国领导人的诚挚的尊重,在关键的战争和同样关键的和平中对中华民族的强烈同盟感,这些情感在传教士关注的基督徒中比在广大人民中根植得更深。

健康的态度不仅限于对中国。与所有爱思考的人一样,教会人士对已经认识或了解的日本人,有着半怨恨、半惋惜的挫折感。教会所抱有的这种想法的趋向,与长期的关系有关,与日本社会和日本人性格中的可能性 —— 对一个民族来说可以与其保持适当关系的可能性有关。同时,基督徒反对日本人对他们近邻的所作所为,这已经深深扎根于传教士、中国基督徒和朝鲜基督徒的经历中。总而言之,战争被证明是以前信息和道德影响进步的温床,它使多数人坚持立场,反对很少值得称赞的疲倦、混乱和孤立主义复发的可能性。基督徒将他们在困难时期的存留归结为,他们相信任何种族的人都是有价值的和有尊严的;归结为,他们的信仰,即对所有人来说,最根本的是精神支撑着美好的生活,即使在苦难和不幸时期。

◄ 六、影响教会在中国、日本
环境下的趋向和现状 ►

1. 政府对宗教、教育与社会组织的关注

　　与民族主义相关的几个方面,在近期和以后都对差会有重要意义。首先,政府进入宗教领域的趋势(例如在日本的神道教,对基督教及日本控制下的所有地区的其他宗教团体的监督)。另外,一个趋势是建立国家教育系统,它给私立教育及其多样性或实践留下了很小的空间;为了各种目的,它倾向于把宗教排除在教育之外。在目前,这个系统可能容忍甚至欢迎对统一方案作出贡献的私立教育;但在实际上,它倾向于通过机械的、官僚主义的规定和控制来阻止私立教育,这种状况在中国和日本帝国都是如此。社会服务和青年团体的活动中出现了同样的趋势。适当的注册、检查以及所有宗教、教育和社会事业的报告是可以理解的、需要的;在教育、卫生和福利工作中,标准的支持是适当的。但实践不是十分合理和有用,并且接近于管制状态或极权主义的调和(尤其是在日本统治下),或者是无限的官僚主义(在日本和中国都是)。

2. 反对外国与国际联络

　　在日本和日本控制下的其他地方,一个彻底的、遍及各方面的努力,以排除和破坏有害的、贴上了外国或国际标签的所有事业和思想。在战时紧张状态发展下重建的重要部分,出现了古老中国的自大和排外主义的一些方面。

3. 捍卫受威胁的文化,包括传统宗教

　　民族主义的一个典型反应,是以反常的强度来维护文化上的自信,它被认为是"本民族的",与新的习惯方式相反的。这种维护包括古代发展起来或被接受的宗教,被夸大为完备的和高于一切的。日本神道教派(与神道教相关)是一个突

出的例子,但佛教在中国和日本显而易见是同一种可以激动人心的东西。在古老的文化或信仰被现代变化威胁,或被认为受到威胁的地方,反应可能是震动性的。

4. 本土语言的主张

有一个趋势是在教育和所有交往中强调使用本土语言,而不是英语或其他西方语言。毫无疑问,在远东英语流行的某种面貌是暂时的和浮于表面的;另一方面,使传统语言成为大众交往的媒介和现代教育工具的努力是完全正确和相当成功的(这方面应尤其注意中国)。然而,日本和中国目前的趋势是将英语降低到第二种外语的水平,这兜了个圈子,10年前阅读能力和口语能力(在中国)是有效的。结果是现在和将来可能会严重阻碍国际范围内文化和社会的交流。加在差会工作和工作方式上的负担是明显的。在大城市,不再是一小部分传教士主要从事专业化的教育和医疗工作,他们也不再热衷尽早和尽可能多地学习本土语言。英语教学有较少的需求。无论是教授或学生的教育交流,甚至是印刷材料的交流,将没有以前容易。

5. 西方威望问题

西方民主社会的威望,及与其相关的文化威望,常受到自1918年以来一系列世界性事件和1931年以来远东国际关系的严重挑战。推动力和有效的组织,俄国共产主义和纳粹法西斯主义社会的和心理的吸引力,已经深深地引起了中国和日本的兴趣。在这两个远东国家,从非常不同的角度,名义上的基督教团体和美国、英国及他们更小的联盟者的文化已经出现,并且是颓废的、没有目标的,甚至对他们过去全心投入的现状也缺乏热情。通常意义上的西方威望是人为制造的特权和不真实的利益,差会已经学会轻视它。废除治外法权是受欢迎的,它已被长期提倡。然而,到目前为止远东的反应可能是不利于真正的价值的。如果联合国赢得了广泛的、没有拖延太久的军事胜利,如果通过最大限度地使中国人民满意的和平解决的方案,美、英与中国的公平、成功的合作可以维持的话,在这个国家问题可能不是太严重。但冲突的机会是严重的。在日本,教育和近几年百万倍的建议,早期被战争和灾难性的失败所加强,这种失败对来日本人来说好像是残酷的肢解和压抑,这些将看法破坏到这样的程度——几乎不需要有利的、有技巧的联系重新打开同其他社会有益的相互交换。

6. 中国对基督教会服务的赞赏

在中国,对基督教的服务价值及其在危险时刻的坚定不移,持一种普遍的、受欢迎的赞赏态度。这是刚才所描述的情况的另外一面。各级政府和领导人已与个人联合起来,表达他们诚挚的感谢。

7. 基本理念的怀疑

在中国、日本和朝鲜,每一个国家都有来自他们自身经历和反思的不同阴影;最近这些发展趋势是,日益增加对兄弟情谊的所有观点、和平和包括基督教在内的国际组织的有效性的怀疑。

8. 经济困难

这是一个巨大的、直接的和心理的结果。各种有建设性的事业都必须为支持在内地受到的来自战争的严峻、长期的苦难而努力。教育和对公民的福利服务的恶化已经非常巨大,并且不知何时才能结束。因文化进步进程所需的人事损失和削弱是连续不断的。这些因素适用于基督教组织和其他组织。

9. 内部再调适问题

在远东社会,战后内部再调适的严重问题是以文化活动为条件的。可以指出的提示性事例是:对中国来说,拆开西部省份的战时结构,并与被占领的东部和北部地区重新整合;对日本来说,在经济混乱时期新的政府领导和方案,包括伪满洲和朝鲜的大陆资源的损失;对朝鲜来说,在日本剥削非常严重的情况下,以及主要因素不可预知的情况下,急切地尝试重建自己的生活。

10. 美国和其他政府在国际范围从事文化事业的可能性

尽管没有人能清楚地知道今后几十年这个趋势的进展或程度,但在国际关系的教育和文化阶段,大规模政府事业的框架和内核是已经建立的事实。对永久地形成国际社会有非常大的可能性。这是在经历失败后的醒悟。一个政府的行为趋向于被另一个政府促进或激发,对全景和个人努力的机会将具有无法估量的影响,尤其对在文化政策已经引起怀疑的地区。

11. 持续的需要

对差会和其他建设性文化事业的需求保持不变。在中国和远东其他地区,通常的教育需求,尤其在初等、高等和成人教育上,几十年内不可能被公立教育和现有的私立教育所满足。卫生服务在某种程度上来说发展良好,但远远不能满足众多人口的需要。社会改革和福利活动刚刚开始。通过邻居的自愿合作建立社区生活是亟需的,在乡村和城市都一样;警察或官僚的命令不能取代公共利益领域自由合作的价值。旧的社会结构的破裂增加了个人对信仰的无终止的需求,即美好的生活是存在的,朝向信仰的努力具有人类的普遍性质,是被深深认可的。战争增加了失望和玩世不恭,而形式上的和平为无确实根据的希望带来了严酷的、清醒的衡量尺度。友好的情谊支撑的信仰现在是需要的,将来也是需要的。

北美人需要关于东方人的更丰富的、更深入的知识,这种知识是在尊重和同情赞赏他们中建立起来的高度的精神和文化价值的基础上,在与可信任的中国人、日本人友好合作基础上发展起来的。在这个过程中,在困难中,他们需要不断地重新了解,通过可信任的代表,美国人和东方人来传递彼此的理解。北美人也需要每一个共同关注的联系超越国家和种族的界限,这有助于世界社区,可以慷慨地为国际组织和国际关系提供公认的道德标准。差会是其中一个主要的代理机构,通过它,接近世界伦理和世界社区的需求得以实现。世界范围内基督教社区的经验和潜力,对北美与对中国和日本一样有价值,他们也参与或观察了这些社区。在适当的国际环境中,差会中最好因素的发展和对缺点的纠正,对文化和北美与远东的整个关系而言都有更多的意义。

12. 和平压倒一切

差会的长远期望,在文化关系上深深地依赖于和平的实现,真正的和平,为了相互利益的自由的国际合作,并把其作为原则。军事极权主义,无休止的冲突和贫穷,将使差会应该做的工作成为不可能。对中国、日本和北美来说,战争的结果是一个主要的、决定性的环境,差会必须在这种环境下工作。

第五章

远东教会与政权关系问题资料

本资料的唯一目的，在于加深读者对教会与政权关系问题真实且富有同情的理解。让读者时刻铭记，聚焦这些问题很可能让他们轻易陷入困顿和沮丧之中。无论多么耗时费力、多么不完善，教会都一直在活动。《圣经》的需求量巨大（虽然日军中禁止发放《圣经》），朝鲜的部分地区、伪满洲国和中国内地的大批民众对福音书热情高涨，尤其是后两地。这些地区对基督教谈不上迫害，事实上当局很少想过要反对基督徒，基督徒的困扰通常来自政府制定的政策。除了一些有趣的特例外，基督徒享有的自由和机会与其他国民并无不同。

东西伯利亚的政教关系只是整个苏联政教关系的一小部分，其情形与法属印度支那（亦称中南半岛）类似。原则上，菲律宾群岛效仿美国宪法式的政教分离政策，虽然具体做法在当地天主教和穆斯林酋长的传统控制区有着显著区别。本文讨论的范围仅限于中国和日本 —— 但这两个国家涉及远东的绝大多数人口，该领域讨论的诸多显著问题将对读者有所裨益。

◀ 一、中　　国 ▶

近年来，中国当局改变了过去常被形容为相对单一的状况，由此中国政府的问题可能得到迅速解决。宗教自由成为中国世俗政权的基本原则，基督教会作为少数派的一分子很自然地被社会所接纳，而无须担心与公众利益发生冲突。即便到今天，涉及传教士和差会（亦称海外传教部）合法财产的问题时也可能出现摩擦，因为这些财产最初是通过强加给清廷不平等条约而获得的，为反对那些条约，民国还付出了坚定斗争并取得一定成效。然而，中国的排外和西方人的主张在相互调和中逐渐缓和。过去几年的时间也表明，治外法权和中国内地的外国资产状况问题正逐步得到解决。传教士和基督教会遭遇的困难一般比其他外国人和外国在华资产小，偶尔出现例外的是拥有大片房地产的天主教会，他们依靠房地产收入维持教会运转而非直接用于宗教目的。

最近的一个变化使教会获益良多。1928年国民党建立的国民政府已届满10

年,该政府宣称代表并将最终统治全中国。因此,宗教被国立中小学取缔,仅在少数高等教育学术研究领域中得以延续。在国家认可的私立小学、初中,宗教教学和仪式同样消失殆尽。国家认可的私立高中和高等学校可能会提供宗教选修课和自愿的宗教活动。但事实上,前者的课程设置并无开设任何选修课的机会。未被国家认可的学校也没有完全消失,其中,一些仍坚持开设宗教课。但是这样的学校数量少、存续时间短,因为其毕业生无法得到社会认可。自1938年起,私立学校开始被允许根据各自需求开设宗教课,该变化与蒋介石夫妇对基督教的关切有关,但其得以广泛实施主要源于民众对教会在战争的深重苦难中提供的人道主义服务大加赞赏,以及对基督教精神价值产生新的认可。

值得一提的是,一些可靠的媒体报道表明,某些基督教团体与共产党员之间的互信在提升:教会意识到,实际上中共是一心奉献大众的土地改革者和受欢迎的民族主义者;而中共则认识到教会领袖并非帝国主义列强在华的代理人,而是虔诚地以精神福音服务于全人类。这一结果对中共控制的陕西部分地区有直接影响,如果中共的影响力随着军事变动和政治变革得以扩大,这种理解和互信将具有潜在的意义。

总之,当前中国的政教关系并无太大问题,他们忧虑的是日军的对华侵略以及由此引发的问题。日占区的情形将在下文提及,这里仅谈"自由中国"遇到的困难,因为一部分重要的中国基督教会仍然在"沦陷的中国"继续工作,他们不可避免地要服从于日占区的警察和其他要求。在一些地区,通常是较次要地区,残酷战争的当事人双方均对教会产生人道主义服务动机和本质的怀疑与批评,因为这场战争对于中国人而言是维护正义、保卫国家生存与自由的战争。与之类似的世界性危险是对政权的忠心,这在抵抗破坏性入侵时常被视为合理而正当,却可能将宗教推向政治层面。幸运的是,一个相对合理且具有国际共识的现实观念得以维持,蒋介石夫妇(尤其是宋美龄所提出的"中国的七宗罪",是战争时期一个卓越的精神成就)的演讲对此贡献巨大,他们支持构建一种排除私义的信仰。考虑到严峻的战争环境,教会没有理由抱怨中国政府,反而应该表示感激。

◀ 二、日　　本 ▶

1. 概述

　　日本的政教关系非常复杂,对于西方人而言尤其难以理解。这个充盈着传统气息的国家在过去和现在一直提倡效忠天皇的极权主义,并获得了巨大的成功。团结是一种显著的美德,这几乎是每个日本人的天性。即使是在处理社团和琐碎的事务时,单独行动都少见的,涉及国家事务时更是如此。基督教会在日本是一个小型外来团体(日本7 000万人口中,新教信徒20万余人,天主教教徒10万余人),它能够在日本立足一方面得益于本土宗教领袖艰苦的"日本化"工作,另一方面在于新近日本对西方文明批判式的接纳。教会倾向于面对危险时减少自身的独立性以求自保,有时会宣称顺应政治压力或形势以回应人们对它的质疑。

　　日本的宗教状况并不简单。日本佛教早已被同化和改造,信众数量最多。据《日本宗教年鉴》所载,日本有7.1万座佛寺、8 000个教派;5.5万名僧侣和4 200万名信徒。然而,教派冲突和某些方面的混乱与堕落,降低了佛教历史上曾塑造的文化凝聚力。神道教是日本的本土宗教,主张万物有灵和信奉神话。当前神道教有国家神道和教派神道两大分支。国家神道是一种效忠帝国的高度政治化的宗教,其效力在于培养公众的道德而非宗教信仰,目前有1.1万座神社和1.6万名祭司。教派神道据说有1.6万个分教派,12万名神职人员和大约1 800万名信徒。下文将进一步谈及的国家神道,事实上与教派神道信奉着同样的神灵体系。教派神道的神灵和思想极其庞杂,通常带有民族主义和情感主义的印记,但其中包含的儒家思想和信仰疗法等重要分支,则很难简单解释说明。

2. 宗教自由和国家神道

　　日本宪法第28条有如下表述:"日本国民在遵循法律,不威胁国家和平和秩序,不抵触国民应尽义务时,享有宗教信仰自由的权利。"可见宗教自由在日本有着严格的限制,"警察政府"和"防御政府"利用天皇赋予的绝对权威和官僚手段,对此具有解释权。一个主要的问题在于,允许宗教信仰自由与扶持神道教为国教之间存在矛盾。继任政府颁布法令,要求民众公开参拜神社、学校推行神道教化,试图用法律手段解决国家神道问题。国家神道不再被视为单纯的信仰,而仅仅是一种灌输爱国主义和公民伦理的工具。教派神道与佛教和基督教一样,作为一种宗教归教育部宗教司监管。国家神道则被置于内务部的名下,具有显著不同的地位。

大体上,日本基督徒已逐步接受了国家神道只是一种行政管理方式,而非宗教。一方面,他们与其他日本人一样,受到强烈的爱国主义情绪的影响,很难作出冷静的判断;另一方面,既然参拜神社已经成为施行广泛的强制性义务,只有国家宗教非宗教的解释才能解决基督徒的内心困境。如果有人问起此事,他们可以解释说参拜仪式只是表达尊敬,而非偶像崇拜。虽然少数基督徒内心中依然对儿童的神道教训练感到不满,但这种情况还是被默然接受了。日本政府成功地持续施压,随后便是部分基督徒进行调适。据说直至1929—1930年,当时的日本基督教协进会才公开表达了忧虑,所用词汇如今已经无法再用。那几年一个特殊的委员会专门研究了神社问题,以下是其报告中的一段话:"神道教的神社实际上发挥着宗教功能……进一步讲,最近政府培育神社信仰的努力已经助长了神社参拜,甚至使其具有了强制性。这显然与国家神道非宗教的政策背道而驰。此外,另一个经常被提及的问题是,这是否不时干涉了帝国宪法中规定的宗教信仰自由政策也。"需要补充的是,天主教仍然坚决反对神社参拜,直到1936年罗马传信部才放宽指令,授权解除禁令,接受了日本政府关于神道的定义和担保。

然而问题并未因为形式的调整而得到解决,人们将更多地聚焦于神社的本质特征。霍尔特(D. C. Holtom)教授新近推出的力著《日本的国家信仰》,是日本和西方学者关于该问题研究的最佳代表作。该书对神道教作了适度且科学的分析,并作出下列明确结论:"无论从整体还是局部而言,我们都无法为国家神道下一个科学的宗教定义,或许它也无法像一个真正的宗教那样被合理分类。但人们注意到,当前的国家神道具备了作为宗教的全部基本要素。在精心组织的祭仪中,神圣的摆设大规模出现在数以万计精心划分的神社系统中,祭司数以千计、伴随着宗教表演和宗教用语一丝不苟的国家神道仪式。神圣的信仰立足于一些神圣的仪式,即坚信祖先守护神的精神世界永恒存在、祷告和献祭的有效性、日本民族的神圣使命、天皇的统治永恒不灭。最后,神圣的道德将实践寓于仪式、理性寓于神化。这种道德意在培养公民的良顺品质、对当局的无条件服从与绝对忠诚。它一方面将个体置于次要地位,另一方面彰显并称颂政府的权威。"

关于神社仪式具有宗教性质的叙述可能征引了佛教和神道教的资料。在诸多引人瞩目的成果中,我们仅引述加藤玄智教授的某些言论。加藤教授曾推出许多相关著作、文章和演说,是神道研究领域中最杰出的日本学者。他指出:"日本政府有意确立的神道教与西方的国教并不一样,而是根植于每个日本人心中与生命中的信仰,无论男女、高矮、老幼和受教育程度高低均不例外。因此,日本人天生就是坚定的神道教徒,他会坚持神道教诸神的信仰方式,将其视为区别于个体信仰的群体信仰。即便他可能接受佛教或儒教的信条 —— 彼时,基督教在日本可能无法被接受 —— 但他仍然信奉神道教。实际上,日本人背弃神道教就意味着背叛国家和对天皇不忠。"此外,"日本人的爱国主义表现在士兵愿意为国捐躯、面对外来压力时能够坚持民族团结,这也是作为民族信仰的神道教的一个方面……民众的精神特质、宗教信仰与民族意识相互交织、密不可分。"最后,"天皇是人间的神,其地位之于日本人正如耶和华之于犹太人……我们不能忽略,与神社仪式相伴的是全能之神襄助人类的信念……神道教的节日庆典是纯粹的宗教行为,认为这些仪式不属于宗教行为是明显的曲解,必须被宣布为对神社的极端歪曲。"

尽管有人认为加藤玄智的叙述不够中肯,但他们大多会赞同他的主要观点。比如神道教的群体渗透性;普通日本人很难脱离帝国与皇室崇拜,尽管规定的崇拜方式未必完全符合他们的喜好;日本宗教与爱国主义微妙而根深蒂固的联结在比其他任何国家都强大;普遍信奉皇室具有超凡品质;通过神社和学校相关教化,言传身教地培育情感和信仰。不仅日本民众的思想被凝聚成一个整体,日本基督徒的精神世界也被烙下了神道教的印记。

政府坚持学生和其他人参拜国家神社为一种重要的辅助认可资历,目的仅仅在于培养他们对国家和皇室的忠诚以及树立完整的公民观念。一些重要的神社向谷神和神道教的其他神灵献祭,迷信式的祈祷、口令和敬拜方式是广大民众参拜神社的主要特征。

该时期,东京的靖国神社受到格外关注,它是成千上万虔敬者心中的圣地。近来,重要的基督教领袖认为在重要的基督教聚会时,到这里发表演讲是恰当的。现在已经不可能像参观国外无名战士的墓地一样随便敷衍国内的。现在,一位日本的宗教和礼俗专家这样形容靖国神社礼仪的基本流程:"被奉为神明的逝者灵魂在庄严的祈祷和祭司的仪式中聚集起来,暂居于便携小型牌位里。而后,在庄严的游行仪式中他们被移送到宏伟的内神殿,进一步接受气势恢宏的礼仪献祭。"

3. 神道教育：教育敕语

在国家神道的运行机制中，神社系统与国体教育、政体原则及民族道德并行不悖、相辅相成。霍尔特悉心研究了课本和教育档案中的相关问题，并作出清晰的个人总结："当局制订了系统的、全国范围的计划，利用学校，尤其是那些初级教育阶段的学校，作为国家向青少年灌输明确的神道本质和国民义务思想的机构。"一个简单的例子就足以证明这一点，北畠亲房（Kitabatake Chikafusa）的著述《神皇正统记》词句出现在文部省出版的《小学国家历史教师手册》中："大日本是神的国度，天照大神的永恒统治世代相承，这一尊荣仅存于我国，世界上任何其他国度都无法比拟。"

近年来，所有的学校都被要求在重要场合以最崇高的敬意宣读明治天皇颁布的《教育敕语》。这份文件对于随便翻阅它的大部分西方人来说，只是一些相对模糊和极其普遍的社会道德准则。但对于日本人而言，它的意义却非常重大，且与当前讨论的问题有着密切的关联。

《帝国教育法》官方英译本开篇的句子是："我们帝国的祖先将帝国扎根在坚实的美德上，帝国幅员辽阔、永世长存。"官方译本中的注释首先将"我们帝国的祖先"解释为日本天皇的始祖天照大神，同时也是太阳神和神道教的最高神。其次，从神武天皇（官方解释说他于公元前660年建立日本帝国）到当今天皇的父亲均为帝国历代先祖。除了因日语及日本人思维方式的模棱两可而难以区分的词句外，其他措辞都极力向年轻人灌输天皇家族永恒普世的美德。"天皇的皇位同时存在于天国和人间……""这里阐述的帝国之道实际上源于先祖的遗教，从他们的后裔及其臣民身上均可看到同样的美德，它是适用于任何时间任何地点的绝对真理。"当然，其中也包含了神的属性。

1939年初，在日本讨论《宗教团体法》期间，文部大臣荒木贞夫将军在议会上作如下陈述："《教育敕语》是全部道德的导向，信仰自由必须限制在国民义务的范围内。"在此3年前，持自由主义立场的主流报纸《大阪朝日》预言日本将严格施行《教育敕语》这一教育规范："文部大臣最近通告所有学校，日本教育必须以《教育敕语》为基础，不允许培养任何与该法案精神相悖的宗教情感……对国家而言，法案的精神是绝对的权威，佛教、基督教或任何其他宗教若与此冲突都将被禁止。基督教更注重宗教仪式而非爱国主义，该信条直接施行于日本将与法令精神相冲突，日本可能会禁止福音书的传播。"任何熟悉日本公众爱国情感的人都不会认为该报纸的言论危言耸听，整段话相当充分地反映了帝国法令凌驾于任何宗教教化之上。一个有趣的事实是，就在上述言论发表两年前的大阪，一位年轻的基督教平信徒在街道布道时宣称太阳神的某些故事并无神圣特性。因对皇室不敬，他被上述法庭定罪，宣判入狱。这一经法庭公正审判、并未引起太多关注的事件，其隐含意义实在深远。

最后，我们再次引用霍尔特教授的言论作为这一阶段学校教育的总结。"在官方教科书向日本儿童呈现的道德伦理中，世界上最伟大的精神力量即天照大神。她是'皇帝令人敬畏的女先祖'，是诸神中的最高神。这位大神奠定了日本永固江山的基础。我们很难回避这样的结论：日本当局在努力将政治救赎之道与宗教信仰的终极制裁密切联系起来。"

当神道教的世界观被推而广之，基督徒就面临着更多的困扰。18世纪末、19世纪初神道教复兴期间，学者本居宣长和平田笃胤在著作中（现已成为经典）对现代宗教－民族主义关系课程进行了指导。相关段落如下，其中第一段和第二段分别来自本居宣长和平田笃胤的研究成果："天皇是神的直系后代是一个核心真理，由此可以自然地得出日本远超所有其他国家的结论。没有哪个其他国家可以与日本相提并论，各国应当对日本天皇心存敬意、履行朝贡。""日本作为第一流的国家，凌驾于全世界之上，是由最伟大的创造神伊邪纳岐和伊邪那美率先在地球上缔造的国度，而其余国家则是低级神灵晚期用海泡石和泥土创造的。然而，在世界上所有国家的起源都应归功于日本天神的创造。日本相对其他地区具有绝对的优越性，这种优越性因其宗教、道德、智慧和王朝历史优势得以增强。日本由所有宗教诸神中最伟大的天照大神创造，具有其他国家无可比拟的优势。神道教的超然美德使其他宗教的存在显得多余且有害。每一个诞生于神国的真正的日本国民都是天神的后裔，他们因这种血缘关系而被天生赋予了真实而完美的德行和无以匹敌的智慧与勇气。日本人并非在同类问题上优于其他民族，他们因与其他民族的差异而卓尔不群。"

国家允许形式上的宗教信仰自由，当今经典的神道教思想因而得以富有成效地传播。最近，一个学生如此描述帝国的逻辑："日本帝国的每个儿童自幼被教化而坚信：日本是唯一的圣地，日本皇帝是唯一的圣皇，日本民族是唯一神圣的民族，因此日本必须成为世界之光。据说《神武天皇诏书》这本虚构小说诞生于日本历史上最早出现书面记载前1 000年，书中写道：'我们应当建立世界之都，并将世界纳入我们的统治之下。'"随后，日本军事教科书《士兵读物》则最大限度地利用了这一虚构故事："天皇诏书赋予我们永恒的绝对责任。"在目前所谓的"神圣对抗"（为"圣战"这一陈词滥调赋予了新的权威解释）爆发不久前，日本陆军部就曾声明这种救世计划："自帝国建立之初，日本人的理想和民族志向就是要将世界各族团结成一个幸福的整体。我们坚信这是日本民族的伟大使命。我们同样渴望根除世界上的不公正和不平等，给人类带来永久的幸福。"

在一个神道教主要教派的仪式上，诗歌或赞美诗是占据主导的教化形式。以下是一首措辞浅近直白而不那么说教化的诗："当日本被赋予神圣信仰的力量时，它将抚慰其他对自己友善的民族，此后日本将控制海外势力。你们须牢记，此前有日本和外邦之分，此后只有日本。"

拥有这些想法的人影响着日本的儿童，他们利用简单而自然的虔诚思想来培养军事主义国家的佣人。矛盾与问题出现在，当基督教育人要爱主父的相关教化中。在日本文部省出版的《普通小学国家文摘》，有一首诗《伟大的日本》，其中有如下句子："伟大的日本！伟大的日本！我们七千万子民啊，敬仰我们的天皇如天神一般。爱戴服侍天皇如同我们的父母。"

对于一个拥有理解力、诚信正直的人而言，人性的同理心和对其他民族的了解使他能够抑或要求他禁绝民族主义带来的傲慢或者激进，但摆脱这种人为捏造的历史实践起来何其困难！荣安义（A. Morgan Young）的新著《异教徒国度的崛起》措辞严厉但切中肯綮："真理和诚实不可能存在于一个建立在虚假基础上的国度里。"基督徒能够清楚地认识到帝国路线对于日本的重要意义，意识到民族存续的独特性和服务于政治社团的正当性。但是当追求不朽和神圣被认为是一个民族的道德标杆时，当关于神的历史事实被人为捏造篡改时，当宗教被改造成维护种族的工具、统治那些基督舍生去救赎的人们时，基督徒此时责任重大。在这个方面，其他人也同样有着各自的精神困境，但不可从中作出恶意的推测性比较。但日本人轻易而坚定地认定并宣称自己民族与众不同，因为世界上没有哪个其他国家的基督教会会遇到日本基层社会这样严密而具有压迫性的环境。最近，某日本教会领袖告诫一位来访的差会秘书不要宣称上帝"用宝血拯救世人"。他说："我们日本人不相信这个，我们是与其他民族不同的特殊群体。"

4. 一些基督徒对日本本土环境的适应

大约在80年前日本重新对外开放时，为克服当地对外来宗教的强烈偏见，本土基督徒常常被迫尽可能地使基督教信条融入本土传统与观念。从20世纪初著名的教会领袖基督教长老海老名（Ebina）博士的话语中便可窥见局面之复杂："尽管教会并不鼓励祖先崇拜，但也不反对日本帝国建立之初统治者可以与宇宙统治者天照大神沟通的传统观念。在这样的理论支持下，基督徒非但不能挑战这些观念，反而要承认日本民族的神性起源。只有意识到帝国祖先与诸神的密切关系，我们才能理解我们居住的国度多么神圣。"倾向于原谅最近所有离经叛道的行为，包括疯狂鼓动战争的人应该回想一下几年前宫崎牧师曾经说过的话。宫崎牧师曾任日本基督教教会（长老会以及相关宗教团体的联盟）秘书，他曾指出："我相信日本被赋予了神国性质……每年逾越节，耶稣都前往耶路撒冷的犹太教神殿进行朝拜。如果耶稣刚好住在日本，他将会把伊势神宫作为天父的圣殿，在神宫中进行一年一度的参拜。"此外，1937年作为教派领袖之一的某牧师表示，三位一体不适用于日本，日本天皇应该加进来作为神格之首。极具讽刺意味的是，爱国团体更在意的是热血沸腾的行动而非认真思考，他们攻击这种宗教调和是侮辱天皇。

　　比起世界上的其他地方，日本对这类实践显得尤为热衷，人们用迷信的方式将基督教传统吸纳到日本本土环境中。在近期的一个例子中，某广泛宣传的"新闻短片"以照片的方式，探寻日本北部的"基督墓穴"。这则现代传奇的一个版本称，耶稣幼年居住在日本并接受了神道教教育，他参拜过神社后成为公共牧师。此外，还有传说称耶稣并非在耶路撒冷受难和安葬，受难者其实是他的门徒或小兄弟。另一个例子则是不久前的摩西十诫石碑的"发现"，石碑上的文字已经难以辨认。虽然这种倾向本身并非政教关系，但是它影响了政教关系的某些建构。随着本文后大量此类文字材料的出现，这种趋势必须被置于广泛流行的神道教观念下考量，不得不与民族主义和国家观念杂糅交织。一些观察家由此失望地指出，日本任何事务都无法摆脱政治色彩！形式上的法西斯主义或极权主义并无必要，因为思想统治已经以更微妙的方式建立在日本。

　　最后一个例子是某基督教大学教职工对最近的"大阪调查问卷"的回应，反映出教会为了避免潜在的冲突而被迫屈服于压力，或与民族主义调和的态势。调查问卷是大阪和其他城市宪兵队发出的、针对基督徒和基督教团体的系列测试。针对问卷第五个问题"帝国法令与《圣经》之间的关系是什么？"一个回答是："帝国法令是帝国颁布的政令，具体而绝对不可动摇。《圣经》据信是基督教上帝的启示，它揭示了绝对的精神，但对于特殊的实例缺乏具体的指导。因此基督徒作为一个主体，要通过《圣经》培养无私、纯正的信仰和高尚的人格，并提前作好遵照帝国法令行事的准备。"这反映出回答者在面对绝对性、面对手段和目标时，已经无可救药地迷失了。或许在荣安义著述中的省略号换成另外一个连接词更为恰当："天照大神，至高无上！"

5. 1939年宗教法案的控制

1939年初,长期悬而未决的《宗教控制法》经过终审通过。新法只有在行政法规和官方解释准备就绪后才会生效,此后的管理经验也有赖于未来的不断积累。目前,人们只能从最近议会开会期间的政府声明中了解法案的主要内容。该法案承认神道教、佛教和基督教的宗教地位,并对其提供宗教财产特别保护和税收优惠政策。总体上,大部分教会领袖对于基督教组织的权益不断得到保障感到高兴,他们认为法案的实施只会规范那些地方官的武断行为。但也有一些人对特殊权力高度集中于监管者表示忧虑,因为这些监管者显然可能根据个人消息和态度行事。

在通过这个法案的同时,宪法中关于宗教自由的、普遍且严格有效的提案似乎十分薄弱和稀缺。不同宗派可能因文部大臣的个人判断而解散,地方的寺庙和教堂的存亡全凭地方官意志的裁决。配套制定的还有针对违背法令时惩戒和处罚条例,同样用于规训"企图搅乱和平和秩序"和"与公民义务相违背"等行为。在一个官僚警察的思维和实践中,这些条例,说得委婉一点就是,极具概括性。必须牢记,政府厌恶某些非理性的邪教是无可厚非的,因为后者导致或诱导人们走上臭名昭著的邪路,其中一些迷信活动甚至发展成为相当骚乱的局面。此外,当下文部省宗教局对于主流宗教所持的态度似乎是公平而温和的。然而,在未来不确定的情况下,授权不可靠、不稳定的官僚体系专制控制宗教团体看起来是很危险的。官方宣称宗教组织,而非宗教本身,已经被控制,这并没什么值得赞叹的。

这些文字的背后隐藏的是怎样的情绪和态度呢? 笔者冒着扭曲事实的风险选择新奇或容易引起疑问的话题,故而有必要在此作出例证解释。日本的传统是以宗教作为国家团结的维系力量,不同宗教和同种宗教内部竞争的存在是令人不安的。然而,官方和警宪机构为了方便行政管理和思想控制,常常将广大信众置于尽可能少的几个首领之下。例如,早在明治维新年间(1868年)官方就曾尝试运用政治力量将神道教与佛教合并。一些领袖使用"科多"[①]的概念,以政府敕令的形式将其阐释为"将全民族的精神团结一体、将宗教与政治合二为一的行政体系"。 从1931年起,这种构想再度复兴,近几年一位首相发起了一个归并分散宗教的运动,声势浩大,但是并未达到预期效果。

---

① "科多"是日本的古语,意为"帝国一统的方式"。这一方式以所谓的八纮一宇为目标,以忠君为基本出发点,强调日本的"王道"。

荒木贞夫将军开始使用战时官方辞令。接着，文部大臣在议会讨论宗教控制法案时（1939年2月），在回答某问题中表达了对宗教自由的关切：宗教法案的主要目的在于促进国民精神总动员，而非控制宗教组织本身。同时，日本利用宗教的态度也在日本众议院中。有人提问："宗教传播与反共政策、对华政策以及缓和美国的反日情绪等方面密切相关，是非常重要的问题，政府将对此采取大动作吗？"荒木贞夫将军答道："目前，在调整国际关系方面很少利用宗教，但考虑到未来宗教的广泛传播，我们将更多地利用它们。"

另外一组问答具有暗示性："反对宗教的观点被大力提倡，政府难道不应该消除这种敌视宗教的态度吗？一些宗教组织反对向天皇画像鞠躬、反对参拜神社、反对在校学生军训，它们正在变得国际化而非日本化。我们是否应当倡导以上这些主张，即便神道教是世界上最伟大的宗教？美国传教士在中国大众中影响力广泛且深远，我们的宗教工作者不应该展示同样的力量吗？"内务部长（其负责国内的神社和警察系统，但是据说不负责"宗教组织"）回答道："我们的神社在任何方面都优于其他宗教，我们应当减少摩擦。宗教工作者应当在亚洲大陆上活跃起来……任何设立在我国境内的宗教组织若有悖国家体制将立即被处理。"

任何人都不应无视神道教的力量，不应无视神道教与日本国家及民族情感的联系。一位议员揭示了日本人在这方面执着探求本质的个性："我国真正的宗教是对八百万神灵的祭拜，其他任何信仰能够被日本化吗？"平沼骐一郎（Hirumma）首相随后也宣称："神的道路是绝对的，所有的教化在可理解范围内被称作宗教，宗教组织是为了便于行政管理而设立的。"这一表述不能单从字面上进行理解，然而，即便打个大大的折扣，该言论依然让那些珍视宗教自由机会的人感到不安，让那些相信热论中的法案将保护佛教和基督教的人感到忧虑。内务部长补充说："文部大臣将监管所有的宗教，内务部负责管理公共道德。"至少官方希望对此分清权责。

6. 战时紧张状态

"中国事件"或者"圣战"两个词在不断重申中常常失去其特定色彩，但它们却给岛国政教关系带来特殊的紧张和压力，两者不断强化、有趋同之势。教会回应了爱国主义的号召，尤其对其中的优缺点进行了理想化的改进。日本基督教协进会执行秘书在开战第一年的冬天发表了一次公开演讲。他呼吁集中精神力量以确保战争胜利："单纯从宗教的视角出发，我们基督徒应当对信仰保持至高的理想和永恒的执着。但在现实中，当国家处于生死存亡危在旦夕之际，我们对于祖国的责任必须放在首位。"他在1939年的《日本基督教年鉴》中撰文,将日本侵华战争政策官方描述为"我们不扩大态势,没有领土占领野心也无赔偿要求,唯一目的是建立东亚新秩序。政府的这种态度给基督徒一个坚持和诠释基督教原则的机会。利用大众的思想趋势,使基督教思想成为建立东亚新秩序的指导思想。"

日本基督教协进会致函中国基督教协进会,号召双方为长久的友谊和"实现东亚长久和平"共同事业祈祷,并重申渴望"恢复友谊和维护东亚稳定"。这里并非要讨论政府政策声明与实际运作的矛盾,而只是要研究日本教会对国家战争口号的利用。即便这些口号对于日本民众是合理的,也很难被中国和其他国家的人民所接受。人们可能主观地认为,真正的祈祷是直接传达给上帝的,实际上却只是一种公共祷告,祷告使用的是现代才形成的语言,并不是上古时期最初的模样。"读《圣经》的人须要会意。"

更可悲的是,1937年日本主日学联合会的圣诞节公告引发了人们的思想困惑。"虽然我们基督徒理解并支持我国政府的对华政策和华北事件;虽然我们同情我国的军官和士兵,他们真正遵循上帝'人为朋友舍命,人的爱心没有比这个大'的教诲,甘愿在危险的气候下承担艰苦的战事,但是我们今年庆祝耶诞节仍需要下决心……避免一切可能会被公众误解为反战的行为。"这种表述或许恰恰符合1914—1918年那些宣传道德堕落、虚伪狂热的人的思维逻辑。在这个不幸的时代,没能逃离战争阴影。如果和平王子都参战了,那么希望就完全破灭了。

最近,日本基督教最大一个宗派的领袖向年轻人公开演讲,他同意将演讲稿发表并为之辩护,这篇文稿题为《为精神圣战而准备》。以下为该文的精华摘要:"列强在各自伪善的面具下都极力维护自身利益,但如今我国正在寻求在东亚实现理想的民族关系,即'日本韩国一统化'。日本的使命在于为世界团结奠定稳固的基石,在于将这个统一体扩大到世界范围,并让列强意识到各民族都是这个世界统一体的分支……为了实现日、韩统一体宏大的理想……必须出现一个坚定的信念作为支撑。这种坚定的信念必须是一个基督教式的信念……基督徒真正相信全人类是一体的。因此,在我国推动建立东亚新秩序之际,强化根基、向我国和东亚人民灌输基督教信仰是重中之重。日本人有史以来从未像今天这样如此接近基督教理想,因此日本基督徒的责任之大也前所未有,全人类联合是耶稣最后的祈祷。为了实现这个理想,为了抵制反日观念,摧毁列强的侵略政策,我们正着手在中国开展外科手术……"

"深信我们基督徒是上帝选民的观点与我国的民族理念不谋而合。《圣经》上说'不是你们拣选了我,是我拣选了你们'(约翰福音15:16),这成为基督徒信仰的一个重要内容。只有坚信人的命运是由上帝掌控的，我们才能参与到当前的精神战斗中。日本军人的力量部分来源于敬畏，他们被天皇召选进入战斗队列，其他国家的志愿兵或雇佣兵的精神状态无法与之比拟。就此而言，我国人民的理念与基督教信仰是完全一致的。"

"此外，建立东亚新秩序的伟任仅靠人力无法完成，还必须要依靠上帝的力量。现在，我国正在践行这一伟大使命，我们必须准备好应对各种复杂情况，为实现这一目标我们必须诚恳地依靠上帝的力量。日本士兵虽然作战勇猛，但不能依靠个人力量取胜，而是要依靠敬畏的力量，依靠天皇的品德、力量与荣耀。就像海军大将东乡平八郎和乃木希典将军，他们是军事战略家，勇敢无畏的士兵们在他们的指挥下英勇奋战，在上天的帮助下将胜利敬献给天皇。这是纯粹的武士精神，正是凭借这种精神我们的士兵才能无偿作战。这也是耶稣的精神。我们相信上帝与我们共同作战，我们将荣耀归于上帝。带着这种精神我们才能不断征服。但我们并不追求私利，也不为胜利而骄傲自满，只是出于本分愿意贡献自己的生命。这种武士道精神和基督精神只有在日本人民身上不断升华时，我们才能通过多种途径实现伟大理想。"

"因此，我呼吁你们这些门徒们传承基督的精神。对我们的国民而言，通过教会组织竭尽全力是最好的准备工作，为即将到来的东亚重建的精神之战作准备。"

一封给教友的解释信中写道："我把我们与基督的关系比作我们（臣民）与日本皇室的关系，我认为基督徒与基督的神秘体验类似于我们与日本皇室，尤其是天皇的关系……我不指望外国人真正了解日本人的感受，正如非基督徒难以理解我们的深切体验。"

为了说明战时日本基督教领袖和基督徒紧张的精神状况，笔者必须征引另一篇文献。1939年夏，《日本基督教协进会通讯》在日本发表了协进会秘书的一篇文章，题为《基督教与东亚新秩序的建立》。以下摘自该文后半段，小标题分别为："当前战事的目标""计划与基督徒的责任""危机中的福音传播"。"1938年，时任日本首相近卫文麿就当时的战争目标作了表态，并在国内外宣讲。这一目标很自然地代表了根本使命和神的意志。此外，其精神指引毫无疑问反映的是上帝对人的指引。也就是说，国家不是为了获得战争赔款，也不是为了扩张领土、夺取统治权，而只是通过创建合作'集团'来建立新秩序，以此维护持久和平。确实，战争的目标是用东亚的理想主义重建东亚，这曾经受到中国伟大的革命领袖孙中山的极力推崇（这点他本人曾提及）。当然，对于那些物质至上的人来说这种处境是难以理解的。这场不图吞并、不为金钱的战争是实现这个理想唯一可能的途径,这在人类历史上是绝无仅有的。'我造地,又造人在地上。我凭公义兴起居鲁士,又要修直他一切道路。他必建造我的城,释放我被掳的民,不是为工价,也不是为赏赐。这是万军之耶和华说的。'"(以赛亚书45:12—13)

"那么接下来在东亚建立新秩序的计划是怎样的呢?我们的目标是使人们实现'世界一家'的宏愿,我们必须重新认识这一目标,它与基督教的基本信仰是一致的。我们的政策是,将我们的大家庭原则延伸至亚洲大陆,建立一个以天皇为中心的理论体系,使亚洲沐浴皇恩——透过该政策,我们看到基督教精神家园原则在人间的稳固实现。这种原则即视上帝为天父、视人类为弟兄,这便是基督教构想的上帝之国。日本精神的基础同样蕴含其中,它与基督教水乳交融。这肯定是天国与人间最伟大的联结方式。让我们勇敢地高举基督教理想,使所谓的新秩序变成人间神国的同义语。"

"我国人民的使命日益重要,我们在远东的行动也得到进一步扩展。我们的责任越来越显示出永恒性。顺应此趋势,则我国人民的品格和信仰必将得到升华。为了完成这一神圣事业,上帝需要配得上的人协助。"

"有鉴于此,在目前的危局中,我们必须宣扬福音以服务于国家,这是最重要、最紧迫的责任。积蓄精神力量以调整国家事务的混乱错位;帮助民众身心进步以促使他们有效地完成使命;民众树立建立新东亚的理想,并坚信这一理想可以实现;使我民族在面对前所未有的困难时甘愿为这个古国的发展作出牺牲;同时,使我民族以敏锐的洞察力洞悉国际环境,以长远的目光看待人类历史,开阔视野,并坚信最终胜利属于真理,从而不断鞭策自己永无止境的前进——所有这些,我们相信只有信奉基督教、了解基督教生活的人才能做到。"

"由此展示了我们在国内外努力的真正价值,我们相信实践将证明,通过基督教彰显的日本精神称得上领导精神,它将帮助我们建立包括东亚所有邻国在内的'国家集团',共享密切合作和友谊情深。这个理想的最终目标和全部内容符合耶稣基督所展现的神国理想。"

战时加强国家服从这一话题必须以两份基于事实而非空想的文献结束。马德拉斯(印度城市)大会的调查报告并未被翻译成日文,但以该语言发布的报告已经日本化。该报告含糊不清,省略了大量与国家、国际关系和社会及经济秩序变化相关的介词由此形成的思维鸿沟如楔子般揳入日本与其他地区基督徒之间;日本牧师和其他宗教领袖被剥夺了必需的质疑精神和思想交流。我们不能轻易断言马德拉斯大会的主旨局限于单一的福音传播,但很遗憾其传播已经变得束手束脚。

　　出于制订战时计划的考量，文部省宗教局多次召集国家认可的三大宗教的代表开会。比如1938年8月，宗教局向代表们传达了日本宗教在中国的三重要求：（1）该时期的工作重点应该是福利事业，而非传播宗教教义；（2）同宗教的各宗派应当联合开展工作，而非各自为政；（3）前往中国的宣教者必须取得文部省办授权的资格认证书。虽然这些建议本身是友好的，但潜在的官僚主义导向却令人不快。人们可能会讽刺地说，建立教会联盟的新希望已经出现，但事实上它只是全国精神总动员中央委员会和宗教局联合运作下的6日工程。

◀ 三、日本统治的扩张 ▶

1. 总论

政教关系对于日本对外扩张具有特殊意义,在此同样以日本国教神道教为例加以说明。1939年初出版的日本《宗教年鉴》中有一篇名为《海外神道》的文章,如下段落充分地反映出神道教近年来在朝鲜、伪满洲国和当今中国的发展势头:"神道教神社使我国的信仰得以统一……崇敬神社意味着对国家的团结与发展事业作出庄重承诺和忠诚尽责的态度……神道教的教义,作为改善国民生活的基础性指导原则,必须用来改善日本与周围邻国种族之间复杂的民族关系。事实上,通过神道教精神,外国人也必定可以接受福音。"

前述文献表明日本政府希望利用占领区宗教,包括宗教联盟,作为日本扩大在华影响力的工具。之后,上海的华中宗教联盟联合会议发表的声明暗示宗教联盟具有日本官方背景。该声明宣称,这个聚合了神道教、佛教和基督教的宗教联盟致力于实现圣战,建立东亚和平的精神基础,通过东亚宗教战线联合反击共产主义。日本首相近卫文麿被任命为该联盟的主席,另有上海的海军上将、陆军上将和总领事各一名作为顾问。

然而,该联盟在实践中很难有所实质作为,部分原因在于联盟的虚伪本质,也在于三个主要宗教及其教派之间的利益分歧,以及中国人民骨子里对臭名昭著的日军通过政治力量强行推广宗教事业的怀疑。如果宗教想要在战时中日关系中有所作为,就应该抛开联盟独立与中国交流。多重证据显示,日军对中国境内普遍存在的基督教会深感震惊,多数宗教在战争中被摧毁殆尽,唯有基督教会一度保持生机,且与日军敌视的外国传教士保持联系。因此,日本基督教会面临的一个严峻挑战便是在中国大规模开展活动,与中国境内的基督教组织展开竞争,分散其力量、与之争夺领导权。诸多报告表明,在某中国城市,许多日本籍牧师并未获得传教许可。他们的经费严重短缺,开展的活动规模也很小,与同城得到美国资助的传教士相比显得相形见绌。那些真正心怀友好动机来华传播福音的日本籍牧师在中国的处境极为艰难,一方面,在战乱中很难获得物质利益至上的机构和赞助人支持;另一方面,部分有政治头脑的牧师愿意从事与基督教相关的政治工作以掩护和保障传教事业。

这里列举的事例无意强调日本教会对中国的种种作为,而在于说明宗教被作为国家政治工具,以各种形式服务于帝国事业的现象。另外需要提及的是日本国内,尤其是日本属地和占领区的教会生活的情况。审察机构无孔不入,还可能因其职能界限不明而使监察范围更广、效率更高。对于政教关系这一寻常话题,许多基本内容都不能公开讨论。日本国内及国外教会组织出版的一些书籍和期刊被查抄或被迫停刊,管制措施随之升级。宪兵和警察对社会自由和国际主义的言论保持高度警惕,在限制基督教信息方面显得尤为有效。在过去的15年中,数以千计的民众被抓捕、折磨和监禁,有时他们的家属对此一无所知,许多人因此失去工作和社交机会。这些对西方人的指控证据,大多系伪造或无关紧要之事。以往基督徒几乎从未卷入如此强硬粗暴的警察政权网络。但诸如"共产主义"(甚至包括最温和的"社会研究团体"和劳工组织)、"自由主义",对皇室不敬、"危险思想"、有悖于国家利益之类的一般用语,却将诸多基督教徒和其他人卷入危险其中。当前整个局势清晰地印证了牛津和马德拉斯大会的观点,即教会所享有的言论、出版、集会等自由与大众的自由密不可分。可能有人会说基督徒并未受到歧视,但是在一个奴役无处不在的社会中,基督徒没有实践自身价值的自由。国家试图强力控制民众的思想,许多决定是由官僚和军警作出的而非民众依法按照自己的良心和自由意志决定,在这种环境下人民的道德发展受到严重的制约。基督教群体和基督徒常常思考的问题不是"我应当如何面对上帝"?而是"面对宪兵和国家机器的需求,我必须做什么?我们的行为底线又是什么"?日本对占领国的非日裔民众控制更加严厉、专断和缺乏体谅。(从各方报道来看,上述温和的文字掩盖着诸多苦难)

2. 台湾

现在有必要介绍一下日本各主要殖民地基督教发展的不同状况,这反映出日本官方、军方与普通居民关系在日本占领区的延续。这里所述内容仅仅是冰山一角、抛砖引玉。日本对台湾的同化速度不断加快,台湾话(汉语)不得出现在出版物中,也不能作为教学语言。日本强迫教会使用日语宣教,这给当地的传教工作造成了困难,那些没在学校学过日语的年长教友很难学习宗教知识。台湾各地官员发出通告称,台湾方言"将在1940年消失",那将是长期同化进程的顶峰。中国人的传统习俗和偶像崇拜被禁止,家家户户,甚至是教堂内牧师的书房,都必须设立神道教的"圣坛"。以上这些都反映出军警官僚机构的特征。

据目击者的可靠消息称,中日战争爆发后台湾街头布道和传教士会议就被迫停止。由于语言问题和官方干涉,《先知书》和《旧约》中其他章节的教化都几乎被删除了,大批牧师转而传播《使徒书》。一位牧师发表了如下谨慎的言论,颇具代表性:"本教区有人命令我取下书房墙上的'十诫',至少要抹去第一条,他说那条不合时宜。"基督教组织机构的运行遭遇重创,比如日本传教士强行取代了有经验的台湾传教人士,部分教会财产实际上也被官方接收。政府在电台中指控所有的外国传教士都是间谍,甚至报道了2名传教士被执行死刑的虚假新闻。

3. 朝鲜

朝鲜教会关注的焦点是神道教分支的问题,一些言论和评论对此多有评论。在这一问题上,朝鲜各地情况不同,不同布道所和信徒的态度差别也极大,在此难以笼统概括。一些人认为基督教在信仰与实践的根本性问题上与神道教绝无调和的可能,另一些处境稍好的人则急于通过必需的微调维持基督教活动,他们相信教会无须付出重大代价就可以避免严重的冲突,历史上不乏这样的例子。这里我们需要指出的只是该时期的主要困难。朝鲜重要城市平壤的问题尤其严峻,长老会大会遭到殖民当局裹挟,在官方压力下选择会议代表并制定会议程序。结果,大会投票决定鼓励信徒参拜神社,认可当局对参拜只是民族主义和爱国主义行为的观点,大会还迅速派遣了一个代表团到神社表达敬意。由此,西方传教士与当地长老会之间发生了严重分歧,影响了教会的正常工作。

用日语取代朝鲜语的同化进程也进展迅速。朝鲜语仅仅在小学一二年级中作为教学语言,显然它正走向衰亡。在许多地方,学校的一些课程必须用日语授课。教会学校发现,他们必须放弃那些用朝鲜语教学的有经验的教师,但想找到资质良好且有兴趣的基督徒十分困难。在过去的3年中,大批朝鲜本土教会领袖被捕入狱,教育界人士尤甚。许多人遭到虐待,一些人被永久禁止从事之前的工作。一些记者尽力淡化政教矛盾,他们坚称上述事例均不代表当局对宗教的攻击和对基督教的歧视,但除了国家机器因素之外,领导层的普遍不满也是一个潜在原因。尽管人们对上述观点信以为真,但也担心教会发展的可能性和教会选择的有效性等问题。近来有迹象表明,教会在年轻人中的传教活动遭到越来越多的抵制,传教士也不断遭到批评。本地一些教会工作人员被迫劝阻传教士走访当地教区,在某案例中,一名警官坦言传教士不久将会被清除。

殖民当局撤销朝鲜形形色色的独立组织团体,确保当地各基督教组织为日本的相关团体整合或掌控。

对殖民当局而言,上述最后一项措施,无论是针对主要教派抑或基督教整体,显然都不易实施,因为朝鲜基督徒数量明显要多于日本。但是当局针对基督教男、女青年会和其他的一些组织采取了这一措施,还明确要求以后不得建立具有"民族性质"的教会组织。一位有责任感的记者报道说,在过去的一到两年间,"学校、教会和几乎所有的公众组织开会时都要背诵忠民誓言,并向东方日本皇宫的方向鞠躬致敬,这已经成为一项强制性义务"。

4. 伪满洲国

正如人们所料,伪满洲国深陷日本军警统治之中。这是因为伪满洲国刚刚建立不久,人口众多(足足3 000万人),且与中国内地毗邻(人口是其12倍)。那些受过教育的、能干的教会领袖为其才能付出了昂贵的代价,他们遭到监禁和折磨,官方对他们的指控往往只是不可信的借口。东北教会与中国内地的正常联系被强制中断,基督教运动因此遭遇严重挫折。两地的普通教友和家庭之间联系密切,而且东北教会与华北及上海教会在制度和组织上也存在极强的依赖性。同时,日本主导的教育重建工作在小学以上的教育领域进展艰难,并且民间介入空间极小。这似乎再次表明,伪满洲国教会不可能拥有独立领导权。

警方的调查和监视十分严密,伪满洲国境内大部分书籍被焚毁。焚书行动或是当局所为,或是藏书者看到其他藏有可疑书籍的人遭到指控,出于担心而自行焚毁。在各个地方案件中,我们很难想象或理解所谓的可疑书目具体指什么,举一两个滑稽可悲的例子或可说明此种情况。某传教士书架上有本《革命的信念》(凯恩斯著)被视为危险书籍。著名的赞美诗《黄昏敬拜歌》遭到强烈反对,因为在汉语语境中它指代日落,让人联想这是对日本帝国崛起的暗讽(日本自称日不落帝国)。若觉得这两个例子可笑,那就应当铭记:这两个例子只是小小的缩影,书刊的焚毁和没收将对伪满洲国造成严重的文化贫乏,也使伪满基督教会孤立于基督教世界。东北的基督教出版事业在伪满建立之前就已存在,但因教会弱小贫穷、财政状况严格受限,加上审查机构无处不在、难以捉摸的审查手段,教会出版事业发展受限。

伪满洲国的传教士与朝鲜的传教士一样,很少报告在传教和讲授《圣经》过程中遭遇的困难。总体上,似乎来自北欧的传教士比英、美传教士遇到的麻烦少些，警察认为后者试图在伪满扩大各自国家的政治影响力。然而，很多真实发生的干涉行为和迫害案例，常常是大权在握的日本警官或日本地方官的个人错误造成的。基督徒被赶出原先获准使用的教堂，他们开设新传教点的请求也被否决。中国牧师和基督徒因与西方传教士的天然联系遭到殴打、被限制自由，后者也遭到打击并被逐出原来的传教地。由于牧师走访地方信众困难重重，一些传教站点已经长期疏于管理。在一个例子中，一个布道中心因为两场分别反对鸦片和烟草的布道活动被勒令关闭。当地官员认为他们在攻击当局，因为这可能会减少政府垄断交易的销量。另一个有趣的例子是，一名传教士因为卖给本地商人一些奉天印制的《圣经》而被驱逐。事实上，每本《圣经》的销售都曾得到伪满洲国官方的许可。这是当地一个信奉佛教的官员的决定，但本质上，日本人应当对我们所知的所有报道事件负全责。

5. 中国沦陷区

中国沦陷区的情况最好少谈。当涉及残酷和暴虐的报道时，日本常常将其归纳为战争进程中不可避免的困难和暂时情况，随着和平的即将到来，一切都会得到弥补。但另一方面，中国人不愿意承认甚至是含蓄表示，日本将在战后建立统治秩序。另外，内地被占领的时间相对较短，各地经历差异很大，相对自由或者相对完整的报告尚难以见到。尽管如此，上述材料里的诸多事项已经暗示了新沦陷区政教关系的一些重要事实。日军认识到基督教是有影响力的，并认为这种影响力通常借助于传教士母国的政治优势。日本人因此对外国传教士相关的教会组织进行指导、管理或重置，宗教联盟便是为此设立的机构。沦陷区还有更专业、更严格的军警组织，比如绥靖班、特种服务部等，宪兵队和领事馆也有类似的组织。根据各宗教团体的报告，这些机构的官员密切关注基督教团体、传教士和当地的宗教工作人员。关于他们遭逮捕并受到折磨的案例并不鲜见，恐吓手段更是稀松平常。当局公开宣称的原因通常是与政治相关，但偶尔也会表明对教会的仇恨情绪。当局搜集了大量基督教团体及其成员的信息（无论真实与否），其中，部分信息是通过声名狼藉的机构获取的。

轰炸、抢劫、征用或占领教产给教会带来了死亡和破坏，这些直接损失无须赘述。这里仅举一个冰山一角的案例，即战争头两年已经有超过20名天主教传教士遇害。这些伤害可归结为日军加剧入侵后对人民施加的、不分青红皂白的残暴罪行。据可靠的目击证人称，日军蓄意打击基督徒并侵害其财产。日本军警干涉日常通讯、旅行和货币流通，给教会工作造成了不可避免的破坏。教会的经济生活、教育及文化建设所受到的损害拖垮了整个基督教社群。在当前中国民众受到限制和歧视的情况下,教会重建工作显得任重道、遥不可及。其中,主要困难在于沦陷区的教会领袖大量撤离,尤其是教育和医疗工作者,同样撤离的还有许多牧师和受过教育的平信徒。他们不愿意生活在当前的政治体制下,期望能够为实现"自由中国"作出自己的贡献。这段文字描述的只是那些传教士各种悲惨经历中的一部分。我们不关心政治讨论,但我们必须探讨政治行为对教会产生的影响。日本人热衷于建立"东亚新秩序",他们似乎为了辩解自身的帝国主义(在实现目标后会随即抛弃)而诋毁其他"帝国主义"。日本人将"帝国主义"引申至非日本人参与的活动,甚至包括受到中国人欢迎的福利事业。最近,日本军警组织关闭了教会医院、封存了教产,并驱逐了两个省传教点的传教士,这是对抗英国行动的一部分。军警赤裸裸地胁迫中国教会领袖和传教士断绝关系。军队的搜查和荒谬指控使部分地区出现针对图书出版的禁令,严重影响了基督教出版物的发放,这甚至比审查者直接没收书刊影响更大。虽然后者及其工作极大地干涉了基督教团体的正常交往、常规计划和经验与思想交流。在华北沦陷区,当局禁止出版斯龚斯德(Stanley Jones)的书,显然是由于他出版的著作《胜利的生活》的书名中包含"危险思想"。

◀ 总　结 ▶

1. 在日本及其统治区，教会感受到的是一种传统而特殊的极权主义和宗教特质。对于日本人民而言，献身军国事业是基本的忠诚，其热衷程度远甚于具有民族主义思想的西方民众。

2. 群体团结和服从现行权威是强大的社会习俗，这是严苛的教育和社会压力造就的结果。

3. 个人和志愿者组织受到警察机构的限制，他们的实际境遇和遭遇的不公平远比想象的严峻。在不完善的管理体制下，卑劣的官员对他们施以严密的监管、监视、审查以及严厉专断的伤害。

4. 以上三个特征的推论反映出个体和群体自由与权利的缺失。道义的力量未被挖掘，因为事关在自身道德发展的重要问题上，允许个体和群体作出负责任抉择的空间十分有限。

◄ 编 后 记 ►

作为民国时期重要的教育传教士和历史学家,贝德士对中国基督教史研究情有独钟。生前留下大量相关文稿,是为耶鲁大学神学院图书馆馆藏"贝德士文献"的重要组成部分。这些文稿视角宏阔、观点独到、史料丰富、论证严密,堪称当时学界有关中国基督教史研究的上乘之作,即便在今天对我们的研究仍具有重要的参考价值。有鉴于此,在章开沅先生的指导下,我们选译其部分手稿和已出版论文,作为《贝德士文献专辑》第一种。

《选译》由两部分组成。第一部分是关于贝德士遗稿《基督徒奋进在中国社会》的说明,以及学者孟心湉对该稿的辑录。第二部分是贝德士的五篇中国基督史学术论文,大部分曾在不同会议上宣读,并有两篇正式出版。出版的两篇分别为《新教在华事业(1937—1949)》,发表于Wilber C. Harr编的 *Frontiers of the Christian World Mission Since 1938*(Harper & Brothers, 1962);《美国在华传教士的神学(1900—1950)》,发表于费正清主编的 *The Missionary Enterprise in China and America*(Harvard University Press, Massachusetts, 1974)。

本书各篇章翻译分工如下:

《〈基督徒奋进在中国社会(1890—1950)〉手稿选辑》,刘莉、刘家峰 译。

《贝德士中国基督教史论》

第一章《中国政府与基督教(1840—1949)》,张乐 译;

第二章《新教在华事业(1937—1949)》,张乐 译;

第三章《美国在华传教士的神学(1900—1950)》,张艳 译;

第四章《差会与远东文化的关系》,章博 译;

第五章《远东教会与政权关系问题资料》,徐炳三、李欣 译。

全书由刘家峰、徐炳三校对,福建师范大学岳峰教授及其学生也参与部分校对工作。由于编译(校)者水平有限,错误在所难免,恳请读者批评指正。

图书在版编目（CIP）数据

贝德士中国基督教史著述选译/贝德士著；章开沅，马敏主编.—上海：上海社会科学院出版社，2017
ISBN 978－7－5520－2025－0

Ⅰ.①贝…　Ⅱ.①贝…　②章…　③马…Ⅲ.①基督教史－中国－著作－翻译　Ⅳ.①B979.2

中国版本图书馆CIP数据核字（2017）第140244号

贝德士中国基督教史著述选译

著　　者：贝德士
主　　编：章开沅　马　敏
责任编辑：路征远
策划编辑：庄晓明
封面设计：裘幼华
出版发行：上海社会科学院出版社
　　　　　上海顺昌路622号　邮编200025
　　　　　电话总机021-63315900　销售热线021-53063735
　　　　　http://www.sassp.org.cn　E-mail: sassp@sass.org.cn
排　　版：南京展望文化发展有限公司
印　　刷：上海景条印刷有限公司
开　　本：710×1010毫米　1/16开
印　　张：20.75
插　　页：2
字　　数：357千字
版　　次：2017年11月第1版　2018年3月第2次印刷

ISBN 978-7-5520-2025-0/B·222　　　定价：79.80元